Personalcontrolling · Der Mensch im Mittelpunkt

PERSONALCONTROLLING
Der Mensch im Mittelpunkt

Erfahrungsberichte,
Funktionen und Instrumente

Prof. Dr. Norbert Zdrowomyslaw

mit **Praktiker-Beiträgen** von

Uwe Bengelsdorf, Jan Bloempott, Dr. Manfred Bobke-von Camen/
Silke Schmidt, Manfred Hoppach, Heinz Kort/Dr. Andreas Dikow,
Dr. Bertram C. Liebler/Andreas Klar, Michael Marx,
André Benedict Prusa, Dr. Jürgen Radloff, Carsten Richter,
Elvira Rohde/René Werthschütz, Marlies Stickel

und unter **Mitarbeit** von

Jens Bengelsdorf, Robert Espig, Daniel Garbsch,
Andrea Holst, Jens Lieckfeldt, Jens Michaelis, Anja Rath,
Christian Schimpfermann, René Schmidt, Stefan Wilhelm

Deutscher Betriebswirte-Verlag

Die Deutsche Bibliothek – CIP-Einheitsaufnahme

Zdrowomyslaw, Norbert
Personalcontrolling: Der Mensch im Mittelpunkt/Norbert Zdrowomyslaw
Gernsbach: Deutscher Betriebswirte Verlag, 2007
ISBN 978-3-88640-125-3

Umschlaggestaltung: Jörg Schumacher unter Verwendung eines Fotos von
„© Michael Conner - FOTOLIA"
Satz + Druck: Stückle Druck Ettenheim
ISBN: 978-3-88640-125-3

Vorwort

In Praxis und Wissenschaft wird vielfach der Mitarbeiter als der Schlüssel für den Erfolg einer Organisation herausgestellt. Im Rahmen der Diskussion um die Bedeutung und Rolle von strategischen Erfolgsfaktoren eines Unternehmens steht seit jeher der Mensch im Mittelpunkt der Betrachtung. Erfolg und Misserfolg hängen maßgeblich von Personen bzw. Personengruppen ab. Sie haben Visionen, formulieren Ziele sowie Strategien und setzen diese in Organisationen um.

Unternehmen, ob kleine oder große, werden geführt oder gemanagt. Damit sind wir beim schillernden Begriff „Controlling" und den Initiatoren und Umsetzern des Controllings. Die Einschätzung, die in zahlreichen Organisationen von Mitarbeitern der Position und der Person des Controllers entgegengebracht wird, ist – gelinde gesagt – oftmals verhalten bzw. kritisch. Nicht selten verbinden die Mitarbeiter in der Praxis mit dem Begriff „Controlling" in erster Linie „Überwachung" und „Kontrolle". Und insbesondere dann, wenn der Fokus auf den Menschen gerichtet wird, wie dies beim Personalcontrolling der Fall ist, ist die Vision vom „big brother is watching you" nicht mehr weit.

Selbstverständlich gehören zum Controlling auch die Evaluation und damit bewertende Kontrolle. Die zentralen Aufgaben sind allerdings die Organisationen im Verlauf ihres Entwicklungszyklus' zu steuern und zu lenken. Controlling und damit auch das Personalcontrolling sind als Subfunktionen des Managements zu begreifen. Zweifellos unterstützt ein wie auch immer geartetes Personalcontrolling, die fundierte Entscheidungsfindung und Entscheidungsdurchsetzung in Organisationen. Aber Wunderdinge dürfen Führungskräfte von dem Einsatz bestimmter Konzepte und Instrumente grundsätzlich nicht erwarten. Instrumente sind letztlich immer nur Hilfsmittel. Um unterschiedliche Ziele, Interessen und Vorstellungen, dies gilt insbesondere für den Funktionsbereich „Personal", möglichst zu einer langfristig tragfähigen Lösung zu bündeln, bedarf es der Kommunikation und breiten Akzeptanz bezüglich des Einsatzes von Führungsinstrumenten. Gerade im Personalmanagement sollten mechanistische und technokratische Vorgehensweisen mit der notwendigen Skepsis betrachtet werden. Letztlich müssen in Unternehmen und Organisationen Menschen Konflikte bewältigen, und die Dinge zum Nutzen der Gesamtorganisation bewegen.

Vor einem unreflektierten Instrumenteneinsatz sei prinzipiell gewarnt. Was ein Personalcontrolling beinhalten und leisten soll, hängt u.a. maßgeblich von der Interessenlage der Akteure in einer Organisation ab. Die Vorstellungen darüber variieren je nach Interessenlage. So verfolgen beispielsweise Kapitaleigner, Finanzvorstand, Betriebsratsvertreter sowie Arbeitsdirektor in der

Regel unterschiedliche Ziele. Um dem Aspekt der Interessenvielfalt Rechnung zu tragen, werden Erfahrungsberichte und Praxisbeispiele in das Buch aufgenommen, die auf die unterschiedliche Sichtweise des Personalcontrollings aufmerksam machen sollen. Wichtig ist es uns außerdem deutlich zu machen, dass es die „richtige" Controllingorganisation angesichts vielfältiger inner- und außerbetrieblicher Einflussfaktoren, die auf die Organisation eines Unternehmens einwirken, nicht geben kann.

Das Buch gliedert sich in fünf Kapitel:

*   Im einführenden Kapitel wird dargelegt, an wen sich dieses Buch mit welchen Problemaspekten richtet und welche Struktur es aufweist.
*   In Kapitel zwei erfolgt die Einordnung des Begriffs Personalcontrolling in die Managementlehre und die Wirtschaftspraxis.
*   Gegenstand des dritten Kapitels ist die Darstellung der grundlegenden Funktionen des Personalcontrollings im Rahmen der Unternehmensführung und Personalarbeit.
*   Das vierte Kapitel setzt sich kritisch mit den Instrumenten des Personalcontrollings auseinander.
*   Erfahrungsberichte und Fallbeispiele aus der Wirtschaftspraxis verdeutlichen in Kapitel fünf die unterschiedlichen Sichtweisen bzw. Konzepte des Personalcontrollings.

Das Buch wendet sich an Praktiker und Führungspersonen in Unternehmen ebenso wie an Studierende von Hochschulen sowie an sonstige Bildungsinstitutionen, die sich in das spannende und wichtige Gebiet des Personalcontrollings einarbeiten müssen oder wollen.

Danken möchte ich an erster Stelle den Vertretern der Wirtschaftspraxis, die trotz Eingebundensein in das operative und strategische Tagesgeschäft die Zeit gefunden haben, mit ihren interessanten Beiträgen den Praxisbezug des Buches zu erhöhen. Mein Dank gilt ferner Frau Anette Burke, Dipl.-Volkswirt Wolfgang Dürig (Rheinisch-Westfälisches Institut für Wirtschaftsforschung, Essen) und meinen Kollegen Prof. Dr. Heinz-J. Bontrup (Gelsenkirchen) für die kritische und konstruktive Durchsicht des Manuskripts.

Bei allen menschlichen Bemühungen können Irrtümer und Fehler nicht grundsätzlich ausgeschlossen werden. Unrichtigkeiten gehen allein auf das Konto der Verfasser. Über kritische Anregungen und Vorschläge aller Art aus Theorie und Praxis würden wir uns deshalb freuen. Nun wünsche ich Ihnen viel Spaß beim Lesen und Studieren des Buches.

Prof. Dr. Norbert Zdrowomyslaw
nzdrowo@fh-stralsund.de

Inhaltsverzeichnis

Kapitel V: Erfahrungsberichte und Fallbeispiele aus der

Abbildungsverzeichnis

Abkürzungsverzeichnis

Abb.	Abbildung
Abs.	Absatz
AC	Assessment Center
ADV	Arbeitsgemeinschaft Deutscher Verkehrsflughäfen
AG	Aktiengesellschaft
AHG	Amtshaftungsgesetz
AktG	Aktiengesetz
AMS	Arbeitsschutzmanagementsystem
ArbZG	Arbeitszeitgesetz
AStG	Außensteuergesetz
AT	außertariflich
Aufl.	Auflage
AuG	Arbeits- und Gesundheitsschutz
AVR	Allgemeine Vertragsrichtlinien des Diakonischen Werkes
BA	Bundesagentur für Arbeit
BAB	Betriebsabrechnungsbogen
BBA	Bildungsbedarfsanalyse
BBI	Berlin Brandenburg International – Flughafen
BBZ	Berufsbildungszentrum
BDA	Bundesvereinigung der Deutschen Arbeitgeberverbände e.V.
BDI	Bundesverband der deutschen Industrie e.V.
BDSG	Bundesdatenschutzgesetz
BDU	Bundesverband deutscher Unternehmensberater e.V.
BetrVG	Betriebsverfassungsgesetz
BetrAVG	Gesetz der Verbesserung der Betrieblichen Altersvorsorge
BFG	Berliner Flughafen-Gesellschaft mbH
BGB	Bürgerliches Gesetzbuch
BIP	Bruttoinlandsprodukt
BSC	Balanced Scorecard
BverwG	Bundesverwaltungsgericht
BVW	Betriebliches Vorschlagswesen
BWL	Betriebswirtschaftslehre
bzw.	beziehungsweise
ca.	circa
DIN	Deutsches Institut für Normung
DGCS	Deutsche Gesellschaft für Controlling in der Sozialwirtschaft und in NPO e.V.
DGFP	Deutsche Gesellschaft für Personalführung e.V.
d.h.	das heißt
DV	Datenverarbeitung
DWH	Data Ware House

e.G.	Eingetragene Genossenschaft
e.V.	eingetragener Verein
EDV	Elektronische Datenverarbeitung
EFQM	European Foundation for Quality Management
ERA	Entgeltrahmenvereinbarung
etc.	et cetera
EU	Europäische Union
evtl.	eventuell
FBS	Flughafen Berlin-Schönefeld
F&E	Forschung und Entwicklung
f.	folgende (Seite)
ff.	fortfolgende (Seiten)
FH	Fachhochschule
FSC	Führungs Score Card
GE	Geldeinheiten
GenG	Genossenschaftsgesetz
ggf.	gegebenenfalls
GmbH	Gesellschaft mit beschränkter Haftung
GmbHG	Gesetz betreffend die Gesellschaften mit beschränkter Haftung
GuV	Gewinn- und Verlustrechnung
HCM	Human Capital Management
HGB	Handelsgesetzbuch
HR	Human Resource
HRM	Human Resource Management
Hrsg.	Herausgeber
IAB	Institut für Arbeitsmarkt- und Berufsforschung
i.d.R.	in der Regel
i.e.S.	im engen Sinne
IDW	Institut der Deutschen Wirtschaft
IG	Industriegewerkschaft Metall
IT	Informationstechnologie
ISO	International Standard Organisation
KG	Kommanditgesellschaft
KMU	Kleine und mittlere Unternehmen
KonTraG	Gesetz zur Kontrolle und Transparenz im Unternehmensbereich
KSchG	Kündigungsschutzgesetz
KVP	Kontinuierlicher Verbesserungsprozess
M&A	Mergers & Acquisitions (Unternehmenskäufe)
MitbestG	Mitbestimmungsgesetz
Mio.	Millionen
Mrd.	Milliarden
m/w	männlich/weiblich
M-V	Mecklenburg-Vorpommern

OE	Organisationsentwicklung
PE	Personalentwicklung
PES	Personalentwicklungssystem
PKS	Personalkennzahlensystem
PKW	Personenkraftwagen
QZ	Qualitätszirkel
REFA	Reichsausschuss für Arbeitszeitermittlung
ROI	Return on Investment
S.	Seite
SARS	Severe Acute Respiratory Syndrome
SGB	Sozialgesetzbuch
sog.	sogenannte
SWOT	Strengths, Weaknesses, Opportunities, Threats
TEU	Twenty Foot Equivalent Unit
TQM	Total Quality Management
TVQ	Tarifvertrag zur Qualifizierung
u.a.	unter anderem
u.ä.	und ähnliche
USA	United States of America
usw.	und so weiter
u.U.	unter Umständen
v. Chr.	vor Christus
vgl.	vergleiche
VNW	Verband Norddeutscher Wohnungsunternehmen
WA	Wirtschaftsausschuss
WSI	Wirtschafts- und Sozialwissenschaftliches Institut
z.B.	zum Beispiel
ZBB	Zero-Base-Budgeting
Ziff	Ziffer
ZVEI	Zentralverband der Elektrotechnik- und Elektronik-Industrie e.V.
z.T.	zum Teil
%	Prozent
&	und
§	Paragraph

Kapitel I: Einführung

1.   Wozu dieses Buch und wem nutzt es?

Es gibt viele Bücher zum Personalmanagement und zum Controlling. In diesen wird meistens auch ein Abschnitt oder ein Kapitel dem Personalcontrolling gewidmet. Legt man zugrunde, dass Personalcontrolling die Ausrichtung der Planung, Steuerung und Kontrolle personalwirtschaftlicher Prozesse auf den wirtschaftlichen Erfolg eines Unternehmens beinhaltet, treten zwangsläufig Abgrenzungsschwierigkeiten auf, und zwar zu den klassischen funktionalen Teilfunktionen der Personalarbeit (Personalbeschaffung, Personalentwicklung, Personalfreisetzung usw.) einerseits und dem Unternehmenscontrolling als Ganzem sowie den einzelnen Controllingbereichen (Einkaufs-, Produktions-, Marketingcontrolling usw.) andererseits. Personalprobleme treten nun mal in allen Funktionsbereichen und auf allen Hierarchieebenen einer Organisation auf, die es zu analysieren und zu lösen gilt (Querschnittsfunktion „Personal").

Die Anzahl der Bücher, die speziell das Personalcontrolling beleuchten, hält sich in Grenzen. Ein Grund hierfür dürfte sein, dass Menschen in allen Bereichen eines Unternehmens ihren Beitrag zum Erfolg liefern, womit das Personalmanagement als Querschnittsfunktion zu interpretieren ist. Eine isolierte Betrachtung dieses „Bereichscontrollings" ohne integrative Verbindung zum Unternehmenscontrolling schränkt die Sichtweise stark ein. Allerdings richtet sich in Zeiten stagnierender wirtschaftlicher Entwicklung und verschärfter Wettbewerbslage zusehends der Blick auf die Kernaktivitäten sowie die Prüfung der Wirtschaftlichkeit einzelner Unternehmensbereiche. In den letzten Jahren wird verstärkt nach der „Wertschöpfung" bzw. dem Beitrag von Humanressourcen zum Unternehmenserfolg gefragt. Die Analyse und Berücksichtigung ökonomischer Aspekte innerhalb der Personalarbeit gewinnt in Theorie und Praxis an Bedeutung. Dieses Ansinnen spiegelt sich in zahlreichen Zeitschriftenartikeln und einigen Büchern zum Personalcontrolling wider.

Die inhaltliche Ausrichtung, Tiefe und Breite der Monographien zum Personalcontrolling gestaltet sich recht unterschiedlich.

Was bietet dieses Buch in Abgrenzung zu anderen Büchern des Personalcontrollings und welchen Nutzen erhält der Leser? Es ist nicht möglich, in einem Buch alle Ausprägungen und Schwerpunkte des Personalcontrollings gleichermaßen zu berücksichtigen. Die Autoren haben nicht den Anspruch, ein theoretisches oder gar ein geschlossenes praxisgerechtes Konzept vorzulegen, sondern dem Leser, ob Studierender oder Praktiker, die wichtigsten Facetten des Personalcontrollings als Subfunktion der Unternehmensführung zu verdeutlichen. Er erhält einen guten Einblick in die Zusammenhänge der Personalarbeit in Organisationen und lernt die maßgeblichen Funktionen und Instrumente des Personalcontrollings kennen. Dabei geht es den Autoren vor allem darum, in komprimierter, kritischer und praxisgerechter Form die „Grundzüge des Personalcontrollings" dem Leser zu präsentieren. In diesem Zusammenhang wird aufgezeigt und betont, dass das Personalcontrolling in der Wirtschaftspraxis recht unterschiedliche Gestalt annehmen kann. Dies belegen auch die Darlegungen der Unternehmensvertreter in Kapitel fünf. Grundsätzlich kann jede Organisation, ob Klein- oder Großunternehmen, Personalcontrolling zur Steuerung des Erfolgs der eigenen Organisation einsetzen. Die oder gar die „richtige" Controllingorganisation kann es angesichts vielfältiger inner- und außerbetrieblicher Einflussfaktoren, die auf die Organisation eines Unternehmens einwirken, nicht geben. Sie ist stets unternehmensbezogen zu gestalten.

2.   Problemstellung

Controlling und erst recht Personalcontrolling, sind Querschnittsfunktionen, die für jede Organisation von Bedeutung sein können. Ist es schon schwierig, klar abzugrenzen, was unter Controlling zu verstehen ist, so gilt dies im verstärkten Maße für das Personalcontrolling als spezielles Bereichscontrolling.

Tatsache ist, dass es lange Zeit im deutschen Sprachraum gegenüber dem Controlling (eben auch den Bereichscontrolling-Ansätzen), nicht zuletzt wegen der Nähe zum Begriff Kontrolle, massive Vorbehalte gab. Diese sind bis heute noch nicht völlig verschwunden. Insbesondere Klein- und Mittelbetriebe sehen vielfach im Controlling einen schillernden Begriff mit unklaren Inhalten.

Führt man sich vor Augen, dass das Controlling, verstanden als eine zielorientierte Planung und Steuerung, konzeptionell weiter greift als die vergangenheitsorientierten Betrachtungen der Kontrolle, so wird klar, dass es sich im Schwerpunkt mit der Zukunft einer Organisation auseinandersetzt. Es lässt sich somit konstatieren, dass eine große Nähe von Personalplanung und Personalcontrolling gegeben ist. Denn die Personalplanung weist grundsätzlich einen mittel- und langfristigen Investitionscharakter auf.

Wie bereits erwähnt, steht das allgemeine Unternehmenscontrolling in der betriebswirtschaftlichen Literatur im Zentrum der Aufmerksamkeit. Das Interesse an Theorie und Praxis der verschiedenen Funktionsbereichs-Controlling-Varianten ist jedoch in den letzten Jahren merklich gestiegen. Dies resultiert zum einen aus der wachsenden Bedeutung der Humanressourcen als Kosten-, Risiko- und Erfolgsfaktor und zum anderen aus der Entwicklung der Personalarbeit von der zunächst eher ausführenden Funktion des Verwaltens hin zu einem stärker personen- und wertschöpfungsorientierten Personalmanagement.

Hinsichtlich von Begriff und Inhalt des Personalcontrollings existiert eine breite Fülle an Meinungen. Ein Durchforsten der vorzufindenden Ansätze in der Literatur lässt erkennen, dass diese sich in der Regel in Bezug auf die zugrunde gelegte Controlling-Auffassung und den Umfang von Controlling-Aktivitäten unterscheiden.

Unter Einbeziehung der relevanten Publikationen über das Thema Personalcontrolling wird in unserem Buch auf die Entstehung, die diversen Ansätze und Definitionen eingegangen, ausgewählte Instrumente vorgestellt und Problembereiche (Interessen, Widerstände, Eignung des Personalcontrollings für Organisationen unterschiedlichster Art, Branche und Größe usw.) des Personalcontrollings angesprochen. Es werden nicht nur die Möglichkeiten des Personalcontrollings, sondern eben auch die Hindernisse und Grenzen aufgezeigt.

Bereits an dieser Stelle lässt sich festhalten: Jede Organisation, unabhängig von Art, Branche und Größe, betreibt Controlling. Zumindest jede Führungskraft mit Personalverantwortung ist mehr oder weniger ein bewusster oder unbewusster Nutzer des Personalcontrollings im weitesten Sinne.

3. Zielgruppen und Zielsetzung

Es gibt mittlerweile eine gewisse Anzahl von allgemeinen Lehrbüchern am wissenschaftlichen Literaturmarkt zum Thema Personalcontrolling. Daher sei zunächst geklärt, für wen und mit welcher Absicht dieses Werk verfasst worden ist. Die folgenden beiden Zielgruppen werden mit dem vorliegenden Werk angesprochen:

- Zum einen wendet sich das Buch an Studierende an Hochschulen, Akademien und sonstigen Institutionen der Weiterbildung.
- Zum anderen sind aber auch Praktiker, Führungskräfte und Interessenvertreter aus Unternehmen aller Branchen und Größen, aber auch aus sonstigen Organisationen angesprochen, die sich mit dem Personalcontrolling beschäftigen wollen bzw. müssen und die über den Einsatz alter und neuer Instrumente nachdenken.

Das Controlling gewinnt für Studierende und Praktiker sowohl in kaufmännischen als auch technischen Bereichen von Unternehmen und sonstigen Organisationen eine zunehmende Bedeutung als betriebswirtschaftliche Basisfunktion. Kenntnisse vor allem der Grundzüge des Personalcontrollings und seiner wesentlichen Instrumente stellen in einer Informations- und Wissensgesellschaft auf dem Arbeitsmarkt immer häufiger einen wichtigen Qualifikationsbaustein von Führungskräften dar. Wieso die Praxisrelevanz des Personalcontrollings zunimmt, kann auf zwei Ursachen zurückgeführt werden:

Zum einen führt die zunehmende Dezentralisierung der Planungs- und Steuerungsaufgaben in Organisationen zu neuen Einsatzgebieten im Sparten- und Bereichs-Controlling. Zum zweiten, dies dürfte noch entscheidender sein, setzt sich verstärkt die Erkenntnis durch, dass Linienmanager und Führungskräfte Controlling-Aufgaben auch selber wahrnehmen können und auch sollen. Personalwirtschaft ist eben nicht nur eine Aufgabe des entsprechenden Ressorts, sondern muss von allen Führungskräften mehr oder weniger mitverantwortet werden. Dies gilt gleichzeitig für alle diejenigen, die im Rahmen der Mitbestimmung und den Mitbestimmungsgesetzen oder dem Betriebsverfassungsgesetz die Belange der Mitarbeiter in den Unternehmungen wahrnehmen (z.B. Mitglieder des Betriebsrats oder Arbeitnehmervertreter im Aufsichtsrat).

Für diesen Personenkreis wird die Absicht verfolgt, die Grundzüge des Personalcontrollings hinsichtlich Begriffsbildung und Interpretation, historischer Entwicklung sowie organisatorischer Sachverhalte und die strategischen und operativen Instrumente praxisnah und anwendungsorientiert darzulegen. Das Werk hat also den Charakter einer Einführung in das Denken und die Anwendung des Personalcontrollings.

Zielsetzung dieses Buches ist es, in komprimierter und nachvollziehbarer Form dem Leser das Personalcontrolling in seiner Vielfalt vorzustellen. Mehr die Breite (im Sinne der Vermittlung eines systematischen Gesamtüberblicks) und weniger die Tiefe bestimmt das inhaltliche Konzept des Werkes.

4.   Struktur des Buches

Das vorliegende Buch ist zur Ansprache der Zielgruppen und zur Erreichung der Zielsetzung wie folgt aufgebaut (siehe Abb. 1):

- Nach dieser Einführung folgt im zweiten Kapitel die Einordnung des Begriffs „Personalcontrolling" in die Managementlehre und die Wirtschaftspraxis. Es werden die Entwicklungslinien und Grundbegriffe der Personalarbeit sowie des Personalcontrollings dargelegt. Ferner soll aufgezeigt werden, welchen Stellenwert die Menschen in Organisationen haben und welche unterschiedlichen Sichtweisen bezogen auf die Ziele, Interessen und Ausprägungen des Personalcontrollings in Theorie und Wirtschaftspraxis bestehen. Abschießend wird auf empirische Studien und Praxiskonzepte zum Personalcontrolling hingewiesen.
- Gegenstand des dritten Kapitels ist die Verdeutlichung der externen und internen Umweltfaktoren (Umwelt- und Unternehmensanalyse) auf das Personalmanagement im Allgemeinen und das Controlling der Personalarbeit einer Organisation im Speziellen. Aufgezeigt wird der Problemlösungsprozess des Personalbereichs als Querschnittsfunktion. Die grund-

Abb. 1: Struktur des Buches

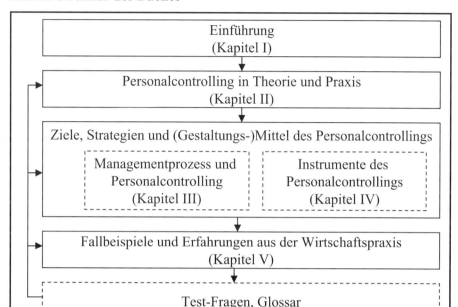

legenden Ziele und Funktionen des Personalcontrollings im Zusammenhang mit der Unternehmensführung und Personalarbeit werden diskutiert und die organisatorische Einbindung besprochen. Beleuchtet werden außerdem die Interessen für und die Widerstände gegen Personalcontrolling. Das Personalcontrolling bietet zwar zahlreiche Möglichkeiten zur Unterstützung der Personalarbeit des Unternehmenserfolgs, aber auch die Grenzen dürfen nicht übersehen werden, die in der Praxis bestehen.

• Das vierte Kapitel unternimmt den Versuch, die Instrumente des Personalcontrollings zu systematisieren und die Beziehungen zur strategischen und operativen Entscheidungsebene aufzuzeigen. Um eine ökonomische und zielorientierte Evaluation und Steuerung personalwirtschaftlicher Maßnahmen und Prozesse durchführen zu können, bedarf es des Einsatzes von Führungsinstrumenten. Dargelegt wird, welche relevanten Personalcontrolling-Instrumente genutzt werden können, um sowohl ökonomische Größen (z.B. Rentabilität oder Effizienz) als auch die sozialen Folgen personalpolitischer Entscheidungen (z.B. Motivation oder Arbeitszufriedenheit) zu bewerten und zu steuern.

• Im fünften Kapitel kommt der Praxisblick zum Tragen. Im Vordergrund steht dabei allerdings nicht die Präsentation ausgereifter und erprobter Personalcontrolling-Konzepte aus der Wirtschaftspraxis. Das Personalcontrolling-Konzept als Erfolgsgarant für alle Organisationen gibt es ohnehin nicht. Vielmehr soll der Leser eine Vorstellung darüber erhalten, wie unterschiedlich die Sichtweisen auf das Personalcontrolling und die Erfahrungen mit einem Personalcontrolling sein können.

- Abschließende Test-Fragen ermöglichen es Ihnen, das Gelesene zu reflektieren. Sie können Ihren Wissensstand und Ihre Erkenntnisse – im Sinne des „Selbstcontrollings" – überprüfen.
- Ein Glossar weist zentrale Begriffe aus dem Umfeld des Personalmanagements und Personalcontrollings aus.
- Ein umfangreiches Literatur- und Stichwortverzeichnis runden die Einführung in das Personalcontrolling ab.

Der Leser[1] erhält ein komprimiertes Werk zum Personalcontrolling, ergänzt um das Erfahrungswissen unterschiedlicher Interessen- und Personengruppen aus Praxissicht. Nicht zuletzt vor diesem Hintergrund bietet dieses Buch auch Anregungen und Handlungshilfen für die Wirtschaftspraxis.

---

1 Wenn in dem Buch lediglich die männliche Form eines Wortes benutzt wird, so sind doch stets beide Geschlechter angesprochen.

Kapitel II: Personalcontrolling in Theorie und Wirtschaftspraxis

In diesem Kapitel wird aufgezeigt, wie das Personalcontrolling in Theorie und Praxis gesehen und diskutiert wird. Die historische Entwicklung der Personalwirtschaft und des Personalcontrollings wird dargelegt und die Begriffsdifferenzierungen und Konzepte des Personalcontrollings besprochen. Außerdem wird die organisatorische Eingliederung und Etablierung des Personcontrollings in der Wirtschaftspraxis verdeutlicht und weitere Hinweise für die intensive Beschäftigung mit dem Personalcontrolling sowie für dessen Einführung gegeben.

1.   Mensch und Organisation

Die Existenz jeder Organisation (Unternehmen, Institutionen, etc.) ist ohne die Ressource „Mensch" nicht denkbar. Eine Produktion von Gütern und Dienstleistungen ist letztlich immer auf den Einsatz menschlicher Arbeitsleistung zurückzuführen. Dies gilt sowohl für **privat organisierte Profit-Unternehmen** als auch für **Nonprofit-Organisationen** (z B. öffentliche Betriebe, Schulen, Vereine, Hilfsorganisationen). Die Arbeit ist und bleibt der originäre Produktionsfaktor. Tatsache ist außerdem, dass der Mensch im Gegensatz zu Faktoren wie Kapital und Boden ein soziales Wesen ist. Im systemorientierten Ansatz von *Ulrich* wird die Unternehmung als offenes, soziales, zielorientiertes und strukturiertes System verstanden (vgl. Ulrich 1970). Durch die Aufnahme der sozialen Dimension wird der Mensch angemessen berücksichtigt, und neben den wirtschaftlichen Zielsetzungen werden auch die Bedürfnisse, Interessen und Erwartungen der Individuen in das Theoriesystem aufgenommen (vgl. Hentze/Kammel 2001, S. 19ff.). Welche Bedeutung dem Menschen in einer Organisation beizumessen ist, wird in Wissenschaft und Praxis allerdings recht unterschiedlich bewertet. Dies belegen u.a. die theoretischen Ansätze der Analyse von Personal und Arbeit, die im nächsten Gliederungspunkt vorgestellt werden.

Sicherlich nicht zuletzt aufgrund der Besonderheit, dass der „**Mensch als arteigenes System**" betrachtet werden kann, ist es schwer, eindeutige inhaltliche Konturen der Personalwirtschaft in Theorie und Praxis auszumachen. Der Mitarbeiter auf allen Hierarchieebenen der Organisation bestimmt mit seinen Ressourcen und Dispositionen maßgeblich den Unternehmenserfolg. Er charakterisiert sich durch Bedürfnisse und Interessen, Leistungsfähigkeit körperlicher Art (Gesundheit, Ausdauer etc.) und geistiger Art (Qualifikation, Wissen, Können, Erfahrung), Leistungsbereitschaft (Motivation) und Verhaltensdispositionen (wie Arbeitszufriedenheit). Er ist **Leistungs-**, **Wertschöp-**

fungs-, **Erfolgs-** und **Risikofaktor** gleichermaßen. Abbildung 2 zeigt das verfeinerte Grundmodell der verschachtelten Systeme „Umwelt", „Unternehmung" und „Mensch", in der die personalwirtschaftlich relevanten Einzelelemente relational zusammengestellt sind (vgl. Kropp 2004, S. 134ff.).

Abb. 2: Bezugsrahmen der Systeme Umwelt, Unternehmen und Mensch

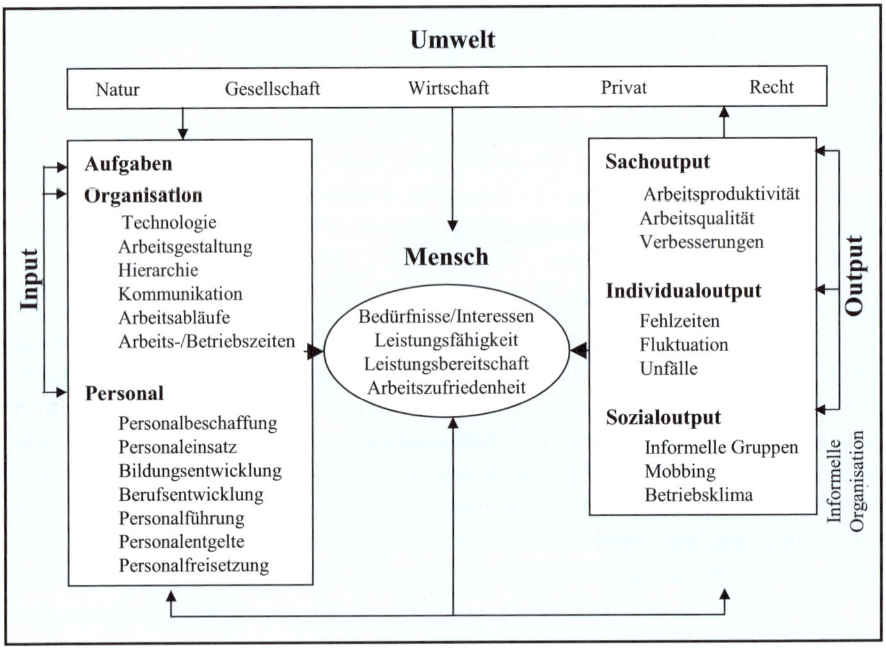

Quelle: Kropp 2004, S. 136

Weshalb heute Personalmanagement und Personalcontrolling in der Wissenschaft stark in der Diskussion stehen und beide in der Wirtschaftspraxis zusehends an Akzeptanz gewinnen, ist auf viele Ursachen zurückzuführen. Das System „Mensch" rückt wieder stärker in den Mittelpunkt der Betrachtung von Analysen und Entscheidungen. Die Dynamik in der Umwelt hat in den letzten Jahren zugenommen, und ein Ende ist nicht abzusehen. Verstärkter nationaler und internationaler Wettbewerb, rasante und tiefgreifende Strukturveränderungen der Absatz- und Beschaffungsmärkte bewirken einen ständigen Wandel in der Gesellschaft und den Unternehmen. Erwähnt sei an dieser Stelle lediglich der Wandel der Arbeitswelt. Diverse Einflussfaktoren, wie z.B. die Digitalisierung aller Arbeits- und Lebensbereiche, Internationalisierung der Arbeitsmärkte, demographischer Wandel usw., wirken auf die Personalarbeit. Eine neuerliche Aufwertung erhält das Personalcontrolling dadurch, dass das Personalmanagement mit dem Gesetz zur Kontrolle und Transparenz von Kapitalgesellschaften (KonTraG) und der Bonitätsprüfung von Unternehmungen bei Kreditvergaben (Basel II) in den Mittelpunkt der Diskussion um ein unternehmensorientiertes Risikomanagementsystem rückt.

Auch wenn in erster Linie die Einschätzungen der Gegenwart und der Zukunft für Entscheidungs- und Gestaltungsprozesse von Relevanz sind, ist es keinesfalls schädlich, dass sich Studierende sowie Entscheidungsträger in Organisationen mit der Vergangenheit und den Theorieansätzen in der Betriebswirtschafts- und Personallehre befassen.

2. Überblick über Theorieansätze von Personal und Arbeit

Zwar gibt es keine gesicherten Erkenntnisse darüber, wie stark die Praxis der Unternehmensführung und des Personalmanagements im Speziellen durch Entwicklungen im Wissenschaftssystem beeinflusst werden, aber es ist wohl unstrittig, dass wissenschaftliche Forschung und Unternehmenspraxis in einem Wechselverhältnis stehen.

Wenn ein Absolvent einer Hochschule oder anderer Ausbildungsstätte gelegentlich mit dem Spruch in der Praxis konfrontiert wird, „vergiss alles, was Du gelernt hast, bei uns läuft alles anders", so ist dies nur die halbe, wenn nicht gar die falsche Wahrheit. Theorien sind sicherlich nicht 1:1 in der Praxis wiederzufinden. Aber sie haben für eine wissenschaftliche Disziplin, z.B. die Personalwirtschaftlehre, gleich mehrere Funktionen des Erkenntnisgewinns: Die Beschreibungs-, die Erklärungs- und Prognose-, die Kritik- sowie die Gestaltungsfunktion.

Nach wie vor sollte sich die Praxis der Erkenntnis stellen, die folgende zwei **Zitate** zum Ausdruck bringen:

Leonardo da Vinci (1452-1519): „Diejenigen, welche glauben, an der Praxis ohne Wissenschaft gefallen zu finden, sind Schiffer, die ohne Kompaß und Steuer fahren. Sie wissen nie wohin die Fahrt geht. Immer muß die Praxis auf guter Theorie aufbauen."

Und schließlich soll kein geringerer als *Albert Einstein* (1879-1955) einmal gesagt haben, dass es nichts Praktischeres gäbe als eine gute Theorie.

Die **Personalwirtschaftlehre** ist im Rahmen der Wissenschaftssystematik als Teildisziplin der Betriebswirtschaftslehre (BWL) zuzuordnen. Als Zeitpunkt der Etablierung einer eigenständigen Personalwirtschaftlehre mit der Zuordnung zur BWL werden die 70er Jahre des letzten Jahrhunderts ausgemacht. Theorieansätze und Konzepte, die sich mit der Stellung des Menschen im Betrieb (allerdings unter vorwiegend ökonomischen Betrachtungen) oder mit personalwirtschaftlichen Einzelproblemen befassen, sind jedoch schon viel früher zu finden (vgl. Hentze/Kammel 2001, S. 9). Die Systematisierung der diversen theoriegeleiteten Ansätze erfolgt in der Literatur nach unterschiedlichen Kriterien. So ordnen beispielsweise *Klimecki/Gmür* (2001, S. 37ff.) die existierenden Theorien und Konzepte den folgenden drei zentralen Ansatzausrichtungen zu: Gestaltungsorientierte Ansätze, individualistische und systematische Erklärungsansätze.

Von den meisten Autoren werden das **Scientific Management** (wissenschaftliche Betriebsführung), die **Human-Relations-Bewegung** und **verhaltenswissenschaftliche Ansätze** intensiver besprochen, weil diese Ansätze für den Aufbau der Personalwirtschaftslehre als Teildisziplin der BWL als besonders bedeutend angesehen werden. Anbei die drei Ansätze im Überblick:

- Die **wissenschaftliche Betriebsführung** wurde von dem amerikanischen Ingenieur *Frederick W. Taylor* um **1900** begründet. Er vertrat die Auffassung, dass eine Steigerung der Produktivität lediglich über monetäre Anreize und starke Arbeitsteilung erzielt werden könne und formulierte 1913 dazu wichtige Grundsätze. Eine Folge dieser Theorie war im gleichen Jahr die Einführung des Fließbands durch *Henry Ford* (Autoproduktion). Die stark mechanistisch orientierte Betrachtungsweise rief vor allem von Seiten der Sozialwissenschaften und aus gewerkschaftlichen Kreisen Kritik hervor.

- Das Menschenbild des „homo oeconomicus", der emotionsfrei arbeitet, wurde im Jahre 1932 durch das Bild des Menschen als soziales Wesen abgelöst. Die Ergebnisse der empirischen Studien (1927-1932) der Harvard-Professoren *Mayo* und *Roethlisberger* in den *Howthorne-Werken der Western Electric Company in Chicago* und weitere Untersuchungen wiesen auf die Bedeutsamkeit **sozialer Faktoren** für den Arbeitsprozess hin und machten deutlich, dass der **„Mensch als motiviertes Gruppenwesen"** zu betrachten ist. Auf Basis dieser Ergebnisse formierte sich die sog. **Human-Relations-Bewegung**. Sie versuchte diese Erkenntnisse in die Praxis umzusetzen. Ihre Anhänger sahen das konfliktfreie Arbeitsklima als wichtigste Voraussetzung für hohe Produktivität und bemühten sich, Führungstechniken zur Steuerung des Gruppenverhaltens zu entwickeln. Diese Bewegung wird als Ursprung der modernen Personalwirtschaftslehre angesehen (vgl. Hentze/Kammel 2001, S. 9ff., Jung 2006, S. 2).

- Die **verhaltenswissenschaftlichen Ansätze** seit Beginn der 50er Jahre haben noch stärker den einzelnen Menschen im Focus. Die Forschungsergebnisse aus den Bereichen **Psychologie** (z.B. *Maslow* mit seiner Bedürfnispyramide oder *Vromm*, der sich den Problemen der Motivation widmete), **Soziologie** (z.B. Erkenntnisse über Kleingruppen, Verteilung von Macht und Autorität, strukturelle Beziehungen und über die Rollentheorie), aber auch **Ethnologie** und **Anthropologie** haben vor allem die strategische Ausrichtung des Personalmanagements befruchtet (vgl. Hentze/Kammel 2001, S. 40ff.). In diesem Zusammenhang sei auf die Konzepte **des Human Resource Managements** (HRM) hingewiesen, die die Integration von Unternehmensstrategie und Personalpolitik bei gleichzeitig besserer Ausschöpfung des menschlichen Potenzials leisten sollen (vgl. Hentze/ Kammel 2001, S. 47ff.). Wie später noch deutlich wird, gewinnt im Rahmen des unternehmerischen Personalcontrollings die Evaluation der Wertschöpfung im Personalmanagement zunehmend an Bedeutung (vgl. Wunderer/Jaritz 2006).

Neben diesen prägenden Theorieansätzen entwickelten sich weitere Ansätze, die mehr oder weniger Einzug in die Praxis finden. In Anlehnung an *Jung* (2006, S. 3) seien folgende Denkansätze genannt:

- Beim **Produktionsfaktor-Ansatz** von *Gutenberg* wird die menschliche Arbeitsleistung (objektbezogener und dispositiver Faktor) wie die Werkstoffe und Betriebsmittel als Produktionsfaktor betrachtet, mit dem Ziel des optimalen Verhältnisses zwischen Einsatz (Input) und Ertrag (Output), d.h. der Erhöhung der Produktivität. Dieser Denkansatz legt Elemente eines **mechanistischen Menschenbildes** zugrunde.
- Der **entscheidungsorientierte Ansatz** zeichnet sich dadurch aus, dass in den Zielbildungsprozess der Unternehmung die wesentlichen Träger einzubeziehen sind. Neben den Führungskräften sind auch die Arbeitnehmervertreter wie der Betriebsrat und der Aufsichtsrat zu beteiligen. So stellt *Heinen* die **menschlichen Entscheidungen** auf allen Ebenen der betrieblichen Hierarchie und in allen Teilbereichen in den Mittelpunkt wissenschaftlichen Bemühens. Bei diesem Ansatz wird dem **Anreiz-Beitrags-Modell** von *March/Simon* besondere Aufmerksamkeit im Rahmen des personalwirtschaftlichen Bezugsgeflechts geschenkt. Dieses Modell besagt, dass das **Individuum** die von einer Organisation erhaltenen materiellen und immateriellen Anreize seinen Beiträgen gegenüberstellt und in Abwägung des persönlichen Nutzens seine Verhaltensweisen festlegt.
- Im **systemorientierten Ansatz** von *Ulrich* wird die Unternehmung als offenes, soziales, zielorientiertes und strukturiertes System verstanden. Wie bei *Gutenberg* wird auch in diesem Ansatz das produktive Element „Mensch" maßgeblich von der Kostenseite her gesehen, allerdings wird hier ein gesonderter **Funktionsbereich Personalwesen** ausgewiesen. Der Bereich Personalwesen wird unterteilt in Input-Orientierung (Personalbeschaffung, -einsatz usw.), Input-Verbesserung (Bildung, Leistungsanreize), Hygienemaßnahmen (Arbeitsumgebung, Sozial- und Informationspolitik usw.), Strukturbeeinflussung (Organisations- und Arbeitsgestaltung) und Output-Orientierung (Entlassung). Nicht das Verwalten, sondern das Gestalten bildet den Kern des betriebswirtschaftlichen Ansatzes.

- Der **konfliktorientierte Ansatz** von *Marr/Stitzel* (1979) geht von einer Konzeption des **Interessenausgleichs** zwischen ökonomischer und sozialer Effizienz aus, wie Abbildung 3 zeigt. Während die meisten Ansätze eine offene Ausgangssituation für die Gestaltung der Personalbeziehungen unterstellen, geht eben der konfliktorientierte Ansatz von **strukturellen Interessengegensätzen** zwischen dem Unternehmen, repräsentiert durch Kapitaleigner und Management einerseits und den abhängig beschäftigten Mitarbeitern andererseits aus. Vor allem vor dem Hintergrund der Bewertung und des Einsatzes von verschiedenen Instrumenten in Bezug auf die Konfliktfelder der Personalarbeit weist dieser Ansatz zweifelsohne auch heute noch eine recht hohe Praxisrelevanz auf.
- Der **Kontingenzansatz**, auch **situativer Ansatz** genannt, ist in den späten 60er und 70er Jahren in den USA entwickelt worden und hat die Unternehmensführung und damit auch die Personalwirtschaftlehre stark beeinflusst. Er versucht andere Theorieansätze einzubeziehen und basiert auf einem offenen System, das wegen seiner vielfältigen Beziehungen zur Umwelt **je nach Situation** einen aufgaben- oder personenbezogenen Führungsstil erfordert. Die Entscheidung über das Zielsystem wird durch die Interessen und Ziele der externen Anspruchsgruppen (Staat, Banken, Gewerkschaften

Abb. 3: Der konfliktorientierte Ansatz nach Marr/Stitzel (1979)

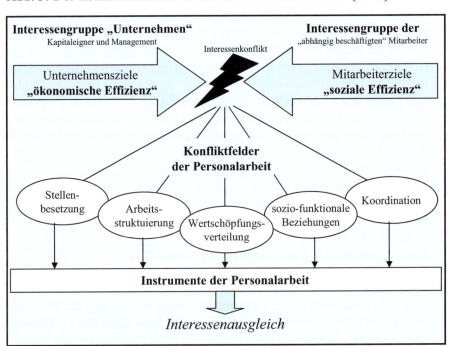

Quelle: Klimecki/Gmür 2001, S. 51

usw.) und insbesondere durch die Bedürfnisse und Interessen einzelner Organisationsmitglieder sowie -gruppen bestimmt (Vorstand, Betriebsrat usw.).

Von den genannten und weiteren Theorieansätzen und Modellen wurde die Personalwirtschaft mehr oder weniger geprägt und entwickelte sich im Laufe der Zeit zu einem immer wichtiger werdenden Bestandteil der betrieblichen Organisation. Wie hat sich die Entwicklung der (praktischen) Personalarbeit vollzogen? Die Darlegung wichtiger Entwicklungsstufen der Personalarbeit soll dazu beitragen, die Definition, Abgrenzung und Historie des Personalcontrollings besser einordnen zu können.

3. Historie: Von der Personalverwaltung zur Personalgestaltung

Seit der Industrialisierung bis zur heutigen **Wissensgesellschaft** haben sich gravierende Veränderungen in der Unternehmensumwelt ergeben. Im Zuge dieser Entwicklung haben sich in den letzten Jahrzehnten zahlreiche **Unternehmensführungskonzepte** herausgebildet (vgl. Zdrowomyslaw 2005, S. 86ff.). Die **betriebliche Personalarbeit** hat sich als **eigenständige Institution** in den 50er Jahren etabliert und im Laufe der Jahre stark verändert (vgl. DGFP 2001, S. 17 f.).

Betrachtet man die historische Entwicklung der **Personalarbeit in der Wirtschaftspraxis**, so werden in der Literatur – je nach gewählten Kriterien und Abgrenzung – in der Regel drei bis sechs Phasen unterschieden. *Jung* (2006, S. 3) benennt folgende **drei** Entwicklungsphasen: Verwaltungsphase (bis 1950), Anerkennungsphase (1950-1970) und Integrationsphase (seit 1970). *Hilb* (2006, S. 3 f.) arbeitet unter Zugrundelegung der Kriterien „zeitliche Nutzenwirkung" und „Aktivitätsniveau" **vier** Entwicklungsstufen des Personalmanagements heraus: Ausgehend von der Personalarbeit als Administrationsaufgabe, über die Personalarbeit als Stabsaufgabe und als „Reparaturaufgabe der Linie" hin zur bisher in der Praxis kaum vorzufindenden Stufe vier „visionsorientiertes und integriertes Personalmanagement". Nach *Scholz* (2000, S. 32f.) lassen sich **sechs** Phasen der Personalarbeit unterscheiden. Abbildung 4 verdeutlicht exemplarisch an Schwerpunkten der Personalarbeit den Wandel von einem administrativ ausgerichteten Personalwesen (Personalverwaltung) bis hin zu der sog. „Personalkompetenzintegration" ab 2000.

Abb. 4: Entwicklungsphasen der Personalarbeit

	Entwicklungsphasen	Exemplarische Schwerpunkte
bis 1960	Personalverwaltung	Abrechnung, Mitbestimmung
ab 1960	Personalstrukturierung	Institutionalisierung, Identität der Personalabteilung, Personalplanung
ab 1970	Personalentwicklung	Personalaktivierung, Karriereplanung
ab 1980	Personalstrategie	Wertschöpfung durch die Personalarbeit
ab 1990	Personalinterfunktionalität	Verbesserung von Wettbewerbspositionen
ab 2000	Personalkompetenzintegration	Personal-Professionalisierung in allen Bereichen, verteilte Kompetenzen, „Personal-Vision"

Quelle: Scholz 2000, S. 33

Eine weitere, viel zitierte **Fünf-Phaseneinteilung** – stärker an der jeweiligen Zielsetzung der Personalfunktion orientiert – liefern *Wunderer/Schlagenhaufer* (1994, S. 3ff.). Unter Zugrundelegung der Abgrenzungskriterien Philosophie, Strategie, Hauptfunktion und Verantwortungsträger werden folgende fünf idealtypische Entwicklungsstufen ausgemacht: Bürokratisierung, Institutionalisierung, Humanisierung, Ökonomisierung und Entre- und Intrapreneuring.

Unabhängig der unterschiedlichen Phaseneinteilung der Historie der Personalarbeit lautet die grundsätzliche Kernaussage: Von der Personalverwaltung hin zur Personalgestaltung bzw. zum Human Resource Management (vgl. Oechsler 1997, S. 17). Die Personalarbeit wird zusehends als eigenständiger Unternehmensbereich gesehen. „Der Personalbereich wird als Wertschöpfungscenter betrachtet und man denkt darüber nach, in welchen Fragen der Vorgesetzte oder das Personalressort für Personalprobleme verantwortlich ist" (DGFP 2001, S. 18). An dieser Stelle sei jedoch erwähnt, dass die Personalabteilungen in der **Unternehmenspraxis** in den seltensten Fällen ausschließlich durch eine Entwicklungsphase charakterisiert werden, sondern meistens als „**Mischformen**" anzutreffen sind. Außerdem ist zu konstatieren, dass der **Entwicklungsstand des Personalmanagement** je nach Landes-, Branchen und Unternehmenskultur große Unterschiede aufweist (vgl. Hilb 2006, S. 4).

4.   Personalarbeit – Ausgangspunkt für das Personalcontrolling

Prinzipiell kann sich der Begriff des Personalcontrollings (auch Human Resource Controlling genannt) nach dem Wortlaut entweder auf das Controlling **des Personals** oder auf das Controlling der **Personalarbeit** beziehen (vgl. Wunderer/Jaritz 2006, S. 12). Um sich dem Begriff und den Aufgabenfeldern

Abb. 5: **Entwicklung von der Personalverwaltung zum Personalmanagement**

I. Bürokratisierung: (bis ca. 1960)
Philosophie: Kaufmännische Bestandspflege der „Personalkonten" *Strategie:* Aufbau vorwiegend administrativer Personalfunktionen *Hauptfunktionen:* Verwaltung der Personalakten, Durchführung personalpolitischer Entscheidungen – z.T. in Nebenfunktion *Verantwortlich:* Kaufmännische Leitung
II. Institutionalisierung: (ab ca. 1960)
Philosophie: Anpassung des Personals an organisatorische Anforderungen (Sozialisierungskonzepte) *Strategie:* Professionalisierung des Personalleiters, Zentralisierung des Personalwesens, Spezialisierung der Personalfunktionen *Hauptfunktionen:* Neben Kernfunktionen wie Verwaltung, Einstellung, Einsatz, Entgeltfindung, juristische Konfliktlösung zusätzlich Ausbau der qualitativen Sozialpolitik (Bildung, Freizeit, Arbeitsplätze) *Verantwortlich:* Personalleiter im Groß- und z.T. Mittelbetrieb
III. Humanisierung: (ab ca. 1970)
Philosophie: Anpassung der Organisation an die Mitarbeiter (Akkomodationskonzepte) *Strategie:* Spezialisierung, Ausbau sowie Mitarbeiterorientierung der Personalfunktionen *Hauptfunktionen:* Humanisierung, Partizipation, Ausbau der qualitativen Funktionen, wie Aus- und Weiterbildung (off-the-job), kooperative Mitarbeiterführung, Human Relations, Personalbetreuung, Humanisierung von Arbeitsplätzen, -umgebung, Arbeitszeit, Organisations- und Personalentwicklung *Verantwortlich:* Personalressort in der Geschäftsleitung, Personalstäbe, Arbeitnehmer-Vertretung
IV. Ökonomisierung: (ab ca. 1980)
Philosophie: Anpassung von Organisation und Personal an veränderte Rahmenbedingungen nach Wirtschaftlichkeitsaspekten *Strategie:* Dezentralisierung, Generalisierung, Entbürokratisierung, Rationalisierung von Personalfunktionen *Hauptfunktionen:* Flexibilisierung der Arbeit und der Arbeitskräfte, Rationalisierung der Arbeit und Arbeitsplätze, Bewertung des Arbeitspotentials und Entwicklungspotentials, Abbau quantitativer und freiwilliger Personalleistungen, Orientierung auf Freisetzungspolitik *Verantwortlich:* Geschäftsleitung, Personalwesen, Linienmanagement
V. Entre- und Intrapreneuring: (ab ca. 1990)
Philosophie: Mitarbeiter als wichtigste, wertvollste und sensitivste Unternehmensressource. Das Personalmanagement soll sie als Mitunternehmer gewinnen, entwickeln und erhalten. Wertschöpfung („added value") als Oberziel. *Strategie:* Zentralisierung des strategischen und konzeptionellen Personalmanagements bei gleichzeitiger Delegation operativer Personalarbeit an die Linie *Hauptfunktionen:* Unternehmerisches Mitwissen, Mitdenken, Mithandeln und Mitverantworten in allen wesentlichen Unternehmensentscheidungen. Damit integrierte und gleichberechtigte Mitwirkung bei der Unternehmensphilosophie, -politik und -strategie mit besonderer Berücksichtigung von „Mensch und Arbeit". *Verantwortlich:* Die Geschäftsleitung, insbesondere ein für Personal (Human Ressourcen und Humankapital) verantwortliches Mitglied, das zentrale Personalmanagement als „Wertschöpfungs-Center" sowie die Linie (als dezentrales Personalmanagement)

Quelle: Wunderer/Schlagenhaufer 1994, S. 3ff.

des Personalcontrollings zu nähern, ist es angebracht, sich zunächst die Rolle der Personalarbeit und deren (funktionale) Einordnung in das gesamte Unternehmensgeschehen vor Augen zu führen. Dazu gehört auch grundsätzlich die Beschäftigung mit dem **Personal** und zwar als Individuum und Gruppenmitglied. Der arbeitende Mensch ist zugleich „Subjekt" und „Objekt" in einer Organisation (vgl. Bisani 1997, S. 635ff.).

Bekanntlich ist das Unternehmen eine „black box", die durch einen hohen Komplexitätsgrad der Beziehungen und einer Vielzahl von Aktivitäten gekennzeichnet ist. Zwar entwickelt jede Organisation seine eigenen Politiken, Ziele, Strategien, Maßnahmen usw., aber bestimmte Funktionen und Einflussgrößen sind für jedes Unternehmen relevant, wenn auch in unterschiedlicher Ausprägung. Ein **Unternehmensmodell** (siehe Abb. 6) kann deshalb nicht die Realität im Konkreten widerspiegeln, mit der die Unternehmer und Manager täglich konfrontiert werden. In einer Organisation lassen sich unterschiedliche Funktionsbereiche ausmachen. Während die Bereiche Einkauf, Produktion und Verkauf als Sachfunktionen bzw. Grundfunktionen (Längsschnittsfunktionen = primäre Aktivitäten) einzuordnen sind, besitzen beispielsweise Finanzierung, Rechnungswesen, Controlling sowie Personal und Mitarbeiterführung grundsätzlich einen Dienstleistungscharakter (Querschnittsfunktionen = unterstützende Aktivitäten). Unbestritten ist jedenfalls, dass im Rahmen des Managementprozesses und der Wertschöpfungsentstehung der **Querschnittsfunktion** „Personal", die alle Sachfunktionen unterstützt und beeinflusst, eine herausragende Bedeutung zukommt. Das Management (synonym: Führung) im **funktionalen Managementkonzept** ist ebenfalls als Querschnittsfunktion (Planung, Organisation und Kontrolle) zu sehen. Managementfunktionen haben sicherzustellen, dass das Zusammenspiel zwischen den anderen betrieblichen Funktionen effektiv und effizient erfolgt (vgl. Steinmann/Schreyögg 2002, S. 6f., Becker/Fallgatter 2005, S. 17ff.).

Auch wenn unterschiedliche Bezeichnungen für die **betriebliche Personalarbeit** gebräuchlich sind und diese teilweise synonym genutzt werden (Personalwesen, Personalwirtschaft und Personalmanagement (vgl. Jung 2006, S. 4ff.)), ist hierunter vor allem die **Gesamtheit aller Funktionen** zu verstehen, die sich mit den Mitarbeitern in einer Organisation befassen. Die praktische Personalarbeit vom Familienbetrieb bis zum globalen Konzern gestaltet sich allerdings recht unterschiedlich. In den Unternehmen richtet sich die Abgrenzung der Funktionen der Personalarbeit vor allem nach Zweckmäßigkeitsgesichtspunkten, und die Erfüllung einer bestimmten Aufgabe kann unterschiedlich geregelt sein. Das weite **Aufgabenfeld** und die wesentlichen **Bereiche** der Personalarbeit sind Abbildung 7 zu entnehmen. *Thom* geht von einer Gesamtschau der Teilfunktionen des Personalmanagements aus, die in drei Grundkategorien unterteilt werden:

- **Metafunktion „strategisches Personalmanagement"**: Grundsätzlich hat jede Organisation die Frage zu klären, wie sie ihre zukünftigen Erfolgspotenziale entwickeln will.
- **Prozessfunktionen**: Sie stellen die Kernfunktionen des Personalmanagements dar und können als ein Prozess von der Ermittlung des Personalbedarfs bis zum Abbau personeller Überkapazitäten konzipiert werden.

Abb. 6: Systemorientiert-ganzheitliches Unternehmensmodell

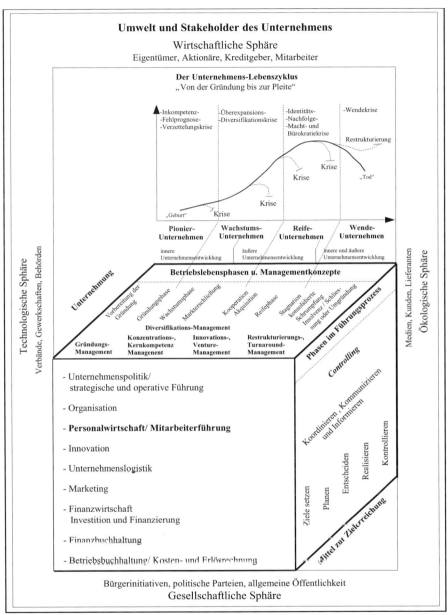

Quelle: Zdrowomyslaw 2005, S. 108

- **Querschnittsfunktionen**: Gemeinsames Merkmal der Querschnittsfunktionen ist, dass sie alle Prozessfunktionen beeinflussen können (Thom 5/2002, S. 20).

Abb. 7: Funktionen des Personalmanagements

Metafunktion Strategisches Personalmanagement							
Querschnittsfunktionen	**Prozessfunktionen**						
Personalcontrolling	Personalbedarfsermittlung	Personalgewinnung	Personalentwicklung	Personaleinsatz	Personalerhaltung	Personalfreistellung	
Personalmarketing							
Personalinformation							
Organisation des Personalmanagements							

Quelle: Thom 5/2002, S. 20

Aber wie es zu der Querschnittsfunktion „Personalcontrolling" gekommen ist und was sich hinter dieser Funktion verbirgt, soll im Folgenden näher beleuchtet werden.

5.   Historie, Definitionen und Abgrenzungen des Personalcontrollings

Das Wort **Personalcontrolling** setzt sich aus dem Begriff „Personal" und einem der „schillerndsten" Begriffe der Betriebswirtschaftslehre, dem Begriff „Controlling" zusammen. Insofern ist es gar nicht verwunderlich, dass es bezüglich Historie, Definitionen, Abgrenzungen, Einordnung in die Unternehmensführung usw. in der Literatur eine Fülle von Darstellungs- und Erklärungsmöglichkeiten gibt. Eine Beschäftigung mit dem Personalcontrolling intendiert zwangsläufig auch eine Betrachtung des **Controllings** prinzipiell.

5.1   Historie des Controllings

Zum tieferen Verständnis dessen, was sich hinter **Controlling** und den einzelnen **Anwendungsfeldern des Controllings** (z.B. Finanz-, Personal-, Projekt-
Controlling) verbirgt, ist neben sachlogisch orientierten Definitionen auch ein
Überblick über die **historische Entwicklung** hilfreich. Von einer regelrechten
Inflation von Controlling-Anwendungen kann heute die Rede sein, wenn
man die Beiträge in der Literatur zu den unterschiedlichen Einsatzgebieten
auflistet. Offensichtlich scheinen dem Controllingbegriff keine Grenzen gesetzt zu sein, wenn man seine Anwendung auf Funktions- und andere Teile der
Organisation, auf Wirtschaftszweige oder spezifische Problemfelder von
Unternehmen und Gesellschaft wie beispielsweise die Umweltbelastung, aus-
dehnt. Die Liste von Begriffen mit dem Zusatz „Controlling" ist anscheinend
endlos. So spricht man von: Unternehmens-Controlling, Werks-Controlling,
Konzern-Controlling, Personal-Controlling, Personalentwicklungs-Control-
ling, Wissens-Controlling, Selbst-Controlling, Kosten-Controlling, Effizienz-
Controlling, Beteiligungs-Controlling, Krankenhaus-Controlling, Handels-
Controlling, Personalentwicklungs-Controlling im Handel, Arbeitsmarkt-
Controlling, Öko-Controlling usw.

Über die **geschichtliche Entwicklung des Controllings** gibt es nur wenig
gesicherte Angaben. In der Literatur werden von einigen Autoren die wichtigsten Stationen auf dem Weg zum modernen Controlling (Controller) aufgelistet (vgl. Scheld 2006, S. 2f., Lingnau 1999, S. 73ff.). Aus historischer Sicht
können insbesondere folgende Aspekte hervorgehoben werden (Czens-
kowsky/Schünemann/Zdrowomyslaw 2004, S. 25ff.):

- Die Controller-Tätigkeit war zunächst ausschließlich auf den staatlichen
  Sektor beschränkt und bezog sich auf dokumentierende und kontrollie-
  rende Aktivitäten bezüglich des Geld- und Güterverkehrs (um 2500 v. Chr.
  einzelne institutionalisierte Controllingaufgaben bei Pyramidenbau in
  Ägypten, 446 v. Chr.: Quästoren verwalten die römische Staatskasse, 15.
  Jahrhundert: Bezeichnung „Countrollour" am englischen Königshof).
- Auch als ab 1880 Controller-Stellen in den ersten amerikanischen Unternehmen eingerichtet wurden, waren damit bis ca. 1920 vor allem finanzwirtschaftliche und Revisionstätigkeiten verbunden.
- In den 20er und 30er Jahren des 20. Jahrhunderts sahen sich (amerikani-
  sche) Unternehmen erstmals mit Bedingungen konfrontiert, die eine Integration der Planung erforderlich machten, wodurch das Rechnungswesen
  zu einem Führungsinstrument zur Zukunftsbewältigung weiterentwickelt
  werden konnte. Dadurch erfuhr zugleich die Stelle des Controllers eine wesentliche Aufwertung.
- In deutschen Unternehmen war das Controlling bis ca. 1965 weitgehend
  unbekannt. Die weitere Entwicklung der Umfeldbedingungen (erste Divi-

sionalisierungswelle 1965, Ölkrise 1973, eintretende Marktsättigungen in den 70er/80er Jahren, Insolvenzwelle der 80er Jahre) stellte auch deutsche Unternehmen vor neue Herausforderungen: Um im Wettbewerb weiter bestehen zu können, mussten sie adäquate (Controlling-) Instrumente entwickeln und implementieren.

- Mit der weiteren Zunahme der marktwirtschaftlichen Turbulenzen müssen Unternehmen ihr Controlling-Instrumentarium stets den neuen Erfordernissen anpassen und weiterentwickeln. In den 90er Jahren erwuchs daraus u.a. die Notwendigkeit, das Controlling auch auf die Schaffung und Beherrschung neuer Managementstrukturen bis hin zu unternehmensübergreifenden Wertschöpfungsnetzwerken auszurichten.

In Ergänzung der Vier-Phasen-Einteilung der **Controlling-Diskussion im deutschsprachigen Raum** durch *Buchner* benennen *Wunderer/Schlagenhaufer* (1994, S. 6ff.) fünf Phasen:

- Phase 1 (ca. 1950-65): In der Literatur werden in erster Linie die Aufgaben des Controllers in der amerikanischen Industrie analysiert.
- Phase 2 (1965-70): Es werden Versuche unternommen, konzeptionelle Grundlagen des Controllings zu erarbeiten (Klärung von Wesen und Bedeutung des Controlling-Begriffs).
- Phase 3 (1970-75): Systemtheoretische und kybernetische Überlegungen werden in die Controlling-Diskussion miteinbezogen.
- Phase 4 (1975-80): Der Schwerpunkt liegt auf empirischen Arbeiten in der amerikanischen und deutschen Unternehmenspraxis.
- Phase 5 (ab 1980): Sie ist durch die Entwicklung von Controlling-Varianten für einzelne Funktionsbereiche bzw. Objekte (z.B. Personal, Anlagen), spezifische Organisationsformen (z.B. Projekt-Controlling), verschiedene Unternehmensebenen (z.B. Geschäftsbereichs-Controlling) und bestimmte Unternehmenstypen (z.B. Industriebetriebe) gekennzeichnet. Außerdem gewinnt die Unterscheidung zwischen strategischem und operativem Controlling an Bedeutung.

5.2   Historie des Personalcontrollings

Die Controlling-Idee bezogen auf Funktionen bzw. Bereiche ist relativ jungen Datums. Das Controlling des Personals hat seine **Ursprünge** im amerikanischen **Human Resource Accounting** der 60er Jahre des vergangenen Jahrhunderts, mit dem Ansatz, den Wert der Investitionen in das sog. Humanvermögen zu ermitteln. Durchsetzen konnte sich diese Idee in der Unternehmenspraxis allerdings nicht.

Als Folge der breiten Controlling-Diskussion in Wissenschaft und Praxis, verknüpft mit ausdifferenzierten funktionalen Controlling-Varianten (z.B. Logis-
tik-, Produktions-, Forschungs- und Entwicklungs-, Marketing-Controlling)
entstand der Gedanke, auch für den Personalbereich ein Controlling-Konzept
zu entwerfen. Zwar wird der Begriff Personalcontrolling bereits Mitte der
70er Jahre als Teilfunktion des Unternehmenscontrollings in der Literatur
erwähnt, aber verglichen mit dem finanzwirtschaftlichen Controlling oder
Vertriebs-, Marketing- und Produktionscontrolling entwickelte sich das
Controlling für den Personalbereich relativ spät. Erst in den **80er Jahren** wur-

**Abb. 8:   Entwicklung der Personalcontrolling-Idee im
deutschsprachigen Raum**

1986: Potthoff/Trescher
Personalcontrolling wird durch die drei Funktionen Planung, Kontrolle und Abweichungsanalyse im strategischen und operativen Sinne charakterisiert
Forschungsmethodik: Theoretische Analysen
1987: Wunderer/Sailer
Personalcontrolling ist durch die Ziele einer strategischen und ökonomischen Orientierung bzw. Fundierung der Personalarbeit zu charakterisieren; dabei operiert dieses Controlling auf drei Ebenen:
- Kosten-Controlling
- Effizienz- bzw. Wirtschaftlichkeits-Controlling
- Effektivitäts- bzw. Rentabilitäts-Controlling
Forschungsmethodik: Theoretische/Empirische Analysen
1989: Schulte
Personalcontrolling ist durch eine ausgeprägte Kennzahlenorientierung zu charakterisieren.
1989: Wunderer
Konzept des Personalcontrollings
Forschungsmethodik: Theoretische Analysen
1990: Papmehl
Personalcontrolling wird als strategisches Plan- und Steuerungsinstrument für den Personalbereich charakterisiert.
Forschungsmethodik: Theoretische/Empirische Analyse
1992: Wunderer
Personalcontrolling wird als Instrument zur Evaluation der Management-/Service- sowie Business-Dimension des Personalmanagements verstanden.
Forschungsmethodik: Theoretische/Empirische Befunde
1993: Hentze/Kammel
Personalcontrolling wird als umfassende Konzeption zur proaktiven Gestaltung personalwirtschaftlicher Systeme und der Bereitstellung relevanter Informationen verstanden.
Forschungsmethodik: Theoretische/Empirische Analyse
1998: Haunschild
Personalcontrolling wird aus verhaltenswissenschaftlicher, ökonomischer und organisationaler Perspektive thematisiert.
1998: Wimmer/Neuberger
Personalcontrolling wird aus ökonomischer, Management- und politischer Perspektive analysiert und diskutiert.
Forschungsmethodik: Theoretische/Empirische Befunde
1999: Wunderer/Jaritz
Personalcontrolling wird im Kontext von integrierten Bewertungsmodellen wie z.B. Balanced Scorecard und EFQM-Modell (European Foundation for Quality Management) thematisiert und diskutiert.
Forschungsmethodik: Theoretische/Empirische Befunde

Quelle: Wunderer/Jaritz 2006, S. 13

den **zusammenhängende Abhandlungen** im deutschsprachigen Raum veröffentlicht (vgl. Wunderer/Jaritz 2006, S. 12f., Wunderer/Schlagenhaufer 1994, S. 13ff, Knorr 2004, S. 15ff).

Wie Abbildung 8 zu entnehmen ist, wurde die erste Monographie mit dem Titel „Controlling in der Personalwirtschaft" im Jahre 1986 von *Potthoff/Trescher* vorgelegt. Anhand der chronologischen Auflistung relevanter Forschungsansätze, mit dem Ausweis des methodischen Vorgehens und Schwerpunktsetzung der Autoren, wird ersichtlich, dass es **die** Definition des Personalcontrollings nur schwer geben kann. Dominierte in den ersten Jahren die ökonomisch orientierte Fundierung der betrieblichen Personalarbeit, so „wird in jüngster Zeit Personalcontrolling aus verschiedenen Perspektiven diskutiert, wie z.B. aus ökonomischer, organisationaler, politischer oder verhaltenswissenschaftlicher Perspektive. Zuletzt erfolgte schließlich die Integration in integrierte Bewertungsmodelle wie Balanced Scorccard (BSC) oder EFQM-Modell" (Wunderer/Jaritz 2006, S. 12).

5.3 Definition des Controllings

Terminologische Abgrenzungen und **Definitionen** – dies gilt auch für das Controlling – haben grundsätzlich auch eine **historische Dimension**. Zum einen hat sich im Laufe der Zeit eine Vielzahl von Controlling-Ansätzen herausgebildet, die maßgeblich das Begriffsverständnis prägen, zum anderen setzen auch die Autoren unterschiedliche Schwerpunkte bei den Definitionen.

Begriffe sind nicht nur inhaltlich festzulegen, sondern auch aus verschiedenen **Blickwinkeln** zu deuten. So, wie ein Diamant je nach Lichteinfall anders schimmert, können auch Bezeichnungen aus verschiedener Sicht betrachtet, d.h. interpretiert werden. Aus **historischer** Sicht sei hier die relativ weit verbreitete Differenzierung vom **rechnungswesenorientierten** über den **informations-** zum **managementorientierten Controlling-Ansatz** erwähnt. Das Controlling wird eben stark durch äußere und innere Kontextbedingungen wie beispielsweise moderne Managementkonzepte beeinflusst. Daraus ergeben sich verschiedene Modifikationen des Controllingkonzepts und damit auch unterschiedliche Definitionen. Abbildung 9 zeigt, aus welchen **vier Deutungsrichtungen** Controlling betrachtet werden kann (vgl. Czenskowsky/ Schünemann/Zdrowomyslaw 2004, S. 28ff.).

Aus deutscher Sicht erscheint das englische Wort „Controlling" zunächst etwas unglücklich gewählt, da es einerseits Assoziationen zur **„Kontrolle"** (Hand aufs Herz, wer lässt sich schon gerne kontrollieren?) wachruft und anderseits eine Kontrolle immer für **vergangenheitsbezogene Sachverhalte** und Daten stattfindet. Es beinhaltet zwar auch den Kontrollaspekt, geht aber über diesen hinaus. Glücklicherweise sind die aus dem Englischen stammenden Begriffe **„Controlling" bzw. „to control"** aber weder von der sprach-

Abb. 9: Controllingkonzept und seine Interpretationen

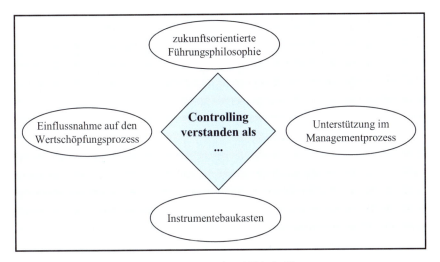

Quelle: Czenskowsky/Schünemann/Zdrowomyslaw 2004, S. 29

lichen Bedeutung noch von der Denkweise her mit Kontrolle bzw. kontrollieren gleichzusetzen. Sie können mit steuern, regeln, überwachen und beherrschen von Prozessen besser beschrieben werden. Die Controlling-Idee ist **gegenwarts-, zukunfts- und erfolgsorientiert** und wird eher mit den Aufgaben „planen, steuern und überwachen", um Organisationseinheiten und Personen „Hilfe zur Selbsthilfe" zu geben, verbunden (vgl. Czenskowsky/ Schünemann/Zdrowomyslaw 2004, S. 23f.).

Die Analogie zum Lotsen zeigt das Selbstverständnis des Controllers besonders deutlich: „Man könnte den Controller gleichsam als Lotse oder Navigator des betrieblichen Schiffes, nicht aber als dessen Kapitän auffassen, der in erster Linie steuert und nur insoweit kontrolliert, dass die angesteuerte Richtung des Schiffes nicht gefährdet wird – der gesuchte Hafen erreicht wird. Kontrolle soll durch Selbstkontrolle ersetzt werden. Die ‚Geplanten' sollten sich aufgrund der transparent gemachten Ziele durch Selbstvergleich mit den realisierten Ergebnissen selbst kontrollieren können" (Preißler 1998, S. 15).

Zum Controlling existiert mittlerweile eine Vielzahl von Definitionen, die teilweise stark voneinander abweichen. Zwar können die verschiedenen, entwickelten Definitionen helfen, den Begriff des Controllings zu verdeutlichen, aber in erster Linie sollte eine Definition als Arbeitsbegriff aufgefasst werden. Für die Wirtschaftspraxis sind vielmehr die Aufgaben des Controllings relevant, d.h. die **Inhalte**. Hinweise, welche wesentlichen Inhalte dem Controlling zugeordnet werden können, gibt folgende **Controlling-Definition**:

Controlling ist eine **an Zielen orientierte Teilaufgabe des Manage-ments**, bei der die **Koordination der Planungs-, Kontroll- und Steue-rungsaktivitäten** eines Unternehmens **im Mittelpunkt** steht. Systemge-stützt werden **passende Informationen bereitgestellt**, um die **Entschei-dungsqualität des Managements** und damit die **Anpassungsfähigkeit des Unternehmens an Veränderungen zu verbessern** (vgl. Czens-kowsky/Schünemann/ Zdrowomyslaw 2004, S. 25).

Aus dem Grundverständnis heraus, dass das Unternehmenscontrolling als Subsystem des Managements zu betrachten ist und das Personalcontrolling als Bereichscontrolling mit seinen spezifischen Aufgaben nicht isoliert, son-dern als integratives Element des Gesamtsystems Controlling zu sehen ist, setzen die Abgrenzungen und Definitionen vielfach auf den allgemeinen Controlling-Definitionen auf.

5.4   Definition des Personalcontrollings

Auch die **Definitionen** zum Personalcontrolling in Wissenschaft und Praxis sind vielfältig und lassen eine historische Dimension erkennen (siehe Gliede-rungspunkt 5.2 und Abb. 10). Wird Personalcontrolling zunächst als reine Planung, Kontrolle und Abweichungsanalyse verstanden, so wird es im zwei-ten Schritt (Wunderer/Sailer) unter Berücksichtigung strategischer und öko-nomischer Orientierung als Effizienz- und Effektivitätscontrolling gesehen. In einem dritten Schritt versteht man Personalcontrolling unter dem Gesichts-punkt einer Kennzahlenorientierung, aber auch auf Basis einer Wertschöp-fung. Ab den 90er Jahren (Wunderer/Jaritz) wird das Personalcontrolling als strategisches Plan- und Steuerungsinstrument definiert (vgl. DGFP 2001, S. 18f.).

Auch in der **Praxis** existiert keine einhellige Auffassung darüber, was unter Personalcontrolling zu subsumieren ist. Im Jahr **1998** gründete die *Deutsche Gesellschaft für Personalführung e.V. (DGFP)* einen Arbeitskreis zum Perso-nalcontrolling, an dem sich viele Unternehmen beteiligen und Erfahrungen austauschen. Die Publikation „Personalcontrolling in der Praxis" ist ein Er-gebnis einer groß angelegten Gemeinschaftsarbeit von Mitgliedsfirmen der *DGFP e.V.* Definitionen aus dem Kreis der Unternehmensvertreter machen deutlich, wie stark die Ausrichtungen des Personalcontrollings von Unterneh-men voneinander abweichen. Aber auch die Nähe zu den Erkenntnissen der Wissenschaft bleibt nicht verborgen:

- „Das Personalcontrolling der heutigen Zeit ist der Erfolgsfaktor der Human Ressources.

Abb. 10: Exemplarische Definitionen von Personalcontrolling aus der Wissenschaft

Potthoff/Trescher (1986, S. 25)	„Alle Controllingaufgaben, wie Planung, Kontrolle und Abweichungsanalyse sowohl im strategischen als auch operativen Sinne. Dabei sind nicht nur Kosten, sondern gleichrangig die Leistung mit den auf sie einwirkenden Faktoren Gegenstand der Aufgabe."
Wunderer/Sailer (1987, S. 507)	„Personal-Controlling ist unter anderem die bewusste, systematische wie integrierte Planung (Soll) und Kontrolle (Ist) personalwirtschaftlicher Tatbestände in messbaren Daten (unter anderem erfolgswirtschaftliche Kenngrößen) und die Rückkoppelung zwischen Kontrolle und Planung, bei der die Ergebnisse von Abweichungsanalysen zur Grundlage des Planungsprozesses werden."
Papmehl (1990, S. 34)	„Personalcontrolling basiert auf der Idee, durch einen kontinuierlichen Vergleich von Planzielen und Gegenwartssituation ein effizientes Steuerungssystem zu schaffen, mit dem antizipativ quantitative und qualitative Personalengpässe bzw. –überschüsse erkannt werden können. Dies beinhaltet auch die Berücksichtigung externer Faktoren."
Bühner (1997, S. 365)	„Unter Personalcontrolling ist die Ausrichtung der Planung, Steuerung und Kontrolle personalwirtschaftlicher Prozesse auf den wirtschaftlichen Erfolg des Unternehmens zu verstehen ... mit dem besonderen Anspruch, Wirtschaftlichkeitspotentiale offen zu egen und in einer „prozessual-ganzheitlichen" Sichtweise freizusetzen."
Deutsche Gesellschaft für Personalführung e.V. /DGFP (2001, S. 19)	„Personalcontrolling heißt, verantwortlich zu sein für das optimale Verhältnis von Personalaufwand (im Sinn von Preis, Menge, Zeit und Qualität) zu Personalleitung (im Sinn von Preis, Menge, Zeit und Qualität) unter Berücksichtigung derzeitiger und künftiger wirtschaftlicher Entwicklungen im Unternehmen."
Wunderer/Jaritz (2006, S. 14)	„Das planungs- und kontrollgestützte, integrative Evaluationsdenken und –rechnen zur Abschätzung von Entscheidungen zum Personalmanagement, insbesondere zu deren ökonomischen und sozialen Folgen."

Quelle: Eigene Darstellung

- Das Personalcontrolling dient als Cockpit für einen schnellen Zugriff zur Information als Grundlage für fundierte Entscheidungen der Personalverantwortlichen.
- Unter Personalcontrolling versteht man alle Maßnahmen zur zielgerichteten Steuerung personalwirtschaftlicher Prozesse. Das heißt, fortlaufende ziel- und kundenorientierte Steuerung und Evaluation von personalwirtschaftlichen Prozessen, Strukturen, Verhaltensweisen und Maßnahmen entlang des Regelkreises.
- Personalcontrolling ist die Steuerung der Wertschöpfung.
- Personalcontrolling dient der Steigerung der Wettbewerbsfähigkeit, der Verbesserung des Unternehmensergebnisses, der Sicherung der Beschäftigung und der Motivation der Mitarbeiter.
- Personalcontrolling ist ein ganzheitlich integratives ergebnis- und prozessorientiertes Instrument der strategischen und operativen Unternehmensführung zur bewussten, systematischen Information und Ermittlung, Planung, Analyse und Kontrolle, Beratung und Steuerung der gesamten quantitativen und qualitativen Personalarbeit.
- Personalcontrolling ist ein Instrument zur Unterstützung der Personalarbeit und für alles, was dem Personalbereich hilft, seinen optimalen Beitrag zum Unternehmenserfolg zu leisten" (DGFP 2001, S. 19).

Bevor eine tiefere Auseinandersetzung mit definitorischen Differenzierungen, Zielen, Aufgaben usw. des Personalcontrollings erfolgt, sei an dieser Stelle nochmals die Einzigartigkeit und Besonderheit der Querschnittsfunktion „Personal" in einer Organisation hervorgehoben. Die Abgrenzung zu anderen Funktionsbereichen und die **besondere Rolle**, die das Personalcontrolling im Rahmen der Unternehmensführung haben kann, lässt sich anhand eines Zitats von *Küpper* (2001, S. 442) ablesen:

> „Das Personal-Controlling kann sich nicht unabhängig von dem Controlling der Gesamtunternehmung und der anderen Bereiche entwickeln. Es bildet nur dann eine leistungsfähige Funktion der Unternehmung, wenn es in seiner **Grundkonzeption** der Ausrichtung anderer Controllingbereiche entspricht. Dies bedeutet, dass sich seine Aufgaben aus der Verbindung zum Controlling der anderen Bereiche sowie der Gesamtunternehmung ergeben, also kein isoliertes Gebiet des Personalbereiches abdecken. Seine Funktion besteht vor allem in der Koordination innerhalb des Personalbereichs, zwischen diesen und anderen Bereichen sowie zur Gesamtunternehmung. Daraus folgt zugleich, dass man nicht einfach die Aufgaben eines eher quantitativ orientierten Bereichs wie z.B. des Logistik- oder Finanz-Controlling über den Personalbereich stülpen kann. Damit würden die Besonderheiten dieses Bereichs nicht berücksichtigt. Mitarbeiter des Personal-Controlling werden im Personalbereich leicht als Fremdkörper abgelehnt, wenn man es als rein quantitative finanzielle Kontrollfunktion missversteht. Wenn man von den spezifischen Aufgaben des Controlling ausgeht, so werden an der **Schnittstelle** zwischen dem Personalwesen und den anderen Unternehmensbereichen eigenständige Problembereiche sichtbar. Die Chance eines Personal-Controlling liegt darin, diese ansonsten von keiner Funktion ausreichend abgedeckten Problemfelder zu erkennen, ihre Bedeutung für die Unternehmung zu analysieren und Lösungswege zu entwickeln. Hierdurch kann es zu einem Führungsteilsystem werden, das einerseits im Personalbereich und zugleich im Unternehmenscontrolling verankert ist."

5.5   Personalcontrolling in seinen Begriffsdifferenzierungen

Sicherlich spricht auch einiges dafür, auf Definitionen des Begriffs Personalcontrolling zu verzichten – wie es einige Autoren bewusst tun – und sich ihm über die wichtigen Problemkreise wie Zielsetzungen, Aufgaben/Funktionen, Methodik/Instrumente sowie ihre Träger zu nähern. Denn für den Erfolg des Personalcontrollings in der Praxis ist weniger die begriffliche Einordnung als vielmehr die Ausrichtung auf die unternehmensindividuellen Belange und die konsequente Umsetzung der eigenen Ziele in den Anwendungsfeldern wichtig (vgl. Knorr 2004, S. 20f.). Allerdings sollte man davon ausgehen, dass Begriffsdifferenzierungen auch anregend für die Einordnung in Unternehmensprozesse und -strukturen, für die Entwicklung von Controlling-Konzepten sowie für kritische Analysen wirken. Wichtig ist es, sich vor Augen zu führen, dass der begriffliche Zugang zum Personalcontrolling wie auch zu anderen Bereichen dabei grundsätzlich aus theoretischem als auch aus praktischem Interesse heraus erfolgen kann. Für die wissenschaftliche Erkenntnissuche ist die Begriffs-Analyse aus unterschiedlichen Blickwinkeln eine Selbstverständlichkeit.

5.5.1   Spektrum des Begriffs Personalcontrolling

Wie den bisher dargestellten „allgemeinen" Definitionen von Wissenschafts- und Praxisseite zum Personalcontrolling zu entnehmen ist, kann durchaus der Aussage von *Preißler* von 1985 in Hinblick auf das allgemeine Controlling gefolgt werden: „Jeder hat seine eigenen Vorstellungen darüber, was Controlling bedeutet oder bedeuten soll, nur jeder meint etwas anderes" (zitiert nach Knorr 2004, S. 19).

Wie Abbildung 11 verdeutlichen soll, reicht das Spektrum des Begriffs Personalcontrolling von einer einseitigen bis hin zu einer sehr umfassenden Beschreibung. Da sich das Personalcontrolling als Querschnittsfunktion auf alle Felder, Ebenen und Ausrichtungen des Personalmanagements bezieht (vgl. Scholz 2000, S. 143ff.) und Personalcontrolling-Ansätze als eine unternehmerische Funktion begriffen werden, trägt man diesem Sachverhalt mit **Begriffsdifferenzierungen** Rechnung.

Abb. 11: Spektrum des Begriffs Personalcontrolling

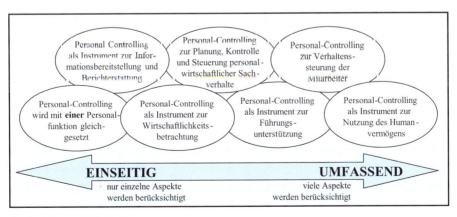

Quelle: Knorr 2004, S. 20

Personalcontrolling ist mehr als ein reines Berichts- und Informationssystem (Informationssteuerung und -versorgung) über die Mitarbeiter und die Personalarbeit in Organisationen. Es hat, wie Abbildung 12 zeigt, diverse (spezifische) Funktionen im Rahmen der Unternehmensführung zu erfüllen. Weitere in der Literatur erwähnte Funktionsbezeichnungen zur Charakterisierung des Personalcontrollings sind beispielsweise: Service-, Schnittstellen-, Brücken-, Transparenz-, Beratungs- und Lotsenfunktion sowie strategische Funktion.

Abb. 12: Wichtige Funktionen des Personalcontrollings

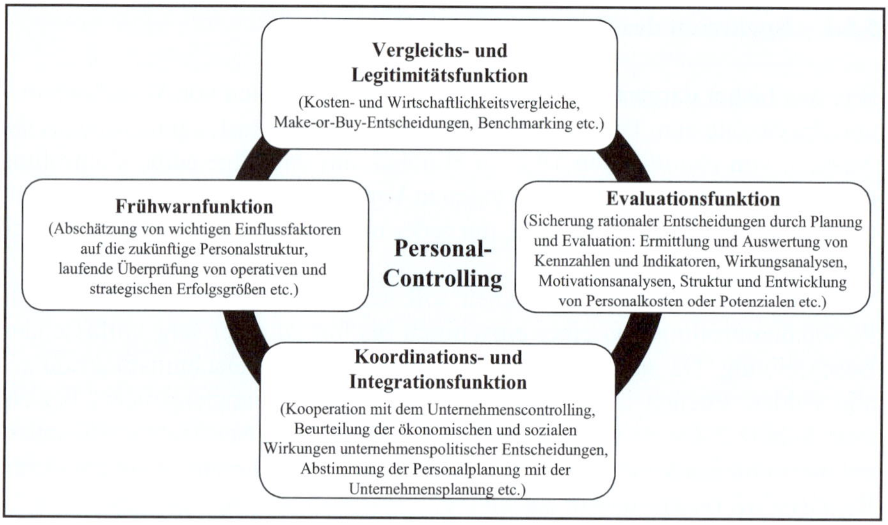

Quelle: Homepage der DGFP

5.5.2   Definitorische Ausprägungen des Personalcontrollings

Unter anderem vor dem Hintergrund der verschiedenen Ziele und Funktionen des Personalcontrollings (werden im folgenden Kapitel noch ausführlicher besprochen) werden zur Beschreibung der zentralen Teilfelder und Ebenen **spezifische Begriffsdefinitionen** verwendet.

Abbildung 13 gibt einen Überblick über typische Begriffsdifferenzierungen zur Charakterisierung der verschiedenen Facetten und spezifischen Ausprägungen des Personalcontrollings. Wenngleich für analytische Zwecke eine Unterscheidung von Begriffs-Typen sinnvoll ist, darf eine solche Systematisierung nicht den Eindruck erwecken, dass es sich um isolierte Teilbereiche handelt. Gerade in der Praxis sollten die verschiedenen Formen des Personalcontrollings unbedingt integriert zur Anwendung gelangen. Mit dem Control-

Abb. 13: Typische Begriffs- und Aufgabendifferenzierungen im Personalcontrolling

Personalcontrolling		
Controlling-Objekte im Personalbereich	**Controlling-Ausrichtung im Personalbereich**	**Managementebenen im Personalbereich**

Controlling des Personals	*Controlling der Personalarbeit*				
faktor-orientiertes Personal-controlling (tendenziell quantitativ)	**prozess-orientiertes Personal-controlling** (tendenziell qualitativ)	**quantitatives Personal-controlling** (direkt messbar)	**qualitatives Personal-controlling** (nicht direkt messbar; durch Indikatoren)	**operatives Personal-controlling** (tendenziell quantitativ)	**strategisches Personal-controlling** (tendenziell qualitativ)

Controlling-Aufgabengebiete im Personalbereich

Primäre Aufgabe: Optimierung des Personaleinsatzes	*Primäre Aufgabe: Optimierung unternehmerischer Personalarbeit*	*Aufgaben innerhalb einzelner Personalmanagementfelder (exemplarische Beispiele)*	
Personal-beitrags-controlling (z.B. Personal-statistik, Humanvermögens-rechnung, Sozialbilanz)	ökonomische Bewertungsstufen	Controllingfunktionen	Personal-Managementfeld
	Kosten-Controlling (Erfassung der Kosten für Personalmaßnahmen = Input-Orientierung)	**Struktur-Controlling, Fähigkeits-Controlling**	Personal-Bestandsanalyse
	Effizienz-Controlling (Bewertung der Wirksamkeit von Personalmaßnahmen = Input-/Output-Relation)	**Budget-Controlling, Kostenstruktur-Controlling**	Personalkosten-Management
Personalrisiko-controlling (z.B. Personal-Risiko-Matrix, Due Diligence-Prüfungen)	**Effektivitäts-Controlling** (Bewertung der Angemessenheit von Personalaufwendungen für ein vorgegebenes Ergebnis = Input- u. Output-Orientierung)	**Motivations-Controlling, Führungs-Controlling, Kultur-Controlling**	Personalführung

Controlling-Instrumentarium zur Erfüllung der verschiedenen Controllingaufgaben für den Personalbereich

Quelle: Eigene Darstellung

ling-Instrumentarium zur Erfüllung der verschiedenen Personalaufgaben sowie deren Systematisierung werden wir uns in Kapitel IV dieses Buches befassen.

5.5.2.1 Faktororientiertes und prozessorientiertes Personalcontrolling

Nach Einschätzung der *DGFP* fußt die Differenzierung zwischen Faktor- und Prozessorientierung weniger auf einer wissenschaftlich-logischen Unterscheidung, sondern stellt vielmehr eine pragmatische Differenzierung dar, die explizit oder implizit von verschiedenen deutschen Unternehmen praktiziert wird. Wie Abbildung 14 zeigt, bezieht sich das **faktororientierte** Personalcontrolling auf die Optimierung des Personaleinsatzes und ist tendenziell quantitativ ausgerichtet, während sich das **prozessorientierte** Personalcontrolling auf die Optimierung unternehmerischer Personalarbeit richtet und tendenziell qualitativ ausgerichtet ist.

Abb. 14: Faktor- und prozessorientiertes Personalcontrolling

Formen des Personal-Controlling

Faktor-Orientierung
(tendenziell quantitativ)

Prozess-Orientierung
(tendenziell qualitativ)

Optimierung des Personaleinsatzes

Optimierung unternehmerischer Personalarbeit

➤ Steigerung der Effizienz
➤ Entscheidungsverbesserung
➤ Informationsversorgung
➤ Punktuelle Optimierung

➤ Steigerung der Effektivität
➤ Schaffung von Transparenz
➤ Flexibilität
➤ Weitreichende Optimierung

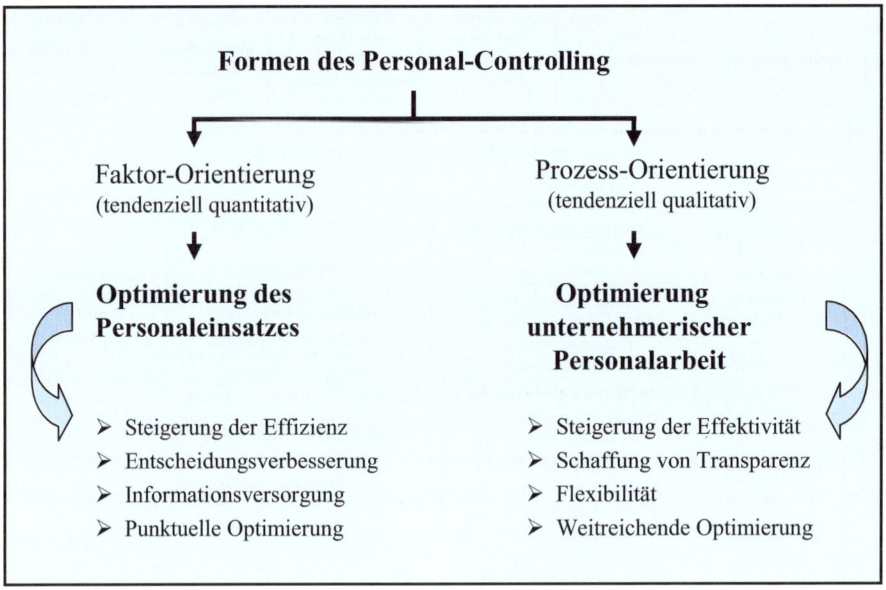

Quelle: Homepage der DGFP

- **Faktororientiertes Personalcontrolling**: Unternehmensweite Betrachtungen und Analysen zur Steuerung des Einsatzfaktors Personal stehen im Vordergrund. Das Personalcontrolling beinhaltet sowohl quantitative als auch qualitative Aspekte. Bei den **quantitativen** Aspekten handelt es sich vor allem um die klassischen Elemente des Controllings, also Planung, Steuerung und Kontrolle der für den Produktionsfaktor Arbeit und die Versorgung betrieblicher Bereiche und Entscheidungsträger mit entsprechenden Daten (z.B. Personal- und Kostenplanung, Personal-Nebenkosten-Sätze u.ä.). Demgegenüber enthält die **qualitative** Variante alle Maßnahmen zur Erfassung, Erhaltung und Weiterentwicklung der Unternehmenssubstanz im Sinne der Humanvermögensrechnung (z.B. die Erfassung und Pflege von Qualifikations-, Potenzial- und Strukturdaten der Mitarbeiter).

- **Prozessorientiertes Personalcontrolling:** Der Schwerpunkt wird bei den im Rahmen der Personalarbeit ablaufenden personalwirtschaftlichen Prozesse gesehen, d.h. der Optimierung unternehmerischer Personalarbeit unter Berücksichtigung der Bedürfnisse und Wünsche seiner Leistungsnehmer (Führungskräfte, Mitarbeiter, externe Institutionen usw.) wie auch die optimale Gestaltung innerbetrieblicher Prozesse zum Erreichen einer bestimmten (Außen-)Wirkung. Hierunter können die Kosten- und Leistungstransparenz im Personalbereich, die Analyse und Gestaltung von effizienten und/oder effektiven Verfahren, Instrumente und Systeme, sowie eine Service-, Kunden- und Prozessorientierung (z.B. Kostenoptimierung im Personalbereich, Setzen und Einhalten von Standards, Planung und Durchführung von Regelkreis-Mechanismen im Personalbereich usw.) gefasst werden. Die Darlegungen zeigen, dass sich der Fokus tendenziell auf qualitative Aspekte richtet.

5.5.2.2 Operatives und strategisches Personalcontrolling

In Anlehnung an die Erkenntnisse und Abgrenzungskriterien des Controllings im Allgemeinen und die Heranziehung des Begriffs „Strategie" erfolgt in der Literatur auch bezogen auf den Personalbereich die Unterscheidung in **operatives** und **strategisches** Personalcontrolling.

Abbildung 15 zeigt einige **idealtypische Merkmalsunterschiede** zwischen dem operativen und strategischen Personalcontrolling auf, die in der Praxis keinen Gegensatz bilden, sondern einander vielmehr ergänzen (soll-

Abb. 15: Gegenüberstellung idealtypischer Merkmale des strategischen und operativen Personalcontrollings

Differenzierungsmerkmale	Operatives Personalcontrolling	Strategisches Personalcontrolling
Zielgrößen	meist quantitative Größen	meist qualitative Größen
Dimensionen	Aufwand-Ertrag, Kosten-Leistungen	Stärken-Schwächen, Chancen-Risiken
Blickrichtung	primär unternehmensorientiert, nach innen gerichtet	primär umweltorientiert, nach außen gerichtet
Blickweite	begrenzter Zukunftshorizont	weiter Zukunftshorizont
Komplexitätsreduzierung/ Abstraktionsgrad	niedrig/ Beachtung von Details	hoch/ Vernachlässigung von Details
Formalisierungsgrad	mittel bis hoch	niedrig
Zeitliche Ausrichtung	mittel- bis kurzfristig	langfristig
Denkmuster der Controlling-Träger	analytisch, inkremental, monokausale Wirkungsketten	synoptisch, radikal, multikausale Wirkungsnetze
Hierarchische Einordnung der unterstützenden Entscheidungsträger	unteres bis mittleres Management	oberes Management

Quelle: Berthel 2000, S. 442

ten). Letztlich sind nicht Begriffe und deren Ausprägungen, sondern konkrete Aufgaben und Aktivitäten sowie der Einsatz von Instrumenten für Unternehmen von praktischer Relevanz.

Grob gesprochen kann gesagt werden, dass das **operative** Personalcontrolling **älter** ist und in der Praxis wesentlich **verbreiteter** ist (vgl. Wunderer/Jaritz 2006, S. 18f.). Im wesentlichen ist man sich darüber einig, dass operatives Personalcontrolling sich im **quantitativen** Bereich vor allem mit Kosten- und Wirtschaftlichkeitsgrößen (z.B. Soll-Ist-Vergleiche) und im **qualitativen** Bereich mit der Güte und Wirksamkeit von Prozessen, Strukturen sowie Denk- und Verhaltensmuster von Führung und Personalmanagement (z.B. Rückgriff auf Mitarbeiterbefragungen) beschäftigt. Es ist durch Gegenwartsbezug und eine unmittelbare Orientierung am Tagesgeschäft zu charakterisieren (vgl. Potthoff/Trescher 1986, S. 23f., Jung 2006, S. 947f.). Zwar stellt das operative Personalcontrolling in erster Linie eine **Unterstützungsfunktion** des operativen Managements (untere bis mittlere Hierarchieebene) dar, das primär handlungsbezogen auf wiederkehrende Arbeitsvorgänge und Aufgabenstellungen ausgerichtet, aber gleichzeitig auch die Basis (z.B. Kennzahlen) für strategische Überlegungen ist.

Ein wichtiges Merkmal für eine strategische Orientierung von Organisationen ist die **Zukunftsausrichtung**. Die intensive Beschäftigung mit dem **strategischen Personalcontrolling** in Wissenschaft und Praxis hat erst in den letzten Jahren begonnen. Verstärkter nationaler und internationaler Wettbewerb, rasante und tiefgreifende Strukturveränderungen der Absatz- und Beschaffungsmärkte sowie Wertfragen in der Personalarbeit bewirken einen ständigen Wandel in der Gesellschaft und den Unternehmen. Damit werden immer neue Herausforderungen an die Anpassungs- und Zukunftsfähigkeit der Unternehmen gestellt. Das früher maßgeblich auf einem vergangenheits- und gegenwartsbezogenen Berichtswesen aufgebaute Personalcontrolling musste ergänzt werden, damit es eine **antizipative** und **qualitative Steuerungsfunktion** für die Gesamtunternehmung erfüllen kann. Das strategische Personalcontrolling muss noch mehr als das operative Personalcontrolling mit Zielen und Inhalten des Unternehmenscontrollings in Übereinstimmung gebracht werden, die überwiegend auf die langfristige und grundsätzliche Unternehmensentwicklung und Existenzsicherung ausgerichtet sind. Hier setzen auch die wesentlichen **Aufgabeninhalte** des strategischen Personalcontrollings auf, die da sind:

- Integration der personellen Dimension in die Unternehmensstrategie,
- langfristige Personalplanung,
- unternehmerische Orientierung des Personalmanagements und insbesondere
- die Ziel- und Programmevaluation. Dabei geht es um die Evaluation der Personalstrategie(n) innerhalb der Unternehmensstrategie und die Evalua-

tion der Umsetzung von Strategien sowie von konkreten Maßnahmen und Instrumenten (Wunderer/Jaritz 2006, S. 18, Jung 2006, S. 947)

Der *Arbeitskreis Personalcontrolling der DGFP e.V.* (2001, S. 21) leitet aus den Merkmalen einer Strategie folgende **Definition** ab:

> „**Strategisches Personalcontrolling** ist eine Unterstützungsfunktion des strategischen Personalmanagements. Diese Unterstützungsfunktion besteht in der Beteiligung an den Aktivitäten zur Steuerung des Aufbaus und der Nutzung von Humanressourcen als Erfolgspotenzial zur Sicherung der Erreichung der Unternehmensziele."

Das nachfolgende **Zitat** gibt abschließend einen Eindruck darüber, wie das strategische Personalcontrolling vielfach aus **Praktikersicht** gesehen wird:

> „In der Praxis findet sich dieses strategische Moment des Personalcontrolling abgeleitet aus den Unternehmenszielen in vielen Standardprozessen, etwa in der Personalplanung, wieder, ohne dass es als strategisches Personalcontrolling bezeichnet wird. Wird der Begriff dennoch verwendet, so bezieht er sich auf Zahlen und Kennziffern, die strategische Personalziele beinhalten. Ein strategisches Personalcontrolling kann sinnvoll sein, wenn die Ziele konkret formuliert und operationalisierbar sind. Das strategische Personalcontrolling leitet konkrete Prüf- und Bewertungskriterien ab, erstellt einen Prüfplan und sorgt – ausgestattet mit den erforderlichen Kompetenzen – für seine Einhaltung. Beispiel: Strategisches Ziel eines Unternehmens sei es, in fünf Jahren 20 Mitarbeiter mit einem bestimmten Spezialwissen in neuen Geschäftsfeldern einzusetzen, die am Arbeitsmarkt nicht ohne weiteres verfügbar sind. Die Steuerung und Kontrolle der Maßnahmen zum Erreichen dieses Ziels ist Aufgabe des strategischen Personalcontrolling. Es stellt z.B. die Frage, ob nach längstens einem Jahr ca. 25 Mitarbeiter eingestellt worden sind und mit den Entwicklungsmaßnahmen begonnen wurde. Wenn diese Frage verneint wird, ist das strategische Ziel gefährdet und es müssen Maßnahmen ergriffen werden" (DGFP 2001, S. 21).

5.5.2.3 Quantitatives und qualitatives Personalcontrolling

Folgt man den **Entwicklungsstufen** des Personalcontrollings, so enthielt bereits das operative Controlling qualitative Aspekte. Mit der Entwicklung hin zum stärker strategisch-orientierten Personalcontrolling hat auch die Bedeutung des qualitativen Personalcontrollings in Theorie und Praxis weiter zugenommen (vgl. Bisani 1997, S. 361ff.). Welche Kriterien zur Unterscheidung zwischen quantitativ und qualitativ ausgerichtetem Personalcontrolling herangezogen werden können, ist Abbildung 16 zu entnehmen.

Während **quantitatives** Personalcontrolling auf die Erhebung, Verarbeitung und Steuerung quantitativer Daten (z.B. sind Kopfzahlen und Kostenstrukturen **direkt messbar**, müssen also nicht über Indikatoren abgebildet werden) gerichtet ist, ist demgegenüber unter dem Begriff **qualitatives** Personalcontrolling die Erfassung, Aufbereitung und Bereitstellung (im Berichts- und Informationswesen) sowie Steuerung qualitativer Daten, d.h. **nicht direkt messbarer** Informationen, zu verstehen. Beispielsweise Daten zur Mitarbeiterzufriedenheit, zum Führungsverhalten oder auch Humanvermögens- und Personalstrukturdaten (Qualifikationsdaten, Potenziale usw.), welche Aussagen über die Qualität der Personalarbeit (Personalmanagement) zulassen, werden eben durch operationalisierbare mess- und steuerbare Indikatoren, die wesentliche Merkmale dieser qualitativen Daten beschreiben, indirekt abgebildet (DGFP 2001, S. 22).

Was unter **qualitativem** Personalcontrolling zu verstehen ist, lässt sich nicht eindeutig festlegen. So kann hierunter zum einen das **Controlling mit qualitativen Daten** verstanden werden, zum anderen das **Controlling der Qualität der Personalarbeit**. Zurecht wird in den Ausarbeitungen der *Arbeitskreise Personalcontrolling der DGFP e.V.* deshalb betont, dass für die Etablierung eines qualitativen Personalcontrollings im Unternehmen entsprechende „Grundlagen" geschaffen werden müssen, um die komplexen Mensch-Umwelt-Beziehungen im betrieblichen Alltag adäquat abzubilden. Hierfür muss es u.a. auch ein geeignetes **Erhebungsinstrumentarium** (hierzu Näheres in Kapitel IV dieses Buches) wie z.B. die Mitarbeiterbefragung, mit der die unterschiedlichen „weichen" Faktoren erfragt und über Indikatoren skaliert werden, geben. Liegen qualitative Daten vor, tragen sie zu einer verbesserten Abbildung der unternehmerischen Wirklichkeit bei. Es wird nun möglich, die **Prozesseffizienz** und **-effektivität** der Personalarbeit

Abb. 16: Quantitatives und qualitatives (Personal-)controlling

Quantitativ orientiertes Controlling	Qualitativ orientiertes Controlling
▪ Nutzung ökonomischer Faktoren	▪ Einsatz menschlicher und ökonomischer Potenziale
▪ Wirkungskettendenken	▪ Wirkungsnetzdenken dominiert
▪ kurzfristige Gewinnmaximierung	▪ langfristige Existenzsicherung
▪ quantitatives Wachstum	▪ qualitatives Wachstum
▪ Kennzahlen-Controlling	▪ Leitbild-Controlling
▪ Gewinnsteuerung	▪ Potenzialsteuerung
▪ tendenziell operativ	▪ tendenziell strategisch
▪ materiell orientiert	▪ immateriell und materiell orientiert

Quelle: Wunderer/Jaritz 2006, S. 17

richtig einzuschätzen und zu steigern. Die verbesserte Abbildung der Unternehmenswirklichkeit führt dazu, dass

- die Prozesssicherheit der Mitarbeiter im Personalmanagement erhöht,
- das Führungsverhalten der Vorgesetzten verbessert,
- der Wettbewerb abgekurbelt,
- die Zufriedenheit bei den Mitarbeitern wächst, weil die Personalaufgaben besser und mitarbeiterorientierter erfüllt werden können,
- eine höhere Wertschöpfung erreicht und
- eine ständige Prozessverbesserung unterstützt werden (DGFP 2001, S. 41ff.).

5.5.2.4 Ökonomische Bewertungsstufen: Kosten, Effizienz, Effektivität

Zur Erfassung und ökonomischen Bewertung personalwirtschaftlicher Tätigkeiten lassen sich nach *Wunderer/Jaritz* (2006, S. 16f. Wunderer/Schlagenhaufer 1994, S. 21ff.) entsprechend dem Entwicklungsstand des Personalcontrollings **drei** Dimensionen (Ebenen) des Personalcontrollings unterscheiden: Kostencontrolling, Effizienz- bzw. Wirtschaftlichkeitscontrolling und Effektivitäts- bzw. Erfolgscontrolling (siehe Abb. 17).

Abb. 17: Drei ökonomische Bewertungsstufen des Personalcontrollings

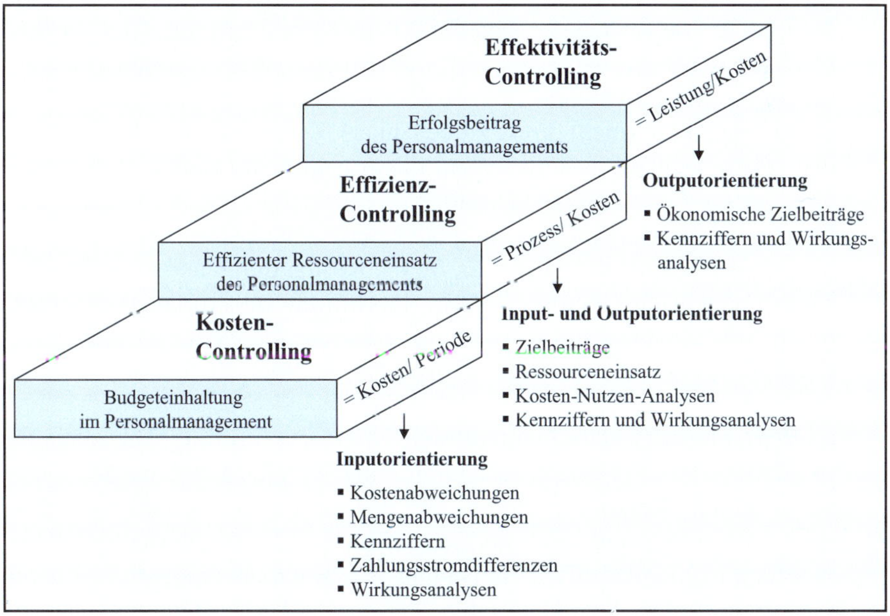

Quelle: Modifiziert nach Wunderer/Jaritz 2006, S. 16

Es handelt sich um ökonomische Erfassungs- und Bewertungsdimensionen, die sowohl im operativen wie auch im strategischen Personalcontrolling zur Anwendung gelangen (vgl. Knorr 2004, S. 26f.). Je nach Erfordernis sowie Schwierigkeitsgrad des zu untersuchenden Sachverhalts (z.B. Messbarkeit von Tätigkeiten) kommen eben das Kosten-, Wirtschaftlichkeits- und Erfolgs-controlling zum Einsatz, wobei die „**Wertschöpfung**" in allen Fällen als Bezugspunkt herangezogen werden kann:

• Das **Kosten-Controlling** (monetäres bzw. kalkulatorisches Controlling) beinhaltet die **periodische** Planung der Personalkosten und der Kosten der Personalabteilung selbst. Die Wertschöpfung liegt in diesem Fall in der Einhaltung der Budgetvorgaben. Inputgrößen und quantitative Betrachtungen sind hier bestimmend. Als Instrumente kommen die Budgetierung, Kostenrechnung und Prozesskostenrechnung, aber auch internes Benchmarking und Betriebsvergleiche in Frage (vgl. Zdrowomyslaw/Kasch 2002).

> **Beispiel 1:** Ein Unternehmen, das Assessment Center bislang von internen Spezialisten entwickeln ließ, kommt nach einer nachträglichen Kostenanalyse zum Ergebnis, dass ein externer Einkauf dieser Leistung den Aufwand bei gleicher Qualität um die Hälfte reduzieren würde. Außerdem wird ein Personalmitarbeiter eingespart, indem die Erfassung von Personalbeurteilungsgesprächen direkt durch die Linie über ein Personalinformationssystem erfolgt (Klimecki/Gmür 2001, S. 396).
> **Beispiel 2**: Die Kosten der Abteilung Personalbeschaffung. Hier fließen Gehälter nebst Zusatzkosten ein, direkt durch diesen Bereich verursachte Kosten (Anzeigen-, Personalberaterkosten usw.) sowie ein Gemeinkostenanteil (nicht direkt zurechenbar). Zwar sind diese Kostengrößen relativ einfach zu beschaffen, die Aussagekraft dieser rein inputorientierten Werte ist jedoch von ihrem Einsatzfeld her beschränkt. Die Fragen, ob ausreichend und gut qualifizierte Mitarbeiter rekrutiert wurden, ob der Kunde zufrieden war, ob die Kosten durch andere Rekrutierungswege geringer gewesen wären, bleiben unbeantwortet. Was bringt die Investition tatsächlich, wird im Rahmen des Wirtschaftlichkeits-Controllings beantwortet (vgl. Knorr 2004, S. 24).

• Das **Wirtschaftlichkeits-Controlling** (Effizienzcontrolling) betrachtet die Produktivität der Personalarbeit durch einen Vergleich von tatsächlichem und geplanten Ressourceneinsatz für die personalwirtschaftlichen **Prozesse**. Im Vordergrund steht die Frage „Tun wir die Dinge richtig". Wertschöpfung ist hier der effiziente Umgang mit Ressourcen, die Relation von Zielbeitrag zu den dazu benötigten Ressourcen (Input-/Output-Relation). Allerdings stellt Effizienz so lange eine Leerformel dar, bis der Zielbeitrag

(Nutzen, „Output") einer Maßnahme und der damit verbundene Aufwand (Kosten, „Input") problemadäquat inhaltlich näher konkretisiert wird. Dies kann nicht nur durch direkt messbare Mengen- und Wertgrößen (z.B. Produktivitäts- und Rentabilitätszahlen) erfolgen, sondern auch durch Indikatoren, die der Problemkomplexität gerecht werden. Der Rückgriff auf Indikatoren ist insbesondere für die Personalarbeit von großer Bedeutung, weil der Aufwand von Aktivitäten meist in Geldeinheiten ausgedrückt wird, dem jedoch keine direkt monetär bewertbaren Erträge gegenüberstehen.

> **Beispiel**: *Gerpott* (1989/1990) hat einen entsprechenden Ansatz, in dem Input- und Outputgrößen zusammengeführt werden, für die Evaluation von Auswahlinstrumenten entwickelt. Darin werden die Kosten des jeweiligen Instruments seinem Nutzen, gemessen an seiner Vorhersagevalidität (Gültigkeit) und Zuverlässigkeit, gegenübergestellt. Das geschieht unter Berücksichtigung von begleitenden Bedingungen wie der Zahl der je Periode ausgewählten Bewerber und der für die zu besetzende Stellung charakteristische Streuung der Arbeitsleistungen (Klimecki/Gmür 2001, S. 397).

• Das **Erfolgs-Controlling** (Effektivitäts- bzw. Rentabilitätscontrolling) zielt schließlich auf den Erfolgsbeitrag der Personalarbeit zum Unternehmenserfolg ab. Im Vordergrund steht die Frage „Tun wir die richtigen Dinge", also die Frage nach der Erfassung der **Wirksamkeit** von Personalmaßnahmen. In diesem Fall beinhaltet die Wertschöpfung die bedarfsgerechte Gestaltung der Personalfunktion zur langfristigen Sicherung des Humanpotenzials. Die Messung der Wertschöpfung im Rahmen des Effektivitätscontrollings gestaltet sich am schwierigsten, da der Erfolg bzw. Nutzen des Personalmanagements weder direkt noch eindeutig zugerechnet werden kann. Zur Erfassung benötigt man ein ausdifferenziertes Indikatorensystem.

> **Beispiel**: Ein Weiterbildungsprogramm wurde durchgeführt, um die Flexibilität des Unternehmens zu steigern. In diesem Rahmen wurden u.a. Seminare zur Kreativitätsförderung eingesetzt. Die Ursache-Wirkungsanalyse zum Zusammenhang von Seminarteilnahme und individueller Kreativität ist zwar möglich, ihre Relevanz hängt jedoch davon ab, ob auch ein gesicherter Zusammenhang zwischen der im Seminar erworbenen erhöhten Kreativität und der Gesamtflexibilität nachgewiesen werden kann (Klimecki/Gmür 2001, S. 397).

6.   Wozu eigentlich Personalcontrolling?

Es lassen sich zahlreiche Gründe anführen, weshalb sich Organisationen mit der Frage beschäftigen sollten: Wozu eigentlich Personalcontrolling? Jede Führungskraft sollte sich diese Frage stellen, da grundsätzlich davon auszugehen ist, dass ein solch spezielles „Bereichs-Controlling" als Führungsteilsystem in einer dynamischen Umwelt einen Beitrag zur Unternehmensentwicklung und zum Unternehmenserfolg liefern kann. Die Institutionalisierung und organisatorische Eingliederung sind zunächst nachrangige Aspekte.

6.1   Gründe für die Einführung eines Controllings im Personalbereich

Die Motive sich mit der Thematik „Personalcontrolling" allgemein zu befassen, bis hin zur Frage der organisatorischen Eingliederung, sind äußerst vielfältig und vielschichtig. Der Ausgangspunkt sich mit dieser Thematik zu beschäftigen, liegt vielfach in der Tatsache begründet, zweckorientierte und entscheidungsrelevante Informationen zu erhalten.

Schulte (2002, S. 2) leitet den **Handlungsbedarf für den Personalbereich** aus der zunehmenden Zahl von Einflussgrößen und einer Vermehrung der Entscheidungsalternativen ab, die Handlungskonsequenzen immer schwerer vorhersehbar machen (siehe Abb. 18). Als zentraler Grund für die Beschäftigung und Etablierung eines Personalcontrollings kann demnach die Notwen-

Abb. 18: Personalcontrolling: Status und Handlungsbedarf

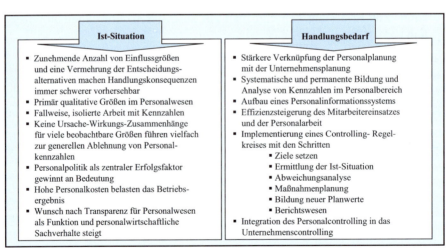

Quelle: Schulte 2002, S. 1

digkeit der **ökonomischen Steuerung der Personalarbeit** ausgemacht werden.

Der Aspekt **Qualität** der **Mitarbeiter** und des **Managements** erhält für die Existenz von Organisationen immer größere Bedeutung. Vermehrt, und aus unterschiedlichen Anlässen werden **Informationen** über den Personalbereich eingefordert, die ein Personalcontrolling bereitstellen sollte. Einige **Beispiele (Anlässe)** seien hier genannt:

- **Gesetz zur Kontrolle und Transparenz im Unternehmensbereich (KonTraG) und Risikomanagementsystem**: Mit der Verabschiedung des KonTraG (1.5.1998) besteht nunmehr für Kapitalgesellschaften die gesetzliche Notwendigkeit *(§ 91 Abs. 2 AktG und § 43 Abs. 1 GmbHG)*, ein adäquates Überwachungssystem im Sinne einer Frühwarnung, also ein Risikomanagementsystem, aufzubauen. Zum einen gehört hierzu die Erfassung der Risiken des Personalbereichs und zum anderen strahlt dieses Gesetz auch auf die Unternehmensplanung von KMU aus.
- **Personalrisikomanagement im Rahmen des Aufsichtsrechts „Basel II"**: Die Identifizierung und Messung von Personalrisiken gewinnt für die Banken (Kreditgeber) sowie für die Unternehmen (Kreditnehmer) zusehends an Bedeutung. Sachverhalt: Um das Risiko der Banken durch Kreditausfälle zu begrenzen, wird bei Kreditvergabe bankenseits eine festgesetzte Quote an Eigenkapital „unterlegt" bzw. bereitgehalten. Die Quote der Eigenkapitalhinterlegung soll nun in Abhängigkeit der Risikobewertung der Kreditnehmer erfolgen: hohe Bonität bedeutet geringe Eigenkapitalhinterlegung und umgekehrt. Hier wird deutlich, wie wichtig die Risikobewertung und eine gute Bonitätseinstufung für ein Unternehmen sind. Denn je schlechter die Risikobewertung ausfällt, desto höher ist der zu hinterlegende Eigenkapitalbetrag seitens der Bank und desto höher werden die Zinsen für den Kreditnehmer (Unternehmen) sein.
- **Externe Rating-Agenturen**: Bei der Bewertung und Einordnung in Ratingkategorien durch Institutionen oder Rating-Firmen (z.B. Standard & Poor`s, Creditreform e.V., Deutsche Bundesbank) spielt der Aspekt Managerqualität eine wichtige Rolle und beeinflusst das Urteil über Bonität und Kreditwürdigkeit nicht unerheblich. Die Einstufungen der Unternehmen und die Veröffentlichung der Ergebnisse stellen auch eine Orientierung für Investoren dar.
- **Mergers & Acquisitions (M&A)**: Das Personalcontrolling kann in Vorbereitung und auch in der Begleitung eines Kauf- oder Verkaufs-Prozesses von Unternehmen oder Beteiligungen wertvolle Beiträge leisten. Im Rahmen der „Due Diligence" (sorgfältige, d.h. erforderliche, angemessene oder gebührende Analyse und Prüfung eines Unternehmens) werden unter Verwendung von Checklisten viele personalspezifische Fragen mitformuliert, abgefragt und ausgewertet.

6.2   Sichtweisen und Adressaten des Personalcontrollings

Personalcontrolling kann und darf nicht völlig losgelöst von den Trägern der Personalpolitik und Adressaten einer Unternehmung bewertet werden (vgl. Klimecki/Gmür 2001, S. 413ff.). Wer hat ein bestimmtes Interesse am Personalcontrolling und den Ergebnissen? Die Sichtweisen und Erwartungshaltungen, was das Personalcontrolling leisten kann und soll, sind sehr unterschiedlich. Ein Finanzvorstand hat in der Regel ein anderes Verständnis vom Personalcontrolling als der Personalvorstand oder der Verantwortliche für die Personalentwicklung in einer Organisation. Der Betriebsrat dürfte meistens andere Schwerpunkte für ein Personalcontrolling als die Mitglieder im Aufsichtsrat setzen. Abbildung 19 gibt einen Überblick darüber, welche (internen und externen) Träger von Relevanz sind und aus welcher Sichtweise (Interessenlage) Personalcontrolling gesehen und deren Ergebnisse interpretiert werden können. Informationen, Instrumente und Zahlen sollten immer in einen Zusammenhang gebracht und kritisch bewertet werden. Frei nach dem Motto: Glaube keiner Statistik, die Du nicht selbst gefälscht hast. Gerade Ergebnisse für den sensiblen Bereich „Personal" rufen Ängste, Widerstände usw. hervor und fordern Transparenz und Nachvollziehbarkeit. In der Regel sollten deshalb Statistiken grundsätzlich kritisch hinterfragt werden. Auf die Bewertung und vor allem den Interpretationszusammenhang kommt es an. Kenngrößen und Statistiken eigenen sich hervorragend für

Abb. 19: Träger und Sichtweisen des Personalcontrollings

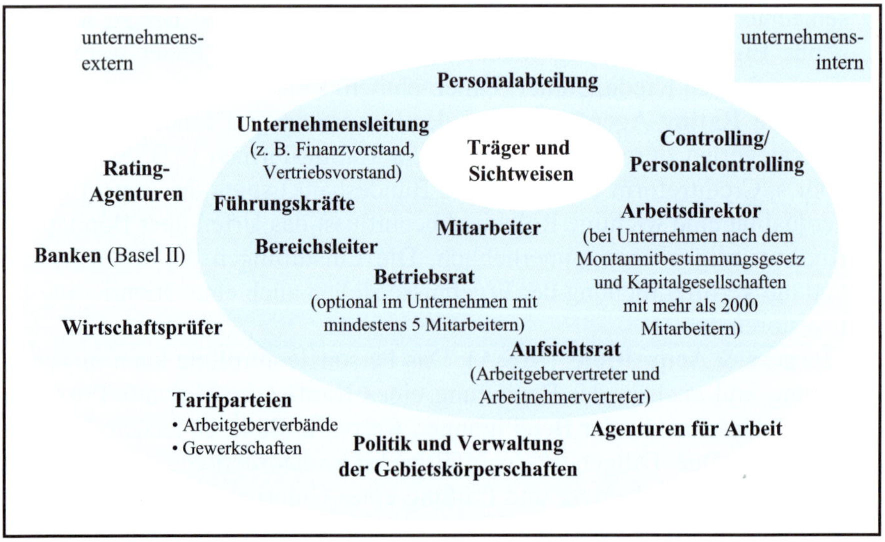

Quelle: Eigene Darstellung

Manipulation oder Fehlinformation. Sie können aber auch zur Transparenz und Motivation von Mitarbeitern herangezogen werden (vgl. Zdrowomyslaw/Kasch 2002).

Die **internen Anspruchgruppen** (Eigentümer, Management, Mitarbeiter) und **externen Anspruchgruppen** (z.B. Fremdkapitalgeber, Staat und Gesellschaft) formulieren an eine Organisation unterschiedliche Erwartungen. Oder anders ausgedrückt: Ihre Interessen (Ziele) sind selten dieselben (vgl. Zdrowomyslaw 2005, S. 23f.). Ausgehend vom sog. **Stakeholder-Konzept** können auch unterschiedliche „Kunden" (Informationsempfänger) des Personalcontrollings ausgemacht werden. Eine Differenzierung des Controllings nach Empfängerkreisen gibt einen ersten Überblick über „potenzielle Kunden" des Unternehmens (siehe Abb. 20) und macht deutlich, dass Informationen immer auch eine Manipulations- und Machtfunktion beinhalten. Dies zeigt u.a. die von *Lisges/Schübbe* vorgenommene Unterteilung des Controllings in: „Externes öffentliches Controlling", „internes öffentliches" und „internes nicht öffentliches" Controlling, „politisches" Controlling und „externes Pflichtcontrolling" (vgl. Lisges/Schübbe 2005, S. 25f. und S. 78ff.).

Abb. 20: Controlling – Differenzierung nach Empfängerkreisen

Art	Kennzeichen	Beispiele
Externes, öffentliches Controlling	Publikationen des Managements werden unterstützt	Geschäftsbericht, Anfragen von Tageszeitungen, Fachzeitschriften, TV, Radio
Internes, öffentliches Controlling	Daten, die den Mitarbeitern des Unternehmens zugänglich sind und deren Weitergabe an die Öffentlichkeit nicht vorgesehen ist, aber auch keinen Schaden anrichten würde	Intranet, Mitarbeiterzeitschrift, Betriebsversammlungen, schwarzes Brett, Rundschreiben, E-Mails an großen Verteilerkreis
Internes, nicht öffentliches Controlling	Daten, die ausschließlich für Entscheider vorbehalten sind, deren Publikation extern und auch allgemein zugänglich intern Schäden anrichten könnte	Szenario-Rechnungen, Vorausschau- und Prognose-Daten, Sozialplanberechnungen
„Politisches" Controlling	Daten, die nicht Grundlage einer Entscheidung werden sollen, sondern Untermauerung einer bereits getroffenen Entscheidung dienen. Reporting zur subjektiven (Schein-) Befriedigung eines diffusen Informationsanspruchs mittels tradierter Grafiken und Auswertungen	„Meinungstransportierende" Grafiken, Alterspyramide, Fluktuationszahlen
Externes Pflichtcontrolling (i.d.R. ausschließlich Reporting)	Daten, die aufgrund gesetzlicher Verpflichtungen erhoben und berichtet werden	Statistische Landesämter, Arbeitgeberverbände

Quelle: Lisges/Schübbe 2005, S. 26

7.   Organisation des Personalcontrollings

So vielfältig und unterschiedlich Unternehmen in der Praxis sind, so zahlreich sind auch die Meinungen und Vorstellungen über die Wichtigkeit von Personalcontrolling und deren Notwendigkeit einer organisatorischen Umsetzung.

7.1   Personalcontrolling – eine Führungsaufgabe für alle Branchen und Unternehmensgrößen?

Geht man von den **Aufgaben des Personalcontrollings** aus, so kann – wie für das allgemeine Controlling – festgehalten werden, dass unabhängig von Branche und Größe des Unternehmens Entscheidungsprozesse ermittelt, dokumentiert, geplant, gesteuert und kontrolliert werden, wofür entsprechende Informationen erforderlich sind. Oder anders ausgedrückt: Auch Kleingewerbetreibende können und werden teilweise Controlling anwenden, ohne es als solches allerdings zu bezeichnen oder zu erkennen, wie dies *Preißler* (1998, S. 56) am Beispiel eines Eisverkäufers aufzeigt. Personalcontrolling als Führungsaufgabe verlangt **keine** Mindestbetriebsgröße. Handelt eine Führungskraft im Sinne des Personalcontrolling-Gedankens, so liegt zwar kein institutionalisiertes, aber durchaus ein **informelles Personalcontrolling-Verständnis** vor.

Legt man empirische Ergebnisse zugrunde (siehe Abb. 21), so erfolgt die **Einrichtung einer Stelle** für die Unternehmens-Funktion Controlling (Institutionalisierung) in der Regel erst ab mehr als 300 Mitarbeitern. Unterhalb dieser Grenze wird tendenziell eher auf ein **externes Controlling** (z.B. Steuerberater, Wirtschaftsberater) zugegriffen (vgl. Czenskowsky/Schünemann/Zdrowomyslaw 2004, S. 52).

Abb. 21: Internes und externes Controlling in Abhängigkeit von der Unternehmensgröße

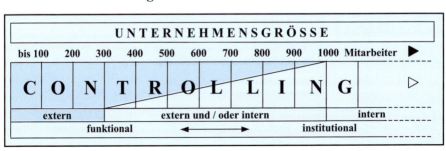

Quelle: Czenskowsky/Schünemann/Zdrowomyslaw 2004, S. 52

Bedenkt man, dass das Personalcontrolling als spezielles „Bereichscontrolling" prinzipiell ein Subsystem des Unternehmenscontrollings darstellt, liegt die Vermutung nahe, dass eine Institutionalisierung eines Personalcontrollings in Klein- und Mittelunternehmen kaum stattfindet.

In der **Wirtschaftspraxis** dürften folgende **vier** Varianten zur Umsetzung eines Personalcontrollings vorzufinden sein (vgl. Wunderer/Schlagenhaufer 1994, S. 87):

- Es besteht **kein** Personalcontrolling-Bewusstsein oder Personalcontrolling-Selbstverständnis (keine Anwendung durch Unternehmensmitglieder).
- Es bestehen **Wünsche** für und **Erwartungen** an ein spezifisches Controlling für den Personalbereich (keine konkreten Aktivitäten).
- Führungskräfte, vor allem im Personalbereich, **handeln** bereits **im Sinne des Controlling-Gedankens** (ein informelles Controlling-Verständnis liegt vor, und es wird auch im Unternehmen gelebt).
- Es besteht ein **offizielles, institutionalisiertes Personalcontrolling**, wobei die Träger dieser Funktion als **Personalcontroller** bezeichnet werden (mit unternehmensspezifischer Eingliederung).

In der Literatur werden unterschiedliche **Einflussfaktoren** in Bezug auf die organisatorische Gestaltung des Personalcontrollings (z.B. Größe, liegt ein funktionaler oder divisionaler Aufbau des Personalcontrollings im Unternehmen vor, Unternehmenskultur und praktizierte Führungsgrundsätze) genannt (vgl. Schulte 2002, S. 149).

7.2   Organisatorische Eingliederung des Personalcontrollings

Immer wieder wird zum Ausdruck gebracht, dass Personalcontrolling heute zu den wesentlichen Kernkompetenzen der Personalarbeit gehört und einen wichtigen Beitrag zum Unternehmenserfolg (Wertschöpfung) liefern kann (vgl. Schmeisser/Clermont 1999, S. 132ff.). Vor diesem Hintergrund sollten sich die Unternehmen – zumindest ab einer bestimmten Größe – die Frage nach der organisatorischen Umsetzung eines Personalcontrollings beantworten: Soll es eine eigenständige Position oder Abteilung „Personalcontrolling" im Unternehmen geben oder nicht?

Von der Wissenschaft und Praxis wird die Frage nach einer Institutionalisierung meistens bejaht. Es gibt jedoch in Theorie und Praxis keine einheitliche Meinung darüber, wie und an welcher Stelle der Personalcontroller in die **betriebliche Hierarchie** einzuordnen ist. Soll sich das Personalcontrolling nicht nur auf operative Aufgaben beschränken, sondern seiner strategischen Verantwortung gerecht werden, wird vielfach eine organisatorische Eingliederung in die oberste Managementebene als notwendig erachtet. Favorisiert wird dabei eine organisatorische Anbindung an den Personalbereich.

Beispielsweise seien hier die Einschätzungen der *Arbeitskreise Personalcontrolling DGFP e.V.* herangezogen:

> „Die Schlagkraft und Effizienz eines wirksamen Personalcontrolling hängt nicht unwesentlich von der Art und Weise der organisatorischen Einbindung innerhalb der Unternehmensstruktur ab. Ein Sachbearbeiter im Personalwesen, der – gerade eingestellt – sich ‚mal ein bisschen um die Statistiken kümmern soll‘ als gelungene Aufhängung eines Personalcontrolling zu bezeichnen, mag mancherorts immer noch Praxis sein, wird aber weder den Erwartungen noch den Möglichkeiten des Personalcontrolling gerecht. (...) Das Personalcontrolling sollte direkt dem obersten Personalverantwortlichen zugeordnet sein, wenn damit die Einbeziehung in die strategische Unternehmensentwicklung und das rechtzeitige Wissen um die Geschäftsentwicklung gewährleistet ist. Je nach Größe des Unternehmens und seiner Organisationsform sollte das Personalcontrolling also dem Arbeitsdirektor, Geschäftsführer Personal, Kaufmännischen Leiter, Personalvorstand, Spartengeschäftsführer, Unternehmenscontrolling und dem Zentralvorstand usw. zugeordnet sein, wenn die genannten Funktionen ausschließlich oder gleichzeitig mit dem obersten Personalverantwortlichen im Unternehmen identisch sind" (DGFP 2001, S. 37 f.).

Für die organisatorische Eingliederung des Personalcontrollings sind viele Gestaltungsvarianten denkbar. Stab oder Linie? Zentral oder dezentral? Auch Sonder- und Mischformen sind möglich. Als **Sonderform** sei hier nur das sog. „**Self-Controlling**" (Selbst-Controlling) erwähnt, eine Variante des dezentralen Controllings. Es findet eine Delegation der Aufgaben und die Verantwortung für das Personalcontrolling bis zur einzelnen Führungskraft (Mitarbeiter) statt. Als Beispiel für die **Mischform** sei die **Kombination** von **zentralem** und **dezentralem** Personalcontrolling angeführt: Zentrale Bildungsabteilung führt Transfer-Controlling für Bildungsmaßnahmen durch, das Kosten-Controlling verbleibt dagegen im zentralen Personalcontrolling (vgl. Wunderer/Schlagenhaufer 1994, S. 87ff.). Beispiele aus der Praxis zeigen, dass Mischformen genauso ihre Berechtigung haben und Personalcontrolling erfolgreich zur Anwendung kommt.

Nach *Scholz* (2000, S. 149) können grundsätzlich **vier** Möglichkeiten für die organisatorische Einordnung des Personalcontrollings unterschieden werden, wobei er die Variante, bei der das Personalcontrolling in einer **Stabsstelle** fixiert wird und dem **obersten Personalverantwortlichen** zugeordnet ist, als die einzig vernünftige Lösung ansieht (siehe Abb. 22). Jede Aufbauorganisationsform sowie Positionierungen bestimmter Stellen hat seine Vor- und Nachteile. Abbildung 23 zeigt die jeweiligen **Vor-** und **Nachteile** einer disziplinarischen Zuordnung des Personalcontrollings zum Unternehmenscontrolling bzw. Personalwesen.

Abb. 22: Alternative Positionierungen des Personalcontrollings

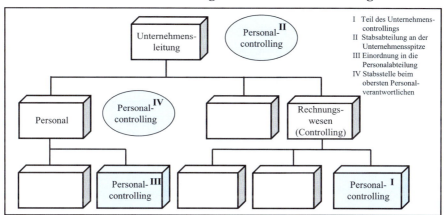

Quelle: Erstellt nach Scholz 2002, S. 149

Abb. 23: Organisatorische Einordnung des Personalcontrollings

		Fachliche Unterstellung beim	
		Unternehmenscontrolling	**Personalwesen**
Disziplinarische Unterstellung beim / **Personalwesen**		*positiv*	*positiv*
		▪ Personalcontrolling ist integriert ▪ Personalcontrolling partizipiert von beiden Bereichen ▪ uneingeschränkter Zugriff auf alle Unternehmensinformationen ▪ Grundlagen aus einem Guss	▪ Aufgaben von Unternehmenscontrolling sind auf System und Administration beschränkt, ▪ Personal fühlt sich nicht „fremd"-kontrolliert, kann eigene Ziele besser verfolgen, Besonderheiten intensiver berücksichtigen ▪ Interessenkonflikte deutlich geringer
		negativ	*negativ*
		▪ Konfliktpotential zwischen den beiden Bereichen kann ansteigen ▪ Problem der unterschiedlichen Prioritäten und Interessenlagen	▪ einheitliche Leitung des Unternehmens Controlling ist nicht mehr gegeben. ▪ Eigen- (Selbst-) Kontrolle des Personal-Controlling ist nicht mehr gegeben/möglich, daraus Akzeptanzproblematik
	Unternehmenscontrolling	*positiv*	*positiv*
		▪ Personalcontrolling ist „unabhängig" von der Personalabteilung ▪ Unternehmenscontrolling erhält umfassendere (Gesamt-) Verantwortung (Planung) ▪ Stärkung für Personalcontrolling dann, wenn direktere Anbindung an Unternehmensleitung gewünscht ist	▪ Interessen beider Bereiche werden besser verbunden ▪ Personalcontrolling hat die intensiveren Personalkenntnisse und das fachspezifischere Wissen ▪ Personalwesen kann seine eigenen Interessen besser wahren (inhaltlich, Zugriff)
		negativ	*negativ*
		▪ Personalcontrolling kann zum Fremdkörper im Unternehmenscontrolling werden ▪ Besonderheiten von Personal werden nicht ausreichend berücksichtigt ▪ möglicherweise stärkere Betonung von hardfacts (Kosten kontra Personal)	▪ Konfliktpotential zwischen beiden Bereichen kann steigen ▪ Abstimmungs- und Informationsprobleme (Systeme, Aussagen etc) ▪ eigene Entwicklungen an Unternehmenscontrolling vorbei

Quelle: Schulte 2002, S. 151

Abbildung 24 zeigt drei Organigramme, wie in der Praxis die organisatorische Einbindung erfolgt ist.

Abb. 24: Organigramme: Praxisbeispiele für die Eingliederung des Personalcontrollings

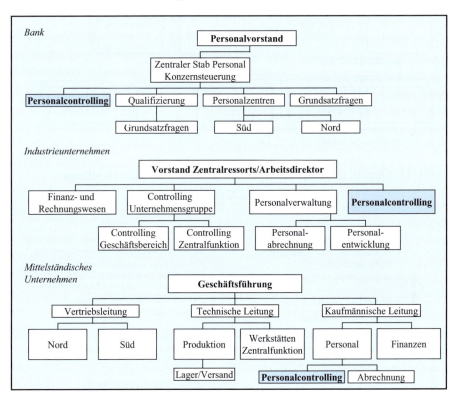

Quelle: DGFP 2001, S. 39

Fazit: Ein allgemeingültiges Rezept für die Einordnung des Personalcontrollers in die Unternehmenshierarchie gibt es nicht und kann es nicht geben, weil jedes Unternehmen einzigartig ist. Letztlich muss das Personalcontrolling die Besonderheiten des Unternehmens (Größe, Unternehmenskultur, Ziele usw.) berücksichtigen, um erfolgreich arbeiten zu können.

7.3   Interessen für und Widerstände gegen das Personalcontrolling

Das **Personalcontrolling** nimmt im Vergleich zum allgemeinen Unternehmenscontrolling oder Marketingcontrolling eine **Sonderstellung** ein, da die Mitarbeiter kein ausschließlich nach ökonomischen Gesichtspunkten disponierbarer Produktionsfaktor sind. Daraus ergeben sich besondere Problemfelder und Anforderungen. Im Mittelpunkt steht die Evaluation der Personalarbeit und der Menschen in einer Organisation, womit es fast zwangsläufig zu **Akzeptanzproblemen** kommt. Die Einführung eines Personalcontrollings weckt Befürchtungen und ruft zum Teil auch Widerstände hervor. Gerade in einer Zeit, in der durch den Einsatz von EDV-Anlagen und Multi-Media es kaum Grenzen für die Informationssammlung, -verdichtung und -nutzung gibt, wird die Angst vor dem „gläsernen Mitarbeiter" allein durch den Ausdruck „Personalcontrolling" eher erhöht als vermindert (vgl. Scholz 2000, S. 150). Das **Datenschutzproblem** darf nicht unterschätzt werden. Mit der zunehmenden Komplexität eines Controllingsystems steigt die Gefahr einer missbräuchlichen Verwendung von Personalcontrollingdaten.

Die Einführung und Etablierung eines Personalcontrollings sind keineswegs unproblematisch. Allein schon aus der Tatsache heraus, dass das Personalcontrolling sich letztlich immer auch auf das Individuum bezieht, ruft es **Widerstände** bei vielen **Personen**, aller Hierarchiestufen, hervor. Personalcontrolling wird vielfach als reines **Instrument der Rationalisierung** gesehen. Folgende Ursachen für Animositäten gegenüber dem Personalcontrolling lassen sich anführen: Angst vor Einengung des persönlichen Entscheidungs- und Bewegungsspielraums, Aversion gegen erhöhte Transparenz nach außen gegenüber den eigenen Tätigkeiten, generelle Abneigung gegenüber Kontrollen, Verletzung von Datenschutzauflagen, Einschnürung der Kreativität sowie unnötiger Bürokratismus und die problematische Zurechenbarkeit auf einzelne Kostenträger. Neben dem grundsätzlichen Widerstand der Unternehmensführung, der Mitarbeiter und der Mitarbeitervertretung (Mitbestimmung) lassen sich weitere **Problemfelder** ausmachen (vgl. Wunderer/Schlagenhaufer 1994, S. 24f.). Die zwei wichtigen **Problemebereiche im Rahmen der Umsetzung** des Personalcontrollings seien hier hervorgehoben. Zum einen die Schwierigkeit, neben den „harten", quantitativen Größen (z.B. Personalkosten, Zahlen der Mitarbeiterfluktuation) auch die „weichen", qualitativen Größen (z.B. Gründe der Mitarbeiterfluktuation, Arbeitszufriedenheit) zu erfassen. Das hieraus resultierende **Datenerhebungsproblem** besteht sowohl seitens der Zielformulierung als auch seitens der Messung der Zielerreichung und der daran anschließenden Abweichungsanalyse. Vor allem der Versuch einer Abweichungsanalyse kann zum anderen durch unzureichend geklärte Ursache-Wirkungs-Zusammenhänge bei komplexen Sachverhalten **Methodenprobleme** hervorrufen. So existiert beispielsweise ein Zusammenhang zwischen Arbeitsmotivation und dem Unternehmenserfolg, allerdings sind weder die Auswirkungen genau quantifizierbar noch die Ursachen zuverlässig zurechenbar.

Abbildung 25 zeigt, welche Hindernisse in der betrieblichen Praxis sich als hemmend für die Implementierung des Personalcontrollings erweisen.

Abb. 25: Probleme bei der Realisierung des Personalcontrollings

Wie schätzen sie mögliche Probleme bei der Realisierung von Personal-Controlling ein?	Mittelwert 1997 (1987)
• Fehlende Ressourcen für Personal-Controlling	1,73 (1,3)
• Konflikte bezüglich der Kompetenzen und der organisatorischen Stellung des Personal-Controllers	1,54 (1,54)
• Datenerfassungsprobleme/ fehlende Instrumente	1,54 (1,3)
• Widerstände seitens der Mitarbeitervertretung	1,35 (1,4)
• Widerstände seitens der Unternehmensführung	1,27 (1,2)
• Widersprüche zum Selbstverständnis der Personalabteilung	1,25 (1,3)
• Widerstände seitens der Mitarbeiter	1 (1,1)
• Mangelnde Plausibilität der Vorteile des Personal-Controlling	0,83 (1,1)
0: stellt kein Problem dar 1: kann relativ leicht gelöst werden 2: dieses Problem wird die Realisierung verzögern 3: daran könnte die Realisierung von Personalcontrolling scheitern	

Quelle: Berthel 2000, S. 437

Abschließend sei darauf aufmerksam gemacht, dass auf eine „kulturelle Verankerung" des Personalcontrollings hingearbeitet werden muss. So kann es in einer Organisation, die die **Autonomie** des einzelnen betont, umgekehrt aber ein explizites und intensives Personalcontrolling institutionalisiert, was prinzipiell einen Widerspruch darstellt, schnell zu Konflikten kommen (vgl. Scholz 2000, S. 150).

Wer sich entschieden hat, Personalcontrolling zu betreiben, sieht sich nach *Drumm* (2005, S. 740f.) rasch **sechs Grundproblemen** gegenüber. In modifizierter Form existieren diese auch im Unternehmungscontrolling. Sie haben im Personalcontrolling lediglich andere Gewichte und beeinflussen die Ziele, Gegenstände und insbesondere Methoden im Rahmen des Personalcontrollings. Alle Grundprobleme knüpfen an die einfache Frage an, welche Beiträge einzelne personalwirtschaftliche Aktionen oder Aktionsbündel zur Zielerreichung der Unternehmung leisten.

- Das **erste Grundproblem** besteht darin, dass Erfolgsziele immer ranghoch sind, während die für Steuerungs- und Regelungsprozesse des Personalcontrollings relevanten Ziele rangniedriger sind. Zwischen ranghohen Erfolgszielen und rangniedrigen Beiträgen zu den Erfolgszielen bestehen nur ausnahmsweise deterministische Zusammenhänge. Meistens sind die Zusammenhänge stochastisch, was Zurechnungsprobleme auslöst.

- Das **zweite Grundproblem** besteht darin, dass die Erfolgsziele der Unternehmung unscharf sein können wie z.B. die Reputation einer Unternehmung, während die bisher entwickelten Methoden des Personalcontrollings eher auf scharfe Probleme zugeschnitten werden. Dies gilt für strategisches stärker als für operatives Personalcontrolling.
- Das **dritte Grundproblem** hängt mit dem ersten und zweiten zusammen: Es gibt in der Personalwirtschaft mehr qualitative als quantitative Ziele, weshalb Zielabweichungen schwerer identifizierbar sind und so ein wirksames Personalcontrolling behindern.
- Das **vierte Grundproblem** ergibt sich aus der Beobachtung, dass sich Ziele und Prämissen personalwirtschaftlichen Handelns im Zeitablauf ändern. Regelungstheoretisch müssten also die Führungsgrößen im Regelkreis selbst der Regelung unterworfen werden. Die bisherigen Konzepte und Methoden des Personalcontrollings sind jedoch kaum auf die Lösung dynamischer Probleme zugeschnitten.
- Das **fünfte Grundproblem** des Personalcontrollings ergibt sich daraus, dass Menschen sich bei ihren Entscheidungen in Unternehmungen irren oder opportunistisch handeln können. Zwar wäre es Aufgabe von Personalbeschaffung und -auswahl sowie Personalführung, Fehlverhalten zu vermeiden oder zu unterdrücken. Es wäre jedoch unrealistisch, auf eine stets perfekte Lösung dieser Probleme in Unternehmungen zu vertrauen. Personalcontrolling muss daher im Einzelfall auch die Aufgabe der Fremdkontrolle von Mitarbeitern übernehmen und gewinnt damit eine "Reparaturfunktion". In **transaktionskostentheoretischer Sicht** trägt Personalcontrolling somit von vorgelagerter Ebene aus zur besseren Ausfüllung von unbestimmten Arbeitsverträgen auf operativer Ebene bei.
- Erfolgswirkungen personalwirtschaftlicher Maßnahmen werden stets durch die Existenz von Risiken beeinträchtigt. Deshalb muss parallel zur Erfolgswirkungsanalyse eine Risikoanalyse ggf. ergänzt durch Risikomanagement durchgeführt werden.

7.4   Anforderungen an das Personalcontrolling

Welche Anforderungen an ein Personalcontrolling zu stellen sind, hängt ebenfalls von vielen Einflussfaktoren und Interessen ab. Zwei zentrale Fragen sind aber grundsätzlich zu beantworten: Was soll/kann das Personalcontrolling leisten? Welche Anforderungen sind an einem Personalcontroller zu stellen?

Angesichts der besonderen Stellung des Personalcontrollings als Querschnittsfunktion mit seinen zahlreichen Aufgaben bezogen auf den Personalbereich und die gesamte Unternehmung (Auflegung derzeitiger und zukünftiger Stärken und Schwächen) lässt sich schwer abgrenzen, was es leisten soll.

Abbildung 26 zeigt die Anforderungen an das Personalcontrolling, die sich aus den verfolgten Zielen in der betrieblichen Praxis ableiten lassen.

Abb. 26: Anforderungen an das Personalcontrolling

Welche Anforderungen stellen Sie an Personalcontrolling?	Mittelwert 1997 (1987)
• Verbesserung der Übersicht über Struktur und Entwicklung der Personalkosten	1, 92 (1,85)
• Verbesserung der Entscheidungsgrundlagen für personalwirtschaftliche Aktivitäten	1,76 (1,79)
• Senkung der Personalkosten	1,38 (1,22)
• Erhöhung der Arbeitsproduktivität	1,35 (1,24)
• Verbesserung der Leistungsmotivation	1,12 (1,21)
• Senkung der Kosten der Personalarbeit	1,08 (0,89)
• Verringerung der Personalfluktuation	1,04 (1,29)
• Entschärfung personeller Engpässe	0,91 (1,37)
• Stärkung der internen Stellung der Personalarbeit	0,58 (0,73)
• Reduktion der Absenzen	0,46 (0,79)
0: hat mit Personalcontrolling nichts zu tun 1: ist wünschenswert, aber kein vorrangiges Ziel 2: muss durch Personalcontrolling unbedingt erreicht werden	

Quelle: Berthel 2000, S. 449

An diesen Ergebnissen wird ersichtlich, dass die oftmals in der Literatur erwähnten **Hauptaufgaben** des Personalcontrollings wie die Planung personalwirtschaftlicher Maßnahmen und Kenngrößen, Kontrolle (Soll-Ist-Vergleich), Analyse (Ursachenermittlung bei Soll-Ist-Abweichungen), Entwicklung und Koordination von Maßnahmen zur Beseitigung negativer Abweichungen (Verbesserungsvorschläge) und Informationsversorgung der Entscheidungsträger nach wie vor wichtige Anforderungsfelder an das Personalcontrolling darstellen (vgl. Berthel 2000, S. 438, Schulte 2002, S. 148).

Losgelöst davon, wie viele Aufgaben dem Personalcontrolling in einem Unternehmen zugeordnet werden, ist der Personalcontroller nicht der Buchhalter für Personalkosten und Mitarbeiterzahlen, sondern versteht sich wie andere Controller vielmehr als „analyst und business partner". Er hat zum einen für die Transparenz des Unternehmens und seines Umfeldes aus personalwirtschaftlicher Sicht zu sorgen und zum anderen aktiv Verbesserungsprozesse anzustoßen und Entscheidungen vorzubereiten. Er muss mit Personen aus allen Abteilungen kommunizieren, hat teilweise bei unbequemen Entscheidungen maßgeblich mitzuwirken und dazu ist häufig viel Überzeugungsarbeit gegen Widerstände im Unternehmen zu leisten. Ferner ist zu berücksichtigen, dass der Personalcontroller oftmals mit sensiblen, personenbezogenen Daten arbeitet und neben „harten Faktoren" auch „weiche Faktoren" (z.B. Mitarbeiterzufriedenheit, Motivation) zu erfassen und zu beurteilen hat (vgl. DGFP 2001, S. 40). Welche (Kompetenz-)Schwerpunkte sich für ein Anforderungsprofil daraus ergeben, zeigt Abbildung 27. **Handlungskompetenz** auf allen Ebenen ist gefragt.

Abb. 27: Kompetenzvoraussetzungen eines Personalcontrollers

Methodenkompetenz

- Analyse- und Organisationsfähigkeit, denn er muss Sachverhalte in einem breiten Kompetenz- und Betätigungsfeld analysieren, Zusammenhänge erkennen und Lösungsvorschläge beurteilen. Des Weiteren muss er seine eigene Arbeit systematisch und zielorientiert planen, durchführen und kontrollieren.
- Innovationsbereitschaft, denn er muss bestehende und neue Controllingmethoden kennen und anwenden sowie bereit sein, neue Ideen kritisch auszuprobieren und umzusetzen.
- Offenheit für neue Technologien, denn er muss aufgeschlossen sein gegenüber Neuerungen in Kommunikations- und DV-Technologien sowie versiert in den im Unternehmen angewendeten Technologien.

Fachkompetenz

- Solides Know-how des gesamten personalwirtschaftlichen Spektrums, denn Fachkenntnisse unterstützen bzw. ermöglichen erst eine erfolgreiche Beratung.
- Problemlösungsfähigkeit, denn er entwickelt aktiv konzeptionelle Lösungsansätze, unterstützt bei Entscheidungsprozessen und implementiert erarbeitete Lösungen.

Sozial-/Persönlichkeitskompetenz

- Kommunikationsfähigkeit, denn der Informationsaustausch mit den Kommunikationspartnern erfordert eine klare und verständliche Ausdrucksweise sowie eine sachliche Argumentation.
- Kritisches Denken, denn er hinterfragt, um Verantwortliche auf Probleme aufmerksam zu machen und ein Überdenken von bestimmten Abläufen oder Entscheidungen anzustoßen.
- Zielorientiertheit und Überzeugungskraft, denn er überzeugt durch Lieferung von transparenten und vorausschauenden Informationen und durch ein zielorientiertes Auftreten (u.a. den Verantwortlichen „mit Fingerspitzengefühl auf die Füße treten").
- Unternehmerisches Denken, denn sein Handeln ist geprägt von den Gedanken und Zielen eines Mitunternehmers im Unternehmen.
- Teamfähigkeit, denn er benötigt bei der Umsetzung seiner Aufgaben in der Regel den Dialog mit anderen sowie ein hohes Maß an Sensibilität.

Quelle: DGFP 2001, S. 40f.

Etwas burschikos ausgedrückt, sollte ein Personalcontroller folgendem Ideal-profil entsprechen: „Ein guter Controller ist eine eierlegende Wollmilchsau!" Bei einem Anforderungsprofil an einen Controller stehen fachliche und per-sönliche Eigenschaften im Mittelpunkt. In der Regel wird er eine **betriebs-wirtschaftliche Ausbildung** besitzen. Dies muss aber keineswegs zwangsläu-fig der Fall sein. In bestimmten Branchen kommt es durchaus zu anderen Lö-sungen (vgl. Czenskowsky/Schünemann/Zdrowomyslaw 2004, S. 47).

Den Personalcontroller gibt es nicht, aber es existieren sowohl allgemeine als auch unternehmensindividuelle Vorstellungen darüber, was für Fertigkei-ten und Fähigkeiten er mitbringen sollte. Eine Analyse von **Stellenausschrei-bungen** zeigt exemplarisch die Erwartungen von Unternehmen an die Ausfül-lung einer **Personalcontrolling-Stelle**. Abbildung 28 zeigt acht ausgewählte Stellenbeschreibungen zum Personalcontrolling.

Abb. 28: Ausgewählte Stellenbeschreibungen zum Personalcontrolling (Teil 1)

HSH Nordbank

Senior Spezialist Personalcontrolling (m/w)

Was erwartet Sie:

- Aufbau eines strategischen Personalcontrollings
- Mitverantwortung für den strategischen für den Strategieprozess im Bereich Personal
- Verantwortung für den Personalplanungsprozess im Konzern, Erarbeitung und Umsetzung neuer Konzepte
- Ansprechpartner/in für alle relevanten Fragen des Personalcontrollings innerhalb des Bereiches und für den Vorstand sowie für Führungskräfte der Bank
- Konzepterarbeitung für das Datenqualitätsmanagement im Bereich Personal, insbesondere für SAP-HR
- Verantwortung für ein kontinuierliches Benchmark der Personalfunktionen
- Wahrnehmung der Funktion des Bereichs-Beauftragten für operationelle Risiken

Was erwarten wir:

- abgeschlossenes Hochschulstudium, vorzugsweise der Betriebswirtschaft
- vertiefte Kenntnisse im Umgang mit Controllinginstrumenten
- sehr gute Kenntnisse in der Anwendung von MS Office
- Kenntnisse in SAP-HR wünschenswert
- herausragende analytische, methodische und konzeptionelle Fähigkeiten
- sehr gute kommunikative Fähigkeiten
- Team- und Konfliktfähigkeit
- Sehr gute Englischkenntnisse

Thomas Cook AG

Für unseren Bereich Konzerncontrolling suchen wir eine/n engagierten Controller (M/W) Human Resources

Ihre Aufgabe:

Der Aufbau eines konzernübergreifenden Personalcontrollings: Schwerpunkt wird die Erarbeitung einer einheitlichen, konzernweit gültigen Methodik zur Erhebung von Mitarbeiterzahlen sowie die inhaltliche Definition von Personalkosten sein. Beide Themen-Komplexe werden in Abstimmung mit dem Personalbereich und dem Bereich Konzernfinanzen erarbeitet. Nach der Implementierung eines einheitlichen Berichtssystems sind Sie für die Aufarbeitung des Zahlenwerks für die monatliche Berichterstattung an den Vorstand zuständig und werden bei Abweichungsanalysen von den Segmentcontrollern unterstützt.

Ihr Profil:

Sie haben Ihr Studium der Betriebswirtschaftslehre mit Schwerpunkt Controlling sehr gut abgeschlossen und verfügen idealerweise über zwei bis drei Jahre relevante Berufserfahrung im Personalcontrolling. Neben der sicheren Anwendung von Kostenrechnungskenntnissen bringen Sie Erfahrungen personalrelevanter Themen aus Controllersicht mit. Ferner zeichnen Sie sich durch eine selbstständige Arbeitsweise, sehr gute PC-Kenntnisse (Exel, Word, Power Point) und gute Englischkenntnisse in Wort und Schrift aus. Sie arbeiten selbstständig und analytisch. Ihre Persönlichkeit zeichnet sich dagegen durch Kommunikations- und Organisationsstärke, Teamfähigkeit, Eigeninitiative und Belastbarkeit aus.

Randstad Deutschland GmbH

Wir such für München ab sofort: HR Manager Global Reporting / HR Controlling (m/w)

Position:

- Mitverantwortung für den Strategieprozess im Bereich Personal
- Verantwortung für das Personalberichtswesen und Personalcontrolling
- Mitgestaltung und Optimierung von Prozessabläufen
- Verantwortung für die Zeiterfassungssystematik
- Schnittstelle zur outgesourcten Personalabrechnung auf Basis R/3HR und Schnittstelle zur Buchhaltung
- Pflege der SAP Stammdaten
- Ansprechpartner bei Abrechnungsfragen und erledigen der Korrespondenz mit den Ämtern

Profil:

- Abgeschlossenes Hochschulstudium, vorzugsweise Betriebswirtschaft
- Sehr gute Kenntnisse in Lohn- und Gehaltsabrechnung, Zeitwirtschaft
- Unabdingbar ist der sichere Umgang mit SAP R/3 HR
- Analytisches Denken und sorgfältige strukturierte Arbeitsweise
- Gute englische Sprachkenntnisse in Wort und Schrift
- Verantwortungsbewusstsein und Flexibilität

Deutsche Apotheker- und Ärztebank

Für unsere Hauptverwaltung in Düsseldorf suchen wir eine/n Personal-Controller/in

Ihre Aufgaben:

- Sie arbeiten aktiv an der Weiterentwicklung der bestehenden Controllinginstrumente und -berichte mit.
- Sie ermitteln und bearbeiten Daten zur Planung des Personalaufwandes für die Dezernatsleitung und erstellen Soll-Ist-Vergleiche.
- Sie führen unterschiedliche Budgets zusammen und arbeiten an der Erstellung des Berichtswesens für den Vorstand mit. Dazu gehört auch der kontinuierliche Abgleich des Ist- und Soll-Personalportfolios.
- Sie sind verantwortlich für die Interpretation von Personalkennziffern.
- Sie arbeiten an der Weiterentwicklung von Vergütungssystemen mit.

Ihr Profil:

- Sie sind bankkaufmännisch ausgebildet, haben ein wirtschaftswissenschaftliches Studium mit dem Schwerpunkt Personal abgeschlossen und sich in Richtung Personal-Controlling weiterentwickelt.
- Sie verfügen über Berufserfahrung und fundierte Kenntnisse im Personalcontrolling und haben Ihr Wissen im Hinblick auf die Planung des Personalaufwandes und Ermittlung von Kennziffern in der Praxis unter Beweis gestellt.
- Sie sind sicher in der Anwendung der MS Office Produkte, insbesondere Excel und PowerPoint.
- Persönlich zeichnen Sie sich durch ausgeprägte analytische Fähigkeiten, eine schnelle Auffassungsgabe sowie hohe Belastbarkeit aus.
- Teamfähigkeit, Kommunikationsstärke und ein sicheres Auftreten setzen wir für eine selbstständige Arbeitsweise sowie für Ihre Arbeit im Team voraus.

Quelle: Stellenangebote auf der Homepage http://jobsuche.monster.de, Abrufdatum: 8.6. und 1.9. 2006

Abb. 28: Ausgewählte Stellenbeschreibungen zum Personalcontrolling (Teil 2)

Stör Out-of-Home Media AG

Praktikant/in Personalcontrolling

Aufgaben:

- Sie unterstützen die Abteilung Personalwesen im Bereich Personalcontrolling sowohl in der Durchführung als auch in der Ausgestaltung eines konzernweiten Personal-Reportings mittels SAP HR CO
- Sie arbeiten an operativen Tätigkeiten des Personalcontrollings, z. B. Erstellen personalrelevanter Listen, Pflegen der IT-Systeme, Datenanalyse hinsichtlich Soll-Ist-Vergleiche
- Sie wirken bei der Entwicklung eines konzernweiten Reporting mit

Anforderungen:

- Sehr gutes Zahlenverständnis
- Selbstständige und eigenverantwortliche Arbeitsweise
- Sehr gute Kenntnisse in MS-Office, insbesondere in Excel und Access
- Grundkenntnisse in SAP sind vom Vorteil, aber keine Voraussetzung
- Vollzeitiger Einsatz in der Konzernzentrale Köln

Amadeus Fire AG

Zur Unterstützung unserer internationalen Kunden aus dem Bereich der Hafen-/Logistikdienstleistungen suchen wir für den Bereich Personal/Administration zum nächst möglichen Zeitpunkt eine/n Sachbearbeiter (m/w) Personal

Ihre Aufgaben:

- Ansprechpartner in sämtlichen Personalangelegenheiten für die Belegschaft und die Konzernzentrale, insbesondere in Fragen zur Lohn- und Gehaltsabrechnung
- Durchführung vorbereitender Maßnahmen zur Lohn- und Gehaltsabrechnung
- Erstellung, Pflege und Überwachung von Personallisten und Statistiken
- Erarbeitung von Auswertungen mit SAP für die Personalleitung und Geschäftsführung in Zusammenarbeit mit dem Controlling und der Konzernzentrale
- Übernahme von sämtlichen anfallenden Personalaufgaben im Bereich Personalsachbearbeitung, excl. der Personalabrechnung
- Unterstützung in Personalprojekten
- Übernahme von Sonderaufgaben

Fachliche Anforderungen:

- erfolgreich abgeschlossene kaufmännische Berufsausbildung, vorzugsweise Weiterbildung zum/zur Personalfachkaufmann/-frau
- Erfahrung in der Personalsachbearbeitung oder dem Personalcontrolling
- Kenntnisse in der Lohn- und Gehaltsabrechnung
- Erfahrung im Umgang mit Betriebsräten
- fundierte DV-Anwenderkenntnisse: Microsoft Office (besonders MS-Excel), SAP R3

Persönliche Fähigkeiten:

- gutes Zahlenverständnis
- Freude am Umgang mit Zahlen und an der Erstellung von Statistiken und Auswertungen
- ausgeprägte Kommunikations- und Durchsetzungsfähigkeit
- sehr selbstständige und flexible Arbeitsweise
- gutes Planungsvermögen
- Fähigkeit zur Teamarbeit

Poolia Deutschland GmbH

Für unseren Kunden, einen internationalen Konzern im Norden von Hamburg für leistungsfähige energiewirtschaftliche Anlagen, suchen wir per sofort einen Personalcontroller/-in:

Arbeitsaufgaben:

- Anpassung und Weiterentwicklung von Personalplanungs-instrumenten und Personalcontrollingprozessen
- Erstellen von Standard- und Ad-Hoc-Reports mittels SAP BW und SAP R3 HR
- Ermittlung und Organisierung des Personalkostenbudget im In-und Ausland
- Koordinierung der monatlichen Berichtsdaten
- Unterstützung der Finanzbuchhaltung, Controllingabteilung und des Personalteams

Ausbildung/Erfahrung:

- abgeschlossenes BWL-Studium mit den Schwerpunkten Controlling und/oder Personal
- mindestens 3-5-jährige Berufserfahrung im Personalcontrolling eines mittelgroßen Unternehmens
- sehr gutes analytisches Denkvermögen
- hohe Zahlenaffinität
- gutes Verständnis von Datenablage und Datenflüsse in IT-Systemen
- sehr gute Excel-Kenntnisse sowie sehr gute SAP BW und SAP R/3 HR Kenntnisse
- verantwortungsbewußtes Handeln und gewissenhaftes Arbeiten
- hohe Dienstleistungsmentalität und Flexibilität
- Teamfähigkeit
- gute Englischkenntnisse in Wort und Schrift; zusätzliche Fremdsprache ist von Vorteil

Treuenfels GMBH

Für unseren Kunden, ein bundesweit tätiges Dienstleistungsunternehmen im Raum Leverkusen, suchen wir ab sofort eine/n Personalcontroller (m/w)

Ihre Aufgaben:

- Unterstützen und laufende Information des Personalleiters
- Erstellen der Personalplanung, der Budgets und Forecasts inkl. Reporting
- Pflegen und Bearbeiten des Zeitwirtschaftssystems
- Sichern des Datenschutzes der Personaldaten
- Erstellen und Übermitteln von Reports und Analysen für den Konzern sowie verschiedene Abteilungen
- Überwachen des Personalstands, der Personalkosten und personalrelevanter Vorgänge
- Mitwirken bei der Mittelfristplanung, bei der Entwicklung von Vergütungssystemen, bei der Preiskalkulation sowie der Disposition

Ihre Qualifikation:

- betriebswirtschaftliches Studium mit dem Schwerpunkt Personalwesen und/oder Controlling
- ca. 2 Jahre einschlägige Berufspraxis im Personalcontrolling
- Erfahrung in der Aufbereitung und Präsentation von Daten
- sehr gute Kenntnisse in MS-Excel, gern auch in SAP R/3 HR
- gutes Zahlenverständnis und selbstständige Arbeitsweise
- teamfähig, flexibel, zuverlässig, belastbar, kommunikativ

Quelle: Stellenangebot auf der Homepage http://jobsuche.monster.de, Abrufdatum: 8.6. und 1.9. 2006

7.5   Personalcontrolling erfolgreich einführen

Eine genaue **Planung** der Einführung ist eine wesentliche Voraussetzung für ein erfolgreiches Personalcontrolling. Die Ablauforganisation der Implementierung kann nach dem im Management von Projekten erfolgreich erprobten Schritten (siehe Abb. 29) vollzogen werden.

Abb. 29: Phasen der Einführung des Personalcontrollings

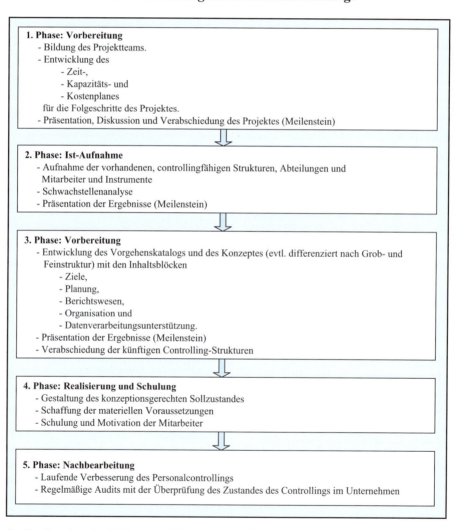

1. Phase: Vorbereitung
- Bildung des Projektteams.
- Entwicklung des
    - Zeit-,
    - Kapazitäts- und
    - Kostenplanes
  für die Folgeschritte des Projektes.
- Präsentation, Diskussion und Verabschiedung des Projektes (Meilenstein)

2. Phase: Ist-Aufnahme
- Aufnahme der vorhandenen, controllingfähigen Strukturen, Abteilungen und Mitarbeiter und Instrumente
- Schwachstellenanalyse
- Präsentation der Ergebnisse (Meilenstein)

3. Phase: Vorbereitung
- Entwicklung des Vorgehenskatalogs und des Konzeptes (evtl. differenziert nach Grob- und Feinstruktur) mit den Inhaltsblöcken
    - Ziele,
    - Planung,
    - Berichtswesen,
    - Organisation und
    - Datenverarbeitungsunterstützung.
- Präsentation der Ergebnisse (Meilenstein)
- Verabschiedung der künftigen Controlling-Strukturen

4. Phase: Realisierung und Schulung
- Gestaltung des konzeptionsgerechten Sollzustandes
- Schaffung der materiellen Voraussetzungen
- Schulung und Motivation der Mitarbeiter

5. Phase: Nachbearbeitung
- Laufende Verbesserung des Personalcontrollings
- Regelmäßige Audits mit der Überprüfung des Zustandes des Controllings im Unternehmen

Quelle: Czenskowsky/Schünemann/Zdrowomyslaw 2004, S. 46

Da das Controlling bzw. Personalcontrolling neben der entsprechenden Organisation und den Methoden auch eine Einstellungs- und Verhaltensänderung der Mitarbeiter (z.B. von der Kooperationsbereitschaft über das Denken in Kosten/Nutzen-Kategorien bis hin zur Bereitschaft des Denkens in Verantwortlichkeiten) erfordert, sind bei der Implementierung folgende Maßgaben bzw. **„Leitsätze"** zu berücksichtigen:

- Controlling ist keine „Wunderwaffe" bzw. kein „Allheilmittel" gegen alle Unternehmensprobleme.
- Controlling sollte nur eingeführt werden, wenn man von seinem Nutzen überzeugt ist, und die Geschäftsleitung hinter der Idee steht.
- Controlling muss soziale und psychologische Aspekte bei den betroffenen Mitarbeitern berücksichtigen.
- Die Einführung des Personalcontrollings erzeugt in der Regel Widerstand bei den Mitarbeitern der Organisation.
- Die Eigenverantwortung der Funktionsbereiche soll durch das Controlling nicht eingeschränkt werden.
- Controlling kann nur mit und nicht gegen die Funktionsbereiche und Fachabteilungen eingeführt werden.
- Controlling ist stets ein „Maßanzug" für die Unternehmensorganisation. Es gibt kein Controlling von der „Stange".
- Controlling erfordert einen entsprechenden Führungsstil; d.h. das Management by Objectives und by Delegation (vgl. Preißler 1998, S. 71f.).

Mit dem Einsatz von **Checklisten** (z.B. Liste mit Fragen, Anforderungskatalog) lassen sich unterschiedliche Erfolgsbedingungen zur Einführung von Personalcontrolling diagnostizieren (siehe Abb. 30). Wird eine **Gedankenstütze in Hinblick auf Vollständigkeit von erforderlichen Informationen** genutzt, steigt die Wahrscheinlichkeit einer erfolgreichen Einführung eines institutionalisierten Personalcontrollings (vgl. Zdrowomyslaw 2005, S. 233ff.). Je mehr Punkte aus einer Checkliste beachtet bzw. positiv beantwortet werden, desto größer ist die Einführungs- und Umsetzungschance. Unterstützend kann auch die Orientierung an **Implementierungsbeispielen** von Unternehmen wirken (vgl. DFGP 2001, S. 146 f., Gmelin 1995, Abb. 37 dieses Buches).

Abb. 30: Checkliste zur Einführung des Personalcontrollings

Gibt es einen Beschluss zur Einführung von Personalcontrolling durch die Geschäftsleitung?
- Wann, durch wen und in welchem Rahmen wurde der Beschluss gefasst?
- Wer war daran beteiligt?
- Wer ist der eigentliche Treiber des Projektes?
- Wurde die Beschlussfassung dokumentiert und kommuniziert? Wenn ja, wie?

Ist die laufende Unterstützung des Einführungsprozesses durch das Management gewährleistet?
- Gibt es einen regelmäßigen Statusbericht an die Geschäftsführung?
- Sind Eskalationsverfahren für Problemfälle definiert?
- Ist beschrieben, in welcher Weise Unterstützung durch das Management benötigt wird?
- Wurde eine Kostenschätzung durchgeführt?
- Steht ein entsprechendes, von der Geschäftsleitung genehmigtes Budget zur Verfügung?

Warum soll ein Personalcontrolling eingeführt werden?
- Kann das Personalcontrolling an ein praktisches Problem anknüpfen, um seinen Nutzen zu verdeutlichen?
- Beschreiben Sie die Situation, die zum Beschluss führte, Personalcontrolling einzuführen.
- Welche Problemstellungen der Vergangenheit führten zur Entscheidung für die Einführung eines Personalcontrollings?
- Erfolgte die Entscheidung nur reaktiv auf erkannte Fehler der Vergangenheit oder auch proaktiv in Bezug auf zukünftige Aufgabenstellungen (z.B. als wesentlicher Bestandteil der strategischen Unternehmensplanung)?
- Bei welcher Problemlösung mit Hilfe des Personalcontrollings würde ein Nutzen für das Unternehmen entstehen und worin besteht dieser? Ist er quantifizierbar?
- Welche Hoffnungen werden darüber hinaus mit der Einführung eines Personalcontrollings verknüpft?

Verfügen die für die Aufgabe ausgewählten Mitarbeiter über die notwendigen fachlichen, methodischen und sozialen Kompetenzen? Sind diese ausführlich beschrieben (Stellenbeschreibung)?
- Welche Auswahlkriterien (Anforderungsprofile) existieren für den/die Personalcontroller?
- Wenn die Funktion durch mehrere Mitarbeiter besetzt werden soll, vergleichen Sie deren Qualifikationsprofile miteinander. Sind sie deckungsgleich oder ergänzen sie sich?
- Gibt es Defizite und wenn ja, wie gleichen Sie diese aus? (Weiterbildung, Einkauf von externen Ressourcen [ggf. temporär] etc.)

Gibt es ein mit Zielen versehenes, unternehmensindividuelles Personalcontrolling-Konzept?
- Nennen Sie die Ziele! Es sollten messbare und zeitbezogene Ziele sein. Beschreiben Sie auch, welche Mittel zur Verfügung stehen, nennen Sie Zwischenziele und Verantwortliche.
- Innerhalb welcher Zeiträume sollen Ziele und Zwischenziele erreicht werden?
- Wurden "Meilensteine" definiert?
- Sind die projektierten Zeiträume ausreichend bemessen?
- Warum ist das Konzept unternehmensindividuell?
- Was sind die speziellen Eigenschaften, die beweisen, dass es kein Konzept "von der Stange" ist, sondern sich ausschließlich an den betrieblichen Bedürfnissen orientiert?
- Gibt es besondere Einflussfaktoren, die in die Planung einbezogen werden müssen? (z.B. Wechsel des primären Personalsystems, angekündigte Veränderungen der Unternehmensstruktur)

Liegen die Personaldaten in geeigneter Qualität und ausreichendem Umfang vor?
- Ist die vorliegende Datenqualität nach erster Einschätzung / Überprüfung in Ordnung?
- Liegen alle benötigten Daten vor?
- Besteht bei den zuständigen Personalsachbearbeitern ein Verständnis für die Wichtigkeit von Personaldaten über das "korrekte Netto" hinaus?
- Ist den betreffenden Mitarbeitern bewusst, wie wichtig ihre Arbeit für die zukünftigen Aufgabenstellungen ist?
- Erfolgen Erfassungen im Primärsystem zeitnah?
- Gibt es redundante oder nicht eindeutige Zuordnungen im Personalsystem?
- Wer ist zuständig für die Pflege von Schlüsselzahlentabellen?

Sind alle Beteiligten von der Einführung informiert?
▪ Beschreiben Sie den "Kommunikationsfahrplan". Wer wird wann von wem über welches Medium oder in welchem Rahmen informiert? ▪ Wurden alle potenziell Beteiligten rechtzeitig involviert? (z.B. Geschäftsleitung, Personalleitung, zukünftige Personalcontroller, Mitarbeitervertretungen [Betriebs-, Personalrat, Sprecherausschuss der Leitenden Angestellten], Betrieblicher Datenschutzbeauftragter, Revisionsabteilung, Systemverantwortliche/Systembetreuer, wesentliche Informationsempfänger, externe Berater oder erfahrene Fachleute aus dem Konzern bzw. aus befreundeten Unternehmen, Mitarbeiter anderer Bereiche im Unternehmen, die über Erfahrungen in der Entwicklung und Implementierung von Sekundärsystemen verfügen) ▪ Welche Kommunikationsmaßnahmen sind im Anschluss an die Einführungsphase geplant? ▪ Wer übernimmt die Projektleitung? ▪ Wer zählt zum engsten Projektkreis? ▪ Gibt es über die Information hinaus Vereinbarungen mit den Mitarbeitervertretungen über die Einführung von Personalcontrolling? ▪ Welche Informationen sollen aus Gründen der Vertraulichkeit nicht kommuniziert werden? Warum ist das nötig?
Ist das Personalcontrolling mit ausreichenden Kompetenzen und klarer Aufgabendefinition ausgestattet?
▪ Wo ist das Personalcontrolling hierarchisch und organisatorisch im Unternehmen angesiedelt? ▪ Ist die notwendige Nähe zur Geschäftsführung gegeben? ▪ Welche Kompetenzen (Zugriffsrechte) sollen die Funktionsträger im Personalcontrolling erhalten? Sollen Abstufungen vorhanden sein (z.B. Einsicht in die Gehaltsdaten der Leitenden Angestellten etc.) ▪ Ist die Datenverarbeitung im Personalcontrolling gegenüber den Mitarbeitervertretungen legitimiert? ▪ Sind andere Bereiche (z.B. Finanzcontrolling) dem Personalcontrolling gegenüber auskunftspflichtig? Wenn ja, wie und wo ist das geregelt? ▪ Lassen sich die beschriebenen Kompetenzen auch technisch abbilden? ▪ Ist das einzuführende Personalcontrolling zukünftig die einzige legitime Datenquelle für Personalzahlen im Unternehmen? ▪ Wurden Absprachen über die abgestimmte Verwendung, Weitergabe und Nutzung von Personalzahlen und Daten – insbesonere in Bezug auf das externe Controlling getroffen? Wird das Personalcontrolling als "Knotenpunkt" für alle Personaldatenströme installiert? ▪ Zählen zu den zukünftigen Kompetenzen des Personalcontrollings auch der DV-technische Aufbau und die Pflege der internen Aufbauorganisation? Falls nein: In wessen Zuständigkeit liegt dies? Sind die Schnittstellen funktional? ▪ Besteht bereits eine planstellenorientierte Abbildung der Unternehmenshierarchie? Falls ja: Lassen sich aus dem Soll-Gerüst ableitend Führungsstrukturen ermitteln und abbilden?
Lässt sich ein schnell messbares Ergebnis im Rahmen eines ersten Projektes definieren (Success Story)?
▪ Welches Ergebnis käme hier in Frage? Wählen Sie ein nicht zu hochgestecktes, in einem Zeitraum von maximal drei Monaten realisierbares Ziel. ▪ Wie kann die "Success Story" kommuniziert werden und dazu dienen, die weitere Einführung des Personalcontrollings zu erleichtern und dessen Position zu festigen?

Quelle: Lisges/Schübbe 2005, S. 27–31

7.6 Spezialfelder des Personalcontrollings

Wie bereits betont, hängt die organisatorische Einbindung des Personalcontrollings von der Ausgangssituation der Organisation (Ziele, Größe usw.) ab. Im Rahmen der Einführung und Etablierung eines Personalcontrollings gibt es aber durchaus auch **besondere Aspekte** zu beachten, von denen **vier** hier nur kurz erwähnt werden sollen:

- **Mitbestimmung und Datenschutz im Rahmen des Personalcontrollings**: Legt man zugrunde, dass Personalcontrolling vielfach mit „sensiblen" bzw. personenbezogenen Daten arbeitet, die heute in der Regel DV-gestützt erstellt und verbreitet werden, gilt es, diesem Umstand besondere Beachtung zu schenken. Es empfiehlt sich eine enge Zusammenarbeit zwischen dem Personalcontrolling-Verantwortlichen und dem Datenschutzbeauftragten (§ 36/37 Bundesdatenschutzgesetz/BDSG), der im Auftrag der Unternehmensleitung die Einhaltung des Datenschutzgesetzes sicherzustellen hat. In *§ 1 BDSG* ist der Schutz des Einzelnen vor der Beeinträchtigung seines Persönlichkeitsrechts durch den Umgang mit seinen personenbezogenen Daten geregelt. Bei der Einführung eines Personalcontrolling-Systems sind ebenfalls die betriebsverfassungsrechtlichen Mitbestimmungsrechte gemäß *§ 87 Abs. 1 Nr. 6 BetrVG* zu beachten (grundsätzlich **keine** Mitbestimmungspflicht bei Einführung). Eine Mitbestimmungs-**pflicht** besteht aber immer dann, wenn das Personalcontrolling Daten aus technischen Einrichtungen gemäß *§ 87 Nr. 6 BetrVG* nutzt. Grundsätzlich lassen sich folgende Stufen der **Mitbestimmungsrechte des Betriebsrats** unterscheiden: Information, Anhörung, Beratung, Zustimmungsverweigerung (Veto), Zustimmung, erzwingbare Initiative und Mitbestimmung (vgl. Zander/Femppel 2002, S. 69ff.). Es gilt der Grundsatz: Bei allen Nutzungen von personenbezogenen und personenidentifizierbaren Daten durch das Personalcontrolling sind die Mitbestimmungsrechte zu beachten, und der Betriebsrat sollte möglichst rechtzeitig über die Einführung eines Personalcontrollings oder der Vorbereitung der Umsetzung bestimmter Controllingaufgaben (z.B. bei der Einführung von Personalfragebögen, *§ 94 BetrVG*) informiert und in den Prozess einbezogen werden. Zum Teil können hierdurch vorhandene Widerstände bzw. Barrieren schneller abgebaut werden.

Eine vertrauensvolle Zusammenarbeit – ohne Verkennung der Tatsache, dass es durchaus unterschiedliche Interessen seitens Betriebsrat und Unternehmensleitung gibt – basiert auf einer offenen und offensiven Informationspolitik. Aus Sicht des **Betriebsrats** richtet sich die Informationspolitik, einmal abgesehen von den Unternehmervertretern, an die Betriebsratsmitglieder, Vertrauensleute, Belegschaft und gegebenenfalls bei besonderen Anlässen, an den Einigungsstellenvorsitzenden, Arbeitsrichter und die Öffentlichkeit, je nachdem um welche Belange es geht (z.B. Investitionen, Unternehmensverlagerungen, Sanierung und Sozialplan). Da der Wirtschaftsausschuss (WA), selbst im Vergleich mit dem Aufsichtsrat, mit weitreichenden Informations- und Beratungsrechten gemäß Betriebsverfassungsgesetz ausgestattet ist, und er gegenüber dem Betriebsrat gemäß *§ 106 Abs. 1 und § 108 Abs. 4 BetrVG* eine Unterrichtungspflicht hat, kann der WA auch als zentrale Informationsschaltstelle der Interessenvertretung betrachtet und dementsprechend eingesetzt werden. Der Betriebsrat ist primär an Daten und Unterlagen interessiert, die direkte Aussagen über die gegenwärtigen und zukünftigen Interessenlagen der Beschäftigten enthalten oder aber im Hinblick darauf auswertbar sind und gegenüber der Belegschaft und den potenziellen Mitstreitern nach Möglichkeit als Beleg dafür geeignet sind, dass die Forderungen der Interessenvertretung wirtschaftlich vertretbar, d.h. insbesondere auch finanzierbar sind. Der Betriebsrat bzw. Wirtschaftsausschuss erstellen diese Informationen aber nicht selbst, sondern haben grundsätzlich ein Interesse an einem ausgebauten Risikomanagementsystem im Unternehmen und sind auf die Informationen vom Management angewiesen. Wie und worüber der Wirtschaftsausschuss Informationen zum Unternehmensgeschehen erhält, kann Gegenstand einer Betriebsvereinbarung sein (vgl. Neumann-Cosel/Rupp 2001). Kennzahlen und Kennzahlensysteme bilden die Basis für die Entscheidungsunterstützung von Management und Arbeitnehmervertretung gleichermaßen. Das Personalcontrolling kann für die Schaffung einer guten und vertrauensvollen Unternehmenskultur sowohl von der Unternehmensleitung als auch von Betriebsratsseite instrumentalisiert werden.

- **„Standardverlauf" bei der Vorbereitung von Controllingaufgaben:** Nicht nur bei der Einführung eines Personalcontrollings stellt sich die Frage nach einer sinnvollen Vorgehensweise (siehe Abb. 29), sondern auch wenn ein Problem mit Personalcontrollingrelevanz im Unternehmen identifiziert wird. In einem Controlling-Arbeitskreis der DGFP wurde zur Lösung von relevanten Problemen im Personalbereich ein Standardverlauf erarbeitet, der sich an den Phasen des klassischen Projektmanagements orientiert. Abbildung 31 zeigt die sieben Phasen am Beispiel der Einführung eines **Fluktuationscontrollings**.

- **Internationales Personalcontrolling**: Unternehmen, die Auslandsaktivitäten durchführen, Niederlassungen in anderen Ländern haben usw., sind mehr oder weniger mit der Frage nach den Besonderheiten eines internationalen Personalmanagements bzw. Personalcontrollings konfrontiert. Es gibt mittlerweile zahlreiche Bücher und Artikel, die sich dem internationalen Personalmanagement und Kulturmanagement widmen (vgl. Clermont/Schmeisser/Krimphove 2001, Weber u.a. 2001, Rothlauf 1999) und auch einige, die den Fokus auf das internationale Personalcontrolling legen (vgl. Schmeisser/Grothe/Hummel 2003). Nach Einschätzung des *DGFP-Controlling-Arbeitskreises* enthalten die meisten Veröffentlichungen wenig brauchbare Hinweise, die als praxistaugliche Konzepte für ein internationales Personalcontrolling bezeichnet werden können. Deshalb empfiehlt der DGFP-Arbeitskreis, das internationale Personalcontrolling als Sonderform des „nationalen" Personalcontrollings zu verstehen. Die Besonderheiten, die im Rahmen eines internationalen Personalcontrollings vor allem auszumachen sind, lassen sich folgenden vier Problemfeldern zuordnen:
  - Probleme bei der Beschaffung von Information für das Personalcontrolling
  - Probleme bei der Definition und Interpretation von Kenngrößen

Abb. 31: Projektphasen und Aufgaben für die Einführung eines Fluktuationscontrollings

Projektphase	Aufgabe(n)
1. Projektorganisation	Festlegen des Projektteams und des Zeitrahmens und Klären der Anbindung/Verantwortung
2. Zielfindung	Abstimmung und Klärung der Ziele des Fluktuationscontrollings mit den Unternehmenszielen (z.B. Arbeitsabläufe verbessern, Kosten senken, Mitarbeiterzufriedenheit steigern, Führungsverhalten optimieren, Fluktuationsquote optimieren)
3. Ist-Analyse	Fluktuationsquote ermitteln, Zielgruppen festlegen (z.B. Geschäftsbereiche Innendienst, Außendienst, Funktionsgruppen), Fluktuationsgründe festlegen (z.B. natürliche Fluktuation, Vertragsablauf, Kündigung durch Arbeitgeber, Kündigung durch Arbeitnehmer), Fluktuationskosten erheben (z.B. Ausbildungskosten, Personalgewinnungskosten), zusätzliche Daten erheben (z.B. Arbeitsergebnisse im Verkauf, Produktion usw., Personaldaten, Durchführung von Austrittsinterviews), Fluktuationsformel bestimmen, problemspezifische messbare Daten festlegen
4. Informations- und Berichtaufarbeitung	Kunden- und problemorientierte Informationen und Berichte aufarbeiten durch Abstimmung mit ausgewählten Führungskräften hinsichtlich Zeiträume, Inhalt, Aufbau und Lay-out sowie Soll-Ist-Vergleichen, Frühwarnindikatoren bestimmen in Abhängigkeit von der Zielstellung
5. Einbindung Betriebsräte	Information des Betriebsrats über das Vorgehen und die Ergebnisse
6. Technische Umsetzung	Auftragserteilung für die DV-technische Umsetzung der Datenlieferung
7. Controllingkreislauf	Fortlaufenden Regelkreis initiieren mit den Elementen: Zielsetzung, Messen des Ist-Zustands, Soll/Ist-Vergleich und Abweichungsanalyse, Steuerung und Beratung

Quelle: DGFP 2001, S. 197-198

- Probleme bei der länderspezifischen (Arbeits-)rechtlichen Gestaltungs-grundlage
- und Probleme bei der notwendigen Einbeziehung kultureller Unter-schiede in die Personalcontrollingüberlegungen (vgl. DGFP 2001, S. 189ff.).

- **Personalcontrolling bei Mergers & Acquisitions (M & A):** Fusionen und Unternehmens-Übernahmen (national und international) prägen die derzei-tige Wirtschaftslandschaft und werden mit großer Wahrscheinlichkeit auch künftig bedeutsam bleiben. Das „Fusionsfieber" scheint ungebrochen. Zu-sammenschlüsse von Organisationen bergen aber auch Gefahren in sich. So manches „Schnäppchen" kann sich später als Enttäuschung erweisen. Bei zahlreichen Übernahmen sind die erhofften **Synergie-Effekte ausgeblie-ben** (1+1=3), wie in Zeitungen häufig berichtet wird. Die **hohe Fehl-schlagquote** ist dabei vielfach auf den „menschlichen Faktor" (wie Ängste, Unsicherheiten, Abwehrhaltungen der Führungskräfte) zurückzuführen. Bei Akquisitionen sind deshalb Integrations- und Synergiemanagement ge-fragt, die insbesondere auch das Personalmanagement nicht vernachlässi-gen. Die Art und Weise der Harmonisierung der Unternehmensziele, der Personal- und Führungsstrukturen, vor allem auch der Unternehmenskulturen (Konkurrent mit „Feindbild" im Bewusstsein, andere Werte, Strategien usw.) sowie der personalwirtschaftlichen Systeme entscheiden letztlich über das langfristige Gelingen des Zusammenschlusses. Das Personalcontrolling kann zweifelsohne zu einer erfolgreichen Verbindung von Firmen beitragen. Es kann in der **Vorbereitungsphase** (Kontaktaufnahme und Verhandlung) und in der **Begleitungsphase** eines Mergers & Acquisitions-Prozesses (stetige Evaluation des Integrationsprozesses) wertvolle Beiträge leisten. Vom Personalcontrolling sollten neben zahlreichen Informationen zur vertraglichen Seite der beiden „Partner" sowie der standardmäßigen Erfassung und Auswertung quantitativer und qualitativer Daten, die Auskunft über die Effizienz und die Effektivität der Personalarbeit geben, vor allem auch Risikoabschätzungen aus personalwirtschaftlicher Sicht erfolgen. Im Rahmen des Personalcontrollings gewinnt das **Personalrisikomanagement** stark an Bedeutung (Stichworte: KonTraG, Basel II, M & A). Die Untersuchung von Qualität und Motivation des Managements und der Mitarbeiter ist im Rahmen der Due Diligence-Prüfung besonders bedeutsam, da diese in zunehmenden Maße als erfolgskritische Faktoren von Unternehmen eingestuft werden. Zur Schaffung einer möglichst hohen Informationstransparenz ist auch in der Begleitung eines Mergers & Acquisitions-Prozesses der Einsatz von **Checklisten sehr hilfreich**. Entsprechende Fragenkataloge kommen beispielsweise im Rahmen von Unternehmensanalysen von Wirtschaftsprüfern oder eben auch bei der Vorbereitung und Durchführung einer Akquisition (due diligence-Fragebogen „HR") regelmäßig zum Einsatz (vgl. Born 2003, S. 260ff., IDW 2002, S. 1090ff., Berens/Brauner 1999, S. 363ff., Koch/Wegmann 2002, S. 249, DGFP 2001, S. 187). Abbildung 32 zeigt exemplarisch den Auszug eines Unternehmensanalyse-Befragungsbogens für den Personalbereich mit der Ausrichtung auf Unternehmen des produzierenden Gewerbes, der im Wesentlichen eine Grundlage für die Durchführung einer Due Diligence bei einem Einzelunternehmen bildet. In modifizierter Form kann er aber auch für Unternehmen von anderen Branchen genutzt werden. Aufgrund der Querschnittsfunktion des Personalbereichs sollten aber die anderen Fragen zum Gesamtunternehmen sowie anderen Funktionsbreichen nicht völlig ausgeblendet bleiben.

Abb. 32: Beispiel für eine Checkliste für den Personalbereich

Management

▪ Organigramm der Managementstrukturen
▪ Liste aller Geschäftsführer, Vorstände und Aufsichtsratsmitglieder sowie aller weiteren hochrangigen Manager mit:
   - Länge der Amtszeit
   - Vergütung (Fixum, Bonus, andere Vergütungsbestandteile)
   - Einschätzung, ob die bisherige Vergütung ausreicht, um den Manager an das Unternehmen zu binden und ggf. Bestimmung des Umfangs der hierfür notwendigen Vergütungserhöhung
   - Evtl. vereinbarte Abfindung
   - Prüfung, ob Verträge bestehen, die hohe Zahlungen an den Manager im Falle eines Ausscheidens nach Übernahme der Gesellschaft vorsehen („golden parachute")
   - Aufgaben- und Verantwortungsbereiche
   - Qualifikation (Auslandsaufenthalte, besondere Fähigkeiten, Erfahrungen vor Eintritt in das Unternehmen)
   - Beschreibung der Persönlichkeit
   - Evtl. Tätigkeiten außerhalb der Gesellschaft
   - Regelung von Stellvertretungen
   - Beurteilung von Managementtätigkeit in den letzten drei bis fünf Jahren
   - Verwicklungen in Strafprozesse, Prozesse wegen der Verletzung staatlicher Vorschriften oder in wichtige Zivilprozesse
▪ Kurzfristige Verfügbarkeit von adäquat ausgebildetem Managementnachwuchs
▪ Identifikation notwendiger Änderungen im Management durch evtl. spätere Zusammenlegung
▪ Wie erfolgt die Rekrutierung des Managementnachwuchses?
(systematisch – unsystematisch; intern – extern)

Mitarbeiter

▪ Personalpolitische Grundsätze
   - Wird neues Personal überwiegend unternehmensintern oder -extern rekrutiert?
   - Schwierigkeit von unternehmens-/ branchentypischer Anlernung
   - Findet eine systematische und fortlaufende Personalentwicklung (durch Fortbildungen etc.) statt?
   - Existiert ein betriebliches Vorschlagswesen?
   - Art und Qualität der Personalführung

Mitarbeiterstruktur

▪ Anzahl der Mitarbeiter, gestaffelt nach Alterskategorien und Geschlecht
▪ Sonstige demographische Struktur
▪ Ausbildungsstruktur (nach Bereichen)
   - Un-/ Angelernte Arbeiter
   - Facharbeiter/ abgeschlossene Lehre
   - Meister
   - Fachhochschul-/ Hochschulausbildung
▪ Entwicklung der Personalstruktur in den vergangenen fünf Jahren
▪ Fluktuation – Entwicklung in den letzten fünf Jahren
▪ Krankenstand – Entwicklung in den letzten fünf Jahren
▪ Arbeitsklima im Zielunternehmen
▪ Abschätzung der Veränderung des Arbeitsklimas durch die Akquisition; Bestimmung möglicher Auswirkungen auf Fluktuation, Krankenstand und Motivation

Entgeltpolitik
▪ Tarifverträge ▪ Lohn- und Gehaltsniveau ▪ Variable, erfolgsabhängige Vergütungsbestandteile ▪ Qualifikations-/ Leistungsbewertungssysteme ▪ Bezugsrechte auf Belegschaftsaktien ▪ Firmenwagen ▪ Art und Höhe der Erstattung von Reise- und Bewirtungskosten ▪ Abfindungen ▪ Einschätzung, ob die bisherige Vergütung ausreicht, um die Schlüsselmitarbeiter an das Unternehmen zu binden und ggf. Bestimmung des Umfangs der hierfür notwendigen Vergütungserhöhungen ▪ Beschreibung und Analyse der speziellen Vergütungsformen von Außendienstmitarbeitern

Arbeitszeit
• Tarifliche Wochenarbeitszeit
• Arbeitszeitflexibilität
• Überstunden
- (Szenario-) Analyse der Auswirkungen von gesetzlich vorgeschriebenen Beschränkungen der Überstunden auf das Zielunternehmen
• Schichtarbeitszeiten
• Urlaubsregelung
Personalvorsorge
• Welche Personalvorsorgeeinrichtungen bestehen?
- Direktzusagen
- Pensionskasse/ Unterstützungskasse
- Direktversicherung
• Ist die Personalvorsorge für alle Mitarbeiter ausreichend geregelt, auch im Vergleich zu Konkurrenzunternehmen
• Sind zukünftige Änderungen im Vorsorgeplan bereits beschlossen oder vorgesehen?
• Vorlage der Leistungsordnungen, versicherungsmathematischen Gutachten und Dotierung der Pensionsrückstellungen in Handels- und Steuerbilanz
• Absehbare Dotierungspflicht der Pensionsrückstellungen in den nächsten fünf Jahren
• Feststellung, ob im Rahmen der Anpassungsüberprüfungen gemäß § 16 BetrAVG (Gesetz zur Verbesserung der betrieblichen Altersversorgung) die laufenden Leistungen stets in voller Höhe an die Veränderung der Lebenshaltungskosten angepasst wurden oder ob Nachholbedarf wegen nur teilweiser Anpassung im Hinblick auf die wirtschaftliche Lage des Unternehmens an den vorangegangenen Überprüfungsterminen besteht
• Ausgestaltung und Bilanzierung von Vereinbarungen über Vorruhestand oder Altersteilzeit
Betriebsrats- und Gewerkschaftsbeziehungen
• Einfluss des Verwaltungs- bzw. Betriebsrates
• Untersuchung aller verbindlichen und unverbindlichen Betriebsvereinbarungen
• Sind Umstrukturierungsprozesse mit Sozialplänen absehbar? Gibt es Betriebsvereinbarungen über einen Interessenausgleich, wenn ja, wie ist ihr Inhalt und ihre Laufzeit? Inwiefern sind hieraus entstehende Risiken bilanziert?
• Gibt es Rationalisierungsschutzabkommen oder vorbeugende Sozialpläne?
• Liste der Gewerkschaften, in der die Mitarbeiter organisiert sind
• Aktueller Stand und Entwicklung des gewerkschaftlichen Organisationsgrads der Mitarbeiter
• Einfluss der (einzelnen) Gewerkschaften?
• Prognose der Ergebnisse der nächsten Tarifrunden
• Übersicht über alle Streiks im Zielunternehmen in den letzten zehn Jahren
- Streikgrund
- Beteiligte Gewerkschaft(en)
- Streiklänge
- Finanzielle Auswirkungen
Sonstiges
• Liegen gültige Aufenthaltsbewilligungen von beschäftigten Ausländern vor?
• Arbeitssicherheit/Unfallhäufigkeit
• Verpflichtungen gegenüber Personal (Beförderungsversprechen, Mitbestimmungsrechte)
• Welche betrieblichen Sozialeinrichtungen (Betriebskindergarten etc.) bestehen?
• Besteht eine Sozialbilanz oder ein Sozialbericht?

Quelle: Berens/Brauner 1999, S. 387

8.   Etablierung des Personalcontrollings in der Praxis

Wie weit die Professionalisierung des Personalmanagements vorangeschritten und wie stark mittlerweile das Personalcontrolling in Unternehmen verankert sind, ist Gegenstand diverser Untersuchungen. Die Ergebnisse können letztlich aber auch nur gewisse Grundtendenzen aufzeigen.

8.1   Studien zur Verbreitung von Personalcontrolling

Nach Auswertung von fünf empirischen Studien kommen die Autoren *Gmür/Peterhoff* (2006, S. 238) zu der Einschätzung, dass ein breites Controlling-Verständnis, das über eine reine Kostenanalyse hinausgehen soll, sich bis heute kaum durchsetzen konnte:

- **Wunderer/Sailer 1988**: Die Befragung von 90 mittleren und großen Unternehmen ergibt als primäre Erwartungen an eine Personal-Funktion eine Erhöhung der Kostentransparenz im Personalbereich und danach die Verbesserung von Entscheidungsgrundlagen in der Personalarbeit.
- **Papmehl 1990**: Papmehl kommt in seinen Untersuchungen zu den gleichen Ergebnissen wie Wunderer/Sailer in ihren Untersuchungen 1988. Zudem stellt sich heraus, dass die befragten Unternehmen das Personalcontrolling vor allem als quantitatives Informationssystem ansehen.
- **Hagen 1996**: Zentraler Befund ist, dass von 20 befragten Großunternehmen nur ein Viertel qualitative Kennzahlen, wie die Fluktuationsrate und oder die Anzahl von Verbesserungsvorschlägen, zur Messung des Erfolgs von Weiterbildungsmaßnahmen anwendet.
- **Gutschelhofer/Sailer 1998**: Zentrales Ergebnis einer Befragung von 50 mittleren und großen Unternehmen ist, dass sich das Personalcontrolling als interne Beratungsfunktion etabliert hat und vor allem die individuelle Potenzialbeurteilung zunehmende Bedeutung gewonnen hat.
- **Wunderer/Jaritz 2002**: Eine durchgeführte Befragung von 92 deutschen und Schweizer Unternehmen ergibt, dass 73% der befragten Firmen zumindest teilweise ein operatives und 41% ein strategisches Personalcontrolling praktizieren (vgl. Wunderer/Jaritz 2006, S. 19).

Weitere Studien aktuellen Datums, die sich mit der Etablierung des Personalcontrollings in der Unternehmenspraxis befassen, sind:

- **DGFP** 1998 (2001, S. 193-196): Im Herbst 1998 hat die DGFP eine Befragung durchgeführt, an der sich 60 Unternehmen beteiligten. Ziel war es vor allem einen Eindruck von der tatsächlichen Verbreitung des Personalcontrollings zu erhalten. Ebenfalls ging es um die Identifikation von Ergebnissen in der praktischen Umsetzung (siehe Abb. 33). Die Ergebnisse lassen folgende Schlussfolgerungen zu: „Personalcontrolling ist mehr als ein Modethema. Die Tatsache, dass fast alle Unternehmen seine Einführung planen, zeigt, dass ein enormer Bedarf besteht, den Leistungsbeitrag ihres Personalmanagements zu hinterfragen. Personalcontrolling steht im Spannungsfeld von Anspruch und Wirklichkeit. Gewünscht ist das Personalcontrolling als strategisches Steuerungsinstrument, de facto vorhanden ist es als Personalkostencontrolling und als Berichtswesen" (DGFP 2001,

Abb. 33: Auszug aus den Ergebnissen der DGFP-Befragung zum Personalcontrolling (1998)

1. Haben Sie ein Personalcontrolling eingeführt?	
o Personalcontrolling eingeführt	(30) 50%
o Nicht eingeführt	(30) 50%
o Geplant	(30) 50%
2. Welche Ziele verfolgen Sie mit Ihrem Personalcontrolling?	
o Zielorientierte Steuerung der Personalarbeit	(40) 67%
o Frühwarnsystem für die Personalführung	(35) 58%
o Zielorientierte Steuerung der Personalprozesse	(33) 55%
o Sicherstellung und Steigerung der Wirtschaftlichkeit des Personalwesens	(33) 55%
o Verdeutlichung des Beitrags der Personalpolitik zum Unternehmenserfolg (Schaffung einer Kosten- und Nutzentransparenz)	(32) 53%
o „Benchmarking" im Bereich der Personalindikatoren	(31) 51%
o Optimierung der Unternehmensprozesse	(24) 40%
o Bessere Integration der Personalpolitik in den Unternehmensprozess	(18) 30%
o Gestaltung der Unternehmenskultur (z.B. Führungs-, Kunden-, Informationskultur)	(15) 25%
3. Auf welche Anwendungsfelder richten Sie Ihr Personalcontrolling aus?	
o Transparenz und Optimierung der Personalkosten	(47) 78%
o Zentrale Berichterstattung	(45) 75%
o Unterstützung der quantitativen Personalplanung	(35) 58%
o Unterstützung der Personalentwicklung	(33) 55%
o Zielorientierung im Personalbereich	(33) 55%
o Unterstützung der qualitativen Personalplanung	(29) 48%
o Berücksichtigung qualitativer Daten	(29) 48%
o Strategische Ausrichtung des Informationssystems	(28) 46%
4. Wie ist Ihr Personalcontrolling organisatorisch zugeordnet?	
o Personalbereich	(51) 85%
o Unternehmensführung	(5) 8%
o Dezentrale Anbindung an das Unternehmen (Ja/Nein)	(4) 6%/(14) 23%
5. Verfügt Ihr Unternehmen über eine eigene Funktion oder einen eigenen Bereich Personalcontrolling?	
o Ja	(30) 50%
o Nein	(26) 43%
6. Welche Aufgaben und Kompetenzen hat der „Personalcontroller" in Ihrem Unternehmen?	
o Erhebung von Personalkennziffern, Analyse und Kommentierung von Ergebnissen	(47) 78%
o Information über Ergebnisse des Personalcontrollings	(45) 75%
o Definition von verbindlichen Kennzahlen	(45) 75%
o Beratung der Vorgesetzten	(41) 38%
o Überwachung der Einhaltung von Standards	(35) 58%
o Empfehlungen zur Verbesserung der Personalarbeit	(29) 48%
7. Welche Erfahrungen haben Sie bei der Einführung des Personalcontrollings gemacht?	
o Probleme der Auswahl und Einarbeitung von Kennzahlen	(24) 40%
o Heterogene Datenbasis	(21) 35%
o Abstimmungsbedarf zwischen Personalcontrolling und Rechnungswesen	(20) 33%
o Akzeptanz und Unterstützung durch Führungskräfte	(14) 23%
o Hohe Nachfrage nach Kennzahlen	(12) 20%
o Akzeptanzprobleme	(11) 18%
o Akzeptanz bei der Belegschaft	(4) 7%
8. Was könnte Ihnen besonders nutzen, um Personalcontrolling in Ihrer Betriebspraxis erfolgreich weiterzuentwickeln?	
o Erfahrungsaustausch mit anderen Unternehmen	(43) 72%
o HR-Software	(28) 47%
o Praxisnahe Handlungshilfen	(21) 35%
o Einbindung anderer Unternehmenseinheiten	(11) 18%
9. Welche Erfahrungen haben Sie bei der Einführung des Personalcontrollings mit Ihrer Betriebsvertretung gemacht?	
o Betriebsrat war neutral	(15) 25%
o Betriebsrat war interessiert	(10) 17%
o Betriebsrat arbeitete mit	(8) 13%
o Betriebsrat war ignorierend/desinteressiert	(3) 5%
o Betriebsrat war ablehnend	(-) 0%

Quelle: DGFP 2006, S. 193-196

S. 196). Es ist nicht die erste und letzte Erhebung der DGFP zu dem weiten Themenbereich Personalmanagement. Mit pix, dem **Personalmanagement-Professionalisierungs-Index**, beobachtet die DGFP seit 2004 die Entwicklung von Professionalisierungsindikatoren des Personalmanagements (siehe hierzu die diversen Studien auf der Homepage der DGFP).

- **Knorr 2004** (S. 71-168): Ziel der Befragung ist es, Aussagen zur Verbreitung und Entwicklungsstand von Personalcontrolling, speziell von Personalbeschaffungscontrolling, zu treffen. Die überwiegende Meinung ist, dass die Bedeutung des Personalcontrollings zukünftig zunehmen oder wenigstens gleich bleiben wird.

- **Wunderer/Dick 2006:** Eine sehr umfangreiche Prognosestudie zur Untersuchung fachspezifischer Fragen zum Personalmanagement liefern die Autoren Wunderer/Dick (2006). Ausgehend von der Makro- bis zur Mikro-Ebene des einzelnen Personalverantwortlichen werden insgesamt 93 Ergebnisthesen vorgestellt. Bezogen auf das Teilsegment **Personalcontrolling** werden **6 Trends** als Ergebnisthesen identifiziert (siehe Abb. 34).

- **Cap Gemini Ernst & Young 2006:** Mit der gemeinsam mit der *Wirtschaftswoche* und *Cap Gemini Ernst & Young* durchgeführten Studie „Human Resources Management 2002/2005" wurde die Ist-Situation der Personalbereiche der **größten deutschen Unternehmen** (schriftliche Befragung von ca. 1.000 Entscheidungsträgern auf oberster Ebene) erhoben. Insgesamt haben sich 176 Unternehmen (Rücklauf 18 %) beteiligt. Im Blickpunkt standen die Strategie, das Controlling sowie die Organisation der Personalarbeit. Auch in dieser Studie standen die folgenden Kern-Fragen im Blickpunkt: Wie ist das Human-Resource-Controlling (Personalcontrolling) im Unternehmen gestaltet? Wo ist es im Unternehmen angesiedelt? Bestätigt werden die Ergebnisse anderer Studien, wonach die organisatorische Einordnung des Personalcontrollings im Personalbereich dominiert: 61 % im Personalbereich, 6 % im Finanzbereich und 31 % in beiden Bereichen sowie 2 % in keinem der beiden Bereiche. Mit zunehmender Größe der Unternehmen wird die Verantwortung für das Personalcontrolling verstärkt dem Personalbereich übertragen. Bei der Zuordnung des Personalcontrollings sind zwischen den Branchen wesentliche Diskrepanzen festzuhalten: „Besonders in der Branchengruppe Transport/Logistik (87 %), aber auch in den Branchenclustern Banken/Versicherungen (73 %), Chemie/Pharma/Life Sciences (73 %), Elektronik/High-Tech/IT/Telekommunikation (69 %) sowie Energie-/Versorgungsunternehmen (67 %) ist das Personal-Ressort in den meisten Fällen für HR Controlling verantwortlich. Völlig anders gelagert ist demgegenüber die Verantwortung in der Branchengruppe Automotive/Metallindustrie/Maschinenbau (42 %)" (Cap Gemini Ernst & Young 2006, S. 20). „Modernes" Personalcontrolling, wie vielfach von der Literatur eingefordert, ist in der Wirtschaftspraxis kaum vorzufinden, wie folgendes Zitat belegt: „Seitdem Kaplan/Norton vor nun-

Abb. 34: Ergebnisthesen im Personalcontrolling nach Wunderer/Dick

> ➢ Personalcontrolling wird institutionalisiert: Die Experten prognostizieren beim institutionalisierten Personalcontrolling einen Zuwachs von 27% auf 54%. Dabei werden Personalmarketing sowie Anreiz-/Entgeltgestaltung am stärksten einbezogen. Deutlich stärker berücksichtigt werden die Funktionen „Personalentwicklung", „Laterale Kooperation" und „Führung".

> ➢ Zunehmende Integration mit anderen Controlling-Bereichen: Bedeutung und Verbreitung einer systematischen Abstimmung mit anderen Controlling-Bereichen nehmen beträchtlich zu. Der größte Abstimmungsbedarf wird mit dem Finanzcontrolling erwartet. Abstimmungserschwernisse, wie unzureichendes Problembewusstsein und Ressortdenken werden zunehmend abgebaut.

> ➢ Wachsende Bedeutung des strategischen Personalcontrollings: Neben dem operativen wird vor allem das strategische Personalcontrolling zukünftig deutlich stärker eingesetzt. Vorrangig berücksichtigt werden Effizienz der Personalarbeit und Qualität der Personalstruktur. Vermehrt werden die Werte der Personalarbeit einbezogen.

> ➢ Wertschöpfungscontrolling – größere Bedeutung, verstärkt integrierte Messung: Die Mehrzahl der Indikatoren zur Erfassung der Wertschöpfung verbucht Bedeutungszuwächse. Dabei werden Service- und Managementqualität des Personalmanagements sowie die Zufriedenheit der internen Kunden im Zentrum stehen. Bislang wenig verwendete Modelle zur integrierten Messung der Wertschöpfung (z.B. Balanced Scorecard, EFQM-Modell) werden vermehrt eingesetzt.

> ➢ Personalcontrolling evaluiert Mitunternehmertum: Alle Aspekte des Mitunternehmertums, wie unternehmerische Schlüsselqualifikationen, Strategien oder Werte, werden zunehmend einbezogen. Die größten Zuwächse werden bei der qualitativen Personalstrukturgestaltung und bei Werten gesehen.

> ➢ Personalentwicklungs- und Führungscontrolling konzentriert sich auf „weiche Faktoren": Harte Faktoren bleiben relevant, werden aber zunehmend durch weiche Faktoren wie Personalentwicklungskultur, -potenziale und -motivation sowie Führungsbeziehungen und Personalmotivation ergänzt. Hier besteht aber noch erheblicher Operationalisierungsbedarf.

Quelle: Wunderer/Dick 2006, S. 182f.

mehr zehn Jahren mit dem Konzept der Balanced Scorecard auch nicht-finanzwirtschaftliche Kennzahlen in den Olymp der Unternehmenssteuerung erhoben haben, ist die Aufmerksamkeit für das Thema HR Controlling erheblich gewachsen. Das Thema boomt. An den Schwierigkeiten bei der Messung HR-orientierter Kennzahlen hat das wenig geändert (wobei die Probleme bei der Qualität finanzwirtschaftlicher Kennzahlen in den vergangenen Monaten ebenfalls offenkundig geworden sind). In der unternehmerischen Praxis können vier Entwicklungsstufen des HR Controlling unterschieden werden. Es ist zu vermuten und diese Studie hat das auch bestätigt, dass die meisten deutschen Unternehmen sich noch am Beginn eines systematischen HR Controlling befinden. Ausgereifte Systeme sind gegenwärtig lediglich vereinzelt (z.B. beim amerikanischen Baby Bell Unternehmen Verizon) zu beobachten" (Cap Gemini Ernst & Young 2006, S. 20). Abbildung 35 zeigt die vier Entwicklungsstufen und deren Charakteristika, die in der Praxis laut obiger Studie zu finden sind: Einzelne Kennzahlen (62 %), Kennzahlensysteme (32 %), „Intangibles Controlling" (3 %) und Wertbeitragscontrolling (3 %).

Abb. 35: Verbreitung des Personalcontrollings differenziert nach Entwicklungsstufen

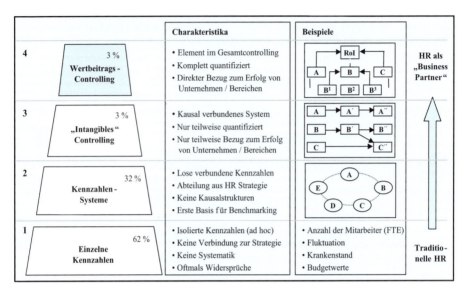

Quelle: Cap Gemini Ernst & Young 2006, S. 21

8.2   Wo finde ich Informationen zum Personalcontrolling?

Bekanntlich gibt es den Spruch „Wissen ist Macht". Vielfach wird in der Literatur (zu Recht) die Information als „strategischer Erfolgsfaktor" der Unternehmensführung hervorgehoben (vgl. Rüttler 1991). Nicht nur ausgereifte Managementinformationssysteme, sondern bereits der Einsatz eines Personalcontrollings kann – wie aufgezeigt – einen Beitrag zum Unternehmenserfolg liefern.

8.2.1 Informationen zum Personalmanagement und Personalcontrolling

In unserer Informations- bzw. Wissensgesellschaft herrscht weniger ein Informationsmangel, denn ein Informationsdschungel. Informationen, vor allen die zur Entscheidungsfindung und -unterstützung in Organisationen erforderlich sind, sind nicht selten mit hohen Ausgaben verbunden. Informationen sind eine Ware. Für zweckorientierte Informationen (Studien, Befragungen usw.) und Recherchetätigkeiten werden viel Zeit und Geld investiert. Mittlerweile bieten Informationsbroker ihre Dienste an, und Handbücher zur „Recherche von Wirtschaftsinformationen" sollen den

Managern behilflich sein (vgl. Goemann-Singer/Graschi/Weissenberger 2004).

Im Folgenden geht es darum, kurz aufzuzeigen, wo Informationen zum Personalmanagement und Personalcontrolling zu finden sind, also um die Identifikation bereits vorhandener Informationen (**Sekundärforschung**). Wer sich beispielsweise als Studierender **zum ersten Mal** intensiv mit dem Themenbereich „Personalcontrolling" beschäftigen will bzw. muss, dem ist die **Vorgehensweise** bzw. **Suchstrategie** bei der Informationssuche und -auswertung vom „Allgemeinen" zum „Speziellen/Konkreten" zu empfehlen und zum anderen dem sog. „Schneeballsystem" zu folgen. Das Augenmerk liegt somit vor allem beim publizierten Wissen, aber auch unveröffentlichtes Wissen, das in den Köpfen von Experten „schlummert" und ihnen über Interviews erst „entlockt" werden muss, bleibt nicht unberücksichtigt (Goemann-Singer/Graschi/Weissenberger 2004, S. 1).

Die Suchstrategie zur Erschließung des Bereichs „Personalcontrolling" kann in folgenden Schritten mit Rückkopplung (Schneeballsystem) – wobei die Abfolge der Phasen keineswegs als starr anzusehen ist – erfolgen:

1. **Globale Informationen**: Zunächst sollten Wirtschaftslexika, Beiträge in Handwörterbüchern zum Personalwesen und Handbüchern sowie Lehrbücher zum Personalmanagement (mit Teilen zum Personalcontrolling) und schließlich Lehrbücher speziell zum Personalcontrolling gesichtet werden.
2. **Spezielle Informationen**: Den Sammelwerken, Dissertationen, Zeitschriftenartikeln und Studien (i.d.R. zu bestimmten Fragen und Schwerpunktthemen) sind eher spezielle Informationen oder tiefgehende Analysen zu entnehmen.
3. **Internet-Recherche zur Suche allgemeiner und spezifischer Informationen**: Durch das Internet wird die Erstsuche nach Quellen enorm beschleunigt, und es besteht ein Zugang zu einer kaum fassbaren Informationsfülle. Was früher mühevoll über Bibliothekskataloge (z.B. alphabetisch oder sachbezogen sortiert) recherchiert werden musste, übernehmen heute vielfach Suchmaschinen (z.B. Google, Yahoo). Es können Materialien der unterschiedlichsten Art und Qualität von zahlreichen Institutionen bzw. Organisationen (z.B. Studien und diverse Informationen auf der Homepage der Deutschen Gesellschaft für Personalführung e.V., Vorlesungsmanuskripte von Lehrkräften an Hochschulen usw.) angeschaut und vielfach auch ausgedruckt werden.

Der folgenden Auflistung sind wichtige **Informationsträger** (z.B. Zeitschriften und Institutionen) zur Erschließung der Bereiche „Personalmanagement" und „Personalcontrolling" zu entnehmen (vgl. Abb. 36). Neben den hier erwähnten Zeitschriften und Institutionen findet man selbstverständlich auch in

Abb. 36: Informationsträger für Fragen des Personalmanagements (Auswahl)

Personalzeitschriften als Informationsquelle		
Titel	Erscheinungs-häufigkeit	Verlag
Personalmagazin	Monatlich	Haufe Mediengruppe
Personaltipp	Monatlich	GWI
Die Personalbetreuung	Monatlich	Datakontext-Fachverlag GmbH
CoPers Computer & Personal	Alle sechs Wochen	Datakontext-Fachverlag GmbH
Personal-Manager – HR International	Quartalsweise	Datakontext-Fachverlag GmbH
HR Services	Alle zwei Monate	Datakontext-Fachverlag GmbH
B+P	Monatlich	Stollfuß Verlag
Lohn + Gehalt	Alle sechs Wochen	Datakontext-Fachverlag GmbH
Arbeit und Arbeitsrecht	Monatlich	Huss Medien
Arbeitsrecht im Betrieb	Monatlich	Bund-Verlag
Der Personalrat	Monatlich	Bund-Verlag
Zeitschrift für Arbeitswissenschaft	Quartalsweise	Verlag Dr. Otto Schmidt
Zeitschrift für Personalvertretungsrecht	Quartalsweise	dbb Verlag
Zeitschrift für Betriebsverfassungsrecht	Quartalsweise	dbb Verlag
Lohn- und GehaltsPRAXIS	Monatlich	GWI
Arbeitsrecht Kompakt	28 Ausgaben/Jahr	Verlag für die Deutsche Wirtschaft
Personalwirtschaft	Monatlich	Wolter Kluwer Deutschland
Personal aktuell	Alle drei Wochen	Verlag für die Deutsche Wirtschaft
Faktor Arbeitsschutz	Alle zwei Monate	Universum Verlagsanstalt
Personalführung	Monatlich	DGFP e.V.
Das Personalvermögen	Quartalsweise	Winklers Verlag
Zeitschrift für Arbeitsmarktforschung	Quartalsweise	W. Kohlhammer GmbH
Zeitschrift für Arbeits- und Organisationspsychologie	Quartalsweise	Hogrefe-Verlag
Arbeitssicherheit und Gesundheitsschutz im Betrieb	14 Ausgaben/Jahr	Verlag für die Deutsche Wirtschaft
Neues Arbeitsrecht für Vorgesetzte	Monatlich	E. Schweizerbart'sche Verlagsbuchhandlung
Personal–Zeitschrift für Human Resource Management	Monatlich	Verlagsgruppe Handelsblatt
Controllingzeitschriften als Informationsquelle		
Controlling	Monatlich	C.H.Beck/Franz Vahlen
Bilanzbuchhalter und Controller	Monatlich	C.H.Beck
Controller Magazin	Alle zwei Monate	Verlag für ControllingWissen
Zeitschrift für Führung und Innovation	Alle zwei Monate	Schäffer-Poeschel Verlag
Accounting	Monatlich	Rudolf Haufe Verlag
Controlling & Management	Alle zwei Monate	Betriebswirtschaftl. Verlag Dr. T.H. Gabler
BBK Buchführung Bilanzierung Kostenrechnung	14-tägig	Neue Wirtschafts-Briefe
Zeitschrift für Controlling und Innovationsmanagement	Quartalsweise	FAW-Verlag

WEITERE QUELLEN		
Name	Anschrift	Kontakt
Deutsche Gesellschaft für Personalführung	Niederkasseler Lohweg 16, 40547 Düsseldorf	Fon 0211 5978 - 0 Fax 0211 5978 – 149 www.dgfp.de / info@dgfp.de
Deutsche Gesellschaft für Controlling in der Sozialwirtschaft und in NPO e.V.	RheinAhrCampus Remagen DGCS e.V. Südallee 2, 53424 Remagen	Fon 02642/932-409 Fax 02642/932-308 info@dgcs.de / www.dgcs.de
Internetadressen		
▪ www.business-wissen.de ▪ www.controllingportal.de		

anderen betriebswirtschaftlichen Zeitschriften (z.B. Betriebswirtschaft, Wirtschaftsstudium/WISU, Der Betriebswirt) aktuelle und interessante Anregungen für die Praxis des Personalcontrollings. Sehr hilfreich für die praktische Arbeit in Organisationen erweisen sich vielfach auch die Loseblatt-Veröffentlichungen mit regelmäßigen Ergänzungslieferungen zu den Bereichen „Personal" und „Controlling".

8.2.2 Fundstellen zu Personalcontrolling-Konzepten aus der Praxis

Bei Praktikern sicherlich noch mehr als bei Studierenden dürfte ein großes Interesse an Fallstudien bzw. Beispielen aus der Unternehmenspraxis zur Einführung und Umsetzung des Personalcontrollings vorherrschen.

In Abbildung 37 sind einige Fundstellen aus der Literatur zu ausführlichen Personalcontrolling-Konzepten und deren Umsetzung sowie einigen Problembereichen aus der Praxis zusammengestellt.

Abb. 37: Fundstellen zu Personalcontrolling-Konzepten und Einzelaspekten aus der Praxis

Unternehmen mit Themen-Schwerpunkt(en) *(Umfang)*	Quelle (Fundort)
AUDI AG *(12 Seiten)* • Vom zentralen Kosten-Controlling zum dezentralen Controlling im Personalwesen	Reimann, Berndt; in: Wunderer, Rolf/Schlaghaufer, Peter; Personal-Controlling: Funktionen – Instrumente – Praxisbeispiele, Stuttgart 1994, S. 139 – 150.
Bayerischen Vereinsbank AG *(17 Seiten)* • Instrumentelles, funktionales und service-orientiertes Personal-Controlling	Steinbichler, Ernst/Laber, Heinz/Torka, Walter, in: Wunderer, Rolf/Schlaghaufer, Peter; Personal-Controlling: Funktionen – Instrumente – Praxisbeispiele, Stuttgart 1994, S. 151 – 167.
Bosch GmbH *(9 Seiten)* • Vom Cost- zum Profit-Center Bildungs-wesen	Büschelberger, Dieter, in: Wunderer, Rolf/ Schlaghaufer, Peter; Personal-Controlling: Funktionen – Instrumente – Praxisbeispiele, Stuttgart 1994, S. 169 – 177.
Hewlett-Packard GmbH *(16 Seiten)* • Qualitatives/qualitatives und bezugsgruppen-orientiertes Controlling	Köder, Annette, in: Wunderer, Rolf/Schlaghaufer, Peter; Personal-Controlling: Funktionen – Instrumente – Praxisbeispiele, Stuttgart 1994, S. 179 – 194.
Commerzbank AG *(12 Seiten)* • Organisatorische Einbindung, Ziele, Aufgaben, Anwendungsfelder, Instrumente, Erfahrungen und Perspektiven	Deutsche Gesellschaft für Personalführung e.V. (Hrsg.); Personalcontrolling in der Praxis, Stuttgart 2001, S. 155 – 166.
Dräger Medizintechnik GmbH *(13 Seiten)* • Organisatorische Einbindung, Ziele, Aufgaben, Instrumente, Erfahrungen und Ausblick	Deutsche Gesellschaft für Personalführung e.V. (Hrsg.); Personalcontrolling in der Praxis, Stuttgart 2001, S. 166 – 178.
Produktionsunternehmen *(2 Seiten)* • Arbeitszeitentwicklung	Deutsche Gesellschaft für Personalführung e.V. (Hrsg.); Personalcontrolling in der Praxis, Stuttgart 2001, S. 61-62.
Hella KG Hueck & Co, Lippstadt *(4 Seiten)* • *Arbeitszeitcontrolling*	Deutsche Gesellschaft für Personalführung e.V. (Hrsg.); Personalcontrolling in der Praxis, Stuttgart 2001, S. 63-66.
Dräger Medizintechnik GmbH *(4 Seiten)* • Einsatz des Personalcontrollings bei der Personalgewinnung	Deutsche Gesellschaft für Personalführung e.V. (Hrsg.); Personalcontrolling in der Praxis, Stuttgart 2001, S. 91-93.
Lufthansa Cargo AG *(4 Seiten)* • Mitarbeiterbefragung	Deutsche Gesellschaft für Personalführung e.V. (Hrsg.); Personalcontrolling in der Praxis, Stuttgart 2001, S. 115-118.
Mittelständisches Unternehmen *(1 Seite)* • Implementierung eines Personalcontrollings	Deutsche Gesellschaft für Personalführung e.V. (Hrsg.); Personalcontrolling in der Praxis, Stuttgart 2001, S. 146.
Holding (anonym) *(1 Seite)* • Vom Leiter Personalwirtschaft zum Personalcontroller der Holding	Deutsche Gesellschaft für Personalführung e.V. (Hrsg.); Personalcontrolling in der Praxis, Stuttgart 2001, S. 147.
Dienstleister (anonym) *(2 Seiten)* • Implementierung: Detaillierte Planung vor Dringlichkeit	Deutsche Gesellschaft für Personalführung e.V. (Hrsg.); Personalcontrolling in der Praxis, Stuttgart 2001, S. 148-149.
Hella KG Hueck & Co, Lippstadt *(3 Seiten)* • Einführungs-Strategien zum Personalcontrolling	Deutsche Gesellschaft für Personalführung e.V. (Hrsg.); Personalcontrolling in der Praxis, Stuttgart 2001, S. 149-151.
Großkonzern im Bereich Telekommunikation (anonym) *(6 Seiten)* • Personalrekrutierungscontrolling	Knorr, Elke Margarethe; Professionelles Personalcontrolling in der Personalbeschaffung. Grundlagen - Instrumente - Ziele, Düsseldorf 2004, S. 92-97.

Unternehmen mit Themen-Schwerpunkt(en) *(Umfang)*	Quelle (Fundort)
Medizintechnik AG (anonym) *(5 Seiten)* ▪ Personalgewinnungscontrolling: Balanced Scorecard als Instrument zur Strategieumsetzung = Nutzen von Kennzahlen	Knorr, Elke Margarethe; Professionelles Personalcontrolling in der Personalbeschaffung. Grundlagen - Instrumente - Ziele, Düsseldorf 2004, S. 98-103.
Anbieter von Dienstleistungen im Bereich Wertpapierhandel (anonym) *(6 Seiten)* ▪ Konsequente Ausrichtung der Personalbeschaffung und des Marketings auf Prozessoptimierung	Knorr, Elke Margarethe; Professionelles Personalcontrolling in der Personalbeschaffung. Grundlagen - Instrumente - Ziele, Düsseldorf 2004, S. 98-114.
Acht Unternehmen der Automobilindustrie ▪ Organisatorische Gestaltung: wahrgenommene Personalcontrollingfunktionen, Aufgabenteilung zwischen den Personal- und Controllingbereichen	Hoss, Günter; Personalcontrolling im industriellen Unternehmen, Krefeld 1989.
Zahlreiche Unternehmensbeispiele ▪ Einbezogen werden sehr viele Beispiele von Unternehmen, die aufzeigen, wie bestimmte Aufgaben- und Problemfelder angegangen werden und wie die Lösungen bzw. Ergebnisse sich darstellen.	Wunderer, Rolf/Jaritz, André; (2006) Unternehmerisches Personalcontrolling: Evaluation der Wertschöpfung im Personalmanagement, 3. Aufl., Neuwied/Kriftel 2006.
Konzeptentwicklung an einem (fiktiven) Unternehmensbeispiel	Gmelin, Volker; (1995) Effizientes Personalmanagement durch Personalcontrolling. Von der Idee zur Realisierung, Renningen/Malmsheim 1995.
(Fiktives) Unternehmen AZ Rad AG ▪ Es werden Aufbau und Gestaltung des Personalcontrollings aufgezeigt sowie Lösungswege zu konkreten Aufgabenstellungen vorgestellt.	Lisges Guido/Schübbe, Fred; Personalcontrolling. Personalbedarf planen, Fehlzeiten reduzieren, Kosten steuern, München 2005
Autoren aus der Wirtschaftspraxis äußern sich und stellen in diversen Artikeln Lösungsansätze für bestimmte Teilgebiete des Personalcontrollings vor, wie z.B.: ▪ Entwicklung eines Kennzahlensystems, ▪ ... ▪ ... ▪ ... ▪ u.a.	Fachzeitschriften zum Personal, Personalcontrolling und Controlling

Kapitel III: Managementprozess und Aufgabenfelder des Personalcontrollings

Den Schwerpunkt dieses Kapitels bildet die Einordnung des Personalcontrollings in die Systeme „Unternehmen" und „Unternehmensumwelt". Es gilt zu verdeutlichen, dass Personalcontrolling mehr ist als nur irgendeine Funktion im Unternehmen. Personalcontrolling ist im Sinne einer umfassenden Querschnittsfunktion mit seinen diversen Aufgabenfeldern als integrativer Bestandteil der gesamten Unternehmensplanung und Organisationsentwicklung zu verstehen und als wichtiges Instrument der strategischen und operativen Unternehmensführung zu begreifen. Die Etablierung eines Personalcontrollings unterstützt die Steuerung des Erfolgs- bzw. Wertschöpfungsfaktors „Personal" und trägt damit zur Effektivitäts- und Effizienzsteigerung bei.

1. Unternehmen und Managementprozess

So wie jeder Mensch einzigartig ist, gilt es gleiches für Unternehmen zu konstatieren. **Jedes Unternehmen ist anders.** Die Unternehmen unterscheiden sich nicht nur in Rechtsform und Größe, sondern vor allem in der Aufbau- und Ablauforganisation, die von einzelnen Menschen bzw. Gruppen ausgefüllt wird. Bekanntlich ist ein Unternehmen eine „black box", und dies nicht nur aus Sicht von Beobachtern, sondern dies gilt häufig auch für viele der dort Beschäftigten. Die **Komplexität** der Beziehungen und die **Vielfalt von Aktivitäten** innerhalb einer Organisation und zu seiner Umwelt machen es bereits in der Gegenwart der Unternehmensleitung bzw. den Führungskräften nicht leicht, den Überblick zu behalten. Erst recht stellt die Zukunft eine immer neue Herausforderung für das Unternehmen dar. Eines der grundlegenden Probleme besteht für ein Unternehmen nämlich in den immer schwieriger vorhersehbaren Veränderungen in der Unternehmensumwelt, die durch neue Technologien, rechtliche oder sonstige Eingriffe des Staates, veränderte Kundenerwartungen oder Aktionen von Wettbewerbern ausgelöst werden. Das Erkennen von **Risiken** und Nutzen von **Chancen**, insbesondere auch bezogen auf den Personalbereich, hat eine strategische Bedeutung vom Groß- bis zum Kleinunternehmen. Die **Antizipation** relevanter Entwicklungen in und außerhalb der Organisation und die rechtzeitige Ausrichtung des Verhaltens auf diese Entwicklung war wohl immer schon ein Merkmal erfolgreicher Unternehmensleitung. Während der Allein- oder Kleinunternehmer oft intuitiv oder nach Erfahrungswerten im gedanklichen Alleingang über das zukünftige Verhalten entscheiden kann, setzen derartige Entscheidungen in komplexeren Verhältnissen eine **systematische Vorbereitung** voraus (vgl. Ulrich/Fluri 1992, S. 107).

Unternehmerische Intuition ist nützlich und führt nicht selten auch zum Erfolg, reicht i.d.R. aber nicht, um konjunkturelle und strukturelle Anpassungsprozesse objektiv zu beurteilen. Will man nicht reagieren, sondern agieren, d.h. Organisationen aktiv führen bzw. managen, ist dabei ein systematisches Vorgehen sehr hilfreich. Abbildung 38 zeigt (schematisch) die **Phasen**, die einen **Entscheidungsprozess** maßgeblich kennzeichnen. Der hier vorgestellte Prozess der Entscheidungsfindung umfasst fünf Phasen, die nach einem zeitlichen Ablauf gegliedert sind und von Mittel- wie auch von Zielentscheidungen durchlaufen werden (vgl. Hentze/Kammel 2001, S. 67, Jung 2006, S. 19ff.). Führen (also gestalten, lenken und entwickeln) bedeutet vielfach, eine Auswahl zwischen mehreren Möglichkeiten oder Alternativen zu

Abb.: 38: Phasen des Entscheidungsprozesses

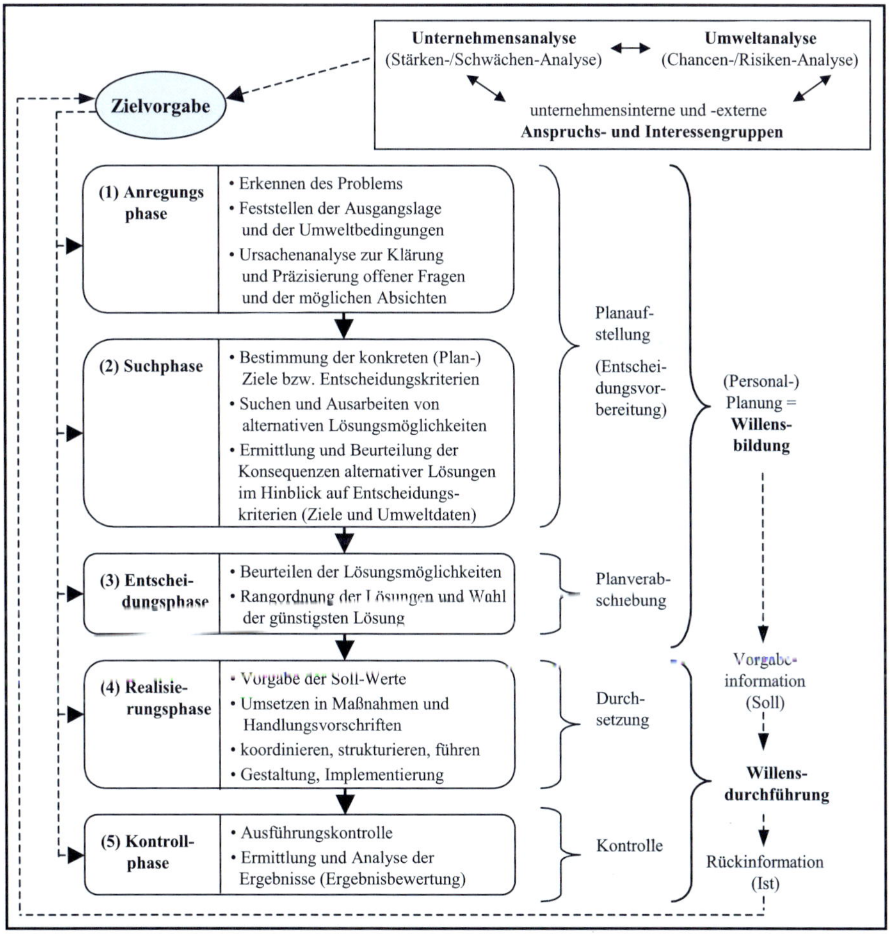

Quelle: Modifiziert nach Jung 2006, S. 19

treffen, also Entscheidungen (Problemlösung). Sowohl die **Ziel-** als auch **Mittelentscheidungen** durchlaufen dabei verschiedene Phasen. Wichtig allerdings ist es sich immer vor Augen zu halten, dass dieser Prozess letztlich lediglich ein Schema darstellt. Dies mag folgendes Zitat verdeutlichen:

> „Abgesehen von Einzelentscheidungen sind die im Personalbereich zu treffenden Entscheidungen Wahlhandlungen komplexer Natur. Es handelt sich dabei um differenzierte soziale **Interaktionsprozesse**, die mit einer systematischen Gewinnung, Verarbeitung, Speicherung, Übertragung und Analyse von informellen Daten verbunden sind. Das Resultat eines umfassenden Entscheidungsprozesses ergibt letztendlich einen Entschluss (Problemlösung)" (Jung 2006, S. 19).

Viele Entscheidungen in Organisationen sind allerdings nicht neuartig und komplex, so dass bei sog. **Routineentscheidungen** der Planungsprozess wesentlich verkürzt werden kann. „Differenziert betrachtet, zergliedern sich die Phasen des Entscheidungsprozesses, in denen wieder Probleme erkannt, Lösungsalternativen gesucht, Entschlüsse getroffen, realisiert und kontrolliert werden müssen. Darüber hinaus sind alle durchlaufenden Phasen mit Informationsprozessen verbunden" (Jung 2006, S. 21).

Eine **Zielvorgabe**, ob für den Personalbereich oder andere Funktionsbereiche, fällt „nicht vom Himmel", sondern – soweit es sich um grundlegende Entscheidungen handelt – wird i.d.R. von der **Geschäftsleitung** getroffen. Vor allem dann, wenn strategische Absichten und Ziele verfolgt werden. Insbesondere solche Absichts- oder Zielvorgaben basieren vielfach auf einer Umwelt-(Chancen/Risiken) und Unternehmensanalyse (Stärken/Schwächen).

2.   Trends und Perspektiven im Personalmanagement und -controlling

Veränderte Rahmenbedingungen im Personalmanagement haben in den letzten Jahren dazu geführt, dass sich Ziele, Strategien und Aufgaben der Personalarbeit in Organisationen gewandelt bzw. erweitert haben. Personalmanagement, insbesondere die Funktion Personalentwicklung, bildet einen Kernbereich der unternehmerischen, aber auch einer gesellschaftlichen Verantwortung (vgl. Zdrowomyslaw/Bruns/Schimpfermann 3/2006, S. 28ff. und 4/2006, S. 32ff.).

Welche Konturen zeigt die Dynamik der Unternehmensumwelt? Nach *Jung* kristallisieren sich bei der Betrachtung der Funktionsschwerpunkte der Personalwirtschaft **vier** Rahmenbedingungen heraus: Kultur- und Wertewandel, die wirtschaftliche und politische Entwicklung, Technologie und Demographie. Innerhalb dieser Rahmenbedingungen werden Prognosen und Trends von

unterschiedlichen Einrichtungen und Autoren vorgestellt, die für die Personalpolitik relevant sind (vgl. Jung 2006, S. 835). Bei den **Trends** handelt es sich
unter anderem um die Internationalisierung und Globalisierung der Ökonomie, Flexibilisierung, Individualisierung und Pluralisierung der Lebensstile
und Lebensformen sowie die veränderte Rolle der Frau, Karrierewege und
Arbeitsumfelder werden flexibler, Lebenslanges Lernen, Strukturwandel von
der Industrie- zur Dienstleistungs- und Wissensgesellschaft, Informations-
und Kommunikationsmittel und die Mediatisierung in allen Lebensbereichen,
Bedeutungszuwachs des Faktors Wissen und Verringerung der Halbwertzeit
von Wissen, demographische Veränderungen auf dem Arbeitsmarkt, Arbeits-
migration nimmt zu, Bevölkerungen altern (vgl. Dobischat 2002, S. 1f., Sattelberger 1999, S. 128f., Rollwagen 2006).

Eine sehr umfangreiche **Prognosestudie** zur Untersuchung fachspezifischer Fragen zum Personalmanagement liefern die Autoren *Wunderer/Dick*
(2006). Das Buch mit dem Titel „Personalmanagement – Quo vadis? Analysen und Prognosen zu Entwicklungstrends bis 2010" basieren auf der
Einschätzung der beteiligten Personalexperten zur gegenwärtigen und zukünftigen Situation im Personalmanagement. Die Studie beschäftigt sich mit
den Fragen zum Umfeld, zur Strategie, zu Programmen, zu Personal- und
Steuerungsfunktionen, zur Organisation und zu den Personalmanagerinnen
und -managern. Ausgehend von der Makro- bis zur Mikro-Ebene des einzelnen Personalverantwortlichen werden insgesamt 93 Ergebnisthesen vorgestellt. Abbildung 39 fasst die zentralen Befunde stichwortartig zusammen
(Wunderer/Dick 2002, S. XI-XV).

Welche Ziele, Strategien, Maßnahmen usw. ein Unternehmen aus diesen Erkenntnissen ableitet, ist letztlich immer eine unternehmensindividuelle Entscheidung. Die Organisation des Personalcontrollings hängt letztlich davon
ab, welche (konkreten) Ziele ein Unternehmen verfolgt. Sowie es nicht **das**
Zielsystem des Unternehmens gibt, so gibt es erst recht nicht ein **normiertes
Zielsystem** für die Personalwirtschaft oder das Personalcontrolling. Grundsätzlich äußert sich die Zukunftsausrichtung in einem Unternehmen letztlich
vor allem in den zu setzenden **Zielen** und in der (strategischen) **Planung**.

Abb. 39: Ergebnisthesen zum Personalmanagement nach Wunderer/Dick

Umfeld 2010	
Wirtschaft und Kommunikationstechnologie	01. Globalisierung wirkt als Schlüsselfaktor
	02. Arbeitsmarktfähigkeit statt Beschäftigungssicherheit
	03. Technologische Entwicklung bringt neue Herausforderungen
	04. Moderne Kommunikationstechnologie begünstigt Virtualisierung und verändert Arbeitsanforderungen
Politik/ Gesetzgebung	05. Starke Einflüsse vom Ausland
	06. Die Schweiz wird EU-Mitglied
	07. Arbeitsmarkt-, Bildungs- und Sozialpolitik bleiben zentrale Einflussfelder
	08. Uneinheitliche Prognosen zum Einfluss der Arbeitnehmervertretungen
	09. Klassische Aufgabenfelder der Arbeitnehmervertretungen werden ergänzt
	10. Mehr Mitwirkung/Mitbestimmung für Arbeitnehmer
Gesellschaftliche Werte	11. Erwerbstätige suchen mehr Lebensgenuss
	12. Weniger Karrierestreben, mehr Sinnsuche
	13. Work-Life-Balance wird ein zentrales Laufbahnziel
	14. Widersprüchliche Grundhaltungen der Unternehmensleitungen gegenüber Mitarbeitern und Personalmanagement
	15. Mit Problemfeldern und Paradoxien umgehen
Demographie	16. Mehr ausländische, ältere und weibliche Arbeitnehmer
	17. Demographische Entwicklung fordert das HRM
	18. Qualitative Ungleichgewichte am Arbeitsmarkt
Strategie 2010	
Unternehmensstrategische Integration	19. Unternehmerische Orientierung überlagert Ökonomisierung
	20. Neugewichtung strategischer Schwerpunkte
	21. Die Personalstrategie wird Teil der Unternehmensstrategie
Förderung des internen Unternehmertums	22. Interne Markt- und soziale Netzwerksteuerung als zukünftige Steuerungskonfiguration
	23. Zunehmender Anteil unternehmerisch qualifizierter und motivierter Personen
	24. Entfaltungsspielraum, Weiterbildung und Aufgabenvielfalt werden für die Gewinnung unternehmerisch kompetenter Personen zentral
	25. Unternehmerische Schlüsselkompetenzen werden Kriterien der Personalauswahl
	26. Keine spezifischen Instrumente zur Auswahl von Mitunternehmern
	27. Starke Effekte durch transformationale Führung
Wertschöpfung des Personalmanagements	28. Hohe Wertschöpfung, niedrige Kosten: Beratung der Führungskräfte/ Unternehmensleitung, Kulturgestaltung und strategische Personalplanung
	29. Personalkostenmanagement: Klassische Strategien bleiben, neue kommen hinzu
Programme 2010	
Flexibilisierung und Individualisierung	30. Steigender Flexibilisierungs-/Individualisierungsbedarf
	31. Neue Medien fördern die Individualisierung der Arbeitszeit
	32. Mehr Möglichkeiten zur Individualisierung der Arbeitszeit
	33. Dienstleistungssektor und Funktionsbereich »F&E« bieten zukünftig die besten Möglichkeiten zur Individualisierung der Arbeitszeit
Zielgruppenorientierung	34. Ältere Mitarbeiter sind eine wertvolle Ressource
	35. Gleitender Übergang in den Ruhestand, Stabs- und Projektarbeit sowie gezielte Entwicklung fördern ältere Mitarbeiter besonders
	36. Wertesteuerung avanciert zu einem bedeutsamen Instrument der Förderung und Integration ausländischer Arbeitnehmer
	37. Vereinbarkeit von Karriere und Familie wird vorrangige Aufgabe betrieblicher Frauenförderung
Internationalisierung	38. Personalmarketing ist international auszurichten
	39. Networking durch internationale Teams
	40. Unternehmenskultur verdient besondere Beachtung
	41. Bessere Vorbereitung auf Auslandseinsätze

Personalfunktionen 2010	
Personal-marketing und -auswahl	42. Verbessertes »Standing« des Personalmarketings
	43. Die Personalauswahl verliert ihre Vormachtstellung vor Personalentwicklung und -einsatz
	44. Auswahlproblem 2010: mangelnde Qualifikation und Loyalität
	45. Bei den Auswahlinstrumenten wenig Neues
Personal-beurteilung	46. Potentialbeurteilung gewinnt an Bedeutung, Leistungsbeurteilung bleibt wichtig
	47. Trend zur Mehrpersonenbeurteilung
	48. Verhaltensaspekte finden Eingang in Mitarbeitergespräche
Entgelt-gestaltung	49. Entgeltgestaltung aus Mitarbeiterperspektive – hohe Bedeutung, steigende Zufriedenheit
	50. Starke Zuwächse bei Unternehmenserfolgs- und Leistungsgerechtigkeit
	51. Leistung wird vermehrt honoriert
	52. Mehr Erfolgs- und Kapitalbeteiligung
Personalent-wicklung	53. Selbstentwicklung wird Normalität
	54. On-the-job-Entwicklung rückt in den Vordergrund
	55. Strukturelle Personalentwicklung wird wichtiger
	56. Mehr Personalentwicklung für Führungsnachwuchs und Nichtführungskräfte
	57. Vorgesetzte als zentrale Personalentwickler
	58. Förderung der Lernmotivation als PE-Aufgabe
	59. PE-Maßnahmen werden begrenzt outgesourct
Personal-freisetzung	60. Teilruhestand und befristete Beschäftigungsverträge als zukünftig zentrale Freisetzungsformen
	61. Bedeutung und Verbreitung von Outplacement nehmen leicht zu
Steuerungsfunktionen 2010	
Führung	62. Dominanz von „Soft Factors" der strukturellen Führung
	63. »Leader« und „Net-Worker" als zentrale Führungsrollen
	64. Defizite in der Führungsqualifikation
	65. Anerkennung als Schlüsselfaktor zur Führungsaufgabe „Demotivationsabbau und -prophylaxe"
	66. Veränderte Führungsbeziehungen
	67. Transformationale Führung als Führungsstil 2010
	68. Managing the Boss: Mitarbeitende übernehmen vermehrt Führungsrollen
	69. Virtualisierung verändert die Mitarbeiterführung
Laterale Kooperation	70. Teamübergreifende Kooperation gewinnt erheblich an Bedeutung
	71. Teamübergreifende Kooperation verbessert sich
	72. Neue Steuerungsinstrumente lateraler Kooperation
Personal-controlling	73. Personalcontrolling wird institutionalisiert
	74. Zunehmende Integration mit anderen Controlling-Bereichen
	75. Wachsende Verbreitung des strategischen Personalcontrollings
	76. Wertschöpfungscontrolling – größere Bedeutung, verstärkt integrierte Messung
	77. Personalcontrolling evaluiert Mitunternehmertum
	78. Personalentwicklungs- und Führungscontrolling konzentriert sich auf »weiche Faktoren«
Organisation 2010	
Organisation des Personal-managements	79. Neuverteilung der Personalarbeit
	80. Aufstieg für das Personalressort
	81. Service-Center prägen die standortübergreifende Organisation
	82. Personalabteilung 2010 – weniger Beschäftigte, zunehmende Dezentralisierung
Die Personal-abteilung als Wertschöpf-ungscenter	83. Management- und Business-Dimension gewinnen stark an Bedeutung
	84. Qualitätsindikatoren 2010 – Innovation, Implementation und Kompetenz
	85. Stärken des Wertschöpfungs-Centers gewinnen an Bedeutung
	86. Stark zunehmende Verbreitung des Wertschöpfungs-Centers
Personalmanager/innen 2010	
Rollen und Kompetenzen von Personal-managern	87. Neue Rollenschwerpunkte – strategischer Partner und Change Agent
	88. Herausforderungen im HRM durch neue Rollen
	89. Defizite in der unternehmerischen Kompetenz der Personalverantwortlichen
	90. Personalauswahl und Anreizgestaltung fördern die unternehmerische Ausrichtung besonders
Karriere im Human Resource Management	91. Das Personalressort gewinnt an Attraktivität
	92. Stellenbesetzung im HRM 2010 erfolgt intern wie extern
	93. Verbesserte Karrierechancen für Quereinsteiger

Quelle: Wunderer/Dick 2006, Thesenverzeichnis XIff.

3.   Unternehmensspezifische Politiken, Ziel- und Strategiesetzungen

Das Personalcontrolling ist einerseits nicht losgelöst von unternehmensspezifischen Politiken, Ziel- und Strategiesetzungen zu sehen, andererseits gibt es bestimmte Normen bzw. Orientierungspunkte im Hinblick auf Ziele, Aufgaben usw., die bei der Umsetzung von Personalcontrolling hilfreich sein können.

3.1   Gibt es das unternehmerische Zielsystem?

Die betriebswirtschaftliche Managementlehre geht davon aus, dass zumindest in allen privatwirtschaftlich orientierten Unternehmen die **Kernaufgabe** des Managements darin besteht, das **Überleben** der Unternehmung in einer sich verändernden Umwelt durch Anpassung an langfristig wirksame Entwicklungstrends zu sichern.

Ob zwischen den Zielen bzw. Ergebnissen der Existenzsicherung eine Art Gesetzmäßigkeit besteht, lässt sich empirisch nur schwer belegen. Aber grundsätzlich ist wohl davon auszugehen, dass eine **Führung durch Zielsetzung** (Management by Objectives) der Unternehmenssicherung und Stabilität dienlich ist. Allerdings ist es keineswegs selbstverständlich, dass ein Unternehmen von „sich aus dazu neigt", gesetzte Ziele ohne weiteres auch zu erreichen. Die Führung mit **unternehmenspolitischen Grundsätzen** und **klaren Zielvorstellungen** und **-vorgaben** dürften aber ohne Frage der Existenzsicherung bzw. der Sicherung der Existenzberechtigung von Organisationen nützlich sein (vgl. Zdrowomyslaw 2005, S. 56ff.).

Interessendominierte Systeme (z.B. Unternehmen) werden nach den Zielen der **Interessenträger** strukturiert und gesteuert und sind nicht frei von **Konflikten**. Die nach ihren Beiträgen (Stakes) zu unterscheidenden Interessengruppen (Stakeholder) haben zwar alle ein allgemeines Interesse am Fortbestand des Unternehmens, sie stellen als Gegenleistung für ihre Beiträge aber recht unterschiedliche Ansprüche an das Unternehmen. In Anbetracht der zahlreichen Interessengruppen ist jedes Unternehmen ein **zielpluralistisches Gebilde** (vgl. Ziegenbein 2002, S. 88). Dies sollte immer bedacht werden. Sehen wir mal von den „externen" Stakeholdern ab, so sind als **Träger** des **Zielsystems der Personalwirtschaft** vor allem zu nennen: Geschäftsleitung (Zielsetzung), Personalabteilung/Personalcontrolling (Planung), Vorgesetzte (Durchführung) und Betriebsrat (Mitbestimmung). Gerade bezogen auf den Personalbereich kann nicht von einer prinzipiellen Verträglichkeit der Zielvorstellungen ausgegangen werden. In der Regel sind die Bedürfnisse bzw. Ziele von Mitarbeitern und Geschäftsleitung bzw. Vorgesetzten nicht identisch. Vor allem zwischen wirtschaftlichen und sozialen Zielen können komplementäre, indifferente oder **konkurrierende** Zielbeziehungen bestehen (vgl. Jung 2006, S. 16ff.).

Aber was sind eigentlich Ziele und welche Dimensionen können ihnen zugeordnet werden? Ziele können grundsätzlich auf der Metaebene mit Begriffen wie Wünsche, Vorstellungen, Absichten, Unternehmenskultur, Bedürfnisse usw. in Verbindung gebracht werden.

Ziele beschreiben ganz allgemein einen **erwünschten zukünftigen Zustand**, den eine Organisation durch Handlungen bzw. Maßnahmen erreichen möchte. Sie legen durch Kennzeichnung des zu erreichenden Zustands den Rahmen für die organisatorischen Mittel fest und sind in enger Verbindung zu den Aufgaben bzw. Tätigkeitsfeldern zu sehen, die im Unternehmen durchzuführen sind. Ziele haben demnach eine Selektions-, Steuerungs- und Koordinationsfunktion. Ziele können nach unterschiedlichen Kriterien systematisiert werden, wie z.B.: nach dem Konkretisierungsgrad (Orientierungs- und Handlungsziele), in Sach- und Formalziele, in wirtschaftliche und soziale, in Haupt- und Nebenziele, in Ober- und Unterziele, in kurz-, mittel- und langfristige Ziele sowie monetäre und nicht-monetäre Ziele. Unternehmen werden vor allem durch ihre Ziele und Aufgaben bestimmt.

Befragungen von Unternehmen hinsichtlich ihrer **Zielprioritäten** weisen zwar abweichende Ergebnisse auf, aber sie bestätigen den sehr hohen Stellenwert (Rangfolge) „Sicherung des Unternehmensbestands" und „Gewinn" (vgl. Becker 2006, S. 15ff.). Angesichts einer Fülle von Zielarten bzw. -inhalten wird deutlich, dass in der **Unternehmensrealität** sehr **unterschiedliche Zielkombinationen** (Zielsysteme) möglich sind. Legt man zugrunde, dass das **oberste** Ziel der Unternehmensführung die langfristige Erhaltung der **Überlebensfähigkeit** und die **Vermeidung einer Insolvenz** auf Basis des betrieblichen Leistungsprozesses (Einsatz von menschlicher Arbeitskraft, von Betriebsmitteln und Werkstoffen) sind, so macht folgende **Zielhierarchie** deutlich, welche Teilziele – die natürlich noch mit konkreten Plan- und Handlungszielen (Inhalt, Ausmaß und Zeit) zu untersetzen sind – zum „Endziel" führen. Produktivität → Wirtschaftlichkeit → Gewinnstreben → Liquidität → Überleben (oberstes Ziel).

Nach dem **Shareholder-Value-Ansatz** – in den letzten Jahren stark diskutiert und in vielen, insbesondere Groß-Unternehmen mittlerweile etabliert – ist der Gewinn das Hauptziel des privat organisierten Unternehmens, mit dem sich der Shareholder Value (Wert des Eigenkapitals) berechnen lässt. Verkürzt gesprochen: **Kurzfristige Renditerealisierung** für die Kapitaleigner stehen im Vordergrund von unternehmerischen Zielsystemen.

Den **Aufbau konkreter Zielsysteme** kann man sich – aus Gründen der Anschauung, der Systematik wie auch der Operationalisierung – recht gut als eine Art **Pyramide** (man denke in diesem Zusammenhang auch an Hierarchieebenen des Managements: Top-, Upper-, Middle- und Lower-Management sowie Ausführungsebenen) vor Augen führen (siehe Abb. 40). Die Spitze eines solchen Systems bilden übergeordnete Wertvorstellungen des Unternehmens bzw. seiner Führungskräfte, die sog. **Orientierungsziele**, verkörpert durch Begriffe wie Vision, Mission, Unternehmensphilosophie, Unternehmensleitbild bzw. -grundsätze. Auf der Grundlage entsprechender Orientierungsziele werden **Handlungsziele** von den Unternehmens- über die Bereichs- bis zu den Instrumentalzielen abgeleitet. Dabei wird üblicherweise zwischen **Sachzielen**, die das „Was" der Organisation (Produkt-Markt-Konzept, Leistungspalette) betreffen, und Formalzielen, welche die **Erfolgsziele** (Streben nach langfristigen Erfolgspotenzialen und kurzfristigem Erfolg, z.B.

Abb. 40: Schematischer Aufbau einer Zielpyramide von Unternehmen

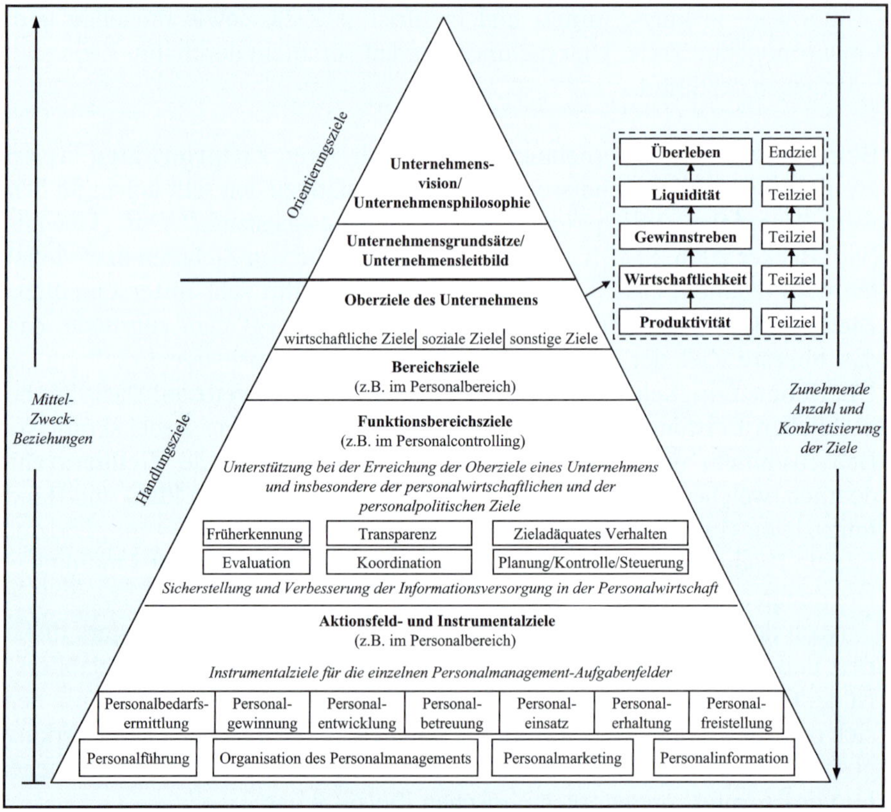

Quelle: Eigene Darstellung

Steigerung der Arbeitsproduktivität) umfassen, unterschieden. Bei der Ziel-hierarchisierung von oben nach unten findet zum einen eine zunehmende **Konkretisierung** der Ziele statt, und zum anderen nimmt die Zahl der Ziele durch die Detaillierung erheblich zu. Die Ziele stehen insgesamt in einer **Mittel-Zweck-Beziehung** (Unternehmens-, Bereichs-, Aktionsfeldziele und Instrumentalziele) zueinander.

3.2 Personalpolitik und personalwirtschaftliche Ziele

Eine strategisch ausgerichtete **Unternehmens-** und **Personalpolitik** hat die Sicherung des Bestandes der langfristigen Unternehmensentwicklung im Blick. Strategien weisen im Prozess der strategischen Führung den **Weg in die Zukunft**. Strategie umfasst die langfristigen Ziele, Maßnahmen (Verhal-tensweisen) und Mittel (Ressourcen) eines Unternehmens (vgl. Bea/Haas 2001, S. 161ff., Hentze/Kammel 1993 S. 100). Aber welche Rolle spielen ei-gentlich personalwirtschaftliche Ziele im Gesamtzielsystem von Unterneh-men?

Ausgehend von der skizzierten pyramidenhaft-orientierten Modellbetrach-tung von Zielsystemen lässt sich festhalten, dass die **personalwirtschaft-lichen Ziele** – wie auch die Ziele anderer Funktionsbereiche – aus den ober-sten Unternehmenszielen **abgeleitet** werden. Insbesondere für den Personal-bereich gilt, dass zwischen ihm und den übrigen betrieblichen Bereichen **wechselseitige Abhängigkeiten** bestehen. So legen einerseits die Ziele der anderen Bereiche (z.B. Vertrieb) die personellen Erfordernisse fest, anderer-seits bestimmen die personell gegebenen Möglichkeiten maßgeblich die Fest-legung erreichbarer Sachziele (z.B. Umsatzvolumen) mit. Wiederum müssen die Personalcontrolling-Ziele den personalwirtschaftlichen Zielen entspre-chen und damit das Erreichen der Unternehmensziele sicherstellen. D.h., die Aufgabe des Personalmanagements bzw. Personalcontrollings besteht darin, aus den Oberzielen des Unternehmens operationale Handlungsziele für den Personalbereich abzuleiten. Welche Ziele dies vor allem sind, soll nun etwas näher beleuchtet werden.

Unabhängig davon, welche **Personalstrategie** in einem Unternehmen ein-geschlagen wird, kann – wie Abbildung 41 zeigt – als allgemein **oberstes Sachziel** der Personalwirtschaft die Bereitstellung personeller Kapazitäten zur Bewältigung des aktuell sowie künftig anfallenden Arbeitsvolumens be-trachtet werden. Ebenfalls als noch **recht allgemeine** Ziele, die sich auf die wechselseitigen Beziehungen zwischen Vorgesetzten und Mitarbeitern, zwi-schen Mitarbeitern untereinander und zwischen den Mitarbeitern und ihrer Arbeit beziehen, sind folgende drei (vgl. Olfert 2003, S. 39):

Abb. 41: Personalmanagement- und Personalcontrollingziele

Oberstes Sachziel des Personalmanagements: Bereitstellen personeller Kapazität in Form von dispositiver und objektbezogener menschlicher Arbeitsleistung in der erforderlichen Quantität, Qualität, zum richtigen Zeitpunkt und für die benötigte Dauer am jeweiligen Einsatzort, um auf diese Weise zu gewährleisten, dass die betrieblichen Prozesse der Leistungserstellung und -verwertung durchgeführt werden können.			
Wirtschaftliche Ziele		**Soziale Ziele**	
• Optimaler Einsatz des Elementarfaktors „menschliche Arbeit" und seine bestmögliche Kombination mit den übrigen Einsatzfaktoren • Minimierung der Kostensumme aller Einsatzfaktoren und Maximierung des Gewinns gemäß dem ökonomischen Prinzip • Steigerung der menschlichen Arbeitsleistung, z.B. durch Fortbildung, aber auch durch Motivation • Nutzung der Kreativität und Erfahrung der Mitarbeiter zur Aufgabenerledigung, z.B. durch Mitarbeit im „kontinuierlichen Verbesserungsprozess"		• Bestmögliche Gestaltung der materiellen Bedingungen menschlicher Arbeit wie z.B. gute und leistungsgerechte Bezahlung, Sicherheit des Arbeitsplatzes und der Altersversorgung, Arbeitszeitverkürzungen bei vollem Lohnausgleich, Kantinenessen • Bestmögliche Gestaltung der immateriellen Bedingungen menschlicher Arbeit wie z.B. menschengerechte Gestaltung des Arbeitsplatzes und des Umfeldes, Reduzierung der Belastungseinflüsse, Gestaltung der Arbeitsinhalte und –organisation, Steigerung des Gesundheitsschutzes, Verbesserung der sozialen Kontaktmöglichkeiten, Sport- und Kulturangebote, gute Personalentwicklungsmöglichkeiten	
Ziele der Aufgaben- bzw. Aktionsfelder im Personalbereich			
• Ziele der Personalbedarfsermittlung, Personalgewinnung und -erhaltung, Personalentwicklung usw.			
Oberstes Sachziel des Personalcontrollings: Zielsetzung des Personalcontrollings ist die verbesserte Gesamtzielerreichung im Personalbereich sowie die Unterstützung bei der Erreichung der Oberziele eines Unternehmens.			
Umfassende Unterstützung der Personalplanung	**Sicherstellung und Verbesserung der Informationsversorgung der Personalwirtschaft**	**Sicherung und Verbesserung der Koordination in der Personalwirtschaft**	**Erhöhung der Flexibilität**

Quelle: Eigene Darstellung

- Steigerung der Leistungs**fähigkeit** der Mitarbeiter (z.B. durch Personalentwicklung),
- Steigerung der Leistungs**bereitschaft** der Mitarbeiter (z.B. durch kooperative Führung) und
- Steigerung der Leistungs**möglichkeit** der Mitarbeiter (z.B. durch Arbeitsplatzgestaltung).

Für den Personalbereich ist die Differenzierung in **wirtschaftliche** und **soziale Ziele** besonders bedeutend. Zwar sind Unternehmen in erster Linie Wirtschaftsbetriebe mit der Verfolgung **vorrangig ökonomischer Ziele** (Effizienz), aber es gibt auch die soziale Dimension (ethische Werte, „Humanisierung der Arbeitswelt", „gerechte Entlohnung", Beteiligung der Arbeitnehmer am Gewinn und Vermögen, Mitspracherechte bei der Formulierung und Verfolgung der Unternehmensziele, Mitbestimmung usw.), die es nicht nur zu beachten gilt. Die Einbeziehung nicht-ökonomischer Dimensionen unterstützt mehr oder weniger auch die Realisierung der wirtschaftlichen Ziele (Gewinn,

Wertschöpfung usw.). Durch Studien wird belegt, dass Unternehmen, die Wert auf soziale Ziele legen und mit der Mitbestimmung offensiv umgehen, vergleichsweise erfolgreicher sind (vgl. o. V. 4/2006, S. 4f.). Erinnert sei in diesem Zusammenhang, dass jedes Unternehmen ein zielpluralistisches Gebilde ist, und **Ziele** letztlich auch **Ausdruck von Interessen** sind. Abbildung 42 zeigt exemplarisch am Beispiel der Funktion „Personalentwicklung", dass die Interessen des Unternehmens, der Vorgesetzten und der Mitarbeiter i.d.R. nicht deckungsgleich sind.

Will das Unternehmen z.B. die Arbeitsleistung steigern, indem es das **Mitarbeiterverhalten** zur Erreichung gesetzter wirtschaftlicher Zielsetzungen

Abb. 42: Personalentwicklungsziele aus Unternehmens-, Vorgesetzten- und Mitarbeitersicht

Personalentwicklungsziele aus Sicht des Unternehmens
- Langfristige Sicherung von Fach- und Führungskräften
- Auswahl der qualifizierten Mitarbeiter
- Richtige Platzierung der Mitarbeiter an ihren entsprechenden Arbeitsplätzen
- Erhaltung und Förderung der Qualifikation der Mitarbeiter
- Anpassung an die Erfordernisse der Technologie und Marktverhältnisse
- Ermittlung von Nachwuchskräften
- Ermittlung des Führungspotenzials
- Förderung der Fach-, Management-, Sozialkompetenz des Nachwuchses
- Vorbereitung für höherwertige Tätigkeiten
- Vermittlung zusätzlicher Qualifikationen zwecks höherer Flexibilität
- Gewinnung von Nachwuchskräften aus den eigenen Reihen
- Rechtzeitige Nachfolgeregelungen
- Diagnose und Änderung von Fehlbesetzungen
- Verbesserung des Leistungsverhaltens der Mitarbeiter
- Verbesserung der innerbetrieblichen Kooperation und Kommunikation
- Senkung der Fluktuation

Personalentwicklungsziele aus Sicht der Vorgesetzten
- Vorleben und Verdeutlichung der Unternehmensziele
- Ermittlung und richtiger Einsatz von Mitarbeiterpotenzialen, z.B.
  - Fachliche Fähigkeiten
  - Selbstorganisationsfähigkeit
  - Soziale Fähigkeiten zur Kommunikation von Informationen, Moderation
- Partizipation am Unternehmengeschehen
- Verantwortungsfähigkeit und Kreativität

Personalentwicklungsziele aus Sicht der Mitarbeiter
- Erhalt und Verbesserung einer selbst bestimmten Lebensführung
- Anpassung der persönlichen Qualifikation an die Arbeitsplatzerfordernisse
- Optimierung der Qualifikation in der Fach-, Führungs- und Sozialkompetenz
- Aktivierung bisher nicht genutzter persönlicher Kenntnisse und Fähigkeiten
- Verbesserung der Selbstentfaltung durch Übernahme qualifizierter Aufgaben
- Aneignung karrierebezogener Voraussetzungen für den beruflichen Aufstieg
- Verbesserung der Verwendungs- und Laufbahnmöglichkeiten
- Sicherung der Existenzgrundlage bei technischem und sozialem Wandel
- Optimierung von Einkommen, Positionen und Prestige
- Erhöhung der individuellen Mobilität am Arbeitsmarkt
- Übernahme höherer Verantwortung

Quelle: Olfert 2005, S. 383f.

positiv beeinflusst, ist die Geschäftsleitung auf die Bereitschaft und Mit-wirkung der Vorgesetzen und der Beschäftigen sowie gegebenenfalls des Betriebsrats angewiesen. Entscheidend für die **Willens-Durchsetzung** und Umsetzung entsprechender Ziele ist eben auch die **Machtverteilung** zwi-schen den verschiedenen Unternehmensträgern bzw. -gruppen in einem Unternehmen. Ziele und Zielsetzungen müssen allen Organisationseinheiten transparent gemacht werden, damit sich die betroffenen Abteilungen und Personen möglichst weitgehend mit den Zielen identifizieren können. Eine rechtzeitige Mitwirkung betroffener und beteiligter Akteure (z.B. Abtei-lungsleiter, Betriebsrat) bei der Zielplanung kann dabei sehr förderlich sein. Die Ausschöpfung des optimalen Leistungsbeitrags hängt maßgeblich auch vom guten **Willen des Arbeitnehmers** ab. Ohne Überzeugung und Motiva-tion der Mitarbeiter lässt sich das Ziel „Optimierung des Leistungsbeitrags" (Wertschöpfung) kaum realisieren. Nach *Jung* (2006, S. 13f.) können aus der Aufstellung in Abbildung 43 folgende **drei** bedeutsame **Problemfelder** ab-geleitet werden:

- „Ein Teil der Leistungsbeiträge fällt nicht unter die geschuldeten, arbeits-rechtlich abgesicherten Pflichten. Eine Nichteinbringung kann dem Mitar-beiter nicht als Vertragsverletzung vorgeworfen werden (Beispiele: Verbes-serungsvorschläge, besonders sparsamer Umgang mit Werkstoffen und Energie, überdurchschnittliche Hilfsbereitschaft).
- Die Nichteinbringung anderer Leistungskomponenten lässt sich nicht nachweisen und deshalb sind diese nicht oder nur teilweise erzwingbar

Abb. 43: Mitarbeiterverhalten zur Erreichung wirtschaftlicher Ziele

Optimierung des Leistungsbeitrags der Mitarbeiter durch die	
Bereitschaft zu:	Vermeidung von:

▪ Sparsamen Verbrauch von Werkstoffen, Hilfsstoffen und Energie
▪ Schonung und Pflege betrieblicher Einrichtungen, Anlagen und Geräte
▪ Abgabe von Verbesserungs- und Rationalisier-ungsvorschlägen
▪ Einhaltung vorgegebener Termine
▪ Kooperations- und Hilfsbereitschaft gegenüber Mitarbeitern und Arbeitsgruppen
▪ Zuverlässigkeit und Gewissenhaftigkeit bezüglich übernommener Rechte und Pflichten
▪ Weitergabe von Informationen und Know-how
▪ Loyalität gegenüber Betrieb und Vorgesetzten
▪ Weiterbildung auf den neusten Stand beruflichen Wissens
▪ Selbstständige Bewältigung unvorhersehbarer Schwierigkeiten
	▪ Unberechtigten Fehlzeiten
	▪ Betrieblich unerwünschten Arbeitsplatzwechsel
	▪ Gefährdung von Personen und Sachen
	▪ Leerlauf und Wartezeiten bei Personen und Betriebsmittel, insbesondere durch
	  - gutes Zusammenwirken zwischen einzelnen Betriebsbereichen
	  - exakte Disposition nichtstationärer Betriebsmittel
	▪ Vergeudung von Arbeitszeit
	▪ Diebstahl von Gütern und geistigem Eigentum anderer Mitarbeiter
	▪ Auseinandersetzungen, die den Arbeitsfrieden stören
	▪ Mangelnde Arbeitsdisziplin und Unpünktlichkeit

Quelle: Jung 2006, S. 13

(Beispiele: Verzicht auf Krankfeiern, Vermeidung unachtsamer Beschädigungen, Vergeudung bezahlter Arbeitszeit).

- Andere Pflichtbeiträge enthalten Bandbreiten. Ein Arbeiten an der untersten Grenze stellt eine Einhaltung der Pflicht dar, auch wenn höhere Leistungen leicht möglich wären und Kosten reduzieren könnten (Beispiele: Toleranzmaße, Materialverbrauch, Werkzeugverschleiß, Maschinenstillstandzeiten)."

3.3   Welche Ziele werden mit dem Personalcontrolling verfolgt?

Grundsätzlich stellt das Personalcontrolling in einer Organisation keinen Selbstzweck dar. Letztlich haben die Personalcontrolling-Verantwortlichen dazu beizutragen, dass die Erreichung der Ziele auf den unterschiedlichen Hierarchieebenen und die Durchführung in den verschiedenen Aufgabenfeldern des Unternehmens (insbesondere des Personalbereichs) unterstützt und optimiert wird. Oder wie es *Hentze/Kammel* (1993, S. 30) formulieren:

> „Als allgemeine Zielsetzung des Personalcontrollings kann die zunächst verbesserte Gesamtzielerreichung im Personalbereich herausgestellt werden. Die Unterstützungsaufgabe des Personalcontrollings muss inhaltlich durch **spezielle** Zielsetzungen präzisiert werden (...) Die **eigenständigen Ziele** des Personalcontrollings dienen der Erfüllung personalwirtschaftlicher ´Oberziele´ im Unternehmenszielsystem."

Ausgehend von der allgemeinen Zielsetzung des Personalcontrollings hebt der *Arbeitskreis Personalcontrolling der DGFP e.V.* (2001, S. 24 f.) folgende **fünf** übergeordnete Ziele (im Wesentlichen Absichtserklärungen bzw. Orientierungsziele) hervor, die das Erreichen wirtschaftlicher und sonstiger **Oberziele** eines Unternehmens sicherstellen sollen:

- Unterstützung der Unternehmensleitung in der Erreichung der Unternehmensziele,
- Unterstützung der Personalleitung in der Erreichung der Personalziele,
- Sicherung und Steigerung der Wirtschaftlichkeit,
- Bestleistungen bei ausgewählten Personalindikatoren erreichen und beibehalten helfen und
- Innovationen initiieren.

Auch diese Zielformulierungen verdeutlichen, dass die Grenzen zwischen Zielen und Aufgaben nicht eindeutig zu ziehen sind. Es fällt äußerst schwer abzugrenzen, welche Ziele das Personalcontrolling hat und verfolgen soll. Dies zeigt sich u.a. daran, dass in der Literatur die Verwendung der Begriffe

Controllingziele, -aufgaben und -aktivitäten uneinheitlich dargestellt wird (siehe dazu Abb. 44 und nachfolgende Zieldarstellung sowie Hentze/Kammel 1993, S. 30ff.). Letztlich braucht jedes Personalcontrolling **einen eigenen**, auf die Belange des Unternehmens abgestimmten **Zielkatalog**.

In der Fachliteratur werden – in Anlehnung an *Metz* (1995, S. 14) – oft sechs Unterziele des Personalcontrollings genannt, die alle das **primäre** Ziel der **Sicherstellung und Verbesserung der Informationsversorgung in der Personalwirtschaft** unterstützen. Hierbei handelt es sich um:

- **Evaluation von Personalmaßnahmen** und **-instrumenten** im Sinne von Input und/oder Output-Betrachtungen zur Entwicklung von Aussagen über Kosten und/oder Nutzen von durchgeführten Maßnahmen, Prozessen oder vorhandenen Strukturen,
- Sicherung und Verbesserung der Ergebnisse der Personalwirtschaft durch **Koordination und Integration der Personalarbeit** in die Unternehmensführung und -steuerung,
- Bereitstellung eines **Planungs-, Kontroll- und Steuerungssystems** der Personalarbeit und Unterstützung der prozessbegleitenden Planungs-, Kontroll- und Steuerungsdurchführung,
- **frühzeitige Versorgung** der Entscheidungsträger mit allen relevanten und zukunftsgerichteten **Informationen**, die die Flexibilität (Reaktions- und Anpassungsfähigkeit) der Personalarbeit erhöhen, d.h. vor allem auch, dass Risiken und Chancen im Personalbereich identifiziert werden (**Früherkennung bzw. Personalrisikomanagement**),
- **Schaffung von Transparenz** durch Aufzeigen der Bedeutung der Personalarbeit und deren Beitrag zum Unternehmenserfolg (Wertschöpfung),
- **zieladäquate Verhaltenssteuerung**, d.h. in erster Linie die Förderung des Verhaltens der Entscheidungsträger und Mitarbeiter im Unternehmen gemäß dem unternehmensspezifischen Zielkatalog.

3.4   Mitarbeiter mit Zielen führen

Ausgehend von dem Begriff „Führung" kann zunächst allgemein festgehalten werden, dass **Führung** so alt ist wie die Menschheit. Führung ist überall dort erforderlich, wo das Verhalten einer oder mehrerer Gruppen von Menschen, vielfach mit divergierenden Interessen, auf bestimmte **Ziele** hin koordiniert werden muss.

Ziele sind aber nicht nur Orientierungs- und Richtgrößen, sondern sind auch als wichtiges **Führungsinstrument** zu sehen. In einem **mehrstufigen Zielsystem** mit bestehenden Ziel-Mittel-Beziehungen (Hierarchie: untergeordnetes Ziel ist Mittel des übergeordneten Ziels) haben **Zielabweichungen** der einen Ebene zugleich auch Auswirkungen auf die nächst höhere Ebene.

Aus der Notwendigkeit auf Abweichungen in irgendeiner Weise zu reagieren, hat sich offensichtlich das Führungsprinzip **Management-by-Exceptions** entwickelt. Diese Führungsprinzip geht vom Grundsatz der Führung durch Eingriff im Ausnahmefall aus (Vorgesetzter greift nur in den Fällen ein, wenn bestimmte Grenzen über- bzw. unterschritten werden). Ziel dieses Prinzips ist in erster Linie die Entlastung des Vorgesetzten von Routineaufgaben und die eindeutige Regelung von Zuständigkeiten. Grundsätzlich bedeutet Führen mit **Zielen** und **Zielvereinbarungen** (Management-by-Objectives) nicht nur konkrete Aussagen über angestrebte Zustände bzw. Ereignisse zu treffen, sondern erfüllt vor allem auch die Funktion, **Mitarbeiter zu fördern**, zu **fordern** und zu **motivieren**.

Für die Praxis ist es wichtig, dass Unternehmen klare Ziele anstreben und diese so formuliert sind, dass sie sich in Planziele und Handlungsziele auflösen lassen. Damit Ziele operational werden, sollten sie in ihren wesentlichen Bestimmungselementen Zielinhalt, Zielausmaß, Zieltermin, Zielerreichungsrestriktion, Zuständigkeiten für die Zielverwirklichung sowie die verfügbaren Ressourcen (Personal usw.) für die Zielerreichung hinreichend präzise formuliert sein. Vor allem die Formulierung monetärer Ziele sollte von den verantwortlichen Führungskräften nach **Inhalt**, **Ausmaß** und **Zeit** eindeutig sein, um prüfen zu können, inwieweit eine **Zielerreichung** erfolgt ist und um hierauf aufsetzend eine **Abweichungsanalyse** durchführen zu können (vgl. Abb. 44).

Abb. 44: Beispiele zur Zielformulierung

Inhalt: Was soll erreicht werden?	Ausmaß: Wie viel davon soll erreicht werden?	Zeit: Wann soll es erreicht werden?
Steigerung des Umsatzes ...	... 15 % ...	... im 1. Quartal 2007
Verringerung der Mitarbeiterzahl ...	... um 2 Techniker, 3 Schreibkräfte ...	... ab dem 1.1.2007
Auslastung des Drehautomaten ...	...mit maximaler Kapazität ...	... vom 1.4.2007 bis 15.6.2007

Quelle: Czenskowsky/Schünemann/Zdrowomyslaw 2004, S. 31

Als rationale Entscheidungshilfe sowie zur Überprüfung der Errcichung (Kontrolle) von Unternehmenszielen dienen vor allem Kennzahlen und **Kennzahlensysteme** sowie **Vergleichsrechnungen** (Ist-Ist-Vergleich, Soll-Soll-Vergleich, Wird-Wird-Vergleich, Soll-Ist-Vergleich, Soll-Wird-Vergleich, Wird-Ist-Vergleich), die betriebswirtschaftliche Tatbestände in konzentrierter Form aufzeigen (vgl. Zdrowomyslaw/Kasch 2002).

Sollen Mitarbeiter und Führungskräfte ihre Aufgaben zielorientiert, effektiv und effizient erfüllen, muss eine möglichst hohe Transparenz über Ziele und Grad der Zielerreichung gegeben sein. Das Personalcontrolling hat dafür zu sorgen, dass eine Verständigung über Unternehmens- und Mitarbeiterziele mehr sein muss, als die bloße Weitergabe von Zielformulierungen. Dieses Problemfeld beschreibt *Meier* (1998, S. 54) wie folgt:

> „Eine erfolgreiche Verständigung im Sinne einer effektiven Umsetzung von Unternehmenszielen setzt eine ganzheitliche Vorgehensweise voraus, bei der sowohl die persönlichen Ziele des Vorgesetzten, als auch die Ziele der Mitarbeiter, des Teams und des Unternehmens Berücksichtigung finden. Ansonsten führen alle Bemühungen zu einem Resultat, das sich am anschaulichsten mit dem ‚Eisberg-Effekt‘ darstellen lässt.“

Abb. 45: „Eisberg-Effekt“ bei Unternehmenszielen und
Führungstechniken

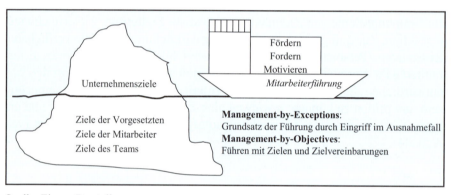

Quelle: Eigene Darstellung

Zielpyramide und Zielbildungsprozess zeigen idealtypische und modellhafte Entscheidungsabläufe auf. In der Realität führen meistens **Kompromisslösungen** zur Absegnung von Zielen in einer Organisation. Falsch und völlig **realitätsfremd** wäre allerdings die Annahme, dass Ziele der Unternehmung aus den Individualzielen der einzelnen Organisationsmitglieder gebildet werden, da u.a. keine symmetrischen Machtbeziehungen bestehen. „Das Zielbildungsmodell täuscht über die realen Macht- und Herrschaftsverhältnisse in den Unternehmen hinweg und unterstellt, dass Interessen der übrigen Organisationsmitglieder **gleichrangig** neben dem Gewinninteresse der Eigentümer bestehen könnten“ (Staehle 1992, S. 62).

3.5   Wertschöpfungssteigerung mit Hilfe des Personalcontrollings

Ein erklärtes (Selbst-)Ziel oder die Absicht, die mit dem Personalcontrolling verfolgt werden soll, ist den Nutzen bzw. die Erfolgsgröße „**Wertschöpfung**" der Personalarbeit bzw. der Humanressourcen aufzuzeigen und zu steuern sowie das Management rechtzeitig (Frühwarnung) mit entscheidungsrelevanten Informationen und Vorschlägen zu versorgen. Dabei ist gerade aus der Sicht von Führung und Personalmanagement der **Wertschöpfungsbegriff** nach *Wunderer/Jaritz* (2006, S. 30ff.) viel weiter zu fassen und zu differenzieren als nur die „Betriebswirtschaftliche Wertschöpfung" als Entstehungs- und Verteilungsrechung (siehe Abb. 46), abgeleitet aus der Gewinn- und Verlustrechnung eines Unternehmens. Will man die unternehmerische Wertschöpfung einer Analyse zugänglich machen (Evaluation), bedarf es eines **Wertschöpfungsmodells**, das aufzeigt, wo und wie welcher Wert geschaffen wird.

Abb. 46: Betriebswirtschaftliche Wertschöpfung

Wertschöpfungsrechnung	
Entstehungsseite (Entstehung der Wertschöpfung)	**Verteilungsseite** (Verteilung der Wertschöpfung)
Gesamtleistung Umsatz Bestandsveränderungen andere aktivierte Eigenleistungen übrige Betriebserlöse ./. **Faktoreinsatz** Vorleistungen (= Fremdbezüge) = **Wertschöpfung** (= Eigenleistungen)	**Personal- und Sozialkosten** (Belegschaft) + **Zinsen** (Einkommen der Darlehensgeber) + **Steuern** (Einkommen des Staates bzw. der öffentlichen Hand) + **Betriebsergebnis** (Einkommen der Gesellschafter sowie Gewinneinbehaltung des Unternehmens) = **Wertschöpfung**

Quelle: Eigene Darstellung

Allgemein wird mit der **unternehmerischen Wertschöpfung** der Prozess des Schaffens von **Mehrwert** (added-value bzw. value added) durch Bearbeitung bezeichnet. Mehrwert ist demzufolge als Resultat einer **Eigenleistung** zu verstehen, die eine Differenz zwischen dem Wert des Outputs (Gesamtleistung) und Inputs (übernommenen Vorleistungen) als Nutzen bzw. Leistungsmaßstab für die Anspruchsgruppen des Unternehmens (vor allem Mitarbeiter, Kapitalgeber und Staat) darstellt. Dieser Mehrwert entsteht dadurch, dass im Rahmen des Leistungsprozesses bestimmte Fähigkeiten und Ressourcen (insbesondere Humanressourcen) zum Einsatz kommen. Das Unternehmen kann als ein System untereinander vernetzter Wertschöpfungsprozesse betrachtet werden, die so angelegt sein sollten, dass am Ende die angestrebte Leistung (Zielvorgabe) erzielt wird.

Um Veränderungen von Wertschöpfungs- oder anderen Erfolgsgrößen transparent zu machen, bedarf es – wie für das Gesamtunternehmen und andere Funktionsbereiche – der Erfassung der Ist-Situation und der Erarbeitung einer Soll-Konzeption, damit ein Soll-Ist-Vergleich durchgeführt und der Erfolg sichtbar (messbar) gemacht werden kann. Controlling – egal welcher Art oder Funktion – fußt auf dem sog. **kybernetischen Regelkreis**: Zielsetzung, Planung (Definition von Maßnahmen), Soll-Ist-Abgleich und gegebenenfalls Gegensteuerung bzw. Korrektur der Ziele.

Das **strategische Controlling** agiert im gleichen Regelkreis wie das **operative** Controlling (siehe Abb. 47), allerdings mit anderen Prämissen. Während das operative Controlling gegenwartsbezogen und vergangenheitsorientiert **(Feed-back)** angelegt ist, ermöglicht das strategische Controlling auf Grund einer nach vorne gerichteten Betrachtungsweise **(Feed-forward)**, rechtzeitig Chancen zu erkennen und Risiken abzuwägen.

Abb. 47: Regelkreis des strategischen und operativen Controllings

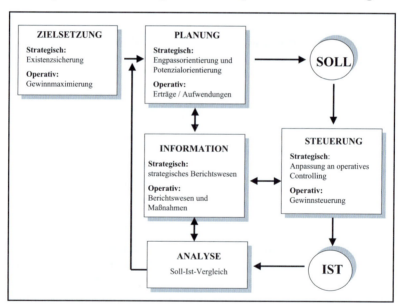

Quelle: Eigene Darstellung

Die Stellung des Personalcontrollers in einem Unternehmen kann mit der eines Navigators verglichen werden: „Der Controller als **Navigator** ermittelt den wahren Standort, errechnet die Abdrift und schlägt einen neuen Kurs vor.

Die Entscheidung, welcher Hafen anzusteuern ist, trifft der Kapitän. Ob und wann das Schiff das Ziel erreicht, hängt schließlich auch davon ab, ob die Mannschaft den vorgegebenen Kurs hält" (Baus 1996, S. 7).

Der allgemeine Regelkreis-Gedanke kann auch auf das Personalcontrolling angewendet werden. Ausgehend von den Zielen lassen sich Aufgaben verdichten (Hauptaufgaben), die – wie Abbildung 48 zeigt – im Prozess des **Personalcontrollings als Regelkreis** zusammenfließen.

Abb. 48: Hauptaufgaben im Regelkreis des Personalcontrolling-Prozesses

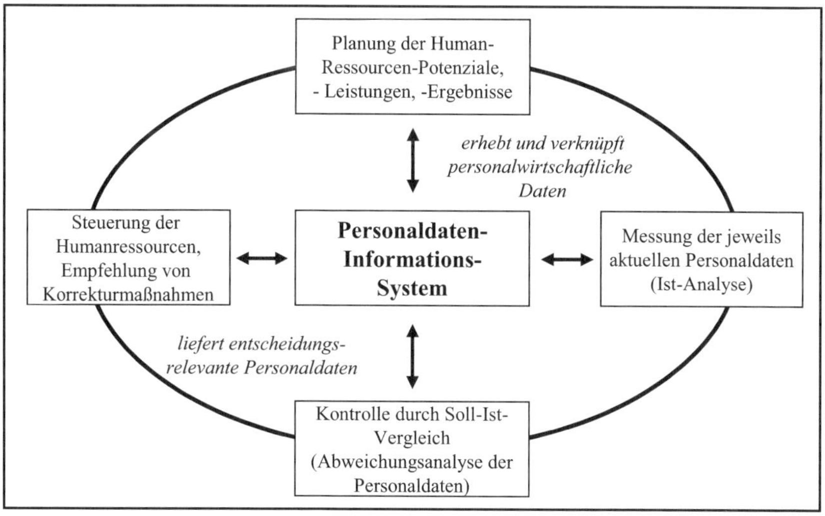

Quelle: DGFP 2001, S. 26

4. Aufgaben und Anwendungsfelder des Personalcontrollings

Aufgaben bzw. Aufgabenfelder sind kennzeichnend für die Umsetzung und Intensität eines Personalcontrollings in Unternehmen. Aber nicht immer sind die Aufgaben eines Personalcontrollers in den Stellenbeschreibungen von Unternehmen umfangreich dargelegt. Erste Hinweise darüber, was Personalcontrolling in der Praxis leisten soll und welche Aufgaben es zu übernehmen hat, enthalten beispielsweise **Stellenausschreibungen** von Firmen. In der Literatur werden oftmals die Aufgaben bzw. die Funktionen des Personalcontrollings nach **unterschiedlichen Ordnungsgesichtspunkten** beschrieben oder Aufgabenkataloge präsentiert (vgl. Berthel 2000, S. 438ff., DGFP 2001, S. 26ff., Hentze/Kammel 1993, S. 37ff., Schmeisser/Clermont 1999, S. 141).

4.1   Was ist eine Aufgabe?

Die bisherigen Darlegungen sowie ein Blick in die Literatur zeigen, dass die Grenze zwischen Zielen und Aufgaben nicht immer klar gezogen wird; vielleicht auch nur bedingt gezogen werden kann. Dabei ist das Kernelement jeder Organisation die **Aufgabe**. Wenn es keine Aufgabe gibt, sind auch die anderen Elemente Aufgabenträger, Sachmittel und Informationen entbehrlich. Die Übernahme von Aufgaben sowie Teilaufgaben seitens eines Aufgabenträgers (Personalcontroller) setzt allerdings **Ziele** voraus und deren Bewältigung wiederum **Informationen**.

Um die Abgrenzung von Zielen und Aufgaben etwas besser nachvollziehen zu können, sei zunächst bezogen auf die Begriffe festgehalten, das **Aufgaben** dauerhaft wirksame Aufforderungen sind, etwas Bestimmtes zu tun, während unter Aufträgen einmalig übertragene Tätigkeiten zu verstehen sind. Aufgaben und Aufträge dienen immer dazu, bestimmte **Ziele** zu erreichen. Während Ziele den Sollzustand, d.h. das gewünschte Ergebnis angeben, legen die Aufgaben (Aufträge) den Weg fest, wie das Ziel erreicht werden soll. Grundsätzlich können Aufgaben nach unterschiedlichen Kriterien betrachtet und analysiert werden. Ebenfalls wie bei den Zielen kann zwischen **Ober-** und **Teilaufgaben** (bzw. Haupt- und spezifischen Aufgaben) unterschieden werden. Aus Zielen leiten sich Aufgaben und Teilaufgaben ab. Verschiedene Tätigkeiten und Aktivitäten müssen zur Lösung einer Aufgabe (Erfüllung einer Sollleistung) oder beim Einsatz von Führungsinstrumenten ergriffen werden.

4.2   Aufgaben des Personalcontrollings

Die Autoren *Hentze/Kammel* (1993, S. 37ff.) versuchen systematisch aufzuzeigen, welche **Aufgaben** das Personalcontrolling zur Zielerreichung zu erfüllen hat, und wie die Personalaufgaben auf den unterschiedlichen Leitungsebenen (strategische, taktische und operative) wahrgenommen werden. Da es **die** Systematisierung kaum geben kann, folgen wir im Wesentlichen den Ausführungen des *Arbeitskreises Controlling der DGFP e.V.* (2001, S. 27), dass zum einen die Ausfüllung der Aufgaben des Personalcontrollings zur Zielerreichung beiträgt und zum anderen die Aufgaben (= Schwerpunkte aller Controllingtätigkeiten) bei den verschiedenen Phasen des gezeigten Personalcontrolling-Regelkreises ansetzen. Grundsätzlich handelt es sich bei den Aufgaben immer um Gestaltungs-, Koordinierungs-, Evaluierungs- und Informationsaufgaben. Sieben **Kernaufgaben** werden für das Personalcontrolling formuliert:

- **Informationsversorgung und Berichterstattung sicherstellen und verbessern**
  Personalcontrolling versorgt Personalverantwortliche und Vorgesetzte mit zweckbezogenen und entscheidungsrelevanten Daten, indem es den Informationsbedarf ermittelt, die entsprechenden Informationen beschafft, auf-

bereitet und an diese Gruppen übermittelt. Dies beinhaltet für das Personalcontrolling auch die Aufgabe der Planung, Implementierung, Nutzung und kontinuierlichen Aktualisierung von Informationssystemen. Ein gut funktionierendes Berichtswesen ist gefragt.

- **Transparenz schaffen**

  Erhöhte Transparenz bedeutet in einer Organisation zunächst allgemein: jeder weiß, wer für was zuständig ist und damit zu verantworten hat. Personalcontrolling trägt dazu bei, die Ziele der Personalarbeit, die Personalkosten, die Wirkungszusammenhänge ökonomischer und sozialer Zielsetzungen bzw. Maßnahmen transparent zu machen und den Beitrag der Personalarbeit zum Unternehmenserfolg sicherzustellen. Die Transparenz des Erfolgs bedeutet auch Marketing in eigner Sache.

- **Auswirkungen von Trends, Entwicklungen bzw. Ereignissen auf das Unternehmen bzw. das Personalmanagement frühzeitig einschätzen**

  Personalcontrolling ermöglicht den Entscheidungsträgern, bei sich abzeichnenden Risiken oder Chancen zielgerichtete Maßnahmen zu ergreifen, indem eine systematische Beobachtung unternehmensinterner und -externer Indikatoren (z.B. Arbeitsmarkt oder aktuelle und künftige Qualifikationsstruktur) erfolgt. Ein Risikomanagementsystem mit dem Fokus auf die Personalarbeit ist gefragt.

- **Führungskräfte für personalwirtschaftliche Ziele und für notwendige Zieländerungen sensibilisieren**

  Personalcontrolling zeigt die Folgen personalwirtschaftlicher Maßnahmen (z.B. Folgekosten oder aus unternehmerischen Maßnahmen resultierende Veränderungen der Qualität von Arbeitsergebnissen) auf und verdeutlicht damit Entscheidungsträgern die Bedeutung personalwirtschaftlicher Ziele.

- **Alle Personalprozesse beschreiben und steuern**

  Das Personalcontrolling beschreibt und steuert die personalwirtschaftlichen Prozesse. Zum einen hat es die Aufgabe, die Leistungen des Personalbereichs auf die Anforderungen seiner „Kunden" (z.B. Vorgesetzte, Unternehmensleitung, Behörden) auszurichten; zum anderen sind alle personalwirtschaftlichen Prozesse optimal zu gestalten und ein entsprechender Prozessablauf zu gewährleisten.

- **Effektivität und Effizienz durch Qualitäts- und Kostenoptimierung steigern**

  Personalcontrolling sorgt dafür, dass die Effektivität (d.h. die Eignung einer Maßnahme zum Erreichen eines Zieles) und die Effizienz (d.h. das Verhältnis von Nutzen zu Kosten) personalwirtschaftlicher Maßnahmen, Prozesse und Systeme evaluiert und optimiert werden können. Maßnahmen zur Verbesserung von Effektivität und Effizienz setzen im Bereich der Leistungsbereitschaft und der Leistungsfähigkeit an und nehmen Einfluss auf die Kosten/Nutzen-Relation des Personals (z.B. Qualifikations-, Leistungs-, Potenzialoptimierung oder Minimierung von Demotivation).

- **Personalwirtschaftliche Funktionen koordinieren und integrieren**
Personalcontrolling stellt die Abstimmung von einzelnen Maßnahmen und Prozessen im Hinblick auf ein übergeordnetes Ziel sicher. Diese Abstimmung geschieht durch die Gestaltung und Überwachung von Systemen der Planung, Kontrolle und Informationsversorgung. Neben der Koordination personalwirtschaftlicher Maßnahmen im Sinne einer einheitlichen Personalarbeit übernimmt das Personalcontrolling auch die Aufgabe, die Koordination zu anderen Unternehmensbereichen wie dem Unternehmenscontrolling zu gewährleisten.

Die genannten Kernaufgaben des Personalcontrollings tragen vor allem dazu bei, die Qualitätsstandards für die Personalarbeit zu sichern.

Es können aber noch viele denkbare Aufgaben aufgelistet werden, wie z.B. Beachtung datenschutzrechtlicher Belange, mitbestimmungsrelevante Tatbestände, Erfüllung revisionstechnischer Anforderungen, Aufbau geeigneter Personalinformationssysteme (siehe Gliederungspunkt 5.1) usw., die zum Aufgabengebiet des Personalcontrollings zu zählen sind. Sehr greifbar und nachvollziehbar für den Praktiker dürfte die folgende **Auflistung der Aufgaben** des Personalcontrollings, abrufbar auf der *Internet-Seite der DGFP e.V.,* sein:

- Ermittlung und Auswertung personalwirtschaftlicher Kenngrößen und Indikatorensysteme;
- Personalbedarfsplanung und deren Weiterentwicklung von einer rein quantitativen auch zu einer qualitativen Planung;
- Personalbudget- und Personalkostenrechnung unter Einbeziehung entsprechender Teilbereiche, z.B. Kosten der beruflichen (Fort-)Bildung;
- Kosten- und Wirtschaftlichkeitsvergleiche, insbesondere für Bereiche des Benchmarking und Make-or-buy-Entscheidungen;
- Periodische Personalplanungen inklusive Personalentwicklung und Erfolgskontrolle;
- Wirkungsanalysen von Anreizsystemen (z.B. Betriebliches Vorschlagswesen/BVW, Leistungszulagen), Personalentwicklungssystemen (z.B. PES) und Bildungssystemen und bei der Planung und Implementierung neuer Formen betrieblicher Personalarbeit (z.B. Telearbeit u.ä.) sowie
- Motivations-, Führungs- und Identifikationsanalysen.

Auf zwei Aufgaben sei hier noch eingegangen, die noch nicht direkt benannt wurden, für die Praxis des Personalcontrollings aber nicht zu vernachlässigen sind: Die Kommunikations-/Moderationsaufgabe und die Verhaltenssteuerung. Insbesondere der Aspekt, dass der „Mensch im Mittelpunkt" einer Organisation steht bzw. stehen sollte, hat dazu geführt, dass die Literatur speziell von einem „Verhaltensorientierten Controlling" spricht (vgl. Weber/Hirsch/Linder/Zayer 2003).

- **Kommunikations- und Moderationsaufgabe**: Um die Informations- und Koordinationsfunktion gut ausfüllen zu können, sollte die Notwendigkeit der Kommunikation und Moderation nicht unterschätzt werden. Bei fortschreitender Dezentralisierung des Controllings und den zahlreichen Aufgaben, die wahrzunehmen und zu koordinieren sind, muss der Personalcontroller die persönliche Nähe zu den Managern der Bereiche suchen, die er unterstützen soll. Ein gewisses „Sendungsbewusstsein" und der Drang sich Einzumischen ist dabei oftmals von Nöten. Das langwierige Arbeiten im „stillen Kämmerlein", um richtige Daten zu erzeugen, gehört wegen des aus den Umwelt- und Marktveränderungen resultierenden hohen Anpassungsdrucks, dem viele Branchen unterliegen, endgültig der Vergangenheit an. Zustimmung zu Ideen und Ergebnissen sollte in einem **kommunikativen Prozess** (Betroffene zu Beteiligten machen) möglichst bereits vorher eingeholt werden. Nichts kann die persönliche Kommunikation ersetzen! In Gesprächen, Sitzungen, Projekten usw. hat der Träger der Personalcontrollingfunktion die Aufgabe als Moderator zu wirken. Dabei muss er die Entscheidungsträger mit ihren jeweiligen Partikularinteressen zu Entscheidungen führen, ohne selbst inhaltlich Ziele und Ergebnisse zu formulieren. Der Personalcontroller vermittelt möglichst problemneutral, berät, informiert und sorgt für einen Dialog zwischen den jeweiligen Verantwortungsträgern in der Personalwirtschaft und in anderen Funktionsbereichen. Einen gewissen Eindruck darüber, wie Gespräche zu Themenbereichen des Personalcontrollings in der Praxis vielfach geführt werden, ist Abbildung 49 zu entnehmen. Bei der **Moderationsaufgabe** handelt es sich um eine Ergänzung der rein formalistisch-technischen Funktion des Personalcontrollings durch Einbeziehung sozialer Beziehungen und zwar auf einer sachlichen Ebene (Lokomotionsfunktion: Dynamik) und einer sozio-emotionalen Ebene (Kohäsionsfunktion: innere Zusammenhalt einer Gruppe). Die **sachliche Teilaufgabe** umfasst im Wesentlichen: Präsentation des Problems, Anregung der Teilnehmer zu aufgabenbezogenen Beiträgen, Förderung einer ausgewogenen Kommunikation, Zurückführung zur Themenstellung, Einhaltung des Zeitplans, Zusammenfassung von Zwischenergebnissen und methodische Hilfeleistungen. Die **sozio-emotionale Teilaufgabe** beinhaltet u.a.: Bewusstmachung und Abbau sozio-emotionaler Spannungen, Erinnerung an Verhaltensregeln, Schutz einzelner Teilnehmer vor persönlichen Angriffen, Förderung von Konzilianz und Unterstützung von Teilnehmern bei Zusammenkünften durch Hilfestellungen aller Art. Da der Personalcontroller als ökonomischer und sozialer Souffleur agiert, sind folgende **persönliche Eigenschaften** und die Erfüllung bestimmter **Anforderungen** hilfreich: Sachlichkeit, Verantwortungsbewusstsein, Konfliktfähigkeit, Durchsetzungsvermögen, Fähigkeit zur Teamarbeit, Verhandlungsgeschick, Kontaktfähigkeit, Kooperationsfähigkeit, Unbefangenheit, geistige Beweglichkeit und planerisch-analytische Denkfähigkeit. Denn der **Mode-**

Abb. 49: Notizen über ein Gespräch: Wie hart ist weich?

Einleitung: Im Anschluss an eine Projektsitzung über das Teilprojekt „Führung heute und morgen", das in das unternehmensweit initiierte Gesamtprojekt „Vorsprung durch Qualität" eingebunden ist, sitzen die Fachbereichsleiter Personal, Qualität und Controlling zusammen und diskutieren über eine Festlegung zukünftiger neuer Führungsgrundlagen.

Personalleiter: „Es ist schon penetrant, wie sehr die Unternehmensleitung in jüngster Zeit die Bedeutung der Mitarbeiter herausstreicht und sie gleichzeitig zum Ziel von Rationalisierungsmaßnahmen macht. Von mir erwartet man das Kunststück, die Mitarbeiter zur Höchstleistung zu bringen und gleichzeitig einige hundert zu entlassen. Die Mitarbeiter zu begeistern ist schon nicht leicht, aber dann auch immer noch die ewige Frage zu hören, was es denn bringen würde, wenn wir die Mitarbeiter schulen oder eine Mitarbeiterbefragung durchführen. Das nervt schon und trifft überhaupt nicht den Kern der Sache, unsere Mitarbeiter sind nämlich Menschen und keine Maschinen."

Controller: „Wissen Sie (zum Personalleiter gewandt), es ist schon richtig, dass es sich um Menschen handelt, aber die Ökonomie muss stimmen. Wir haben gerade in den letzten Jahren das Personalbudget angehoben und geben nun fast 0,25% vom Umsatz für Schulung und Weiterbildung aus. Da muss doch etwas rüberkommen. Bei Maschineninvestitionen kalkulieren wir auch, und dies sehr penibel. In das Personal investieren wir ohne nähere Begründung und hoffen, dass es sich bezahlt macht. Dies kann ich mir in der heutigen Zeit einfach nicht mehr leisten, besonders da der Ertragseinbruch im letzten Jahr immer noch schwer auf uns lastet. Warum ist eigentlich der Personalbereich etwas anderes, warum entzieht er sich der Ökonomie?"

Qualitätsleiter: „Vielleicht sollte man ja auch um den Personalbereich etwa so sehen wie meinen Bereich, in dem es ja auch um ´Qualitäten´ geht, und Sie wissen (an den Personalleiter gewandt), Qualität als Norm für die Erfüllung von Kundenanforderungen ist ohne die Bereitschaft unserer Mitarbeiter nicht zu erhöhen. Wir brauchen deren Mitarbeit in unseren Qualitätszirkeln, und erste Früchte können wir ja bereits ernten."

Controller: „Sehen Sie, hier wird Personalentwicklung betrieben, bei der etwas herauskommt. Ich kann den Fortschritt allein an den im letzten Monat umgesetzten Verbesserungen ablesen. Dies gibt mir den Hinweis, dass das Geld, das wir zur Moderatoren- und Kommunikationsschulung der Mitarbeiter ausgegeben haben, etwas gebracht hat. Warum soll es nicht möglich sein, auch bei sonstigen Personalangelegenheiten das Ergebnis zu messen?"

Personalleiter: „Typisch Controller, am liebsten hätten Sie alles in Mark und Pfennig ausgedrückt. Sie vergessen nur eines, dass die Mitarbeiter Menschen sind und sich in ihrer Zahlensprache nicht messen lassen. Oder können Sie mir vielleicht sagen, wie Sie eine kulturelle Veränderung messen wollen oder vielleicht das Vertrauen, von dem vorhin (gemeint ist die vorangegangene Sitzung) soviel die Rede war. Vielleicht (und hier etwas sarkastisch) könnten wir es ja in Gramm oder Kilo ausdrücken: Darf es noch ein paar Gramm mehr Vertrauen sein?"

Qualitätsleiter: „So geht es ja auch nicht, aber wie wär´s denn, wenn Sie so wie wir auditieren würden. Es müsste doch möglich sein, Schulungserfolge oder bei einer Führungskraft deren Fortschritt im Bereich der Mitarbeiterführung zu messen, beispielsweise ob die Führungskraft ihre Mitarbeiter umfassend und rechtzeitig informiert oder wie sie ihre Mitarbeitergespräche führt. Hier sehe ich durchaus Ansatzpunkte, die uns der Ökonomie einen Schritt näher bringen."

Personalleiter: „Sie denken wohl an so etwas wie Ihr DIN-ISO-9000-System. Auditierung und Zertifizierung, und dann bekommt man ein Zeugnis – aber was sagt dieses schon aus? Haben Sie dort bewiesen, was es uns ökonomisch bringt, oder ist es vielleicht nur Optik nach außen? Verstehen Sie mich recht, ich will Ihnen nichts am Zeug flicken, aber man tut der Sache einfach keinen Gefallen, wenn man es sich zu einfach macht."

Qualitätsleiter: „Da machen Sie es sich vielleicht doch ein wenig zu einfach. In unserem Normensystem DIN ISO 9001 ist der Mitarbeiter auch enthalten, wenngleich, ich gebe es gern zu, nicht so, wie ich es mir wünschen würde. Aber immerhin fordert es schon mal eine Nachweisführung über Schulungen. Wir gehen aber schon darüber hinaus, und beispielsweise sind in der Norm 9004 Organisationsrisiken, die zur Verschwendung menschlicher Mittel führen, speziell zu betrachten. Über den Europäischen Qualitätspreis haben wir ja erst auf der letzten Projektsitzung gesprochen. Sie sehen (dem Personalleiter tief in die Augen blickend), wir haben schon einige Gemeinsamkeiten."

Controller: „Vielleicht sollten wir dies zum Anlass nehmen, um uns gemeinsam auf einer der nächsten Sitzungen mit diesem Thema auseinanderzusetzen. Wir werden auch unser Projekt ´Führung heute und morgen´ nicht wesentlich voranbringen, wenn wir nicht stärker die Bereiche miteinander verbinden, wenn nicht jeder von jedem lernt! Wie sollten wir sonst zu Umsetzungen kommen, wenn wir den Projektfortschritt nicht messen können und er sich über kurz oder lang nicht in meinen Zahlen wieder findet?

Personalleiter: Wenn ich dies nur schnell einfügen darf: Das ist es ja, kurzfristige Erfolge sind mit dem, was wir hier machen, nicht zu erreichen. Verhaltensänderungen sind immer nur langfristig realisierbar. Das zeigen all unsere Erfahrungen, und ich erinnere Sie (an den Controller gewandt), dass Sie mir selbst sagten, dass trotz unserer intensiven Führungsseminare, die wir in den letzten Jahren durchgeführt haben, sich am Verhalten Ihrer Führungskräfte noch nichts geändert hat."

Controller: „Sie mögen ja recht haben, aber wissen Sie, langfristig sind wir alle tot, dies hat schon der große englische Ökonom *John Maynard Keynes* festgestellt. Was wir für unser Unternehmen brauchen, ist eine radikale Änderung und eine umfassende Neueinstellung der Mitarbeiter. Mit so bedächtigen Maßnahmen wie Schulungen ist dies alleine nicht zu leisten. Ich denke auch (und er wendet sich zum Qualitätsleiter hin), wir müssen die Änderung besser abprüfen, in Ihrer Sprache auditieren, und wir müssen dabei schnell sein, um nicht von unseren Konkurrenten vom Markt weggefegt zu werden. Sie (und nun wendet er sich wieder dem Personalleiter zu) haben ja heute selbst vorgetragen, dass es bei unserer Betriebskultur vier Monate dauert, bis eine Idee von unten, etwa einem jungen Betriebsingenieur, oben in der Hierarchie bei der Geschäftsleitung ankommt. Hier müssen wir ansetzen, alles muss sich schneller bewegen, und Zeit kann man messen, und sie hat den Vorteil, dass sie in der Regel mit meinen Aufwands- und Ertragsgrößen korrespondiert."

Personalleiter: „Da bin ich schon gespannt, wie Sie dies alles messen wollen. Vergessen Sie mir nicht den Betriebsrat, der gerade bei Zeitmessungen ein Mitbestimmungsrecht hat."

Qualitätsleiter: „Ich denke, man sollte den Betriebsrat nicht für alles vorschieben, ich hatte jetzt schon mehrmals mit ihm zu tun, und sein Interesse ist wie unseres, das Unternehmen wettbewerbsfähig zu halten!"

Controller: Übrigens, da Sie an Messungen interessiert scheinen, ich habe hier gerade ein paar Manuskriptseiten eines Bekannten von mir, der mir diese zur kritischen Durchsicht gegeben hat. Vielleicht ist es ja auch anregend für Sie zu sehen, wie man mittels Kennzahlen mitarbeiterorientiert messen und führen kann!"

Quelle: Bühner 1996, S. 30ff.

rator sollte Einfühlungsvermögen in soziale Prozesse im Unternehmen und gruppendynamische Vorgänge, sowie eine vorurteilsfreie, unabhängige Einstellung gegenüber den mitwirkenden Personen mitbringen; Vertrauen und Achtung ausstrahlen sowie hohe Interaktions- und Selbstorientierung besitzen; die Problemneutralität wahren; die Fähigkeit haben, das Problem in seiner Gesamtheit zu sehen und durch situationsgerechte Fragen zu aktivieren; die Auswirkungen vorgeschlagener Gestaltungsmaßnahmen aufzeigen und schließlich Motivations- und Aktivierungsfähigkeit im Hinblick auf die Erreichung von Zielen beweisen (vgl. Hentze/Kammel 1993, S. 59 f., Czenskowsky/Schünemann/Zdrowomyslaw 2004, S. 47f.).

- **Verhaltenssteuerung:** Organisationen setzen sich aus Menschen zusammen, aus Menschen in unterschiedlichen Rollen (z.B. Vorgesetzte, Mitarbeiter) und Positionen (z.B. Top-Manager); die Beweggründe ihres Verhaltens bilden folglich einen wichtigen Schlüssel zum Verständnis von Handlungen in Organisationen. Eine zentrale Frage oder Aufgabe des Personalcontrollings ist, mit Hilfe von Zielen, Strategien, Maßnahmen, Instrumenten usw. das Verhalten der Mitglieder einer Organisation auf die Erreichung ihrer Ziele hin auszurichten. Unter dem Begriff Verhaltenssteuerung können demnach alle Strategien und Maßnahmen subsumiert werden, die dazu beitragen sollen, Akzeptanz zu schaffen bzw. Widerstände zu beseitigen, die Motivation der Beteiligten und Betroffenen zu fördern, Konflikte abzubauen, vorhandene Machtstrukturen einzuschätzen usw. „Man kann praktisch jeden Geschäftsbericht, jedes Inserat zur Suche von Fach- und Führungskräften, jede Unternehmensdarstellung zur Hand nehmen, immer wieder wird hervorgehoben, dass der Mensch das wertvollste Kapital des Unternehmens ist" (Hohmann/Sommer 1996, S. 175). Es stellt sich durchaus die Frage: Wird der Mitarbeiter aber tatsächlich als **das** Unternehmenspotenzial erster Güte betrachtet, oder sind es letztlich nur „verbale Lippenbekenntnisse", dass der Mensch heute im Mittelpunkt stehe? Zweifel sind angebracht. Zurecht betont deshalb *Bußmann*: Glaubwürdige Personalmaßnahmen und Wertschätzungen der Mitarbeiter müssen einhergehen mit wichtigen Punkten wie Verantwortungsübertragung, Einbindung in Entscheidungsvorgänge, Einbindung in den Informationsfluss, angepasste Aus- und Weiterbildung, Bereitschaft zur Veränderung der eigenen Macht- und Kompetenzbereiche und damit Veränderung der Führungsstrukturen und -methoden" (Bußmann 1996, S. 161). Damit solchen Floskeln wie „Die Mitarbeiter sind unser wichtigstes Kapital" oder „Der Mensch bzw. Mitarbeiter stehen im Mittelpunkt unternehmerischer Tätigkeiten" Taten folgen, sind die Führungskräfte aller hierarchischen Ebenen – von oben beginnend – aufgefordert, durch die Art und Weise ihrer Führung, die in ihren Mitarbeitern steckenden Potenziale zu erkennen und zu heben. Das Personalcontrolling kann hierbei stark unterstützend wirken, indem es auf Instrumente, Maßnahmen usw. hinweist, mit denen Mitarbeiter motiviert und zu

Abb. 50: Einflussfaktoren auf den Verständigungsprozess und die Verhaltenssteuerung

Einflussfaktoren des Verständigungsprozesses in einer Organisation
= Faktoren, die Einfluss auf das Denken und Handeln nehmen

Gestaltungstechniken
- Führungsstil
- Aufgabenmotivation der Teammitglieder
- Zusammenhalt der Teammitglieder
- Teamgeist
- usw.

Einflussfaktoren

Teamstruktur
- Alter, Fachwissen
- Geschlecht
- Teamgröße
- Kommunikation
- Teamführung
- Organisation

Aufgabe
- Problemart
- Schwierigkeit
- Teamziele
- Restriktionen

Umwelt
- Umgebung
- Stellung in der Organisation
- Beziehungen zu anderen Teams
- Entlohnung

Wie werden die betroffenen Menschen berücksichtigt?

Strategien und Maßnahmen zur Beeinflussung von:
- Akzeptanz
- Widerständen
- Motivation
- Konflikten
- Macht

bei Beteiligten und Betroffenen

Einflussfaktoren

Unternehmensleitung, Vorgesetzte, Mitarbeiter
- Persönlichkeit
- Wünsche
- Bedürfnisse
- Interessen
- Erwartungen
- Einstellungen
- Motivation
- Zufriedenheit
- Leistungsbereitschaft
- Reife
- Kompetenzen
- Erfahrungen
- Fähigkeiten
- Führungsverhalten
- Statusdenken
- Hierarchie

Personalcontrolling-Träger-Aufgaben:
Unterstützt die Verhaltenssteuerung durch Kommunikation und Moderation

Gerichtete Aktivitäten durch Verständigung

Verständigung über Ziele

Aktivitäten

Ziele
Ziele
Ziele
Ziele
Ziele
Ziele

Aktivitäten

Aktivitäten

Vorgesetzter

Verständigung über Ziele

Mitarbeiter

Zielerreichungs-/Ergebnisgrad
➢ Produktivität
➢ Effizienz
➢ Effektivität
➢ Zufriedenheit der Organisationsmitglieder und Erhöhung der Teameffektivität

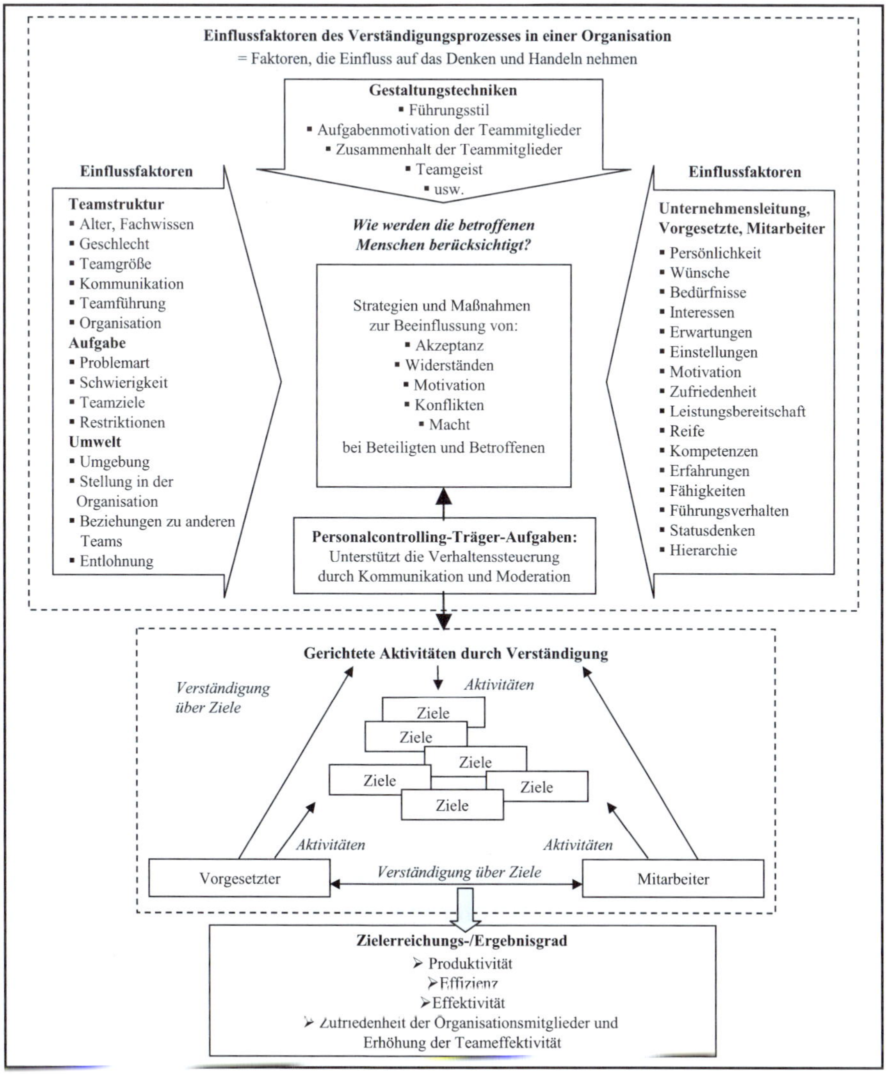

Quelle: Eigene Darstellung

einem effektiven Leistungsverhalten geführt werden können. Mit Hilfe von Zielen, Kenngrößen und geeigneten Führungsstilen lässt sich im gewissen Rahmen das Verhalten der Mitarbeiter zieladäquat steuern. Voraussetzung ist jedoch, dass die Führungskräfte sich mit den verschiedenen Einflussfaktoren beschäftigen, die auf das Verhalten wirken, und ihr eigenes Führungsverhalten darauf abstimmen. Dem Personalcontrolling obliegt die dankbare

Aufgabe, Verhalten möglichst messbar zu machen. Plastisch formuliert *Bühner* (1996, S. 34) die dahinter stehende Problematik, wie folgt: „Nur wer die weichen Faktoren in der Mitarbeiterführung messbar macht, kann das Potenzial der Mitarbeiter in Einklang mit den Unternehmenszielen systematisch nutzen und Änderungen im Führungsbereich auf ihre Zielerreichung hin einleiten und überprüfen. Ansonsten bleibt nur die Hoffnung, dass es irgendwie und irgendwann besser wird!" Zu beachten ist, dass es beim Personalcontrolling nicht um die individuelle Kontrolle der Leistung des einzelnen Mitarbeiters geht. Die Motivation, Förderung, Unterstützung und Beeinflussung des Verhaltens einzelner Personen ist im Regelfall Aufgabe der direkten Führungskraft. Abschließend sei aber betont, dass es insbesondere für die Steuerung menschlichen Verhaltens keine Patentrezepte gibt. Abbildung 50 verdeutlicht modellhaft die vielfältigen **Einflussfaktoren**, die im Rahmen eines Verständigungsprozesses und einer Verhaltenssteuerung der Organisationsmitglieder zu beachten sind.

4.3   Anwendungsfelder des Personalcontrollings

Grundsätzlich bezieht sich das Personalcontrolling auf alle Felder und Ebenen des Personalmanagements. Ein umfassendes Personalcontrolling sollte nicht nur gezielt in ausgewählten Aufgabenfeldern angewandt, sondern auf alle personellen Tätigkeitsbereiche bezogen werden. Abbildung 51 zeigt überblickartig die Bandbreite der Einsatzmöglichkeiten, die von konkreten Einzelaufgaben bis hin zu komplexen Aufgabenfeldern reicht und operative wie auch strategische Anwendungen enthält.

Abb. 51: Aufgabenfelder des Personalcontrollings und ihre exemplarische Konkretisierung

Personalmanagementfeld	Controllingfunktion
Personalbestandsanalyse	Fähigkeitscontrolling, Strukturcontrolling
Personalbedarfsbestimmung	Anforderungscontrolling, Bedarfsstrukturcontrolling
Personalbeschaffung	Beschaffungswegcontrolling, Bewerberauswahlcontrolling
Personalentwicklung	Bildungscontrolling, Laufbahncontrolling
Personalfreisetzung	Freisetzungsformcontrolling, Freisetzungsabwicklungscontrolling
Personaleinsatz	Arbeitsplatzcontrolling, Arbeitsaufgabencontrolling, Arbeitszeitcontrolling
Personalkostenmanagement	Budgetcontrolling, Kostenstrukturcontrolling
Personalführung	Motivationscontrolling, Führungscontrolling, Kulturcontrolling

Quelle: Scholz 2000, S. 144, Berthel 2000, S. 443

4.4   Aufgaben nach ausgewählten Anwendungsfeldern

Anhand von ausgewählten Anwendungsfeldern soll die Arbeit des Personalcontrollings verdeutlicht werden. Zunächst werden die Hauptaufgaben der Personalwirtschaft beleuchtet und anschließend spezielle Anwendungsfelder vorgestellt.

4.4.1   Hauptaufgaben der Personalwirtschaft und deren Steuerung

Eine sinnvolle und praxisnahe **Unterteilung** der Aufgaben des Personalcontrollings (insbesondere dann, wenn Großunternehmen im Fokus sind) ist die Orientierung an den **Hauptaufgaben bzw. -funktionen** der betrieblichen Personalarbeit: Personalplanung, -beschaffung, -einsatz, -entlohnung, -entwicklung und -betreuung, -freistellung, -verwaltung sowie Personalführung (vgl. Olfert 2006, S. 26ff., Jung 2006, S. 4ff.). Abbildung 52 zeigt eine mögliche Systematisierung der Hauptaufgaben nach den Kriterien „personelle Leistungsbereitstellung", „Leistungserhalt und -förderung" und „Informationssysteme der Personalwirtschaft". Grundsätzlich können aber auch **sonstige** oder **spezielle Aufgabenbereiche** wie die Personalpolitik, Personalorganisation, Arbeitszeit sowie Arbeitssicherheit und Gesundheitsschutz Gegenstand des Personalcontrollings sein.

Abb. 52: Hauptaufgaben der Personalwirtschaft

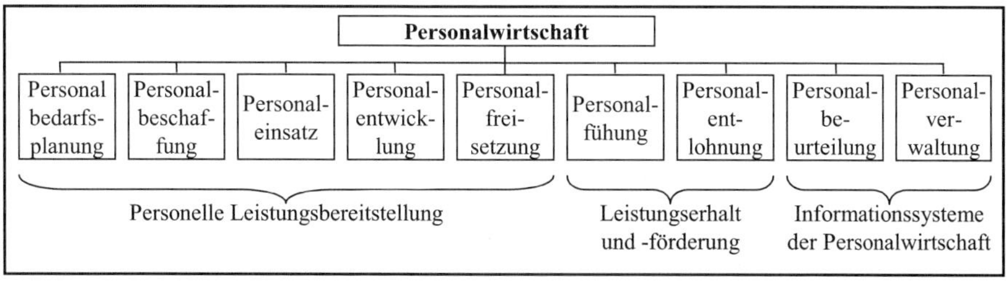

Quelle: Jung 2006, S. 4

Aufsetzend auf den **Hauptfunktionen** (Personalplanung, -gewinnung, -einsatz, -entwicklung, -führung, -betreuung und -abbau) und von vier **Sonderbereichen** (Effizienz der Personalarbeit, Entgelt, Arbeitszeit sowie Arbeitssicherheit und Gesundheitsschutz) stellen die *Autoren des Arbeitskreises Controlling der DGFP e.V.* einer einheitlichen Gliederung folgend die Arbeit des Personalcontrollings für die oben genannten Anwendungsgebiete vor. Die Ergebnisse bzw. Kurzinformationen werden jeweils in einer **Matrix** erfasst, die wie folgt aufgebaut ist: Definition, Aufgaben, Maßnahmen zur Beeinflussung sowie ausgewählte Kennzahlen und Instrumente. Die in der Matrix erfassten Kurzinformationen werden im Textteil ihres Buches erläutert. Vor dem

Hintergrund der Praxisorientierung wurde dabei besonderer Wert auf konkrete Arbeitshilfen, wie Checklisten oder Ablaufschemata, und auf die Illustration einzelner Aspekte oder Instrumente durch Unternehmensbeispiele gelegt (vgl. DGFP 2001, S. 47ff.).

Die nachfolgenden Abbildungen 53 bis 59 sollen dem Leser – ohne weitere Kommentierung – einen **komprimierten Überblick** über die **Tätigkeitsbe-**

Abb. 53: Anwendungsfeld Personalplanung

Definition	Aufgaben	Maßnahmen zur Beeinflussung	Ausgewählte Kennzahlen und Instrumente
Personalplanung bezeichnet das Bestreben, Personalkapazitäten in der geforderten Qualität zur richtigen Zeit, auf bestimmte oder unbestimmte Dauer am entsprechenden Einsatzort vorzusehen. Personalplanung ist u.a. abhängig von: Arbeitsorganisation; Arbeitsrecht und Tarifpolitik; Markttendenzen; Unternehmensplanung	Quantitative/Qualitative Planungsprozesse steuern und zwar in den Bereichen: Abbauplanung; Bedarfsplanung; Einsatzplanung; Entwicklungsplanung; Gewinnungsplanung; Kostenplanung;	Entwicklung von Steuerungsmaßnahmen; Führungsinformationen; Regelkreis; Soll/Ist-Vergleiche; Ursachenanalyse;	Altersstruktur; Entwicklungsquote im Vergleich zur Gesamtbelegschaft; Mehrarbeitsquote; Nachwuchsquote; Soll/Ist-Analyse; Kapazität/Budget

Quelle: DGFP 2001, S. 79

Abb. 54: Anwendungsfeld Personalgewinnung

Definition	Aufgaben	Maßnahmen zur Beeinflussung	Ausgewählte Kennzahlen und Instrumente
Personal-gewinnung ist die Deckung des Personal-bedarfes aus dem internen und externen Arbeitsmarkt	**Gewinnungs-controlling:** Analyse der aktuellen und zukünftigen Markt-situation in Bezug auf relevante Zielgruppen hinsichtlich: Arbeitsmarkt; Aus- und Weiterbildungsmarkt; Wettbewerbssituation; eigenes Image **Steuerung des Prozesses:** Analyse des bisherigen Personalgewinnungs-prozesses Soll/Ist Abgleich; Einleitung der entsprechenden Maßnahmen	**Markt:** Research (Markt, eigenes Image) durchführen; Image verbessern; Auswahlverfahren selektieren (z.B. Interview, Arbeitsprobe, Assessment Center, Tests); Kostenrechnungssystem aufbauen; Quellen zur Personalgewinnung auswählen (z.B. interne/externe Ausschreibungen, Rekrutierungs-veranstaltungen, Personalberatung, Marketing an Universitäten/ Hoch-schulen/Fachhochschulen/ Fach- und Sonstige Schulen, sowie Aus- und Weiterbild-ungsträger, Mitarbeiter werben Mitarbeiter) **Prozess:** Transparenz im Prozess schaffen; Schwachstellen ermitteln und abstellen **Einflussfaktoren:** Image als Arbeitgeber; Personalplanung Rahmenbedingungen; Zielgruppen-relevante Wettbewerbssituation	**Markt:** Demographische Entwicklung; Studierende der relevanten Fachrichtung; Vergütungsvergleiche (branchen- und/oder positionsbezogen) **Quellen der Personalgewinnung:** Anzahl und Qualität der Bewerbungen; Anzahl der Spontanbewerbungen pro Quartal; Auswertung Absagegründe; durchschnittliche Gewinnungsdauer/-kosten; Produktivität und Effizienz **Instrumente:** Einsatz der Kennzahlen in Balanced Scorecard; Integrieren der Kennzahlen in das Berichtswesen/ Personal- Informationssystem; Zielvereinbarungen mit Führungskräften über die Erfolgsquote (z.B. Effizienz der Prozesse, Fluktuation, Gewinnung, Ausbildungsergebnis) **Prozess:** Durchschnittliche Dauer der ersten Reaktion auf eine Bewerbung; durchschnittliche Gewinnungsdauer/-kosten; Vorstellungsquote/ Einstellungsquote; Effizienz der Gewinnungswege; Grad der Personaldeckung **Auswahlverfahren:** Verweildauer; Produktivität und Effizienz der Auswahlmethoden **Bewerber:** Demographische Struktur; Ausbildung/Qualifikation/ Berufserfahrung in Relation zum Stellenprofil **Unternehmen:** interne und externe Frühfluktuationsrate (Beurteilungsgespräch); Entwicklung Einstiegsgehälter (Gehaltsabwicklung)

Quelle: DGFP 2001, S. 87

Abb. 55: Anwendungsfeld Personaleinsatz

Definition	Aufgaben	Maßnahmen zur Beeinflussung	Ausgewählte Kennzahlen und Instrumente
Personaleinsatz ist die Eingliederung der verfügbaren Mitarbeiter in den betrieblichen Leistungsprozess. Dabei werden dem jeweiligen Mitarbeiter Arbeitszeit, -ort und –inhalt zugewiesen.	Personaleinsatz hat unterschiedliche Schwerpunkte, je nachdem, ob er unter kurz- oder mittel- bis langfristiger Perspektive betrieben wird. **Kurzfristiger Personaleinsatz:** Sicherstellen der zeitgerechten Erfüllung der Aufgaben, auch dann, wenn Mitarbeiter ausfallen; kurzfristige Stellenbesetzung planen, tarifliche und gesetzliche Vorgaben (Arbeitszeit/Berücksichtigung der Situation besonderer Personengruppen, z.B. ältere Mitarbeiter, Schwangere, Schwerbehinderte) einbeziehen; Urlaubsplanung durchführen **Mittel- bis langfristiger Personaleinsatz:** Anforderungs- und Eignungsprofile abgleichen; Führungskräfte einbeziehen; langfristige Stellenbesetzung planen; Nachfolge- und Karriereplanung; Qualifikation der Mitarbeiter berücksichtigen und ermitteln	**Strukturierte Einsatzplanung:** Anforderungsprofile formulieren; Hilfsmittel zur Planung des Personaleinsatzes anwenden; Mitarbeiterbeurteilung nutzen; Stellenbeschreibung erarbeiten; Stellenpläne erstellen; zeitliche Stellenbesetzungspläne durchführen **Arbeitszeit:** Arbeitszeitmodelle flexibilisieren; Arbeitsstunden variieren **Arbeitsorganisation:** Arbeitsabläufe analysieren; Arbeit umverteilen; Betriebszeit ausweiten; Teilzeitarbeit einführen; Organisationsstruktur verändern; Aufgaben/Bereiche outsourcen; Personaleinsatzsystem nutzen **Mitarbeiterführungs-instrumente:** Mitarbeiter fördern/Personal entwickeln; Mitarbeitergespräche und Zielvereinbarung anwenden; **Personalplanung:** Abbauplanung durchführen, neue Mitarbeiter einstellen; vorhandene Mitarbeiter einsetzen; Zeitarbeitnehmer beschäftigen	Abgleich Anforder-ungen/Qualifikation; angeordnete Mehr-arbeitsstunden/ Monat; Anzahl der Mitarbeiter mit Mehrfachqualifi-kation; Anzahl der Schwerbehinderten; Anzahl der kurz-, mittel- und langfristig vorgenommenen Versetzungen/ Umsetzungen; Arbeitsunfall/ Betriebsnotwendigkeit im Verhältnis zum tatsächlichen Personaleinsatz (Personalbedarf im Zeitablauf); Aufwand für externe Mitarbeiter im Vergleich zum Aufwand für potenzielle interne Mitarbeiter; Bundeswehr- und Zivildienstfälle/Jahr; Fehlzeitquote; Fluktuationsquote; Gezahlte Zuschläge/ Monat; Maschinen-stillstandszeiten/ Monat; Mutter-schutzfälle/Jahr; Pensionierungsfälle/ Jahr einschließlich Erwerbs- und Berufsunfähigkeit; Urlaubspläne; Vakanzenquote; Vertretungspläne

Quelle: DGFP 2001, S. 94

Abb. 56: Anwendungsfeld Personalentwicklung

Definition	Aufgaben	Maßnahmen zur Beeinflussung	Ausgewählte Kennzahlen und Instrumente
Personal-entwicklung umfasst alle Maßnahmen, mit denen die Fähigkeiten, Fertigkeiten und die Motivation bei den Organisationsmit gliedern identifiziert, erzeugt und dadurch für das Unternehmen aktiviert werden	**Controlling PE-Maßnahmen** Definition: Regelkreisgestützte Betrachtung der Wirksamkeit aller PE Maßnahmen **Ziele:** Effektivität der PE-Maßnahmen analysieren und steigern **Komponenten:** Arbeitsplatzbezogene Entwicklung, Karriereplanung und Bindung, Potenzialerkennung **Bildungscontrolling:** Definition: Instrument der strategischen Unternehmensführung zur Planung, Analyse, Steuerung von Bildungsmaßnahmen **Ziele:** Effektivität und Effizienz in der Bildungsarbeit steigern, Humankapital im Hinblick auf Unternehmensstrategie und –ziele qualifizieren, Transparenz im Hinblick auf Bildungsnutzen und – kosten herstellen **Komponenten:** Bildungsbedarfsanalyse (BBA), Evaluation und Transfersicherung, Organisation und Durchführung, Planung und Konzeption von Bildungsmaßnahmen, Referentenmanagement, Zielbestimmung in der betrieblichen Bildungsarbeit	**Maßnahmen:** Bildungsmaßnahmen evaluieren, Bildungsmaßnahmen organisieren und durchführen, Bildungsplanung mit den Abteilungen/Fachbereichen abstimmen, Curricula für die verschiedenen Mitarbeitergruppen definieren, Karriereplanung mit Alternativkarrieren, Kennzahlen über Jahre hinweg erheben und vergleichen, Konzeption der Bildungsmaßnahmen, Mitarbeiterentwicklungsgespräche, Personalauswahlverfahren, Referenten auswählen und qualifizieren, strategische und operative Bildungsbedarfe der Bereiche ermitteln, systematische Personalauswahl durchführen, Transfersicherung vornehmen, Zielvereinbarungssystem einbeziehen **Voraussetzungen:** Beteiligten in der Planungsphase einbinden, klare Ziele definieren; Planungs-, Steuerungs-, Kontroll- und Evaluierungsinstrumente einsetzen, Prozessbegleitender Abgleich von PE-Aktivitäten und Bedarf, Quantitative und qualitative Ausrichtung, Reifegrad im Unternehmen sowie der Vorgesetzten; tatsächliche, aktuelle und künftige Anforderungen berücksichtigen	**Mögliche Kennzahlen:** Anteil externer / interner Kurse, Ergebnis bei Förder AC-Arbeitsleistung, Kosten für die Einstellung externer Kandidaten im Vergleich zu Entwicklungskosten für interne, Kosten für Einstellung/ Entwicklung, Kündigungen in der Probezeit; Kursstornierungskosten, On-the-job-/ Off-the-job-Lernen, Seminarkosten intern/ extern, Teilnehmerzufriedenheit (Seminarnote), Transferwert, Weiterbildungskosten je Mitarbeiter, Weiterbildungszeit je Mitarbeiter/ Abteilung/ insgesamt, Zahl an Weiterbildungskursen insgesamt/ nach Themen sortiert, Zahl der ehemaligen Nachwuchsführungskräfte im Unternehmen, Zielerreichung, Zielerreichungsgrade **Instrumente:** Gemischte Methoden (u.a. Balanced Scorecard, Benchmarking), qualitative Methoden (u.a. Mitarbeitergespräche, Seminarbeurteilungen, Interviews, Beobachtungen, Follow-ups, Analysen), qualitative Methoden (u.a. Kennzahlensysteme, Standards, Grenzwerte und Bandbreiten)

Quelle: DGFP 2001, S. 94

reiche des Personalcontrollings in den sieben Hauptanwendungsfeldern geben. Zur inhaltlichen Untersetzung dieser Ergebnisse sowie der Tätigkeiten des Personalcontrollings für die Hauptanwendungsfelder und die vier Sonderbereiche sei auf die Ausführungen *des Arbeitskreises Controlling der DGFP e.V.* verwiesen.

Abb. 57: Anwendungsfeld Personalbetreuung

Definition	Aufgaben	Maßnahmen zur Beeinflussung	Ausgewählte Kennzahlen und Instrumente
Der Prozess der Personalbetreuung umfasst: Service- und Beratungsdienstleistungen Entgelt- und Zeitabrechnungen	**Service- und Beratungsdienstleistungen** Arbeitsrechtliche und persönliche Beratung von Mitarbeitern/Führungskräften: persönliche Weiterbildung, Karriereberatung, Vertragserläuterungen usw.; Vertrags- und Stammdatenänderungen: Arbeitszeit, Gehalt, Versetzungen usw.; Verwaltung: Aktenpflege, Bescheinigungen, Zeugnisse usw.; Integration neuer Mitarbeiter: Begrüßung am ersten Tag, Einarbeitungsprogramm, Integrationstag/-woche usw.; Überprüfung der betrieblichen Sozialleistungen auf Art, Effizienz und Nutzen **Entgeltabrechnung** Regelmäßig: Entgeltabrechnung, Ersterfassung, Veränderungen usw.; jährliche Prozesse: Weihnachtsgeld, Urlaubsgeld, Erfolgsbeteiligungen, Tarifvertragsänderungen, usw.; fallbezogene Prozesse: Abfindung, Auslandsentsendung, Altersteilzeit, Pfändungen, An- und Abmeldung Sozialversicherung, Behörden usw. **Zeitabrechnung** Zeiterfassung – Up-/Download; Technischer Prozess; Vertrags- und Arbeitszeitänderungen; Zeitabrechnungen; Arbeitsunfähigkeitsbescheinigungen	**Service- und Beratungsdienstleistungen** Effiziente Administration gestalten; angemessenen Servicegrad mit ausreichender Betreuungskapazität erreichen; Prozessanalyse/ Prozessoptimierung; Benchmarking durchführen; Zufriedenheit der Führungskräfte incl. Geschäftsführung, erfüllen der Kundenerwartung; Mitarbeiterzufriedenheit **Entgelt- und Zeitabrechnung** Kontinuierliche Überprüfung der Prozesse, um eine termingerechte und qualitativ einwandfreie Abrechnung auf der Grundlage marktüblicher Preise zu erreichen	**Service- und Beratungsdienstleistungen** Betreuungskosten pro betreuten Mitarbeiter; Betreuungsrelation: Personalmanagement, Personalvergütung; Index für die Zufriedenheit der Mitarbeiter und Führungskräfte mit den Personalfunktionen; Überprüfung der Durchführung der Mitarbeitergespräche **Entgelt- und Zeitabrechnung** Abrechnungsquote (Rückrechnungen als Indikator für die Tendenz); DV-Kosten und deren Anteil an den Gesamtkosten; Kosten der Abrechnung pro Mitarbeiter und Monat (Gehaltsabrechnung, Zeitabrechnung)

Quelle: DGFP 2001, S. 119

Abb. 58: Anwendungsfeld Personalabbau

Definition	Aufgaben	Maßnahmen zur Beeinflussung	Ausgewählte Kennzahlen und Instrumente
Unter Personalfreisetzung versteht man den Prozess der arbeitgeberseitig veranlassten Trennung von Mitarbeitern. Hier steht die betriebsbedingte Reduzierung des vorhandenen Personals im Vordergrund.	Vorbereitende Maßnahmen bei Massenentlassungen: Lebens- und Dienstaltersstruktur berücksichtigen, Qualifikationsstruktur analysieren, Einkommensstruktur aufbereiten, erzielbare Personalkosteneinsparungen darstellen, Abfindungsmodelle entwickeln und quantifizieren, Kündigungsfristen aufbereiten und Austrittstermine planen, strategisch sinnvollsten Bereich für den Abbau finden, Interessenausgleich/Sozialplan entwerfen, Zeitplanungsalternativen erarbeiten, Outplacement berücksichtigen, alternative Personalkostenreduzierungen konzipieren	Durch eine rechtzeitige und qualifizierte Erstellung der vorstehenden Grundlagen besteht für den Personalcontroller bereits im Vorfeld die Chance, Einfluss auf das Konzept des Abbaus auszuüben. Eine gut vorbereitete Abbauaktion ist zwar kein Garant für einen reibungslosen Ablauf, reduziert aber die zeitlichen, arbeitsrechtlichen und materiellen Risiken erheblich	Abfindung je Mitarbeiter Altersmatrix aus Lebens- und Dienstalter Anzahl Austritte innerhalb von 30 Tagen (§ 17 KSchG) Einkommensstruktur je Tarifgruppe Kostenreduzierung je eingesparter Arbeitsplatz Qualifikationsstruktur anhand der Besetzung der einzelnen Tarifgruppen

Quelle: DGFP 2001, S. 126

Abb. 59: Anwendungsfeld Mitarbeiterführung

Definitionen	Aufgaben	Maßnahmen zur Beeinflussung	Ausgewählte Kennzahlen und Instrumente
Mitarbeiterführung hat das Ziel, Menschen durch das Verhalten ihrer Vorgesetzten dazu zu bewegen, ihre Fähigkeiten aus eigener Überzeugung voll zum Erreichen der Unternehmensziele einzusetzen. Das setzt eindeutige Führungsgrundsätze für das Unternehmen voraus, die von der Unternehmensleitung als Vorbild gelebt werden	Motivations-, Leistungs- oder Produktivitätsdefizite sollten aber stets Anlass sein, auch das Führungsverhalten zu überprüfen Zu beachten ist aber, dass es keine eindeutigen Kausalzusammenhänge zwischen Führungsverhalten von Vorgesetzten und der Einsatzbereitschaft, Leistung, Produktivität der Mitarbeiter gibt Gute Leistungen und hohe Produktivität können auch andere bzw. weitere Ursachen als das Führungsverhalten der/des Vorgesetzten haben Eine klar definierte Organisation ist ein wichtiger Einflussfaktor	Coaching Führungstrainings Führungsziele in Zielvereinbarungen Moderierte Besprechungen zwischen Vorgesetzten und Mitarbeitern Sensibilisierung und Verhaltensänderungen aufgrund von Führungsstilanalysen, Mitarbeiterbefragungen und Vorgesetztenfeedback Stärken-/Schwächenanalysen	Abschneiden der Organisationseinheit in Marktwettbewerben; Ansatzpunkte für das Führungscontrolling: Arbeitszufriedenheit, Fehlzeiten, Fluktuation, Leistung der Organisationseinheit, Verhalten von Vorgesetzten; Ergebnisse von Kundenzufriedenheitsanalyse, Führungsstilanalyse, Klimaanalysen und Mitarbeiterbefragungen; Fluktuationsquote, bezogen auf Ausscheiden bzw. Versetzung auf Wunsch des Mitarbeiters je Bereich; Krankenstandsquote, nach Organisationseinheiten differenziert; Leistungs-/Produktivitätskennzahlen der Organisationseinheit; Struktur der Krankheitsfälle nach Dauer, Lage, Mitarbeitergruppen (wiederum differenziert nach Organisationseinheiten); Vorgesetztenbeurteilungen; Zahl der Verbesserungsvorschläge

Quelle: DGFP 2001, S. 110

4.4.2 Sonderbereiche des Personalcontrollings

Im Folgenden werden die vier **speziellen** Anwendungsbereiche besprochen, die, nach den Autoren des *Arbeitskreises Controlling der DGFP e.V.*, keine eigenständigen Anwendungsfelder im Sinn der Hauptaufgaben der betrieblichen Personalarbeit sind. Sie besitzen aber ohne Frage eine hohe Bedeutung für die Menschen in der Organisation sowie deren Leistungsbereitschaft und die Optimierung der Personalarbeit im Allgemeinen. In der Reihenfolge Personalentlohnung (Entgelt = Vergütung), Arbeitszeit, Gesundheitsmanagement (u.a. Arbeitssicherheit und Gesundheitsschutz) und Effizienz der Personalarbeit werden die **Sonderbereiche** des Personalcontrollings kurz vorgestellt.

4.4.2.1 Personalentlohnung

Die **Personalentlohnung** ist und bleibt ein zentrales Thema jeder Organisation und setzt sich aus den Bestandteilen Lohnfindung, Entgelt und Personalkosten zusammen (Olfert 2006, S. 29). Die Höhe der Arbeitskosten bzw. Personalkosten ist seit vielen Jahren ein volks- und betriebswirtschaftliches „Reizthema". Die Personalkosten sowie Lohnstückkosten stellen einen wichtigen Standort- und Wettbewerbsfaktor in internationalen Vergleichen dar (vgl. Henselek 2005, S. 71ff.). Die Höhe der **Personalkosten** im „Produzierenden Gewerbe" in Deutschland zeigt Abbildung 60. Die Höhe sowie der Anteil der Personalkosten an den Gesamtkosten (bzw. Gesamtleistung) hängt auch maßgeblich von der Branche und dem Unternehmenstyp ab (z.B. Filialist, Versandhandel). Seit Jahren weist die höchsten Personalkosten das Versicherungsgewerbe auf und die niedrigsten Personalkosten fallen im Einzelhandel an (vgl. Henselek 2005, S. 79). Insofern ist es nicht verwunderlich, dass in

Abb. 60: Entwicklung der Personalkosten

	Westdeutschland				Ostdeutschland			
	1992	1996	2000	2002	1992	1996	2000	2002
Arbeitskosten insgesamt [1]	38.461	44.071	46.887	49.100	21.217	28.587	30.717	32.780
Davon: Direktentgelt [1]	21.330	24.218	26.428	27.600	12.761	17.023	18.541	19.720
Zusatzkosten [1]	17.131	19.852	20.459	21.500	8.456	11.564	12.176	13.060
Personalzusatzkosten in Prozent des Direktentgelts [2]	80,3	82,0	77,4	77,9	66,3	67,9	65,7	66,2

1 Euro je vollbeschäftigtem Arbeitnehmer und Jahr
2 In Prozent des Entgelts für geleistete Arbeit
Anmerkungen: Unternehmen mit 10 und mehr Beschäftigten; umgerechnet in Vollzeiteinheiten. Ab 2000 unter Berücksichtigung der geringfügig Beschäftigten und Heimarbeiter sowie ohne Aufwendungen für auswärtige Beschäftigung, daher mit früheren Erhebungen nur bedingt vergleichbar.

Quelle: Schröder 2/2003, S. 8ff.

vielen Veröffentlichungen zum Personalcontrolling der Analyse der Arbeits-
bzw. Personalkosten ein besonderes Augenmerk geschenkt wird (vgl. Hentze/
Kammel 1993, S. 143ff., Henselek 2005, Lisges /Schübbe 2005, Potthoff/
Trescher 1986).

Da die Personalkosten in den meisten Unternehmen einen erheblichen
Anteil an den Gesamtkosten ausmachen, wird immer wieder ihre Bedeutung
für die Leistungs- und Wettbewerbsfähigkeit betont, und empfohlen die Personalkosten **detailliert** in die Unternehmensplanung einzubeziehen (siehe zu
den Einflussfaktoren bzw. Interdependenzen Abb. 61). Eine **funktionierende
Personalplanung** (Anzahl, Qualifikation usw. der Mitarbeiter) schafft die
Grundlage für die Planung der Personalkosten und die Erstellung von Kostenbudgets. Die Personalkostenplanung soll insbesondere folgende unterneh-
menspolitisch wichtigen Fragen beantworten helfen (vgl. Kador/Pornschlegel
2004, S. 151):

• Welche Personalkosten werden in den verschiedenen Unternehmensbereichen in der Planperiode entstehen?
• Wie entwickeln sich die Personalkosten während der Planperiode im Ver-

Abb. 61: Einflussfaktoren auf die Personal(kosten)planung

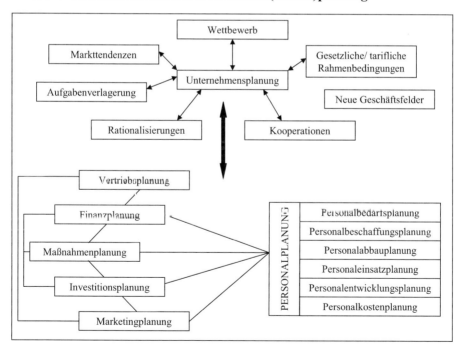

Quelle: DGFP 2001, S. 83

gleich zu den Vorperioden und was sind die Ursachen (Einsatz von Ist-Ist-Vergleichen, Soll-Ist-Vergleichen usw.)?
- Welches sind die Haupteinflussfaktoren für eine Veränderung der Personalkosten und wie ist der zukünftige Trend dieser Faktoren?
- Wie verändert sich der Personalkostenanteil an den Gesamtkosten des Unternehmens und gegebenenfalls von Niederlassungen, Abteilungen usw.?
- Entsprechen die geplanten Personalkosten den Mengenzielen der Planperiode?
- Ist sichergestellt, dass durch die geplanten Personalkosten die Produktivität nicht beeinträchtigt wird?

Legt man die Definition „Personalkosten" aus der Sicht des Personalcontrollings zugrunde, so sind hierzu alle Kosten zu zählen, die für die Bereitstellung und den Einsatz der menschlichen Arbeitskraft anfallen. Hierunter fallen also alle **Kostenbudgets der Personalabteilung**, die zur Erfüllung der personalwirtschaftlichen Funktionen erforderlich sind, d.h. vor allem für Aufgaben der Personalplanung, -beschaffung, -entwicklung und -verwaltung. **Kosten- und Wirtschaftlichkeitsanalysen** stellen einen traditionellen und in der Praxis sehr verbreiteten Aufgabenbereich des Personalcontrollers dar. Zur Planung, Steuerung und Kontrolle der Personalkosten bedarf es einer informationsbedarfsgerechten **Gliederung** bzw. **Systematik** der relevanten Kostenarten. Vorschläge zur Systematisierung und detaillierten Erfassung der Personalkosten existieren reichlich (vgl. Hentze/Kammel 1993, S. 143ff., Kador/Pornschlegel 2004, S. 151ff.). Die meisten Autoren lehnen sich an das in Abbildung 62 verdeutlichte Gliederungsschema der Personalkosten in ihrer Gesamtheit an, differenziert nach „Entgelt für geleistete Arbeit" und „Personalzusatzkosten" mit der weiteren Untergliederung letzterer in tarifliche und gesetzliche Personalzusatzkosten sowie freiwillige (betriebliche) Leistungen.

Das praktikable Grundschema (Abb. 62) ermöglicht in grober Form die Erfassung von Ist-Kosten und liefert zum anderen ein Datengerüst für die Planung. Für die Budgetierung und die Kontrolle der Personalkosten ist vielfach eine noch **differenziertere Betrachtung nach Kostenarten** sinnvoll bzw. erforderlich (vgl. Hentze/Kammel 1993, S. 151f.), und das Heranziehen von Vergleichgrößen (Betriebsvergleiche, Benchmarking) sollte auch nicht ausbleiben. Zu beachten ist, dass die Gliederungsmerkmale im aufgeführten Grundschema, beispielsweise bezogen auf Branchen, nicht völlig trennscharf sind. Ein detaillierter Kontenrahmen bzw. Kontenplan bildet die Basis für Analysen und Vergleiche. Trotzdem ist bei Vergleichen kritisch zu hinterfragen, zu welcher Kostenart bestimmte Sachverhalte seitens eines Unternehmens zugeordnet werden.

Abb. 62: Gliederung der Personalkosten eines Unternehmens

Personalkosten		
Entgelt für geleistete Arbeit	**Personalzusatzkosten**	
	aufgrund von Tarif und Gesetz	aufgrund freiwilliger Leistungen
▪ Lohn ▪ Gehalt der Tarifangestellten ▪ Gehalt der außertariflichen Angestellten ▪ Sonstiges Entgelt	▪ Arbeitgeberbeiträge zur gesetzlichen Sozial- und Unfallversicherung ▪ Bezahlte Ausfallzeiten (Krankheit, Feiertage) ▪ Urlaub, Urlaubsgeld ▪ Schwerbehinderte ▪ Betriebsärztliche Betreuung ▪ Arbeitssicherheit ▪ Kosten für Betriebsverfassung und Mitbestimmung ▪ Vermögenswirksame Leistungen ▪ Sonstige Kosten (Einmalzahlungen, Abfindungen etc.)	▪ Betriebliche Altersversorgung ▪ Küchen und Kantinen/ Essenszuschüsse ▪ Wohnungsbeihilfen/Umzugskosten ▪ Fahrtkosten ▪ Urlaub/Urlaubsgeld ▪ Soziale Fürsorge ▪ Betriebskrankenkasse ▪ Versicherungen und Zuschüsse ▪ Bezahlung von Ausfallzeiten ▪ Sonstige Leistungen (z.B. Jubiläen, Verbesserungsvorschläge etc.)
	▪ Aus- und Fortbildung	

Quelle: Kador/Pornschlegel 2004, S. 153

> **Beispiel**: Die Abgrenzung zwischen Personal- und Sachkosten setzt unternehmenspolitische Entscheidungen voraus. Ob Aufwendungen für Personalleasing, Werkverträge und Lohnaufträge als Sach- oder Personalkosten angesehen und entsprechend verbucht werden, ist eben auch eine Frage der betriebswirtschaftlichen und sozialpolitischen Betrachtungsweise (vgl. Kador/Pornschlegel 2004, S. 154).

Der Personalcontroller hat vor allem die Aufgabe, möglichst alle Kostenarten einem Vergleich zu unterziehen, Trends und Prognosen zu fertigen und eine Analyse der Abweichungen und Kostenbestimmungsgrößen durchzuführen. Gängige Analyse- und Planungsmethoden des Gemeinkostenmanagements sind beispielsweise die Gemeinkostenwertanalyse, das Zero-Base-Budgeting und die Administrative Wertanalyse mit jeweils ihren Vor- und Nachteilen (vgl. Hentze/Kammel 1993, S. 150 ff).

Zur Personalentlohnung sind neben den Personalkosten die **Lohnfindung** (anforderungs-, qualifikations-, leistungs-, qualitäts-, markt- oder sozialbezogen) und das **Entgelt**, das als Zeit-, Akkord-, Prämienlohn sowie als zusätzlicher Lohn und Erfolgs- bzw. Kapitalbeteiligung (vgl. Bontrup/Springob 2002) gewährt werden kann, zu zählen.

Im Allgemein kann unter **Personalentlohnungs-Controlling** die Messung der Auswirkungen der Maßnahmen sowie das Initiieren von erforderlichen Korrekturen verstanden werden. Jedes Unternehmen muss sich letztlich individuell mit der Frage auseinandersetzen, welche Entlohnungspolitik es ein-

schlagen möchte und welcher Maßnahmen- und Instrumenten-Mix zur ziela-
däquaten Steuerung eingesetzt wird. Dem Personalcontrolling obliegt es vor
allem, Analysen zu den unterschiedlichen Aspekten zu initiieren und durchzuführen, und Maßnahmen zu entwickeln und einzuleiten. Wichtige Themenfel-
der sind ohne Frage die Altersversorgung (man denke an die Rentendiskus-
sion) und die Formen der Mitarbeiterbeteiligung. Abbildung 61 gibt einen
Überblick über Aufgaben, Maßnahmen zur Beeinflussung sowie ausgewählte
Instrumente zum Bereich „Entgelt" (vgl. DGFP 2001, S. 53ff.).

Welche Aufgaben, Maßnahmen zur Beeinflussung sowie ausgewählte
Kennzahlen und Instrumente im Rahmen des Personalcontrollings dem Bereich „Entgelt" zugeordnet werden können, zeigt Abbildung 63.

Abb. 63: Entgelt

Definition	Aufgaben	Maßnahmen zur Beeinflussung	Ausgewählte Kennzahlen und Instrumente
Entgelt ist die vertragliche Gegenleistung des Unternehmens für die Arbeit des Mitarbeiters.	Analysen zur Wirksamkeit der Entgeltpolitik in die Wege leiten; Auswirkungen entgeltpolitischer Maßnahmen messen; Entwicklung entgeltpolitischer Maßnahmen prüfen; Korrekturen initiieren; Steuernde Maßnahmen entwickeln; Vergleiche interner/externer Märkte durchführen; Voraussetzungen für die Budgetplanung schaffen (z.B. Liquiditätsabfluss, Rückstellungen) **Komponenten der Entgeltpolitik:** Altersvorsorge; Deferred Compensation; Eingruppierung der Mitarbeiter; Gewinnbeteiligung; Grundgehalt/Grundlohn; Leistungslohn; Mitarbeiterbeteiligung; Provisionen; Tantieme/Boni/Prämien; Zulagen und Zuschläge; Zusatzleistungen (z.B. PKW, Versicherungen, Essen)	Arbeitsmarkt berücksichtigen; Art der Altersvorsorge auswählen (endgehalts- oder beitragsorientiert); Begünstigtenkreis für Sonderzahlungen bzw. – leistungen prüfen; Bestandsanalyse vornehmen und Korrekturvorschläge für die Entgeltpolitik entwickeln; Betriebliche Regelungen an neue gesetzliche oder tarifliche Bestimmungen anpassen; Einstufungen/Entgeltformen prüfen; Entgeltbänder marktgerechter aktualisieren; Leistungsbeurteilungen und Zielerreichung mit Marktergebnissen abgleichen; Marktsituation prüfen; Obergrenze für Sonderzahlungen/-leistungen marktgerecht anpassen (steuerliche Problematik); Pkw-Regelung überprüfen (z.B. Kauf oder Leasing); Rückstellungsverwendung/ Fondslösung erwägen; Teilmärkte (funktional, regional, speziell) analysieren; Versorgungssysteme unter Berücksichtigung der jeweiligen steuerlichen Gegebenheiten vergleichen; Zeitreihenanalysen entwickeln	Analyse Leistungsbeurteilung/ Zielerreichung; Analysen (Politik, Markt, Bestand); Anteil der über- bzw. außertariflichen Bezahlung (AT); Benchmarking mit Anbietern von Vergütungsvergleichen (z.B. DGFP mbH, Kienbaum); durchschnittliche Verweildauer im Tarif bzw. in der Tarifgruppe; Entgeltbandanalysen; Entgeltvergleiche (z.B. variables/festes Entgelt); Entwicklung AT-Gehälter gegenüber Tarifgehältern; Entwicklung in den Entgeltbändern (z.B. Beurteilung in den Zonen, Funktionsgruppen, organisatorischen Einheiten); Kosten/Nutzen-Analyse; Simulationsentwicklung (z.B. Altersversorgung); Stellenbewertung (Strukturbudget)

Quelle: DGFP 2001, S. 53

4.4.2.2 Arbeitszeit

Die Gestaltung der **Arbeitszeit** (*§ 2 Abs. 1 ArbZG*) ist neben der Gestaltung des Arbeitsinhalts und des Arbeitsortes eine wichtige Säule der Hauptfunktion „Personaleinsatz". Sie ist ein klassisches Gestaltungselement der Arbeit und der Arbeitsbedingungen. In den letzten Jahren ist eine zunehmende **Flexibilisierung** und **Individualisierung** der Arbeitszeit festzustellen, die sich nach Olfert (2005, S. 197) aus zwei Gründen weiter fortsetzen wird:

- Einerseits ist die Flexibilisierung der Arbeitszeit erforderlich, um die Wettbewerbsposition deutscher Unternehmen zu sichern und zu fördern und
- anderseits erwarten die Mitarbeiter immer mehr, dass die Unternehmen ihnen flexible und individuelle Arbeitszeiten einräumen.

Die Arbeitszeit spielt neben Entgelt, Struktur- und Ablauforganisation sowie Umgebungseinflüssen in tariflichen und betrieblichen Vereinbarungen eine wichtige Rolle. Im Hinblick auf das **Arbeitszeitcontrolling** liegt der entscheidende Aspekt in der Tatsache, „dass in Kategorien der Arbeitszeit nur die Anwesenheit, nicht aber die Leistung der Arbeitnehmer innerhalb dieser Arbeitszeit, auf die es dem Unternehmen aber hauptsächlich ankommt, gemessen werden kann" (DGFP 2001, S. 58). Bei der Analyse der „Arbeitszeit" stellt sich maßgeblich die Frage nach der Produktivität bzw. „totalen Mitarbeitereffektivität". Nach *Bühner* (1996, S. 74, siehe auch Wunderer/Jaritz 2006, S. 127ff.) wird die **„totale Mitarbeitereffektivität"** von drei Faktoren bestimmt: Verfügbarkeit, Leistung und Qualität der Mitarbeiter.

- **Verfügbarkeit**: Sie misst die „Zeit", während der der Mitarbeiter dem Betrieb zur Verfügung steht (Verluste durch: 1. Leerzeiten, Überstundenzuschläge und Zeitverluste durch Kurzarbeit; 2. Krankheit, Unfälle und sonstige Fehlzeiten; 3. Fluktuation).
- **Leistung**: Sie misst die „Geschwindigkeit", mit der der Mitarbeiter seine Arbeit vollbringt (Verluste durch: 4. Unter-/Überqualifikation; 5. Mangelnder Leistungswille, zum Teil „innere Kündigung")
- **Qualität**: Sie misst die fehlerfreie und tadellose Leistungserbringung (Verluste durch: 6. Fehler im Arbeitsprozess; 7. Fehler im Lernprozess).

Die **Stellhebel** zur Steigerung der „totalen Mitarbeitereffektivität" sind die oben erwähnten sieben großen Verlustquellen. Allerdings wird vielfach nicht ganz zu Unrecht in der Praxis darauf verwiesen, dass Fehler durchaus „menschlich" sind, zum Teil zu akzeptieren und zu tolerieren sind. Grundsätzlich sollte aber den Verlustquellen nachgespürt werden. Das Ergebnis gemäß dem Berechnungsschema (vgl. Abb.64) weist aus, dass Mitarbeiter nur zu 56 % ihres Leistungsvermögens in Unternehmen eingesetzt werden. Zwar handelt es sich bei dem Ergebnis zunächst nur um eine grobe Schätzung, die aber in vielen Fällen der Realität recht nahe kommen dürfte (vgl. Bühner 1996, S. 75).

Es liegen einige Studien vor, die sich mit dem Problem entgangener Mitarbeiterproduktivität (Wertschöpfung) auseinandersetzen. Beispielsweise wie viel effektive Arbeitszeit durch „Computer-Spiele" am Arbeitsplatz, „Shoppen im Internet" während der Arbeitszeit, durch Rauchen am Arbeitsplatz usw. verloren geht (vgl. Krause 1995, o. V. 4/2000, Wüthrich 1/2004).

Abb. 64: Totale Mitarbeitereffektivität nach Bühner

Mitarbeiter-effektivität	=	Verfügbarkeit	x	Leistungsgrad	x	Qualitätsrate
	=	$\dfrac{\text{verfügbare Zeit} - \text{Ausfallzeit}}{\text{verfügbare Zeit}} \times 100$	x	$\dfrac{\text{Ist-Leistung}}{\text{Soll-Leistung}} \times 100$	x	100% - Fehlleistungsrate
		85%	x	80%	x	82%
					=	56%

verfügbare Zeit = tariflich, betrieblich oder individuell vereinbarte Arbeitszeit – gesetzliche/tarifliche Ausfallzeit

Ausfallzeit = Leerzeiten, Überstundenzuschläge in Zeiteinheiten, Verlustzeiten durch Kurzarbeit, Fehlzeiten und Verlustzeiten durch Fluktuation

Soll-Leistung = Leistung, die qualifizierte Mitarbeiter bei vollem Einsatz bringen

Fehlleistungsrate = Schätzgröße für Verluste im Arbeitsprozess (Ausschuss, Fehler, Nacharbeit) und Verluste im Lernprozess (Nichtausschöpfung vorhandener Entwicklungspotenziale)

Quelle: Bühner 1996, S. 76

Zentrales Ziel des Arbeitszeitcontrollings ist es, mit vorgeschlagenen Maßnahmen und Instrumenten sicherzustellen, dass die erwartete Leistungsmenge bzw. Wertschöpfung pro Zeiteinheit auch wirklich erbracht wird. Grundsätzlich können **Arbeitszeitsysteme** an sich sowohl positive wie auch negative Auswirkungen auf das Leistungsergebnis haben. Bei ihrer Umsetzung sind vor allem die **Führungskräfte** im Sinne der „Verhaltenssteuerung" der Mitarbeiter gefragt. Aufgabe von Vorgesetzen ist es nämlich, die Mitarbeiter zu motivieren, ihre Erfahrungen, Kenntnisse und Fähigkeiten während der Anwesenheit an ihrem Arbeitsplatz voll zum Erreichen der Unternehmensziele einzusetzen.

Vor dem Hintergrund, dass die Zahl der Beschäftigungsverhältnisse auf Basis des Standardarbeitsmodells mit einer wöchentlichen fixen Arbeitszeit von rund 40 Stunden in den letzten Jahren gesunken ist und mittlerweile Teilzeitarbeit sowie befristete Arbeitsverhältnisse immer stärkere Bedeutung erlangen, sind zahlreiche **Flexibilisierungsmodelle** entwickelt worden und haben sich in der Praxis zum Teil etabliert. Abbildung 65 weist die **Grundmodelle** flexibler Arbeitszeitgestaltung aus (vgl. Klimecki/Gmür 2001, S. 188ff.). Die **Teil-**

zeitarbeit ist eines der am häufigsten eingesetzten Flexibilisierungsinstrumente in Unternehmen, wobei anteilig mehr Frauen als Männer teilzeitbeschäftigt sind (vgl. Scholz 2000, S. 603). Abbildung 66 zeigt ausgewählte Formen und Anwendungszwecke flexibler Teilzeitarbeit. Insbesondere Systeme der Vertrauensarbeitszeit bedürfen auch einer Vertrauenskultur (Vertrauen statt Kontrolle).

Abb. 65: Grundmodelle flexibler Arbeitszeitgestaltung

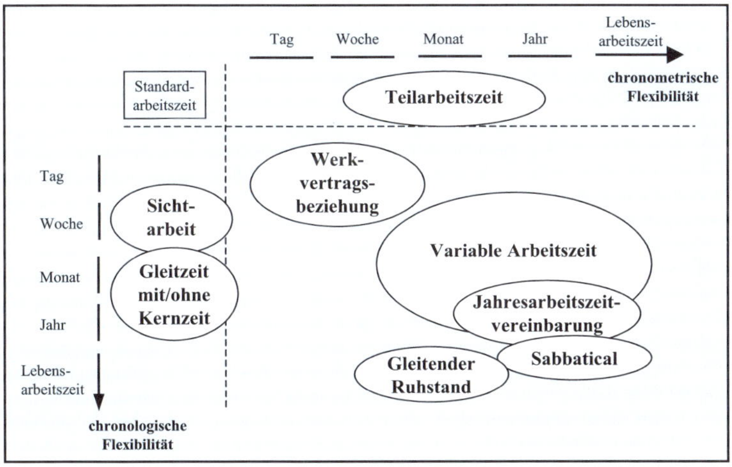

Quelle: Klimecki/Gmür 2001, S. 191

Abb. 66: Formen und Anwendungszweck flexibler Teilzeitarbeit

Arbeitszeitform	Kurzbeschreibung	Anwendungszweck
Traditionelle Teilzeitarbeit	• Täglich 4-6 Stunden vor-, nachmittags oder abends • An bestimmten Tagen wird 4-6 Stunden gearbeitet	• Bewältigung von geringem Arbeitsanfall bzw. von Arbeitsspitzen • Bewältigung von Arbeitsspitzen
Teilzeitschichten	• Normale Betriebszeit wird in Teilzeitschichten aufgeteilt • Normale Betriebszeit wird durch Teilzeitschichten verlängert	• Entlassungsvermeidung, Produktivitätsgründe • Bessere Auslastung vorhandener Kapazitäten
Blockteilzeitarbeit	• Vollzeitarbeit an einigen Tagen in der Woche • Wochenweiser Wechsel von Vollzeitarbeit und Freizeit • Wochenweiser Wechsel von Vollzeit- und Teilzeitarbeit	• Arbeitskräftemotivation • Bessere Auslastung vorhandener Kapazitäten, Motivation
Variable Arbeitszeit	• Festlegung einer individuell bestimmten Sollarbeitszeit mit der Möglichkeit des flexiblen Einsatzes	• Bessere Anpassung an Nachfrageschwankungen, Motivation
Partner-/ Teilzeitarbeit	• Zwei oder mehr Mitarbeiter teilen sich einen Vollzeitarbeitsplatz	• Arbeitskräftemotivation

Quelle: DGFP 2001, S. 59

Eine wichtige **Aufgabe des Arbeitszeitcontrollings** ist es, auf die leistungs-
fördernde und kapazitätsorientierte Gestaltung von Arbeitszeitsystemen hin-
zuwirken. „Dazu muss der Personalcontroller existierende Systeme beobachten und bewerten und Maßnahmen zur Verbesserung ihrer Leistungsförder-
lichkeit bzw. Maßnahmen zum Abbau von Leistungshemmnissen vorschlagen. In gleicher Weise sollte das Arbeitszeitcontrolling bei der Neukonzeption
und Einführung von Arbeitszeitregelungen mitwirken. Daneben muss er aber

Abb. 67: Arbeitszeit

Definition	Aufgaben	Maßnahmen zur Beeinflussung	Ausgewählte Kennzahlen und Instrumente
Arbeitszeit ist die Zeit, die der Arbeitnehmer dem Arbeitgeber für die Erledigung seiner Aufgaben zur Verfügung stellt.	Da die Kategorie der Arbeitszeit nur die Anwesenheit der Arbeitnehmer erfasst, nicht aber deren Leistung, ist es die Aufgabe des Arbeitszeitcontrollings auf die leistungsfördernde Gestaltung von Arbeitszeitsystemen hinzuwirken. Außerdem muss das Arbeitszeitcontrolling andere arbeitszeit- und leistungsrelevante Daten beobachten und steuern, beispielsweise Fehlzeiten, Überstunden oder Urlaub. Dabei geht es vor allem um folgende Komponenten:

Aufzeigen der Möglichkeiten und Grenzen gesetzlicher und tariflicher Rahmenbedingungen für die betriebliche Arbeitszeitgestaltung; Entwicklung von Überstunden, Fehlzeiten, Urlaub usw. verfolgen und steuern; Erfassen und Bewerten existierender Arbeitszeitmodelle im Unternehmen im Hinblick auf ihre Leistungsförderlichkeit sowie Bearbeitung von Verbesserungsvorschlägen; Identifizierung und Bereitstellung steuerungsrelevanter Informationen; Mechanismen der Arbeitszeitverteilung erkennen und steuern | Arbeitsabläufe ändern; Führungskräfte für die Notwendigkeit produktiver Arbeitszeitnutzung sensibilisieren; Gesetzliche und tarifliche Handlungsspielräume ausschöpfen; Leistungsorientiertes Führungsverhalten fördern, um z.B. Streckung der Arbeitszeit zu vermeiden/ zu reduzieren; Leistungsförderlichkeit von Arbeitszeitsystemen erhöhen durch: Anpassung der Lage der Arbeitszeit an den Arbeitsanfall durch Flexibilisierung, Berücksichtigung arbeitswissenschaftlicher Erkenntnisse, Erhöhung der Selbstbestimmung der Mitarbeiter bei ihrer persönlichen Arbeitszeit, Vermeidung von unproduktiven Arbeitsunterbrechungen, Wahl geeigneter leistungsorientierter Entlohnungsformen; Maßgeschneiderte Arbeitszeitsysteme für die verschiedenen Unternehmensbereiche gestalten; Rahmenprozesse entwickeln, z.B. Zielvereinbarungen zur Einführung von Vertrauensarbeitszeit | Anzahl der Zeitarbeitnehmer; Anzahl der Stunden Fremdarbeit; Anzahl und Verhältnis der Überstunden zur Arbeitszeit; Bewertung der Leistungsförderlichkeit der existierenden Arbeitszeitsystemen durch: Vergleich der Lage der Arbeitszeit mit dem Arbeitsanfall, Prüfung der Entgeltsysteme auf Leistungsorientierung, Analyse von Ausfallzeiten und Störfaktoren, Überprüfung nach arbeitswissenschaftlichen Kriterien, Akzeptanzanalysen; Dokumentation der im Unternehmen existierenden Arbeitszeitsysteme; Dokumentation der tariflichen Spielräume für die betriebliche Arbeitszeitgestaltung; Kosten/Nutzen-Analyse; Krankheitsbedingte Fehlzeiten, insbesondere Krankenstandsquote; Verhältnis produktive/ unproduktive Zeiten |

Quelle: DGFP 2001, S. 57

auch andere arbeitszeit- und leistungsrelevante Daten beobachten und steuern wie Fehlzeiten, Überstunden oder Urlaub" (DGFP 2001, S. 59). Welche Aufgaben, Maßnahmen zur Beeinflussung sowie ausgewählte Kennzahlen und Instrumente im Rahmen des Personalcontrollings dem Bereich „Arbeitszeit" zugeordnet werden können, zeigt Abbildung 67.

4.4.2.3 Arbeitsschutz und Gesundheitsmanagement

Arbeitsschutz (Arbeitssicherheit) und betriebliches **Gesundheitsmanagement** sind Bestandteile effektiver Personalarbeit und Gegenstand des Personalcontrollings (vgl. Thiehoff 1998, S. 17ff.).

In Deutschland sind die Professionalisierung und Institutionalisierung des Arbeitsschutzes (in Betrieben und Gesellschaft) weit fortgeschritten. So haben das Bundesministerium für Arbeit, die Träger der Gesetzlichen Unfallversicherung und die Sozialpartner sich 1997 auf „Eckpunkte" zur „Entwicklung und Bewertung" von „Arbeitsschutzmanagementsystemen" (AMS) verständigt. Während also der **Arbeitsschutz** bereits heute als ein formalisiertes und systematisiertes **Führungsinstrument** betrachtet werden kann, beschränkt sich die Gesundheitsförderung bisher auf Einzelmaßnahmen (Maßnahmen zur Verhaltensmodifikationen: z.B. Ernährung, Bewegung, Stressbewältigung, usw., sowie zeitlich befristete Aktionen: z.B. Gesundheitszirkel); die meisten Firmen sind von einem **Gesundheitsmanagement** noch weit entfernt (vgl. Müller/Rosenbrock 1998, Badura/Ritter/Scherf 1999). Unter **betrieblichem Gesundheitsmanagement** ist die Entwicklung integrierter betrieblicher Strukturen und Prozesse zu verstehen, die die gesundheitsförderliche Gestaltung von Arbeit, Organisation und dem Verhalten am Arbeitsplatz zum Ziel haben und den Beschäftigten wie dem Unternehmen gleichermaßen zugute kommen (vgl. Badura/Ritter/Scherf 1999, S. 17).

Ziele des betrieblichen Gesundheitsmanagements sind vor allem Senkung der krankheitsbedingten Fehlzeitenkosten, Erhöhung der Mitarbeitermotivation und Erhöhung der Arbeitszufriedenheit. Eine zusätzliche Herausforderung an die betriebliche Gesundheits und Personalpolitik stellt der **demographische Wandel** dar (vgl. Badura/Schellschmidt/Vetter 2003). In Zukunft werden die Belegschaften im Durchschnitt älter und damit nimmt die Wahrscheinlichkeit einer Erkrankung, die Dauer der krankheitsbedingten Fehlzeiten und die Gefahr, dass die Leistungsfähigkeit beeinträchtigt wird, zu. Um die betrieblichen Leistungs- und Effizienzziele auch mit zukünftig älteren Belegschaften zu gewährleisten, ist von zentraler Bedeutung, die Fähigkeiten und Kompetenzen der Beschäftigten und die Erhaltung ihrer Gesundheit wahrzunehmen und im Sinne einer Potenzialentwicklung auszubauen und zu unterstützen. Das Personalcontrolling hat die Aufgabe, verstärkt über alters- und alternsgerechte Maßnahmen und Instrumente zur Erhaltung und Förderung der Mitarbeiter nachzudenken und diese gezielt zum Einsatz zu bringen (vgl. Morschhäuser 2000, S. 24ff.).

Grundsätzlich hat ein integriertes **Arbeits- und Gesundheitsschutz-Controlling** die Chance und Aufgabe, einen entsprechend höheren potenziellen Nutzen zu steuern. Nicht selten fehlen in den Unternehmen die notwendigen Informationen, um die Kosten und Nutzen des betrieblichen Arbeits- und Gesundheitsschutzes zu bewerten. Benötigt werden systematische Gefährdungs- und Belastungsanalysen, gekoppelt mit der Situation und Personalplanung.

Abb. 68: Arbeitssicherheit und Gesundheitsschutz

Definition	Aufgaben	Maßnahmen zur Beeinflussung	Ausgewählte Kennzahlen und Instrumente
Arbeitssicherheit und Gesundheitsschutz haben die Verhütung von Unfällen und Gesundheitsgefahren bei der Arbeit sowie Maßnahmen zu ihrer menschengerechten Gestaltung zum Ziel.	**Arbeitssicherheit** Arbeitssicherheit im Sinne von Unfallverhütung (Verhältnis- und Verhaltensprävention) verbessern; Mitarbeitern zu sicherheitsgerechten Verhalten motivieren; Sicherheitsgerechte und ergonomische Gestaltung der Arbeitsmöglichkeiten; Vorgesetzte zur Wahrnehmung Ihrer Aufgaben auf dem Gebiet der Arbeitssicherheit qualifizieren; **Gesundheitsschutz** Gesundheitszustand der Mitarbeiter verbessern; Mitarbeiter vor Gesundheitsbeeinträchtigungen schützen; Zufriedenheit und Motivation der Mitarbeiter erhöhen; **Allgemeine Aufgaben** Anreizsysteme aufbauen; Betriebliches Vorschlagwesen aktivieren; Betriebsrat, Sicherheitsfachkräfte nach SGB, Ersthelfer, Fachkräfte für Arbeitssicherheit nach AStG, Arbeitsschutzausschuss, Schwerbehindertenvertrauensmann einschalten; Einhaltung gesetzlicher Vorschriften und Verordnungen überwachen; Frühzeitig alle Beteiligten einbinden; Klare und nachprüfbare Ziele vorgeben	**Arbeitssicherheit** Arbeitssicherheitsausschuss einschalten; Arbeitsstättenbegehung veranlassen; Belastungs- und Gefährdungsanalysen durchführen; Institutionalisierung eines Sicherheitstages realisieren; Mitarbeiter-Unfallgespräche einrichten; Schulung „Sicherheit am Arbeitsplatz" intensivieren; Vor-Ort-Analyse vornehmen; **Gesundheitsschutz** Ergänzende Gesundheitsförderungsmaßnahmen (z.B. Rückenschule, Raucherentwöhnung) initiieren; Mitarbeitergesundheitszirkel schaffen; Rückkehrgespräche durchführen; Zielvereinbarungen formulieren	**Arbeitssicherheit** 1000 Mann Quote meldepflichtiger Unfälle mit einem Ausfall von mehr als drei tagen je 1000 Arbeitnehmern; Jahresleistungsausfall; Unfallbedingte Fehlzeitenquote (z.B. Angestellte, Lohnempfänger, Azubis); Unfallhäufigkeit (Unfälle mit einem Ausfall von mehr als einem Tag à 1 Mio. Arbeitsstunden; Zahl der anzeigepflichtigen Arbeits-/Wegunfälle; Zahl der Arbeitsunfälle; Zahl der Fehlzeitenlage aufgrund von Arbeits-/ und Wegunfällen; Zeitverlust je Arbeits-/Wegunfall in Tagen (Unfallschwere); **Gesundheitsschutz** Fluktuationsquote; Krankheitsbedingte Fehlzeitenquote; Zahl der Arbeitsunfähigkeitstage/ Jahr; Zahl der Berufs-/ Erwerbsunfähigkeitsfälle/ Jahr; Zahl der Fälle mit Einschaltung des Vertrauensarztes/ Jahr; Zahl der Kuren/ Heilverfahren pro Jahr; Zahl der mehrfach erkrankten Mitarbeiter/ Jahr; Zahl der Neuzugänge an Schwerbehinderten pro Jahr; Zahl gesundheitsbezogener Verbesserungsvorschläge

Quelle: DGFP 2001, S. 67

Firmenbeispiele zeigen, wie Personalcontrolling zur Reduzierung von Unfallquoten und -kosten beitragen kann (vgl. DGFP 2001, S. 68ff.). Der Personalcontroller hat die Aufgabe, für den wichtigen Bereich „Arbeits- und Gesundheitsschutz" die Führungskräfte und Mitarbeiter zu sensibilisieren und Kostentransparenz zu schaffen. Die Sensibilisierung kann auf unterschiedlichen Wegen erfolgen: z.B. durch Herausarbeiten des Stellenwertes und Ergebnisverfolgung der Gesundheitsförderung und Fehlzeitenreduzierung, Fehlzeitencontrolling, Zielsetzungen durch die Unternehmensleitung sowie Zielvereinbarungen, klare Informationspolitik auf Betriebsversammlungen, über Werkszeitungen usw., Mitarbeiter motivieren und einbinden, beispielsweise durch Prämierung von Vorschlägen zur Gesundheitsförderung. Welche Aufgaben, Maßnahmen zur Beeinflussung sowie ausgewählte Kennzahlen und Instrumente im Rahmen des Personalcontrollings dem Bereich „Arbeitssicherheit und Gesundheitsschutz" zugeordnet werden können, zeigt Abbildung 68. Abbildung 69 liefert Anregungen für organisatorische Maßnahmen und inhaltliche Maßnahmen (präventiver Natur) der Gesundheitsförderung, und Abbildung 70 weist stichwortartig auf den Nutzen betrieblicher Mitarbeitergesundheitszirkel für das Unternehmen und die „Zirkelteilnehmer" hin.

Abb. 69: Zusammenstellung organisatorischer und inhaltlicher Maßnahmen der Gesundheitsförderung

Organisatorische Maßnahmen	Inhaltliche Maßnahmen präventiver Natur
▪ Bildung eines Arbeitskreises (Steuerkreis) Gesundheitsschutz ▪ Einrichtung von Gesundheitszirkeln ▪ Erstellung betrieblicher Gesundheitsberichte ▪ Gefährdungsbeurteilung ▪ Mitarbeiterbefragungen ▪ Mitarbeitergespräche	▪ Angebote zur freiwilligen Kontrolle gesundheitsbezogener Faktoren ▪ Angebote zur sportlichen Betätigung ▪ Betrieblicher Arbeits- und Gesundheitsschutz ▪ Betriebsärztliche Betreuung der Belegschaft ▪ Eignungsgerechter Mitarbeitereinsatz ▪ Eignungsgerechte Mitarbeiterauswahl ▪ Einflussnahme auf gesundheitsgerechte Angebote bei der Betriebsverpflegung ▪ Gesundheitsprogramme ▪ Präventive Arbeits- und Technikgestaltung ▪ Veranstaltungen zur Gesundheitsförderung z.B. Aktionen zur Raucherentwöhnung ▪ Alkoholprävention im Unternehmen ▪ Arbeitsplatzbezogene Rückenschule ▪ Cholesterin- und Blutdruckmessaktionen ▪ Durchsetzen eines betrieblichen Rauchverbotes ▪ Ernährungsberatung, unterstützt durch Gesundheitsaktionen der Kantine ▪ Förderung des Betriebssports ▪ Impfaktionen

Quelle: DGFP 2001, S. 76

Abb. 70: Ergebnisse betrieblicher Gesundheitszirkel

Ergebnisse betrieblicher Gesundheitszirkel	
für das Unternehmen	**für die Zirkelteilnehmer**
▪ Abbau von Zeitdruck (Termintreue) ▪ Reduzierung von Abstimmungsverlusten ▪ Verbesserung der Arbeitsqualität ▪ Verbesserung der Kommunikation ▪ Verbesserung der Menschenführung ▪ Verbesserung des sozialen Arbeitsklimas ▪ Vermeidung der Vergeudung wertvoller betrieblicher Ressourcen (Ideen, Engagement) ▪ Verringerung von Fehlzeiten und Fluktuation ▪ Zunahme von Kooperation und gegenseitiger Unterstützung	▪ Erweiterung sozialer Handlungskompetenz ▪ Fähigkeit sich auch bei Arbeitsdruck noch auf die Arbeit zu konzentrieren und gelassen zu bleiben ▪ Gestärktes Selbstvertrauen ▪ Gesteigerte Fähigkeit nach Feierabend abschalten zu können ▪ Mehr Bereitschaft anderen zuzuhören ▪ Mehr Freude an der Arbeit ▪ Verbessertes gesundheitliches Wohlbefinden und Körperliche, seelische Fitness ▪ Verstärkte Kooperationsbereitschaft und mehr Kreativität: Fähigkeit auch bei anderen diese Eigenschaft zu wecken ▪ Verstärktes Vertrauen in Andere

Quelle: DGFP 2001, S. 77

4.4.2.4 Effizienz der Personalarbeit

Mit den Begriffen Effektivität und Effizienz, die sich sowohl an Unternehmenszielen als auch den Mitarbeiterbedürfnissen ausrichten sollten, haben wir uns bereits beschäftigt und gesehen, dass sich grundsätzlich alle Bereiche der Personalarbeit zur Beurteilung und Steigerung der beiden Erfolgsgrößen anbieten. Zur Verdeutlichung des Zusammenhangs beider Begriffe und zum Prinzip der **Effizienz-Bestimmung** am Bereich **Arbeits- und Gesundheitsschutz** siehe Abbildung 71. Bei der Effektivität muss in zwei Schritten vorgegangen werden: Zunächst muss der Input auf den Output und dann die Wirkung des Outputs auf die Zielerreichung hin bezogen werden.

Während das Effizienzcontrolling auf ausgereifte Kennzahlen(systeme) zurückgreifen kann, kommen Effektivitätsanalysen in der Praxis des Personalmanagements eher selten vor, auch wenn Ansätze zur Erfassung und Bewertung von Ursache-Wirkung auf die Zielerreichung hin bezogen, z.B. in Zusammenhang mit der Balanced-Scorecard, vorhanden sind. An dieser Stelle sei noch einmal auf die Beziehung zwischen den beiden Begriffen **beispielhaft** aufmerksam gemacht:

„Die Maßnahme, ‚Veröffentlichung eines Stellenangebots' ist dann effizient, wenn der angestrebte Maßnahmenerfolg ′Besetzung der Vakanz′ erreicht wird. Er ist effektiv, wenn durch die Besetzung z.B. das Umsatz- oder Abteilungsziel erreicht werden kann. Als Instrumente des Effektivitätscontrollings können Standards, Audits, Befragungen und Kosten-Nutzen sowie Nutzwertanalysen genannt werden" (Knorr 2004, S. 46).

Abb. 71: Effizienz und Effektivität sowie effizienzrelevante Kosten-Nutzen-Dimensionen beim Arbeits- und Gesundheitsschutz

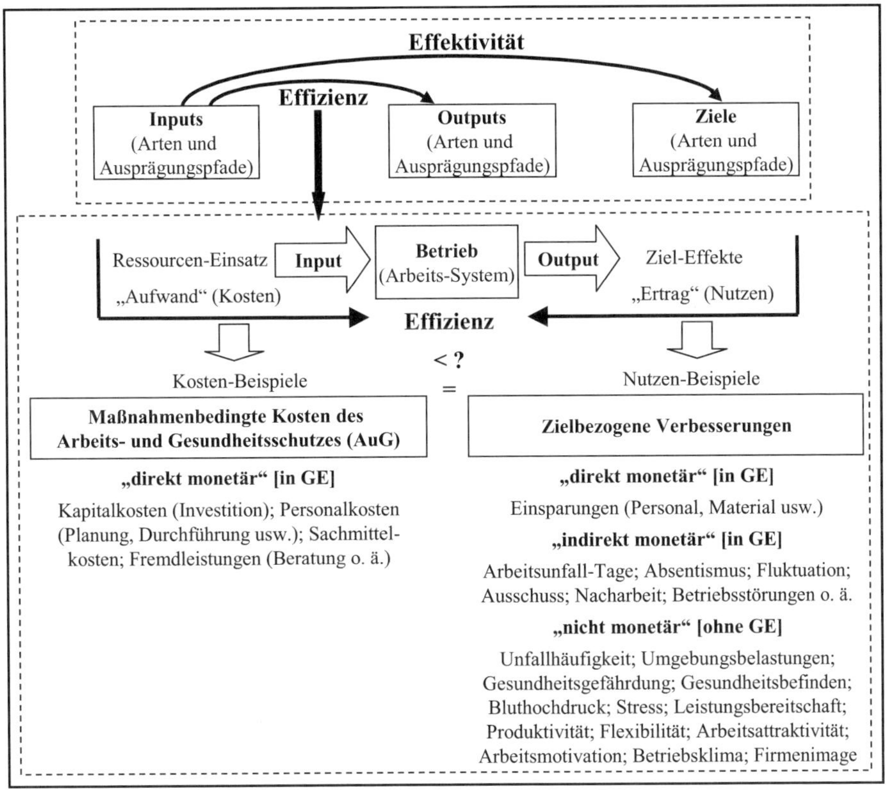

Quellen: In Anlehnung an Knorr 2004, S. 46 und Zangenmeister 1998, S. 42

In der Praxis spielt diese analytische Differenzierung natürlich nicht die große Rolle, sondern im Vordergrund steht prinzipiell die **Optimierung** der Personalarbeit und zwar mit dem Fokus auf Prozessen, wobei ein durchdachtes Vorgehen vier Schritte beinhalten sollte: Prozessanalyse, Einflussanalyse, Gegensteuerung und Prozessanalyse (vgl. Abb. 72). Vielfach lassen sich die Auswirkungen von bestimmten Maßnahmen (siehe Beispiel Arbeits- und Gesundheitsschutz) nicht monetär quantifizieren, so dass statt der (reinen) Kosten-Nutzen-Untersuchung beispielsweise (auch) eine Kostenwirksamkeitsanalyse durchzuführen ist. In Abhängigkeit von der Messbarkeit der gegenüberzustellenden Wertgrößen (Output-Seite) können unterschieden werden: Kosten-Nutzen-Analyse, Erweiterte Wirtschaftlichkeits-Analyse, Kosten-Effektivitäts-Analyse, Kosten-Wirksamkeits-Analyse und Nutz-Wert-Analyse (Maßnahmen nicht quantifizierbar) (vgl. Hentze/Kammel 1993, S. 170ff., Zangenmeister 1998, S. 40ff.)

Abb. 72: Optimierung der Effizienz der Personalarbeit

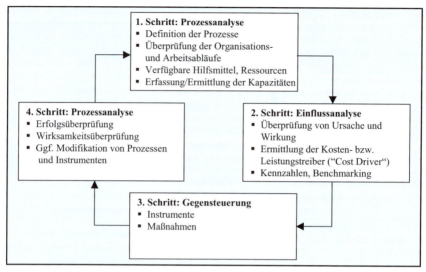

Quelle: DGFP 2001, S. 51

Wie nach Auffassung der *Autoren des Arbeitskreises Personalcontrolling der DGFP e.V.* die „Effizienz der Personalarbeit" definiert werden kann und welche Aufgaben, Maßnahmen zur Beeinflussung sowie ausgewählte Kennzahlen und Instrumente zu deren Erreichung erforderlich sind, zeigt Abbildung 73.

Abb. 73: Aufgaben, Maßnahmen und Instrumente zur Effizienz der Personalarbeit

Definition	Aufgaben	Maßnahmen zur Beeinflussung	Ausgewählte Kennzahlen und Instrumente
Effizienz der Personalarbeit drückt sich aus in der ressourcenoptimierten Erfüllung der Personalprozesse in bestmöglicher Qualität.	Eingesetzte Personal-, Sach- und DV-Kosten optimieren; Prozesse der Personalarbeit überprüfen; Kunden- erwartungen analysieren	Audits durchführen; Dienstleistungen standardisieren; Einflussfaktoren definieren; Prozessanalysen vornehmen; Prozesse unter Einbeziehung aller Beteiligten definieren; Prozesskostenrechnung einrichten; Qualitätsmodelle nutzen; Transparente Kostenzuordnung schaffen, um eine hohe Akzeptanz der Ergebnisse (Restrukturierung) zu erhalten; Ziele definieren	Benchmarking mit Best Practice; Kostenrechnung mit Profitcenterstruktur und Zulassen von Konkurrenz; Outsourcing; Personalkosten der Personalabteilung im Verhältnis zu den Gesamtpersonalkosten; Sachkosten der Personalarbeit; Zahl der Mitarbeiter der Personalabteilung im Verhältnis zum Gesamtpersonal; Zahl der Personalmitarbeiter pro Personalprozess

Quelle: DGFP 2001, S. 49

Abschließend sei hervorgehoben: Es wird deutlich, dass – egal ob der **Auf-gabenaspekt** – „Erfolgscontrolling", „Zielcontrolling", „Planungscontrol-ling" oder „Aktivitätscontrolling" – oder bestimmte **Managementebenen** im Blickpunkt stehen (siehe Abb. 74), das Personalcontrolling auf keinen Fall nur mit rein monetären Größen arbeiten kann (vgl. Scholz 2000, S. 142ff.).

Abb. 74: Beispiele für ebenenspezifische Controllingobjekte

		Erfolgskontrollen im Personalcontrolling		
		monetär, kalkulatorisch	Ökonomische Kennzahlen und Indikatoren	Qualitativ subjektive Beurteilung
Managementebenen	strategisch	▪ Rentabilität von Instrumenten der Personalentwicklung ▪ finanzmathematische Analyse von Betriebspensionen	▪ Personalstruktur im Hinblick auf Ausbildungsniveaus ▪ Betriebszugehörigkeit der Mitarbeiter	▪ Potenzialanalyse ▪ Personal-Portfolio
	taktisch	▪ Budgetkontrolle für ein Ausbildungsprogramm ▪ Kosten der betrieblichen Sozialeinrichtungen	▪ Fluktuationsrate ▪ Bildungskosten pro Mitarbeiter ▪ Bewerberanzahl pro Ausschreibung	▪ Mitarbeiterbe-urteilung durch Assessment Center
	operativ	▪ Personalkosten bezogen auf einzelne Mitarbeiter ▪ Kosten und Budgets für die Personalabteilung	▪ Leistungsstunden	▪ Tätigkeitskontrolle mittels Multi-momentstudien

Scholz 2000, S. 145

4.5 Aufgaben und sonstige Kriterien bei den Erfolgskontroll-Ansätzen: Kostencontrolling, Effizienz- und Effektivitäts-controlling

Wie bereits dargelegt, werden zur Erfassung und ökonomischen Bewertung personalwirtschaftlicher Tätigkeiten drei Personalcontrolling-Ansätze unter-schieden, nämlich das Kostencontrolling, Effizienz- bzw. Wirtschaftlichkeits-controlling und Effektivitäts- bzw. Erfolgscontrolling, die sowohl im operati-ven wie auch im strategischen Personalcontrolling angewendet werden. In Kapitel II haben wir uns bereits mit den Ansätzen auseinandergesetzt. Abbil-dung 75 gibt eine zusammenfassende Übersicht über die Bestandteile der Per-sonalcontrolling-Ansätze von den Aufgaben über die Erfolgskriterien bis hin zur Datenqualität. Allerdings nicht in seinen Einzelkomponenten, sondern in seiner **Kombination** bedeutet ein so zusammengesetztes Personalcontrolling einen Fortschritt gegenüber konventionellen eher isoliert eingesetzten Ansät-zen, wie

• dem **kostenanalytischen Ansatz**: Erfassung und Analyse der Kosten be-

Abb. 75: Aufgaben und sonstige Kriterien bei Erfolgskontroll-Ansätzen

	Kosten-Controlling	Effizienz-Controlling	Effektivitäts-Controlling
Aufgaben	Informationen über Entwicklung und Struktur der Personalkosten; Kostenentwicklung und Kostenstruktur der Personalabteilung; Finanzwirtschaftliche Planung und Kontrolle der Personalkosten	Überwachung, Analyse und Optimierung des Ressourceneinsatzes für personalwirtschaftliche Aktivitäten und Prozesse (Vermeidung von Ressourcenverschwendung in der Personalabteilung). Analyse des Rationalisierungspotenzials für personalwirtschaftliche Prozesse	Ökonomische Rechtfertigung der Personalarbeit (bzw. einzelner Prozesse) durch Ermittlung ihres Beitrags zum Unternehmenserfolg („Rentabilität"); Definition von Erfolgsmaßstäben für die Personalarbeit
Planungs-größen	Summen der Personalkostenarten je Planungsperiode (Kostenarten-Budgets) Summe der Kostenarten in der Personalabteilung (Kostenstellen-Budgets) je Planungsperiode	Soll-Kosten der einzelnen personalwirtschaftlichen Prozesse: Vorgabezeiten pro Aktivität, z.B. Zeiteinsatz pro Bewerbung, Freistellungskosten pro Kündigung, Ausbildungskosten pro Stellenbesetzung	Arbeitsproduktivität (direkt) Indikatorwerte (indirekt) Fluktuations- u. Absentismusraten, Fehlerquoten, Kundenreklamationen, Nacharbeiten, Beschwerden, Ergebnisse von Leistungstests, Ergebnisse von Befragungen (z.B. betriebliche Arbeitszufriedenheit)
Sichtweise der Personal-arbeit	Personal als Kostenfaktor Personalabteilung als Kostenstelle	Personalarbeit als innerbetriebliche Servicefunktion	Personalarbeit als Investitionsbereich, Humanressourcen sind Humankapital
Erfolgs-kriterien	Einhaltung des Budgets, Beitrag zum finanzwirtschaftlichen Gleichgewicht	Minimierung des Ressourceneinsatzes für personalwirtschaftliche Prozesse; (sukzessive Verbesserung) (Ist-Kosten/Soll-Kosten) pro Prozess	Optimierung von Rentabilität der Investitionen in der Personalarbeit (langfristige Perspektive), z.B. Ersparnis durch verringerte Fluktuationsquote abzüglich der Kosten des Anreizsystems
Planungs- und Kontroll-perioden	Budgetierungszeitraum (Monat, Jahr)	Entsprechen den Abrechnungszeiträumen der Kostenrechnung	Abhängig von den Wirkungsverzögerungen personalwirtschaftlicher Maßnahmen (langfristige Perspektive; mindestens ein Jahr)
Erfolgs-faktoren	Arbeitsmarkt (Lohn-/Gehaltsniveau); Gesetzgebung (Sozialausgaben); Prognostizierbarkeit von Löhnen, Gehältern, Sozialabgaben	Nutzung der Rationalisierungsmöglichkeiten für personalwirtschaftliche Prozesse; Leistungsfähigkeit und –motivation der Mitarbeiter der Personalabteilung	Leistungspotential Leistungsmotivation Arbeitssituation
Auswert-ungen	Budgets, kostenanalytische Auswertungen (z.B. kalkulatorische Stundenlöhne, Nichtleist-ungslöhne) Abweich-ungsanalysen (Preis- und Mengenabweichungen	Kalkulation („Kostenträgerrechnung") der Soll-Kosten sowie Ist-Abrechnung pro Prozess	Personalstatistik (Indikatorwerte) Arbeitsproduktivitätskennziffern
Datener-fassungs-Instrumente	Lohn- und Gehaltsverrechnung; Kostenrechnung; Finanzbuchhaltung	Instrumente der Organisationsanalyse (z.B. „Multi-Moment-Verfahren"); Zeitaufzeichnungen; Rechnungswesen (Finanzbuchhaltung, Kostenrechnung) mit Kontierungsrichtlinien	Personalinformationssysteme
Datenqualität Messskalen	Monetäre Daten (Kardinalskala)	Monetäre Daten (Kardinalskalen) (Kosten/Prozess); Zeiteinsatz (Intervallskala)	Kardinalsskala (z.B. durchschnittliche Absenzzeiten); Intervallskala (z.B. Ergebnisse von Leistungstests); Rangskalen (z.B. Befragung Arbeitzufriedenheit)

Quelle: Nach Berthel 2000, S. 440f.

stimmter personalwirtschaftlicher Sachverhalte, z.B. Lohn- und Gehalts-
kosten, Fluktuations-, Ausbildungs- oder Freisetzungskosten;

- dem **kennzahlenorientierten Ansatz**: Systematische und permanente Bildung und Analyse von Kennzahlen im Personalbereich;
- dem **Human Resources Accounting**: Bewertung der für die Mitarbeiter
angefallenen Kosten mit Hilfe der Investitionsrechnung;
- der **strategischen Personalplanung**: z.B. Zusammenhänge zwischen
Unternehmensstrategie und Personalarbeit und Leistungspotenzial-Beur-
teilung (vgl. Berthel 2000, S. 439ff.).

5.   Informationsversorgung und Personalinformationssysteme

Um die **Komplexität**, die eine Organisation kennzeichnet, steuern zu können,
muss das Personalcontrolling für eine reibungslose und zielorientierte Informationsversorgung der Entscheidungsträger und Mitarbeiter sorgen. Das
Controlling hat grundsätzlich eine Führungsunterstützungsfunktion mit den
wesentlichen Elementen: Informationsbedarfsermittlung, -beschaffung, -auf-
bereitung, und -bereitstellung (vgl. Abb. 76). Computergestützte **Personalinformationssysteme** ermöglichen, die Fülle der erforderlichen quantitativen
und qualitativen Informationen für eine systematische Personalarbeit zu steu-

Abb. 76: Führungsunterstützung durch Informationsversorgung

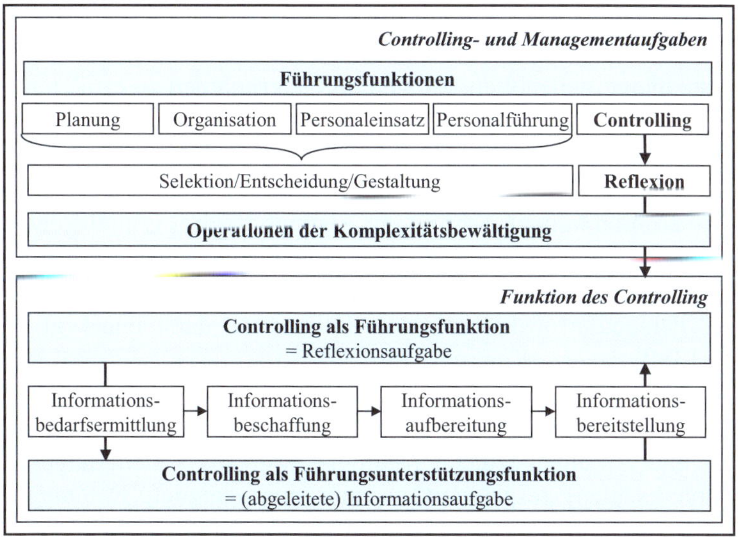

Quelle: Modifiziert nach Brandl 2005, S. 11f.

ern, in dem sie den (technischen) **Informationsfluss** Informationserfassung, -speicherung, -übertragung, -verarbeitung, -aufbereitung und -austausch gewährleisten. Oberstes **Ziel** jeder DV-Landschaft ist es, die richtigen Informationen zur richtigen Zeit der richtigen Person zur Verfügung zu stellen. Wie effektiv die Informationsdienste vom Personalcontrolling geleistet werden können, hängt nicht unerheblich von der Quantität und vor allem Qualität der Personalinformationen ab. Die DV-Landschaft sollte deshalb eine optimale Unterstützung der Mitarbeiter im Personalressort, insbesondere im Personalcontrolling für die tägliche Arbeiten bieten.

5.1   Aufbau und Funktionsweise von Personalinformationssystemen

Computergestützte Informationssysteme kommen in der Praxis sowohl für unterschiedliche Funktionsbereiche als auch für das gesamte **Informationsmanagement** des Unternehmens zum Einsatz (z.B. Management-Informationssystem/MIS, Decision-Support-Systems/DSS, Führungsinformationssysteme/FIS, Expertensysteme). Vielfach spricht man heute nicht nur von Informations-, sondern gar von **Wissensmanagement** (vgl. Bea/Haas 2001, S. 331ff.).

Die personalbezogene EDV-gestützte Datenverarbeitung hat sich seit Anfang der siebziger Jahre von einer reinen Routineaufgaben-Entlastung (Lohn- und Gehaltsabrechung) hin zu umfassenden und in die Unternehmensplanung integrierten personalwirtschaftlichen Informations- und Führungssystemen entwickelt (vgl. Heinecke 1994, Meyer 2005). Es gibt nicht **das** Personalinformationssystem, sondern vielmehr praxisbezogene Konzeptionen. Die konkrete Ausgestaltung des Personalinfomationsmanagements bzw. Wissensmanagements hängt maßgeblich von den im Unternehmen zu erfüllenden Funktionen ab. Dementsprechend vielfältig sind auch die Lösungsangebote bzw. der Leistungsumfang von angebotenen Softwarepaketen. Ein Personalinformationssystem setzt sich aus mehreren Komponenten zusammen, die je nach Anbieter variieren können. Abbildung 77 zeigt die drei grundlegenden Komponenten Datenbank, Methoden- und Modellbank sowie EDV-Anlage, die nach dem Nutzer-/Basismaschinen-Konzept das **Grundsystem** zur Realisierung der Personalinformationssystem-Funktionen darstellen (vgl. Oechsler 1997, S. 138ff., Hentze/Kammel 1993, 184ff.).

- **Datenbank**: Hier werden die für die Aufgabenerfüllung notwendigen Personal- und Arbeitsplatzdaten (Stamm-, Ergebnis-, Steuerungs- und Beschreibungsdaten) gespeichert, so dass eine geeignete Datenorganisation für die Verarbeitung, Auswertung und Verknüpfung von Daten unterschiedlicher Aufgabengebiete ermöglicht wird.

Abb. 77: Aufbau und Funktionen eines Personalinformationssystems

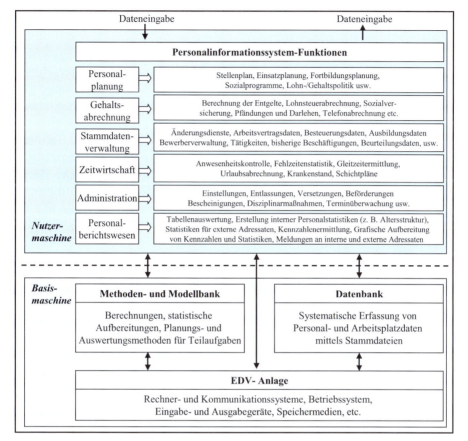

Quelle: Eigene Darstellung

- **Methoden- und Modellbank**: Die Verarbeitung und Auswertung der in der Datenbank gespeicherten Informationen erfolgt z.B. mit Hilfe von Berechnungsverfahren und Algorithmen, die in der Methoden- und Modellbank gespeichert sind. Zu den Methoden und Modellen eines Personalinformationssystems gehören z.B.: Einfache Suchprogramme, Analyseverfahren, mathematisch-statistische Verfahren, Alarmberichte, Planungsmodelle, umfangreiche Abrechnungs- und Berechnungsverfahren für die Lohn- und Gehaltsabrechnung sowie Profilabgleiche.
- **EDV-Anlage**: Zur technischen Umsetzung ist eine leistungsfähige, auf die Belange und Unternehmensziele zugeschnittene **EDV-Anlagenkonfiguration** erforderlich. Diese besteht aus einem Rechner- und Kommunikationssystem (z.B. Prozessoren, Netzwerkkomponenten, Betriebssysteme usw.), aus Eingabegeräten (z.B. Kartenleser, Klarschriftleser, Tastatur, Maus usw.)

und Ausgabegeräten (z.B. Drucker, Sichtgeräte usw.) sowie aus Speicher-medien (z.B. Festplatten, Magnetbänder, Diskettenspeicher, CD-ROM usw.).

Ein vollständig integriertes personalwirtschaftliches Anwendungssystem sollte alle personalwirtschaftlichen Anwendungsfelder in einem Unternehmen unterstützen. Wesentliche Softwaremodule sind dabei Personalplanung, Ge-haltsabrechnung, Stammdatenverwaltung, Zeitwirtschaft, Administration und Personalberichtswesen.

Eine moderne DV-Landschaft nutzt ergänzend zu der Standard-Software ein **Data Warehouse** (parallele Verwendung von Kennzahlen und Einzeldaten zur Steuerung von Prozessen wird möglich) und eine **ganzheitliche Büro-kommunikation** (z.B. Tabellenkalkulation, Elektronische Post, Multimedia-Anwendungen, usw.). Die **Internet/Intranet-Technologie**, die heute in aller Munde und sehr verbreitet ist, eignet sich nach Expertenmeinungen hervorra-gend für den Einsatz im Personalbereich. Abbildung 78 zeigt eine Reihe von

Abb. 78: Internet/Intranet: Anwendungsfelder und Realisierungsstufen

Stufen	Internet (externer Kunde)	Intranet (interner Kunde)
1	**Präsenz des Personalbereichs im Internet** • Vorstellung des Personalbereichs im Internet • Schalten von Stellenanzeigen (Homepage/Jobbörse)	**Präsenz des Personalbereichs im Intranet** ▪ Vorstellung personalwirtschaftlicher Themen wie ertrags- und leistungsorientierte Vergütung ▪ Beantwortung häufig gestellter Fragen ▪ Telefonverzeichnis ▪ Homepage für Mitarbeiter ▪ Internes schwarzes Brett des Personalbereichs für aktuelle Infos ▪ Virtuelles Schulungszentrum (Vorträge/Schul-ungsunterlagen mit Bild und Ton sind jederzeit abrufbar)
2	**E-Mail** Ein externer kann sich Broschüren zu personalwirt-schaftlichen Themen wie „Einstieg als Hochschul-absolvent" anfordern.	**Inhouse E-Mail** Diskussionsforen zu aktuellen Themen

3	**Virtuelle Vorgangsbearbeitung**
	• Externe Stellenbörse
	  Der externe Bewerber hat die Möglichkeit, sich auf eine Stellenanzeige online zu bewerben. Denkbar ist der Einsatz einer Selbstbewertung des Bewerbers, um im Vorfeld die Anzahl unbrauchbarer Bewerbungen zu reduzieren. Nach erfolgreicher Selbstbewertung wird der Bewerber aufgefordert, einen strukturierten Bewerberfrage-bogen auszufüllen.
		Virtuelle Vorgangsbearbeitung
		▪ Interne Stellenbörse
		  Alle offenen Stellen werden im Intranet bekannt gegeben. Der Mitarbeiter hat die Möglichkeit, per E-mail Kontakt aufzunehmen und/oder sich mit einem Formular, welches in elektronischer Form zur Verfügung steht, zu bewerben.
		▪ Videokonferenzen (z.B. für die Vorstellungs-gespräche)

4	**Anbindung an den Großrechner** • Die Daten der externen Stellenbörse werden direkt übernommen.	**Interaktive Dateneingabe mit Anbindung an Großrechner/Data Warehouse** ▪ Die Daten der internen Stellenbörse werden direkt übernommen. ▪ Der Mitarbeiter gibt die Adressenänderungen selbst ein. ▪ Der Mitarbeiter hat die Möglichkeit, den Stand seines Urlaubskontos abzufragen.

Quelle: DGFP 2001, S. 144

möglichen Anwendungsfeldern dieser Technologie unter dem Aspekt verschiedener Realisierungsstufen.

Allerdings sollte man niemals vergessen, dass Personalinformationssysteme ihre Grenzen haben und niemals die eigentliche Personalcontrollingarbeit ersetzen können. Sie haben lediglich unterstützenden Charakter.

5.2 Aspekte der Implementierung von Personalinformationssystemen

Damit die Erwartungshaltungen an Personalinformationssysteme auch erfüllt werden, sind einige organisatorische Voraussetzungen bei der Implementierung zu schaffen. Wie bei jeder Investition stellt sich auch hier die Frage nach der Wirtschaftlichkeit, wobei ja gerade für den Personalbereich die Erfassung der Kosten und insbesondere des Nutzens Schwierigkeiten bereitet. Neben der Ermittlung einer positiven Kosten-Nutzen-Relation ist eine zentrale Voraussetzung, deren Bedeutung häufig unterschätzt wird, die Einstellung verschiedener Mitarbeitergruppen gegenüber Personalinformationssystemen (z.B. Betroffene, Arbeitnehmervertreter, Benutzer, Führungskräfte usw.). Um Interessenkonflikte, Widerstände und Akzeptanzprobleme sowie Datenschutzprobleme usw. möglichst gering zu halten, empfiehlt sich eine frühzeitige Partizipation der Belegschaft an der Entwicklung, Implementierung und Verbesserung der Personalinformationssysteme (vgl. Jung 2006, S. 719ff.).

Bei der Einführung eines Personalinformationssystems gibt es viele **Problemfelder**, die einerseits im Hinblick auf die unternehmensindividuellen Notwendigkeiten (vgl. DGFP 2001, S. 131ff.) und andererseits bezogen auf die Anforderungskriterien an Personalinformationssysteme (z.B. Aktualität, Benutzerfreundlichkeit, Flexibilität, Funktionalität, Integration, Kompatibilität, Modularität, Reifegrad, Serviceleistungen, Sicherheit und Wartung, (vgl. Schmeissser/Clermont 1999, S. 113 f.)) sowie der konkreten Softwareauswahl (z.B. Auswertungen, Workflow-, Internet und Intranet-Fähigkeit sowie Kosten und Herstellerdaten) zu berücksichtigen sind. Mit intensiven Marktbeobachtungen verschafft man sich einen ersten Überblick, welche Hersteller am besten die Bedürfnisse des eigenen Unternehmens (Größe, Branche usw.) befriedigen können. Eine engere Auswahl oder die letztendliche Entscheidung sollte anhand einer **Kriterienprüfung** erfolgen.

5.3 Ganzheitliches Unternehmens-Kommunikationskonzept

Die technische Informationsversorgung ist ein wesentlicher Baustein für das Funktionieren eines Personalcontrollings. Genauso wichtig, wenn nicht gar noch entscheidender ist, wie und mit welchen Mitteln Informationen zur Erreichung von Zielen der Belegschaft verfügbar gemacht werden, d.h. die **interne Unternehmenskommunikation** (vgl. Schick 2005). Vor allem dann, wenn es gilt, positive Auswirkungen der „Kontrolle" auf das Verhalten des Mitarbeiters herzustellen, muss die Akzeptanz der Kontrolle gegeben sein. Ohne eine Beachtung folgender fundamentaler Grundbedingungen der **Information** und **Kommunikation** sind Menschen kaum zu überzeugen und Erfolge nur schwer zu realisieren:

- „Der Kontrollierte muss in der entsprechenden Art und Weise angesprochen werden,
- die Information muss von Interesse für den Kontrollierten sein,
- die Information muss sich in die bestehenden Werte und Absichten einfügen und
- die Information muss auf die Motivation wirken" (Hentze/Kammel 1993, S. 182).

Vor diesem Hintergrund sollte sich der Personalcontroller auch als **Architekt einer Vertrauenskultur** und „offener Kommunikationspolitik" verstehen. Abbildung 79 zeigt die Voraussetzungen für eine „offene Kommunikationspolitik" und gibt Hinweise darauf, über welche Mittel und Wege die verschiede-

Abb. 79: Voraussetzungen, Zielgruppen, Instrumente eines Kommunikationskonzepts

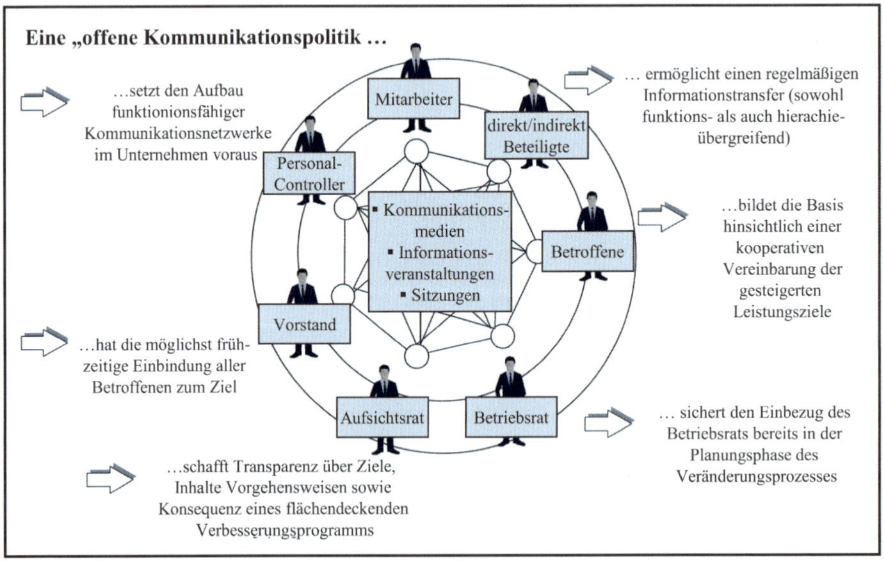

Quelle: Modifiziert nach Wildemann 2006

nen Zielgruppen einer Unternehmung mit zweckorientierten Informationen versorgt werden können (siehe Abb. 80). Einen wichtigen Gesichtspunkt sollte man niemals vernachlässigen: „Das persönliche Gespräch – unabhängig von dem ihm zugrunde liegenden Anlass und unabhängig vom sachlichen Inhalt – bildet nach wie vor das effektivste Informationsmittel. Es ist im Grunde genommen durch kein anderes zu ersetzen" (Zander/Femppel 2002, S. 51). Dabei bedeutet „Gespräch" einen **Dialog** und keinen Monolog zu führen. In einem Gespräch verstärken beispielsweise die Betonung eines Wortes und/oder die Mimik den sachlichen Inhalt der gesprochenen Botschaft, oder schwächen diesen ab. Wie wir bereits dargelegt haben, sollte bei der Informationsweitergabe und insbesondere bei der Verbesserung der Innovationsorientierung der Personalwirtschaft und aller Mitarbeiter die **Moderationsfunktion** des Personalcontrollers nicht unterschätzt werden (vgl. Neuhäuser-Metternich/Witt 2000). Neben zahlreichen anderen Instrumenten, die im nächsten Kapitel besprochen werden, sollte im Rahmen eines **ganzheitlichen Unternehmens-Kommunikationskonzepts** nicht der Wert des Einsatzes von **Kreativitätstechniken** wie z.B. Brainstorming, Synektik, Methode 635, Morphologischer Kasten, eines betrieblichen Vorschlagswesens (BVW) und betrieblicher Qualitätszirkel usw. unterschätzt werden (vgl. Mencke 2006, Schlicksupp 1989). Ein Personalcontroller sollte sich nicht in erster Linie durch technisches und mechanistisches Denken auszeichnen, sondern seinen Instrumentenkasten vor allem auch kommunikativ nutzen.

Abb. 80: Übersicht über die interne und externe Kommunikationsinfrastruktur (auszugsweise)

Adressaten	Face-to-Face	Print	Elektronisch
Interne	▪ persönliche Gespräche ▪ Mitarbeitergespräch ▪ Mitarbeiterbefragung ▪ Projektgespräche/-präsentationen ▪ Betriebsversammlung ▪ Personalmesse ▪ Seminar/Klausur als Indoor-Veranstaltung	▪ Mitarbeitermagazin ▪ Führungskräfte-Newsletter ▪ „Schwarzes Brett" ▪ Mitarbeiterbefragung (anonym)	▪ Rundschreiben über das Intranet ▪ Mitarbeiterbefragung (anonym) ▪ E-Mail- Rundschreiben ▪ Tonbildschauen
Externe	▪ Kundenevent ▪ Hausmesse ▪ Analystenkonferenz ▪ Pressekonferenz ▪ Hauptversammlung ▪ Hintergrundgespräche ▪ Seminar/Klausur als Outdoor-Veranstaltung	▪ Kundenmagazin ▪ Produktanzeigen ▪ Geschäftsbericht ▪ Pressemitteilungen	▪ Extranet ▪ Internet

Quelle: Zander/Femppel 2002, S. 55ff., Schick 2005, S. 92

Kapitel IV: Instrumente des Personalcontrollings

Um ein Personalcontrolling mit Leben zu füllen, bedarf es des Einsatzes von geeigneten Instrumenten. Mit der Systematisierung und Vorstellung wichtiger Instrumente beschäftigt sich dieses Kapitel. Aus den zahlreichen, in Frage kommenden Instrumenten, ist eine Auswahl getroffen worden. Ausgewählt wurden vor allem Personalcontrolling-Instrumente, die eine hohe Praxisrelevanz haben oder solche, die in der Wissenschaft als besonders wichtig für die Praxis herausgestellt werden.

1.   Systematisierungsversuche der Instrumente für die Personalarbeit

Auch wenn – verständlicherweise – die Meinungen über die Effizienz von Führungsinstrumenten auseinandergehen, besteht in Wissenschaft und Wirtschaft Einigkeit darüber, dass derjenige, der besser und schneller informiert ist und über optimale Führungsinstrumente verfügt, **im wirtschaftlichen Wettbewerb die größeren Chancen** hat. Denn es ist wohl unbestritten, dass ein **reibungsloser Informationsfluss** und z.B. ein aussagefähiges Kennzahlen- bzw. Berichtssystem die Voraussetzung für rationale Entscheidungen schafft und Ansatzpunkte für notwendige, detailliertere Analysen liefert, wozu das Personalcontrolling mit dem gesamten ihm zur Verfügung stehenden Instrumentariums maßgeblich beiträgt. Allerdings darf nicht dem Irrglauben verfallen werden, strategische Planung und Controlling für eine Art Erfolgsgarantie zu halten.

Die zentrale Aufgabe der Personalarbeit lautet: **Erfolgsfaktoren** und **Erfolgspotenziale** des Unternehmens müssen erkannt, aufgebaut und zur Sicherung des wirtschaftlichen Erfolgs aktiviert werden. Für diese Aufgaben ist es erforderlich, die Umwelt und das Unternehmen mit Hilfe von geeigneten Instrumenten zu analysieren. Um die Unternehmensziele zu verfolgen, kann der Personalcontroller prinzipiell auf **zahlreiche Instrumente** zurückgreifen und diese **je nach Bedarf einsetzen**.

Fasst man unter dem Begriff „**Instrumente**" alle Methoden, Verfahren, Techniken, Konzepte usw. zusammen, so würde allein die Auflistung der Instrumente für den Personalbereich bzw. das Personalcontrolling mehrere DIN-A4-Seiten füllen. Viele Instrumente sind dabei universell bzw. multifunktional und in unterschiedlichen Funktionsbereichen zu verwenden (z.B. Stärken-Schwächen-Analyse, Vergleichsrechnungen usw.). Solche Instrumente sind prinzipiell für alle Funktionsbereiche nutzbar und sind sowohl in Groß- als auch in KMU grundsätzlich einsetzbar. Selbstverständlich muss im

Hinblick auf den Einsatz bestimmter Instrumente vom Unternehmen geprüft werden, ob das Kosten-Nutzen- bzw. Kosten-Erlös-Verhältnis einen Einsatz rechtfertigt.

Insofern erweist sich eine Systematisierung der Personalcontrolling-Instrumente als sehr schwierig (vgl. Hentze/Kammel 1993, S. 67). Eine **Systematisierung** der zahlreichen „Führungsinstrumente" kann grundsätzlich nach **unterschiedlichen Kriterien** erfolgen. Eine allgemeingültige Klassifikation lässt sich demzufolge nicht vornehmen. Bei dem Versuch einer Systematisierung können selbstverständlich auch Kriterien in Kombination dargestellt werden (vgl. Czenskowsky/Zdrowomyslaw/Schünemann 2004, S. 55ff.). Denkbar ist eine (undifferenzierte) Einteilung der Personalcontrolling-Instrumente

- nach **Informationsprozessphasen** (*Hentze/Kammel* 1993, S. 69): **Informationsbedarfsermittlung** (Methode der kritischen Erfolgsfaktoren, personalwirtschaftliche Informationskataloge, sonstige Methoden), **Informationsbeschaffung und -aufbereitung** (personalwirtschaftliche Kennzahlen, systematische Dokumentation vorhandener Informationen, Human-Ressourcen-Portfolio, Personalszenarios und Personalforschung, Delphi-Methode zur Generierung von Früherkennungsinformationen, Personalbestandsanalyse, Kreativitätstechniken sowie personalwirtschaftliche Prognosen und Kontrollen) und **Informationsübermittlung** (Personalberichterstattung, personalwirtschaftliche Kennzahlen);
- nach bestimmten **Steuerungsphasen** (*Küpper*, zitiert in Berthel 2000, S. 445): **Analyseinstrumente** (Potenzialanalysen, Mitarbeitergespräche, Assessmentverfahren), **Planungsinstrumente** (Personalbemessung, Bedarfsplanung, Profilvergleichverfahren, Mitarbeiterportfolios), **Motivations- und Anreizinstrumente** (Prämiensysteme, Fortbildungsmöglichkeiten, Aufstiegsmöglichkeiten) und **Kontrollinstrumente** (Plan-Ist- Vergleiche, Abweichungsanalysen, Personal-Anleit-Instrumente);
- nach **klassischen personalwirtschaftlichen Instrumenten** (Personal- bzw. Leistungsbeurteilung, Personal-Portfolios, Assessment Center, Mitarbeiterbefragungen) und **strategischen Analyseinstrumenten** (Szenario-Technik, Frühwarnsysteme, Soll-/Ist-Vergleiche, Stärken-Schwächen Analysen) *Wunderer/Schlagenhaufer* (1994, S. 67 ff.);
- in **ergebnisorientiertes Personalcontrolling** (Personalkosten- und Funktionskostenstrukturanalyse, Kennzahlen bzw. Kennzahlensysteme, Budgetierung) und **prozessorientiertes Personalcontrolling** (Auditierung, Prozesskostenrechnung, Target Costing, Benchmarking) *Oechsler* (1997, S. 133 ff.);
- in eher **faktororientiertes Controlling** (Personalbeurteilung und Personalportfolio, Mitarbeiterbefragung, Personalkostenanalyse, Humanvermögensrechnung), eher **prozessorientiertes Controlling** (Personalinforma-

tionssysteme, Prozessmanagement, Benchmarking) und „**sowohl als auch in Instrumente**" (Kennzahlensysteme, Früherkennungssysteme und Balanced Scorecard) Freund/Knoblauch/Eisele (2003, S. 207);

- in **Abhängigkeit vom Controlling-Gegenstand** – mehr quantitativer oder mehr qualitativer Sachverhalte – lassen sich folgende Steuerungsverfahren anführen (Berthel 2000, S. 444): **Monetäre, kalkulatorische Erfolgsmessung** (Personalkosten, Kosten und Budgets der Personalabteilung = operativ, Rentabilität von Instrumenten der Personalentwicklung, finanzmathematische Analyse von Betriebspensionen = strategisch), **ökonomische Kennzahlen und Indikatoren** (Leistungsstunden, Absenzzeiten = operativ, Personalstruktur wie Betriebzugehörigkeit, Ausbildungsniveau = strategisch) und **qualitative, subjektive Beurteilung** (Tätigkeitskontrolle mittels Multimomentverfahren = operativ, Potenzialanalysen, Personal-Portfolios = strategisch);

- nach **Anwendungsfeldern** (DGFP 2001, S. 47 ff): Personalplanung, -gewinnung, -einsatz, -entwicklung, Mitarbeiterführung, Personalbetreuung und -abbau sowie die Sonderbereiche „Effizienz der Personalarbeit", „Entgelt", „Arbeitszeit" und „Arbeitssicherheit- und Gesundheitsschutz");

- nach den **Techniken des Organisierens: Ideenfindungs- (Kreativitäts-) techniken** (z.B. Brainstorming, Delphi, Szenario, Betriebsvergleich, Vorschlagswesen), **Bewertungs- und Entscheidungstechniken** (z.B. Verbaler Vergleich, Punktbewertung und Nutzwertanalyse, Wirtschaftlichkeitsrechnung, Simulation, Optimierungsrechnungen wie Netzpläne u.a.), **Überzeugungs- und Durchsetzungstechniken** (z.B. Anleitung/Unterweisung, Präsentation/Moderation, Motivation, Partizipation, Gesprächsführungstechniken), **Erhebungstechniken** (z.B. Befragung, Beobachtung, Dokumentenanalyse, Selbstaufschreibung, statistische Methoden), **Darstellungstechniken** (z.B. Text, Vordruck, Schaubilder wie Organigramme, Flussdiagramme usw.) und Kontrolltechniken (z.B. Checkliste, Stärken-Schwächen-Profile, Wertanalyse, Betriebsvergleich)

- nach der **Eignung** und den **Erfordernissen** bei Berücksichtigung **der Unternehmensgröße**: Großunternehmen und KMU

Es ist nicht möglich, alle denkbaren Instrumente zu besprechen, die zur Optimierung der Personalarbeit genutzt werden können. Eine umfassende Beschreibung und Analyse der Fülle von Instrumenten würden den Rahmen dieses Buches sprengen. Von uns werden Instrumente ausgewählt, die zum einen mehr oder weniger in jedem Unternehmen zum Einsatz kommen können (z.B. Kennzahlen, Mitarbeiterbefragung) und zum anderen, deren Bedeutung für die Wirtschaftspraxis als hoch eingeschätzt wird (z.B. Balanced Scorecard, Personalrisikomanagement). Es kann und wird jedoch nicht auf die hier vorgestellten Instrumente gleichermaßen intensiv eingegangen. Im wesentlichen geht es bei der Beschreibung des Instruments darum, die **Charakteristik**

(Zielsetzungen, Fragestellungen, erforderliche Datenbasis, Schilderung des Ablaufs und ggf. Beispiel) zu verdeutlichen und eine kurze **Bewertung** vorzunehmen.

2. Ausgewählte Personalcontrolling-Instrumente

Die von uns ausgewählten Personalcontrolling-Instrumente haben wir, wie Abbildung 81 zeigt, folgendermaßen systematisiert:

- Instrumente eher zum Aufdecken von strategischen Problemfeldern der Personalarbeit
- Eher personalarbeitsbezogene und -unterstützende Instrumente
- Eher personenbezogene und bewertende Instrumente

Abb. 81: Ausgewählte Personalcontrolling-Instrumente

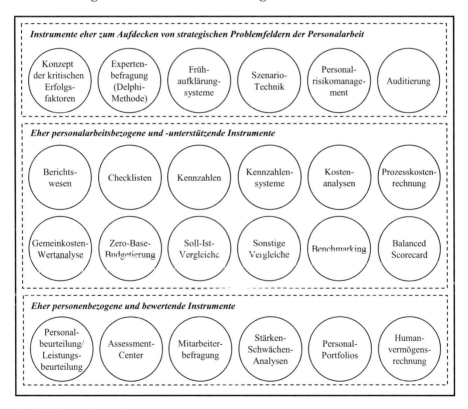

Quelle: Eigene Darstellung

Entsprechend dieser Dreiteilung werden die Instrumente nachfolgend besprochen, beginnend mit dem „Konzept der kritischen Erfolgsfaktoren" und endend mit der Humanvermögensrechnung.

2.1   Instrumente zum Aufdecken von strategischen Problemfeldern der Personalarbeit

Eine wichtige Aufgabe des Personalcontrollings im Sinne der Sicherstellung des Unternehmenserfolgs durch die Identifizierung von kritischen Erfolgsfaktoren und die Bereitstellung von personalwirtschaftlich relevanten Frühwarn- bzw. Früherkennungsinformationen ist, die Entscheidungsträger rechtzeitig und mit den „richtigen" Informationen bei ihrem Entscheidungsprozess zu unterstützen. Es existieren viele Ansätze, Modelle usw. (z.B. Kennzahlenkataloge mit Frühwarneigenschaften, Kreativitätstechniken, Konkurrenzbeobachtung, Heuristiken, Simulationsmodelle, Portfolio-Methode, Expertenbefragung) zur Aufdeckung personalwirtschaftlicher Problemfelder (vgl. Hentze/Kammel 1993, S. 97). Obwohl zweifellos z.B. die Portfolio-Methode eine Zukunftsbetrachtung beinhaltet, ordnen wir jedoch dieses Instrument – unserer Systematik folgend – der Kategorie „eher personenbezogene und bewertende Instrumente" zu. Von uns werden folgende sechs Instrumente, die stark den Fokus auf die Informationsbedarfsermittlung und die Sensibilisierung der Entscheidungsträger für strategische Problemfelder richten, der Kategorie „eher zum Aufdecken strategischer Problemfelder der Personalarbeit" zugeordnet und besprochen: Kritische (strategische) Erfolgsfaktoren, Expertenbefragung (Delphi-Methode), Frühwarnsysteme, Szenario-Technik, Personalrisikomanagement und Auditierung.

2.1.1   Konzept der kritischen Erfolgsfaktoren

Weltweit stellen sich Wissenschaftler die Frage, warum erfolgreiche Unternehmen erfolgreich sind, und Experten zerbrechen sich die Köpfe auf der Suche nach **dem** Erfolgsrezept. Die meisten Studien können dahingehend zusammengefasst werden: Ein Patentrezept für den Unternehmenserfolg gibt es nicht. Empfehlungen und neue Strategien, Instrumente und Konzeptionen für erfolgreiche Unternehmer haben seit Jahren Hochkonjunktur. Spätestens seit der Publikation des Buches „Auf der Suche nach Spitzenleistungen" von *Peters* und *Watermann* aus den 80er Jahren ist die **Erfolgsfaktorenforschung** auch für KMU populär (vgl. Zdrowomyslaw/Dürig 1999, S. 129ff., Becker/Fallgatter 2005, S. 136ff.).Um kritische Faktoren des Unternehmens identifizieren und beurteilen sowie Ziele vorgeben und Strategien entwickeln zu können, sind **Umwelt-** und **Unternehmensanalysen** erforderlich (auch

SWOT-Analyse genannt). Ausgangspunkt jeder Strategie ist die **Situations-analyse**, d.h. die Beschaffung der für die strategischen Entscheidungen notwendigen Informationen. Aufgabe der strategischen Situationsanalyse ist es, sich Klarheit über die derzeitigen und zukünftigen internen und externen Rahmenbedingungen, in denen das Unternehmen agiert, zu verschaffen (vgl. Zdrowomyslaw 2005, S.94ff.).

Allgemein kann festgehalten werden, dass ein Unternehmen dann erfolgreich agiert, wenn es ihm gelingt, die eigenen (strategischen) **Potenziale** mit den Anforderungen der Unternehmensumwelt abzustimmen. **Strategische Potenziale** stellen den „Speicher spezifischer Stärken dar". Dabei lassen sich nach *Bea/Haas* (2001, S. 109ff.) zwei Kategorien von Potenzialen – untergliedert in Teilbereiche bzw. -systeme – , unterscheiden, aus denen sich strategische Erfolgsfaktoren ableiten lassen: **Leistungspotenziale** (als Erfolgsfaktoren für den Bereich „Personal" gelten: Qualifikation, Motivation, Alter und Ausbildung, Lernfähigkeit, Identifikation mit dem Unternehmen und unternehmerisches Handeln) und **Führungspotenziale** (als Erfolgsfaktoren z.B. für den Bereich „Unternehmenskultur" gelten: Stärke der Unternehmenskultur, Grad der Außenorientierung und Innovationsfähigkeit). Die Umweltanalyse widmet sich der Identifizierung **kritischer (strategischer) Erfolgsfak-**

Abb. 82: Identifizierung von kritischen Erfolgsfaktoren

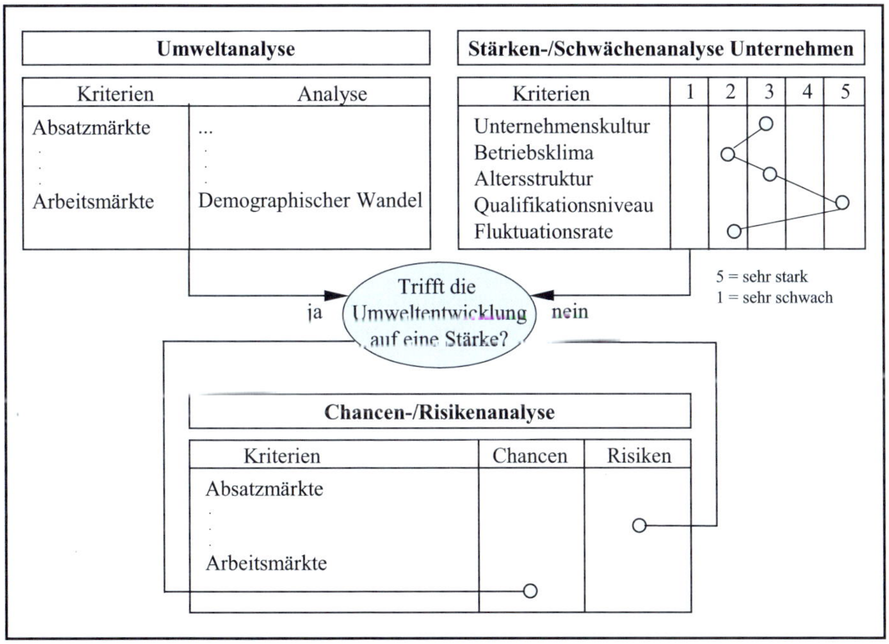

Quelle: Eigene Darstellung

toren (Chancen und Risiken) aus Sicht des Personalmanagements und der Charakterisierung dieser nach den Hauptmerkmalen Komplexität und Kontrollierbarkeit. Mit der Unternehmensanalyse werden die unternehmensspezifischen Stärken und Schwächen erfasst und mit den Ergebnissen der Umweltanalyse abgeglichen. Es wird der Frage nachgegangen, wo wir **strategische Wettbewerbsvorteile**, die stets relativ sind, d.h. einem Vergleich zu unterziehen sind (z.B. härtester Konkurrent, Orientierung an bestimmten Benchmarks oder Idealzielen), haben.

Welche **Faktoren für den Erfolg** (ggf. auch Misserfolg) eines Unternehmens verantwortlich zeichnen, ist seit längerem Gegenstand wissenschaftlicher Forschungen. Natürlich können Erfolgsfaktoren einerseits nicht völlig losgelöst von den Rahmenbedingungen und dem Know-how von Branchen beurteilt werden. Andererseits gibt es aber durchaus einige Erfolgsfaktoren, die in Unternehmen mit vorzeigbaren Leistungen beachtet werden und die unabhängig von der Branche und zum Teil auch von der Größe des Unternehmens Gültigkeit haben. In keiner Studie – wen wundert es – fehlt der Erfolgsfaktor „Mitarbeiter" bzw. das Humanpotenzial. *Nagel* (1993) streicht beispielsweise folgende **sechs Erfolgsfaktoren** des Unternehmens heraus: Strategie, Organisation, Mitarbeiter, Führungssystem, Informationssystem, Kundennähe.

Seitens des **Personalcontrollings** gilt es, strategische Potenziale und kritische Erfolgsfaktoren zu identifizieren und mit Hilfe der **Informationsbedarfsanalyse** von den personalwirtschaftlichen Entscheidungsträgern in Erfahrung zu bringen, welche planungs- und entscheidungsrelevanten Informationen, differenziert nach Art, Umfang, Zeit und Raum, benötigt werden. Nach *Henzte/Kammel* (1993, S. 75) können zur Generierung von Informationen unterschiedliche **Methoden der Informationsbedarfsanalyse** (z.B. Befragung der Informationsbenutzer bzw. Aufstellen einer Informationsbedarfsliste durch den Benutzer, Vorgabe von Informationskatalogen) genutzt werden. Herausgestellt wird dabei von den Autoren das „**Konzept der kritischen Erfolgsfaktoren**". Hierbei handelt es sich um einen stark informationsverwendungsorientierten Ansatz im Hinblick auf „harte" und „weiche" Informationen, wobei mittels Interviews bestimmt wird, welche Faktoren für den Unternehmenserfolg entscheidend sind. Diese Methode lässt sich durch die folgende **Aktivitätenschrittfolge** einer idealtypischen Analyse kritischer Erfolgsfaktoren beschreiben:

* Erfassung, Systematisierung und Analyse der wichtigsten strategischen und operativen Ziele,
* Identifikation und Festlegung kritischer Erfolgsfaktoren, die für die Zielerreichung ausschlaggebend sind und breiten Konsens finden,
* Entwicklung von Messkriterien für jeden kritischen Erfolgsfaktor,
* Aufdeckung von Informationslücken durch Vergleich angebotener und nachgetragener Informationen,

- Ermittlung des wesentlichen Informationsbedarfs für die kritischen Erfolgsfaktoren und Messkriterien,
- Feststellen der Rolle einzelner Entscheidungsträger bezüglich der Beherrschung der Erfolgsfaktoren, der dabei zu treffenden Entscheidungen und der Definition des individuellen Informationsbedarfs,
- Systematische Weiterentwicklung des Konzeptes unter Heranziehung aller Beteiligten und der Unternehmensleitung.

Geht man von den unterschiedlichen Ebenen des Personalmanagements aus, so werden bei strategischen Entscheidungen vor allem hoch verdichtete, einmalige, globale und qualitative Informationen benötigt, sind dagegen auf der Ebene der operativen Entscheidungen laufend exakte und primär quantitative Informationen notwendig. Beispielhaft seien zwei spezifische Informationsbedarfe für einen Personalleiter angeführt: Müssen bei Standortverlegung der Produktion externe Facharbeiter angeworben werden, so müssen Informationen über den regionalen Teil-Arbeitsmarkt vorliegen; zur Evaluierung des betrieblichen Bildungsangebots werden Informationen zur ökonomischen und pädagogischen Erfolgskontrolle benötigt.

Die **Sensibilisierung** für, **Identifizierung** von und **Aufbereitung** der „kritischen Erfolgsfaktoren" erfordert also nicht nur die Suche und Erschließung von diversen Informationsquellen über externe und interne Einflussgrößen (vgl. Hentze/Kammel 1993, S. 80ff.), sondern das „Konzept der kritischen Erfolgsfaktoren" sollte auch in Verbindung zu anderen Instrumenten gesehen werden, wie z.B. Expertenbefragung, Personalrisikomanagement, Soll-Ist-Vergleiche, Stärken-Schwächen-Analyse.

2.1.2   Expertenbefragung (Delphi-Methode)

Wie erwähnt, existieren zahlreiche Informationsquellen und Instrumente, die zur Generierung von Frühwarn- bzw. Früherkennungsinformationen für die Unterstützung personalwirtschaftlicher Entscheidungen genutzt werden können. Ein wichtiges Instrument zur Gewinnung von Informationen über die zukünftige Entwicklung ist die **Expertenbefragung** bzw. die sog. **Delphi-Methode**.

Bei der Delphi-Methode handelt es sich grundsätzlich um eine **mehrstufige** Befragung **mehrerer Experten**, wobei diese vor der endgültigen Auswertung ihrer Antwort nochmals befragt werden und durch die Rückkopplung eine Verbesserung der Informationsqualität erwartet wird (vgl. Abb. 83). Sie stellt demnach eine spezielle Form der **Gruppenprognose** (Gesamturteil) auf der Basis von Expertenmeinung(en) dar, deren Ergebnisse dazu beitragen sollen, veränderte Konstellationen und Diskontinuitäten in der Zukunft abzuschätzen. Der Delphi-Methode liegt die Hypothese zugrunde, dass eine

Abb. 83: Ablauf einer Expertenbefragung (Delphi-Methode)

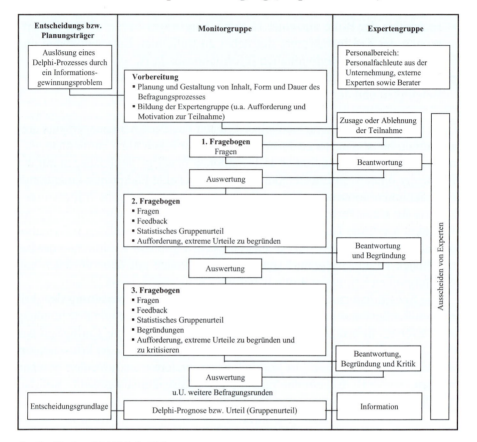

Quelle: Koslowski 1994, S. 236

Gruppe von Individuen (Experten) ein komplexes Problem „besser" struktu-
rieren, analysieren, lösen kann als ein Individuum und dass die besondere
Struktur der Delphigruppe zu „besseren Ergebnissen führt" als andere Grup-
penstrukturen, insbesondere die „Face to Face-Kommunikation". Die mehrstufige Expertenbefragung benötigt, gemessen an der „einfachen" Befragung,
mehr konzeptionelle Vorarbeiten, wobei folgende Merkmale für die Methode
charakteristisch sind (vgl. Hentze/Kammel 1993, S. 107f.):

- Die Delphigruppe besteht aus Experten (Fachleuten), die sich mit den
  unterschiedlichen Aspekten des Prognoseproblems beschäftigt haben. Für
  den Personalbereich kommen dabei Personalfachleute aus der Unternehmung, aber auch externe Experten oder Berater in Frage.
- Die Experten und deren Antworten bleiben untereinander möglichst anonym.

- Die Prognose vollzieht sich in mehreren Runden, zwischen denen eine Informationsrückkopplung stattfindet. Damit haben die Experten die Möglichkeit, ihre ursprüngliche Meinung im Lichte zusätzlicher Informationen zu modifizieren.
- Der Median und die Quartalsspanne der Prognosen jeder Runde werden den Experten zugeteilt. **Ziel** der Delphi-Methode ist es, während mehrerer Befragungsrunden eine Konvergenz der Einzelprognosen zu erreichen, ohne dass sich (entsprechend der oben genannten grundlegenden „Delphi-Hypothese") die Experten in Diskussionsgruppen gegenseitig beeinflussen. Gegenüber einer offenen Gruppendiskussion und ausschließlicher Einzelbefragungen von Experten weist sie folgende **Vorteile** auf:
  - Durch die Anonymität und die isolierte Befragung der Experten werden die oben angesprochenen negativen Einflüsse auf den Meinungsbildungsprozess zum Teil vermieden.
  - Es besteht ein Zwang zu verständlichen und gleichzeitig relativ knappen Formulierungen.
  - Mit Hilfe der statistischen Auswertungen lässt sich der Befragungsprozess sehr gut analysieren und kontrollieren.
  - Die Durchführung einer Delphi-Befragung ist nicht an eine bestimmte Zeit oder einen bestimmten Ort gebunden, und es können viele Expertenneuerungen einbezogen werden.
- Als **nachteilig** gelten vor allem der hohe Ressourceneinsatz und Zeitaufwand sowie die mangelnde wissenschaftliche Absicherung. Außerdem stellen sich die Fragen, ob der Median ein guter Prognosewert ist und ob ein Meinungskonsens wirklich aus Einsicht zustande kommt oder eher auf Konformitätsdruck zurückzuführen ist.

Beispiel Personalbedarfsplanung: Bei einer systematischen Expertenbefragung im Sinne der Delphi-Methode werden die betroffenen Führungskräfte und eventuell auch Außenstehende (z.B. Unternehmensberater) mit Hilfe eines Fragebogens nach ihren Stärken, Schätzungen und Begründungen für den künftigen Personalbedarf befragt. Um das Verfahren zu objektivieren, greifen die Experten auf übertragbare Kennzahlen anderer Betriebe zurück (z.B. Betriebsvergleiche, Benchmarking). Es findet eine Auswertung und Analyse der Bedarfsschätzung durch den Personalplaner statt. Die Führungskräfte werden über die Ereignisse der Auswertung aller Schätzungen informiert und zu einer zweiten Schätzung aufgefordert. Diese zweite Schätzung wird ausgewertet und zur Festlegung des Bedarfs zum Planungszeitpunkt angenommen. Der Informationseffekt dieser Planungsmethode und die Teilnahme am Planungsprozess schaffen günstige Voraussetzungen für das Verständnis der Personalplanung und für die reibungslose Durchführung der Planung (vgl. Jung 2006, S. 123f.).

Abschließend kann festgehalten werden, dass durch die systematische Vorge-hensweise Schätzverfahren eine hohe Güte erreichen können. Um dies sicher-zustellen, sollte der Personalcontroller in seiner Funktion als Moderator bei einem Einsatz der Delphi-Technik für personalwirtschaftliche Zwecke bezüg-lich der Auswahl der Experten vor allem darauf zu achten, dass einerseits die Teilnehmer bereit sind, ihre **Ansichten zu modifizieren**, andererseits, dass die Teilnehmer über ausreichend **Sachverstand** hinsichtlich des Prognose-gegenstandes und der Problemlösungsmethoden verfügen.

2.1.3 Frühaufklärungssysteme

Personalcontroller im „modernen" Verständnis bedeutet vor allem, Planer und aktiver Unterstützer und Gestalter der Unternehmensentwicklung zu sein. Hierzu gehören unter anderem die Instrumente Frühaufklärung (beinhaltet mehr als der Begriff „Frühwarnung" aber auch als der Begriff „Früherken-nung") und Risikomanagement für den Personalbereich (vgl. hierzu grund-sätzlich Zdrowomyslaw 2005, S. 88 ff.).

Die **Frühaufklärung** (bzw. ein Frühaufklärungssystem), die jetzt Gegen-stand der Beschreibung ist, soll zukünftige Entwicklungen und Ergebnisse vor-weg erfassen, d.h. antizipieren. Sie soll gewährleisten, dass die Entscheidungs-träger so frühzeitig wie möglich über Trends und Diskontinuitäten informiert sind. Die Frühaufklärungs-Philosophie kann kurz als ein „Denken in Unschär-fen" gekennzeichnet werden, das die ungerichtete Suche nach sog. „schwachen Signalen" und die Beurteilung qualitativer und vager Informationen beinhaltet. Um eine frühzeitige Ortung von Bedrohungen und Chancen sowie Initiierung von Gegenmaßnahmen (bei Bedrohung) bzw. Maßnahmen zur Nutzung (bei Chancen) vorzuschlagen, reichen die Vergangenheitsdaten, wie sie das perso-nalbezogene Rechnungswesen oder die Personalstatistik liefern und die daraus entwickelten Kennzahlen, hierfür selten aus. Gefragt ist verstärkt die Erfas-sung und Bereitstellung von Indikatoren, die als „strategisches Radar" wirken.

Grundsätzlich kann allerdings eine Unterscheidung zwischen **operativer** und **strategischer Frühaufklärung** vorgenommen werden (vgl. Krystek/ Müller-Stewens 1993, S. 10ff.), wobei die operative weiter verbreitet ist. Zen-trales Kennzeichen operativer Frühaufklärung sind systemgebundene, d.h. spezielle Informationssysteme bzw. eingeschränkte Kennzahlen und Kenn-zahlensysteme. Die **kennzahlenorientierte operative Frühaufklärung** ist maßgeblich unter dem Aspekt der Krisenprophylaxe entstanden und weiter-entwickelt worden. Außer im Rahmen von Ansätzen einer strategischen Unternehmensführung begegnet man der **Funktion** „Frühaufklärung" vor allem **in drei Aufgabenbereichen des Managements**: Dem Controlling, dem Krisen- und zunehmend dem Risikomanagement. Diese lassen sich wie folgt charakterisieren:

- Beim **(Personal-)Controlling** aus traditioneller Sicht ist die Relevanz von Frühaufklärung dort gegeben, wo es um **Soll-Wird-Vergleiche** (Prognose) und **Abweichungsanalysen** geht. Dagegen wird in modernen Controlling-Konzeptionen die Frühaufklärungsfunktion auf eine **indikatororientierte Frühraufklärung** von kurz und mittelfristig relevanten Chancen und Bedrohungen, schwerpunktmäßig im Hinblick auf die Ergebnissituation, ausgedehnt.
- Beim **Krisenmanagement** ist dies durchaus der Fall, wo entsprechende Ansätze auch die **Krisenvermeidung als Funktion** mit einbeziehen.
- Beim **(Personal-)Risikomanagement** besteht auch der Anspruch, Frühwarninstrumente aufzubauen, mit denen interne und externe Entwicklungen, die besonders risiko- bzw. chancenträchtig sind, diagnostiziert werden können (vgl. Kobi 2003, S. 102 f.).

Der Entwicklungs-, Pflege- und Betriebsaufwand für ein Radar-System ist nicht zu unterschätzen und in Klein- und Mittelbetrieben nur schwer realisierbar. Das Personalcontrolling muss eng und verzahnt mit anderen Funktionsbereichen zusammenarbeiten und zentrale **Frühwarnindikatoren** (z.B. volkswirtschaftliche, betriebswirtschaftliche, technische, marktbezogene und soziale Indikatoren), die im Idealfall schon innerhalb der Szenario-Technik erhoben wurden, analysieren und die Folgen für die Personalarbeit transparent machen (vgl. Wunderer/Schlagenhaufer 1994, S. 75). Abbildung 84 verdeut-

Abb. 84: Phasen einer Unternehmenskrise

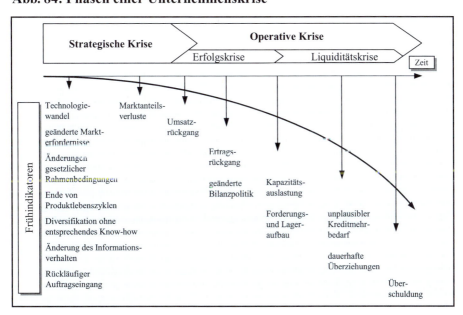

Quelle: Czenskowsky/Schünemann/Zdrowomyslaw 2004, S. 63

licht, dass „Frühwarnsignale" in diversen Umwelt- und Unternehmensbereichen geortet werden können (z.B. Ende von Produktlebenszyklen), die erste Hinweise auf eine **strategische Unternehmenskrise** liefern (siehe zu Unternehmenskrisen Zdrowomyslaw 2005, S. 131 ff.).

Will man ein **zukunftsbezogenes** Controlling betreiben, sollte man, um nicht in eine Unternehmenskrise bzw. Insolvenz zu geraten, Ausschau nach Fakten halten, die Ereignissen wie eine Bugwelle vorauslaufen. Erfolgsfaktoren und -potenziale des Unternehmens müssen erkannt, aufgebaut und zur Sicherung des wirtschaftlichen Erfolgs aktiviert werden. Zur Generierung geeigneter Informationen sind die „schwachen Signale" auszumachen und entsprechende Frühindikatoren zielorientiert zu bestimmen und zu analysieren sowie unternehmensweit alle Ursache-Wirkungszusammenhänge zu erfassen und darzustellen (siehe Abb. 85). Was sind aber eigentlich **Frühindikatoren** (auch Vorlauf-, Problem- oder Ursachenindikatoren genannt)?

Abb. 85: Modellhafte Darstellung von Frühinformationen und deren Nutzung

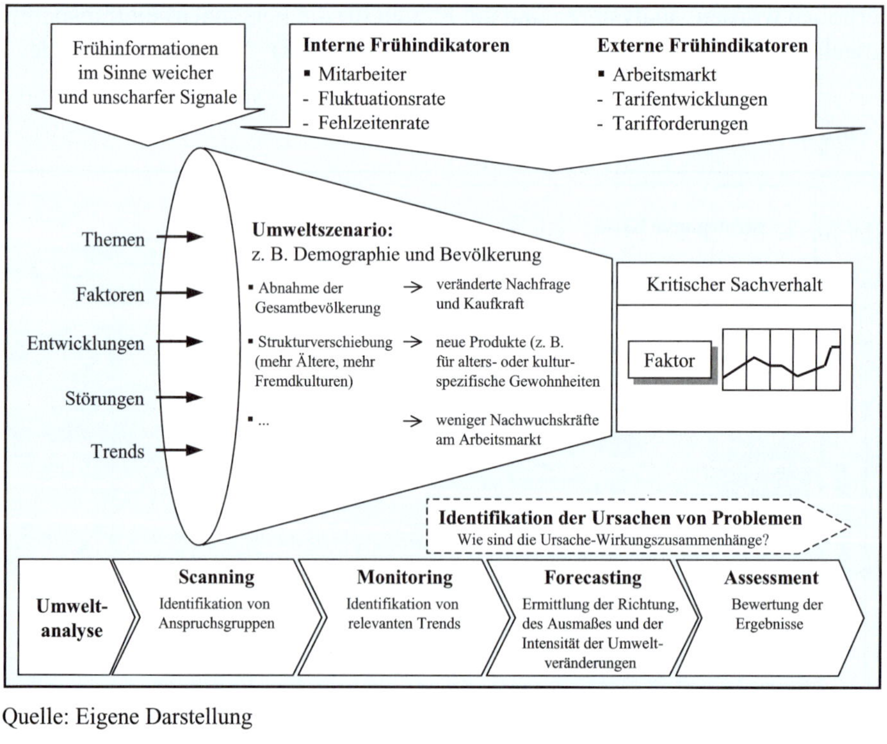

Quelle: Eigene Darstellung

Nach *Gladen* (2001, S. 14) haben alle **Zahlen**, die komplizierte Sachverhalte auf einfache Weise abzubilden versuchen, im weiteren Sinne mehr oder weniger stark den Charakter von Indikatoren (z.B. periodisches Betriebsergebnis als Indikator für die nachhaltige Ertragsfähigkeit). Oder anders gesprochen, zwischen Indikatoren und Kennzahlen besteht grundsätzlich eine Übereinstimmung: So stellt eine Fluktuationsrate sowohl eine Kennzahl als auch einen Indikator dar. Allerdings sind **Indikatoren** im engeren Sinne keine über Verdichtung gewonnenen Informationen, sondern sind **Ersatzgrößen**, deren Ausprägung oder Veränderung den Schluss auf die Ausprägung und Veränderung einer anderen als wichtig erachteten Größe zulassen. Die gleichen Kennzahlen (-ziffern, -größen) können prinzipiell als **Früh-** oder **Spätindikatoren** wirken, d.h. sie hängen eng mit der Ursache-Wirkungsanalyse zusammen. Eine absolute Zuordnung von Kennzahlen zu den Früh- bzw. Spätindikatoren ist insofern nicht möglich. Innerhalb der Ursache-Wirkungsketten der Balanced Scorecard werden beispielsweise bestimmte Spätindikatoren für die nachfolgende Perspektive durchaus zu Frühindikatoren. Frühindikatoren sind als **Leistungstreiber** zu charakterisieren (vgl. Friedag/Schmidt 1999, S. 170ff.). Zum Teil werden durch Indikatoren stellvertretend **nicht direkt messbare** oder **nicht direkt beobachtbare** Tatbestände bzw. Größen abgebildet, sog. „weiche Faktoren" wie z.B. Unternehmenskultur, Betriebsklima, interne und externe Kundenzufriedenheit. Die Bedeutung der schwer messbaren und auch mehr durch subjektive Momente geprägte Erfolgsgrößen („weiche" Faktoren) für die Unternehmenssteuerung ist von der Wissenschaft und Praxis erkannt worden, und die Diskussion um geeignete Erfassungsmethoden und Kennzahlen ist in vollem Gange (vgl. Brown 1997, Karlshaus 2005).

Beispiele für „frühzeitige" Hinweise sich anbahnender Missstände in einem Unternehmen sind unzufriedene Mitarbeiter und ein schlechtes Betriebsklima. Die Folgewirkungen lassen sich schwer erfassen und messen und treten erst nach einiger Zeit in den operativen Systemen wie z.B. Verkauf oder Kundenreklamationen auf. Nach wiederum einer gewissen Zeitspanne ergeben sich daraus Konsequenzen auf den Umsatz und die Kostensituation.

Will man in einem Unternehmen beispielsweise die Mitarbeiterperspektive messen (hierzu siehe Balanced Scorecard), so benötigen Entscheidungsträger sowohl weiche als auch harte Daten. Abbildung 86 zeigt einige wichtige harte und weiche Faktoren aus dem Personalbereich, die den Erfolg mitbestimmen.

Abb. 86: Harte und weiche Messungen (Faktoren) aus dem Personalbereich

Harte Messungen	Weiche Messungen
▪ Produktivitätskennzahlen (Umsatz pro Mitarbeiter etc.) ▪ Verfügbarkeitsquote ▪ Fehlerquote ▪ Fluktuationsquote ▪ Anzahl der Kündigungen ▪ Pensionsreglungen ▪ Lohniveau im Branchenvergleich ▪ Ausgaben für Weiterbildung ▪ Anzahl der Schulungsstunden pro Mitarbeiter ▪ Anzahl eingebrachter/umgesetzter Ideen	▪ Kenntnisse und Fähigkeiten der Mitarbeiter ▪ Bildungsstand der Mitarbeiter ▪ Mitarbeiterzufriedenheit ▪ Arbeitsklima ▪ Motivation ▪ Loyalität ▪ Kompetenz der Führungskräfte ▪ Unternehmenskultur

Quelle: Weber 2002, S. 126

Es existieren mittlerweile ausreichend Methoden und Techniken, die es gestatten, unternehmensrelevante **Informationen mit Frühaufklärungs-charakter** gezielt für ein prophylaktisches Management bezogen auf einzelne Funktionsbereiche sowie für das Gesamtunternehmen aufzubereiten (z.B. Szenario-Technik, Portfolio- und Konkurrenzanalyse).

2.1.4 Szenario-Technik

Im Bereich der strategischen Planung des Gesamtunternehmens und einzelner Funktionsbereiche reicht es angesichts der Umweltdynamik vielfach nicht mehr aus, langfristige Prognosen im Sinne einer bloßen Fortschreibung zu stellen. Ein wichtiges Instrument, um Unsicherheitsfaktoren offen zulegen bzw. Frühaufklärung zu betreiben, mögliche künftige Entwicklungen zu erarbeiten und strategische Alternativen aufzuzeigen, stellt die **Szenario-Technik** dar (vgl. Czenskowsky/Schünemann/Zdrowomyslaw 2004, S. 116ff.). Szenario-Technik kann als zielorientierte **Erzeugung möglicher Zukunftsbilder** und der zu ihnen führenden **Entwicklungspfade** unter Berücksichtigung **alternativer Rahmenbedingungen** definiert werden. Die erzeugten Zukunftsbilder zusammen mit den zu ihnen führenden Entwicklungspfaden werden als **Szenarien** bezeichnet und liefern den Entscheidungsträgern denkbare Handlungskonzepte. Im einfachsten Fall kann ein solcher Handlungsrahmen durch **drei** typische Szenarien abgesteckt werden:

- ein **optimistisches Extremszenario**, das den unter günstigsten Entwicklungsbedingungen erreichbaren theoretischen Idealfall repräsentiert,
- ein **pessimistisches Extremszenario**, das den unter ungünstigsten Entwicklungsbedingungen möglichen Entwicklungsverlauf aufzeigt sowie

- ein **„normales"** (überraschungsfreies Trend-) **Szenario**, welches sich bei „störungsfreiem" Verlauf ergibt (hier werden weder in „positiver" noch in „negativer" Hinsicht nennenswerte „Störereignisse" eintreten).

Bei grafischer Darstellung entsteht der sogenannte **Szenariotrichter**, der in erster Linie als Denkmodell zur Darstellung von Szenarien angesehen werden kann (vgl. Abb. 87). Nach *Wunderer/Schlagenhaufer* (1994, S. 74) ist die Durchführung von Szenarien, die meistens in acht Schritten erfolgt, relativ kostengünstig und „als Instrument eines Vorfeld-Controlling" zu verstehen.

Abb. 87: Szenariotrichter

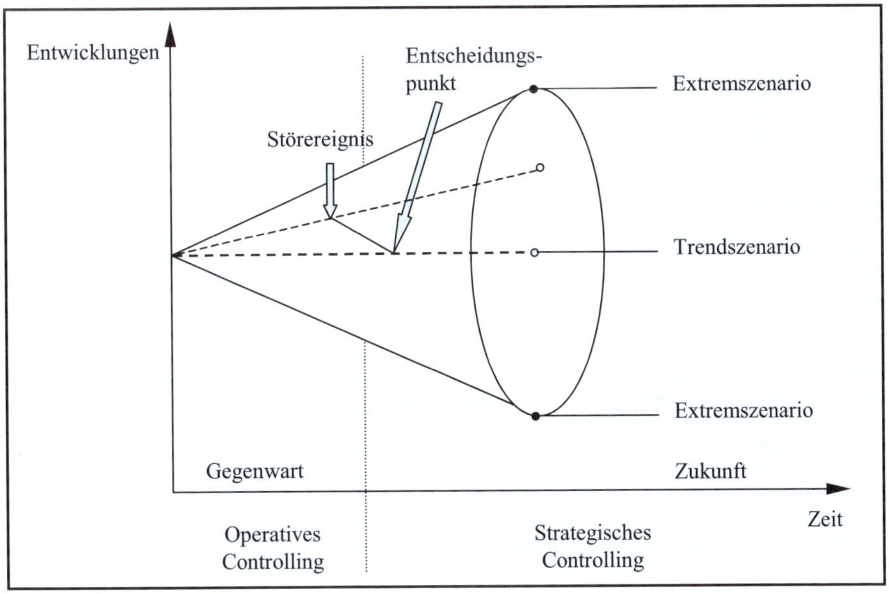

Quelle: Czenskowsky/Schünemann/Zdrowomyslaw 2004, S. 118

Für die Anwendung von Szenarios in der Personalwirtschaft spricht eine Reihe von Gründen, und es gibt zahlreiche Betrachtungsfelder (z.B. Trends zum Job-Sharing, verringerte Mobilität und das verstärkte Vordringen von Frauen in Führungspositionen), die Gegenstand von **Personalszenarios** sein können (siehe zu den Trends auch Kapitel III Punkt 2). Folgender Auflistung sind einige sog. **„Schlüsselfaktoren"** zu entnehmen, auf denen der Personalcontroller aufsetzen kann und unter Berücksichtigung der Belange des Unternehmens sowie der Einbeziehung von geeigneten Personen (acht bis zehn lernfähige und fachkundige Teilnehmer) **unternehmensspezifische Personalszenarios** entwickeln kann (vgl. Hentze/Kammel 1993, S. 103):

- Angebot an externer Aus- und Weiterbildung
- Umfang alternativer Lebens- und Arbeitsformen
- Umfang staatlicher Reglementierungen/Vorsorge
- Einstellungen zur Zeitdauer von Arbeit und Freizeit (Work-Life-Balance)
- Interesse der Mitarbeiter, an übergreifenden überbetrieblichen Problemen mitzuwirken
- Wertewandel bis hin zum „selbstbestimmten" Arbeiten
- Arbeitslosenrate allgemein und beim Fachpersonal
- Weltwirtschaftlicher Protektionismus
- Qualitatives/quantitatives Wachstum
- Umfang der Schattenwirtschaft
- Art und Umfang des gesellschaftspolitischen Engagements der Mitarbeiter
- Ausprägung von Zukunftsängsten des Personals hinsichtlich technologischer Innovationen (Rationalisierung)
- Einstellungen der Mitarbeiter zur Produkt- bzw. Dienstleistungspalette
- Leistungs- und Problemlösungsbereitschaft
- Regionale Mobilität der Arbeitskräfte
- Künftige Ökosensibilität
- Bedeutung unternehmerischer Arbeitsmärkte

Abbildung 88 zeigt exemplarisch den möglichen Ablauf eines Szenarios im Personalbereich. Die **Qualität** und **Akzeptanz** der Ergebnisse hängt nicht unerheblich von der Auswahl der mitwirkenden Personen und ihrer Versorgung mit relevanten Informationen ab. Die Erkenntnisse aus der Anwendung der Szenario-Technik können den Aufbau und die Etablierung eines Frühaufklärungssystems unterstützen.

2.1.5 Personalrisikomanagement

Wie bereits dargelegt, sind das Vermeiden von Gefahren und Nutzen von Chancen wesentliche Pfeiler der Unternehmenssicherung und -entwicklung. Häufig werden jedoch seitens der Unternehmen Gefahren verkannt und existenzbedrohende Risiken eingegangen, die nicht selten die „Unternehmenspleite" zur Folge haben. Die Auseinandersetzung mit dem **Risikomanagement** in Theorie und Praxis hat Hochkonjunktur (vgl. Ibers/Hey 2005, Kobi 2002, Martin/Bär 2002, Paul 2005, Wolf/Runzheimer 2000). Aktives Management von Personalrisiken verlangt nicht nur die Aufmerksamkeit der obersten Führungsebene, sondern erfordert auch die Akzeptanz und Unterstützung der Mitarbeiter. Sehr hilfreich ist bei der Umsetzung von Risikomanagement, wenn alle Interessengruppen sich über Risiken im Personalbereich Gedanken machen und bei der Quantifizierung und Optimierung Verantwortung übernehmen. Die Ergebnisse der personalwirtschaftlichen Risikoanalyse sollten in

Abb. 88: Beispiel für den Ablauf einer Szenario-Analyse im Personalbereich

Stufe	Ziel	Aktivitäten
Schritt 1: Aufgaben-analyse	Analyse der gegenwärtigen Situation im Personalbereich	▪ Zusammenstellung und Bewertung personalwirtschaftlicher Ziele und Strategien im Kontext des Unternehmensbildes ▪ Stärken/Schwächen-Analyse ▪ Eruierung wichtiger Probleme und Lösungsnotwendigkeiten ▪ Festlegung der Zeithorizonte für die Szenarien
Schritt 2: Einflussanalyse	Festlegung der Einflussgrößen des In- und Umsystems, die auf den Personalbereich einwirken; Ermittlung und Bewertung der Einflussfaktoren und Analyse der Vernetzung zwischen den Einflussbereichen	▪ Ermittlung der relevanten Einflussfaktoren in den einzelnen Beobachtungsbereichen ▪ Erstellung einer Rangordnung der relevanten Einflussfaktoren für den Personalbereich (Bewertung) ▪ Vernetzungsanalyse (Klärung der Frage, welche Einflussbereiche welche anderen Einflussbereiche wie stark determinieren bzw. von diesen beeinflusst werden) ▪ Überlegung zu der Frage, wie man die vernetzten Einflussgrößen des In- und Umsystems für die Personalwirtschaft aktiv nutzen kann (insbesondere Synergieeffekte)
Schritt 3: Projektionen	Ermittlung von Kenngrößen (Deskriptoren) auf Basis der in Schritt 2 ermittelten Einflussgrößen	▪ möglichst wertneutrale Formulierung der Deskriptoren, die den jetzigen und zukünftigen Zustand der jeweiligen Kenngröße präzise beschreiben ▪ Hinzuziehung von Prognosedaten und weiterer Daten unterschiedlicher personalwirtschaftlicher Informationsquellen (Personalinformationssysteme, Personalverwaltung, Personalforschung, Konkurrenzbeobachtung etc.)
Schritt 4: Alternativenbündelung	Überprüfung der Konsistenz und Logik (Verträglichkeit der in Schritt 3 identifizierten alternativen Entwicklungen und Auswahl zweier in sich konsistenter, aber alternativer Szenarien)	▪ Konsistenzanalyse: - Haben die beiden in einem Feld zusammentreffenden alternativen Ausprägungen eines Deskriptors eine direkte Korrelation? - Wenn ja, ist diese Beziehung konsistent und widerspruchsfrei, oder widerspricht sie sich? - Sollte die Beziehung konsistent und widerspruchsfrei sein, ist sie dies mit Verstärkung oder ohne Verstärkung? ▪ Berechnung aller Szenario-Bündel (EDV-gestützt, auf Basis der Ergebnisse der Konsistenzanalyse) ▪ Auswahl solcher Szenarien, die eine größtmögliche Konsistenz und interne Stabilität besitzen ▪ Auswahl von zwei Szenarien, die konsistent, stabil und außerdem sehr unterschiedlich sind
Schritt 5: Szenario-analyse	Generierung, Ausgestaltung und Beurteilung der Zukunftsbilder	▪ Interpretation der ausgewählten Personalszenarien (Schritt 4) unter Hinzuziehung der Deskriptoren (Schritt 3) und der Ergebnisse der Vernetzungsanalyse ▪ Überprüfung der Verlässlichkeit der angenommenen Entwicklungen durch Hinzuziehung von Gegenreaktionen und neuen Entwicklungen (dynamische statt statischer Analyse)
Schritt 6: Konsequen-zenanalyse	Schaffung von Grundlagen für personalwirtschaftliche Strategien	▪ Ableitung von personalwirtschaftlichen Handlungsnotwendigkeiten unter Berücksichtigung der gegebenen Unternehmensstrategien (1) ▪ Ermittlung von Chancen und Risiken in der Personalwirtschaft (2) ▪ Bewertung von (1) und (2) und Erarbeitung von Konsequenzen (Maßnahmen, Aktivitäten)
Schritt 7: Störe-geb-nisanalyse	Entwicklung von Präventiv- und Reaktionsmaßnahmen für eventuelle Störungen	▪ Sammlung möglichst abrupt auftretender (interner/externer) Störungen ▪ Bewertung bezüglich Relevanz/Signifikanz für den Personalbereich ▪ Erarbeitung und Zuordnung entsprechender Präventiv-/Reaktionsmaßnahmen
Schritt 8: Szenariotransfer	Formulierung einer personalwirtschaftlichen Leitstrategie	▪ Formulierung der Leitstrategie auf der Basis von Schritt 6 ▪ Formulierung einer Alternativstrategie auf der Basis von Schritt 7 ▪ Abstimmung der personalwirtschaftlichen Leitstrategie mit der generellen Ausrichtung des Unternehmens und der einzelnen Funktionsbereiche ▪ Kontrolle der Personalszenarioergebnisse mit tatsächlichen Entwicklungen (Personalcontrolling-Aufgaben) und Feststellung von Anpassungsnotwendigkeiten bzgl. der personalwirtschaftlichen Leitstrategie

Quelle: Hentze/Kammel 1993, S. 104ff.

Risikoberichten zusammengefasst werden, welche einerseits die Entscheidungsträger unterstützen und andererseits den Adressaten der **Corporate Governance** (Unternehmensleitung, Aufsichtsrat, Betriebsrat, Personal, Wirtschaftsprüfer, Anteilseignern) vorgelegt werden können (z.B. Jahresabschluss und Berichte an Aufsichtsrat und Hauptversammlung).

Risiken können prinzipiell alle Unternehmensbereiche betreffen, und das Risikomanagement ist keine Erfindung der letzten Jahre. Allerdings hat insbesondere das Management von Personalrisiken u.a. durch das **Gesetz zur Kontrolle und Transparenz im Unternehmensbereich** (1. Mai 1998) und **Basel II** einen höheren Stellenwert erhalten. Sowohl von Seiten der Gesetzgebung als auch aus der Selbstverpflichtung gegenüber den Stakeholdern wird die Einführung eines **Überwachungssystems** (Risikofrüherkennungs- bzw. Risikomanagementsystem) als existenzsichernde Unternehmensaufgabe gesehen. Spielte bisher die personelle Perspektive in der Diskussion um Unternehmenskrisen eher eine untergeordnete Rolle, so hat sich in Theorie und Praxis die Erkenntnis durchgesetzt, dass die meisten Probleme in Unternehmen auf menschliche Fehlleistungen oder Unterlassungen zurückzuführen sind. Gerade die „weichen" (qualitativen) Faktoren, zu denen maßgeblich die Personalrisiken zu zählen sind, erweisen sich oft als die entscheidenden für die Unternehmensentwicklung (vgl. Kobi 2003, S. 99).

Als **personelles Risiko** wird eine potenzielle Minderung oder Gefährdung des Unternehmenserfolges durch Personen, durch personenbezogene Prozesse oder durch personenbezogene Strukturen und Systeme bezeichnet. Demzufolge betreffen personalbezogene Gefahren die Mitarbeiter oder werden von ihnen verursacht. Das Humankapital als auch das Personalmanagement sind somit Bestandteile des personellen Risikomanagements. Personalrisiken sind unternehmensübergreifend zu verstehen und lassen sich nicht auf einzelne Personalfunktionen begrenzen (vgl. Wucknitz 2005, S. 111). Die Risiken, die aus dem Produktions- bzw. Wertschöpfungsfaktor resultieren können, sind vielfältig. Dazu sind beispielsweise das fehlerhafte Verhalten von Personen (z.B. Betrug, Sabotage, Leistungsabfall), die falsche Besetzung einer Stelle, die fehlende Qualifikation von Mitarbeitern, der Ausfall von Personal durch Krankheit, hohe Fluktuation, Streik usw. zu zählen. Aber eben auch Motivation, Vertrauen, Personeneigenschaften, Streitkultur, Loyalität usw. sind wichtige Elemente des Personalrisikos.

> **Beispiel**: „Dem Programmierer K. Ilobyte wird von seinem Arbeitgeber gekündigt. Aus Rache programmiert er einen so genannten Trojaner, mit dessen Hilfe er von außerhalb die Kundendatenbank des Unternehmens löscht" (Ibers/Hey 2005, S. 44).

Im Vergleich zu anderen Risikobereichen (z.B. Markt-, Betriebs- und finanzwirtschaftliche Risiken) sind die Auswirkungen der Personalrisiken (Querschnittsfunktion) auf andere Risiken und der entstehende Schaden vielfältiger und unbestimmter als bei anderen Risikoformen. Während z.B. für die Bewertung finanzieller Risiken in der Regel genügend Indikatoren verfügbar sind, ist die Identifizierung und vor allem die **Messung** von Personalrisiken schwierig, aber letztlich unverzichtbar.

Abbildung 89 zeigt den Risikomanagementkreislauf und die wesentlichen Risikofelder im Personalbereich. Folgende **Risikofelder** werden in der Literatur vor allem diskutiert (vgl. Lisges/Schübbe 2005, S. 278ff.):

- **Engpassrisiko** (fehlende Leistungsträger): Wenn die Gefahr besteht, dass Aufgaben nicht fehlerfrei, oberflächlich oder gar nicht erledigt werden, weil Mitarbeiter fehlen oder mit anderen Aufgaben ausgelastet sind, entspricht dies einem Engpassrisiko. Dabei wird zwischen Bedarfslücken (funktionsbezogen) und Potenziallücken (personenbezogen) unterschieden. Fehlendes Potenzial kann dann intern aufgebaut oder extern vom Arbeitsmarkt rekrutiert werden, was aber auf zunehmende Schwierigkeiten stößt.
- **Anpassungsrisiko** (falsch qualifizierte Mitarbeiter): Falsch oder unzureichend qualifizierte Mitarbeiter oder die falschen Personen an den jeweils sensiblen Positionen im Unternehmen stellen das größte Risiko dar. Im Gegensatz zu den Motivationsrisiken handelt es sich dabei um das „nicht Können" der Beschäftigten auf Grund einer zu geringen Veränderungsbereitschaft bzw. -fähigkeit. Die Folgen reichen dabei von Arbeitsplatzverlust für Arbeitnehmer, was wiederum zu Engpassrisiken führen kann, über arbeitgeberseitige Defizite in der Qualifikationsstruktur bis hin zu einer eingeschränkten Produktivität durch falsche Mitarbeiter. Erforderlich für die Betrachtung der Anpassungsrisiken sind neben der Qualifikation auch Arbeitsort, Arbeitszeit und Entgeltsystem, da sich die Unternehmen durch Veränderungsprozesse, Restrukturierungen und Fusionen im Wandel befinden. Der Gefährdung der so genannten „**Employability**" (Beschäftigungsfähigkeit) entgegenzutreten ist Aufgabe der Unternehmen, wendet sich aber zunächst auch an den Mitarbeiter selbst und hat auch eine gesellschaftliche Verantwortungsdimension (vgl. Zdrowomyslaw/Bruns/ Schimpfermann 3/2006 u. 4/2006).
- **Austrittsrisiko** (gefährdete Leistungsträger): Existiert die Gefahr, dass Leistungsträger das Unternehmen verlassen, ohne dass entsprechende Vorkehrungen eine Fortführung der Kernaufgaben ermöglichen, kommt dies dem Austrittsrisiko gleich. Der meist arbeitnehmerveranlasste Abgang birgt dabei Gefahren wie Know-how-Verlust, Kundenabgänge und Ersatzbeschaffungsaufwand, welche mit nicht unerheblichen Kosten verbunden sind. Es gilt, die gefährdeten Mitarbeiter zu erkennen und durch gezielte personalpolitische Maßnahmen im Unternehmen zu halten.
- **Motivationsrisiko** (zurückgehaltene Leistung): Beim Motivationsrisiko handelt es sich hauptsächlich um das „nicht Wollen" von Mitarbeitern.

Dabei entspricht die gezählte Ist-Kapazität gemäß vertraglich vereinbarter Arbeitszeit nicht der real zur Verfügung gestellten Leistungsmenge. Folglich besteht die Gefahr, dass Produktivität, Produktqualität und somit die Performance der Mitarbeiter auf Grund geringer Motivation sinkt. Als Ursachen lassen sich dabei unterentwickelte Unternehmenskulturen, Führungsdefizite oder schlechtes Betriebsklima identifizieren.

- **Loyalitätsrisiko**: Die Mehrheit des Personals sind ehrliche und ordentliche Mitarbeiter, aber es gibt auch andere Personen, die durch absichtliche Taten (im Gegensatz zum fehlenden Bewusstsein bei aus Motivationsgründen verändertem Verhalten) das Unternehmen schädigen können. Die Formen der Loyalitätsrisiken reichen dabei von Verletzung der arbeitsvertraglichen Treuepflicht bis zu schweren Wirtschaftsstraftaten wie Diebstahl, Unterschlagung, Missbrauch von Daten, Sabotage, Bestechung, Betrug und Geldwäsche. Neben den materiellen Schäden, die den Unternehmenswert durch den

Abb. 89: Risikomanagementsystem und Unternehmensumwelt

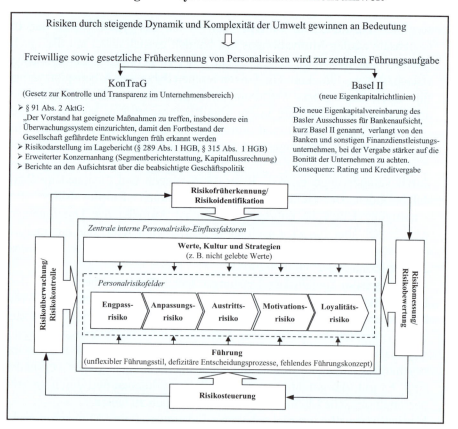

Quelle: Eigene Darstellung

Verlust von Firmen-Know-how bedrohen, entstehen den Unternehmen aber auch immaterielle Schäden wie Rufschädigung (Reputationsrisiko), Gefährdung von Geschäftsbeziehungen und Beeinträchtigung der Mitarbeitermoral.

Zur Erkennung und Steuerung von Personalrisiken bedarf es eines systematischen Vorgehens, mit dem sichergestellt wird, dass wichtige Aspekte nicht übersehen und die richtigen unternehmensspezifischen Schwerpunkte gesetzt werden. Der **Risikomanagementkreislauf** läuft idealtypischer Weise in folgenden Schritten ab:

- **Risikofrüherkennung/Risikoidentifikation**: Die Identifikation von Personalrisiken heißt, ihre Entstehung und mögliche Auswirkungen systematisch, möglichst in Risikokategorien, zu erfassen. In der Praxis werden in Abhängigkeit der Ziele und Strukturen der Unternehmen unterschiedliche Schwerpunktrisiken ausgemacht. Mögliche Identifikationsmethoden sind: Checklisten, schriftliche Befragungen, Brainstorming, Szenario-Analysen und Stärken-/Schwächen-Analysen. Abbildung 90 zeigt Frühindikatoren

Abb. 90: Frühindikatoren für personelle Risiken

		Indikatoren (nach Zeitpunkt)	
		Gefahrenindikatoren	Krisenindikatoren
Indikatoren (nach Objektivität)	**Messbare Indikatoren**	⬆ Anzahl externer Wettbewerber ⬆ Anzahl der Arbeitslosen in relevanten Bereichen ⬆ Durchschnittsgehälter der Wettbewerber ⬆ Anzahl der Eigenkündigungen bei Vorgesetzten ⬆ Anzahl der Stellenbesetzungen von extern ⬆ Beiträge zur gesetzlichen Sozialversicherung ⬆ Investitionen in die Personalentwicklung ⬆ Vergütung relativ zum Wettbewerb ⬆ Image des Unternehmens ⬆ Konjunktur	⬆ Fluktuation (nach Zielgruppen) ⬆ Krankenstand (nach Zielgruppen) ⬆ Durchschnittliche Vorgesetztenbeurteilung ⬆ Relative Personalkosten ⬆ Anzahl Verbesserungsvorschläge ⬆ Absatzanteil der Neuprodukte ⬆ Anzahl der Abwerbeversuche durch Personalberater ⬆ Produktivität bzw. Durchschnittsleistung ⬆ Fehlerrate der Produktion ⬆ Innovationsrate
	Schätzbare Indikatoren	⬆ Leistungsdruck ⬆ Wettbewerbsposition des Unternehmens ⬆ Umfang und Qualität von Sozialleistungen ⬆ Betreuungsintensität für Mitarbeiter ⬆ Einhaltung mündlicher oder schriftlicher Absprachen ⬆ Einzigartigkeit des Unternehmens ⬆ Attraktivität der Wettbewerbsangebote ⬆ Fachliche und persönliche Kompetenz der Führungskräfte ⬆ Eigenkündigungen von Meinungsbildnern ⬆ Individuelle Problemlösungen im Personalmanagement	⬆ Leistungsbereitschaft ⬆ Mobbing gegen das Unternehmen ⬆ Bereitschaft zu Mehrarbeit ⬆ Teilnahmebereitschaft an Projekten ⬆ Konsultationen des Betriebsrates durch Mitarbeiter ⬆ Arbeitszufriedenheit und Betriebsklima ⬆ Vertrauen in das Unternehmen ⬆ Anteil der „Stars" im Mitarbeiterportfolio ⬆ Kooperationsbereitschaft zwischen Abteilungen ⬆ Einholen von Wettbewerbsinformationen

Quelle: Wucknitz 2005, S. 142

für personelle Risiken, die im Hinblick auf Gefahren und Krisensituationen zu interpretieren sind. Welche Schlüsse und Entscheidungen aus den vorliegenden Informationen abgeleitet werden, bleibt den Führungskräften vorbehalten. Folgendes Beispiel für die Identifikation eines **Engpassrisikos** (Fehlen von Leistungsträgern) mag dies verdeutlichen: „Trotz relativ entspannter Arbeitsmärkte (verglichen mit Konjunkturphasen wie z.B. 1997-2000), sind qualifizierte Mitarbeitende mit spezifischen Qualifikationen nach wie vor gesucht. Aufgrund der demografischen Entwicklung werden in Zukunft Leistungsträger fehlen. Jedes Unternehmen kann Projekte aufzählen, die nicht verwirklicht oder zeitgerecht abgeschlossen werden konnten, weil es an personellen Kapazitäten mangelte. So verzichtete beispielsweise eine große Bank auf eine interessante Firmenübernahme, weil sie sich eingestehen musste, dass ihr das notwendige Managementpotenzial fehlte" (Kobi, 2003, S.104.).

- **Risikomessung/Risikobewertung**: Um quantifizierte Aussagen über bestehende Risiken treffen zu können, müssen Risiken – Risiken selbst sind nicht messbar – anhand ihrer Auswirkungen quantifizierbar gemacht werden. Die ursprünglichste Form der Risikomessung ist dabei die Klassifizierung der Risiken in Risikokategorien wie z.B. in **Klein-, Mittel- und Großrisiken**. Abbildung 91 zeigt beispielhaft die **Klassifizierung** qualitativer Risiken. Eine genauere Quantifizierung bzw. Messung erfolgt grundsätzlich durch die Ermittlung des **Erwartungswertes** für ein bestimmtes

Abb. 91: Klassifizierung qualitativer Risiken

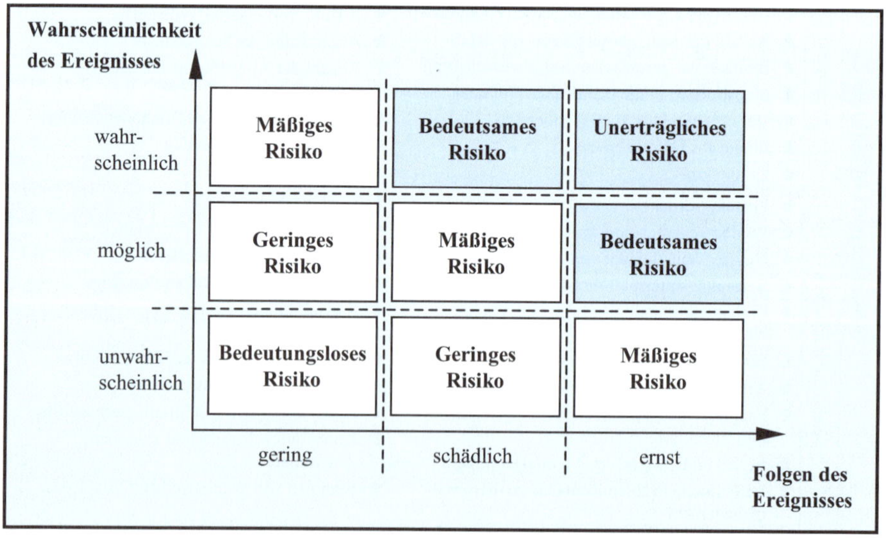

Quelle: Wolf/Runzheimer 2000, S. 67

Risiko nach der Formel Erwartungswert ist gleich der Wahrscheinlichkeit des Risikoeintritts (**Eintrittswahrscheinlichkeit**) mal dem **Schadensausmaß** (vgl. Ibers/Hey 2005, S. 113ff.). Speziell für Personalrisiken gilt zwar der Grundsatz, dass die qualitativen, personellen und kulturellen Elemente nicht direkt gemessen werden können. Es ist jedoch möglich, Erfolgsmaßstäbe festzulegen und deren Einhaltung zu beurteilen. In diesem Sinne ist modernes Personalcontrolling nicht nur operativ/strategisch ausgerichtet (Kosten, Statistiken, Kennzahlen), sondern berücksichtigt vor allem auch die strategische Dimension (Früherkennung, Wertschöpfung, Zielabweichung) durch Messung und Bewertung qualitativer Indikatoren wie z.B. Potenzialerfassung, Mitarbeiterzufriedenheit, Kulturentwicklung, Commitment und Führungsqualität. Um das ganze Feld des Personalcontrollings abbilden zu können, reichen traditionelle Kennzahlen nicht aus. Es müssen auch die Beurteilung von Standards und Indikatoren aus Mitarbeiterbefragungen sowie Beurteilungen (Selbst-/Fremdbeurteilung) einbezogen werden. Um gesicherte Werte zu den „weichen" Dimensionen zu gewinnen, sind Mitarbeiterbefragungen unerlässlich. Dabei können die ausgewählten, „knackigen" Messgrößen in einem „Cockpit" verdichtet und konkretisiert dargestellt werden und auch Handlungsempfehlungen optisch unterstützen (vgl. Kobi 2003, S. 105ff.).

- **Risikosteuerung**: Zu einer Risikosteuerung zählen alle ergriffenen Maßnahmen, die auf eine Minderung der Eintrittswahrscheinlichkeit und des Ausfallsrisikos für ein konkret erwartetes Risiko zielen. Die Steuerung der Personalrisiken lässt sich am **Beispiel des Austrittsrisikos** (Retentionsmanagement) veranschaulichen. So wird oft von den Unternehmen eine Kündigung als höhere Gewalt akzeptiert, und man lässt gute Leute ziehen, statt aktiv und vorbeugend etwas zu unternehmen. Durch das mühsam wieder aufzubauende Know-how erwächst dem Unternehmen großer Schaden. Für die Risikosteuerung ist hier von Bedeutung, dass eine Mitarbeiterbindung nach ähnlichen Prinzipien funktioniert wie eine Kundenbindung. Um Mitarbeiter im Unternehmen zu halten, sind erfahrungsgemäß möglichst individualisierte und präventive Steuerungsmaßnahmen am wirksamsten, denn die Unterschiede in der individuellen Motivation sind groß. Die Kunst besteht darin wahrzunehmen, welches die gefährdeten Schlüsselpersonen sind und was ihnen wirklich wichtig ist. Es geht also darum herauszuspüren (z.B. über regelmäßige Mitarbeitergespräche), wie dem einzelnen Mitarbeiter seine Bedeutung für das Unternehmen gezeigt werden kann. Zu den allgemeinen Maßnahmen für eine Austrittsrisikominimierung (Retentionsmaßnahmen) zählen die Arbeitsgestaltung, Perspektiven, Arbeitgeberleistungen, Führungsqualität, Personalentwicklungsmaßnahmen und die Unternehmenskultur (vgl. Kobi, 2003, S.107f.). Grundsätzlich stehen den Unternehmen zur **Steuerung der Personalrisiken mehrere Möglichkeiten** zur Verfügung: Die (**vollständige**) **Risikovermeidung**, d.h. Risiken dadurch vorzubeugen, dass man sie erst gar nicht eingeht (z.B. im Falle der Entscheidung über Investitionen oder neue Geschäftsfelder). Eine **Risikominderung** kann über die **Begrenzung des Schadens** und die **Verminderung der Eintrittswahrscheinlichkeit** angestrebt werden. Im ersten Fall wird der Risikoeintritt akzeptiert, jedoch Einschränkungen des Schadensausmaßes angestrebt. **Beispielsweise** kann der nicht zu verhindernde Abgang von Mitarbeitern durch eine aktive Verabschiedung in Form einer wohlwollenden Beurteilung, durch Unterstützung bei persönlichen Belangen und das Halten des Kontakts bis hin zur Option einer späteren Rückkehr; die Gefahr stark gemindert wird, dass dieser Mitarbeiter aus Rache schlecht über das Unternehmen redet oder dem Unternehmen einen sonstigen Schaden zufügt. Im zweiten Fall sei als **Beispiel** das Risiko des Ausfalls des Vorstands genannt: Das Risiko kann u.a. dadurch gemindert werden, dass die Mitglieder getrennt reisen (personenbezogene Diversifikation). Einige Risiken können gegen Zahlung einer Gebühr auf Dritte **übertragen** bzw. **überwälzt** werden (z.B. durch Versicherung bestimmter personenbezogener Tatbestände oder die Verlagerung von Teilbereichen, das so genannte Outsourcing). Aufgrund von Bewertungsergebnissen und unternehmensbezogenen Einschätzungen können die Entscheidungträger auch den Entschluss fassen, bestimmte Risiken vollständig selbst zu tragen (vollständige Risikoübernahme). Dies trifft vor allem dann zu, wenn das erwartete Risiko relativ gering und damit tragbar erscheint, oder wenn die Kosten der Risikosteuerung hoch sind und gleichzeitig keine große Bedrohung durch das jeweilige Risiko besteht. Letztlich ist aber jede unternehmerische Tätigkeit mit Risiken verbunden, so dass immer ein bestimmtes Maß an **Risikoakzeptanz** notwenig ist (vgl. Diederichs 2004, S. 189ff., Ibers/Hey2005, S. 136ff., Wolf/Runzheimer 2000, S. 67ff.).

- **Risikoüberwachung/Risikokontrolle**: Der Risikoregelkreis schließt sich mit der Risikoevaluation. Aufgabe der Risikoüberwachung bzw. -kontrolle ist die Überprüfung der Effektivität und Angemessenheit der gewählten Risikohandhabungsmaßnahmen. Dies setzt die Vorgabe einer Soll-Risikosituation voraus, welche im einzelnen sowie anhand risikopolitischer Grundsätze definiert wurde (vgl. Müller-Nuspl 2006, S. 29). Die Risikoüberwachung erfordert aber nicht nur eine ständige Überprüfung der Risikolage und der risikobegrenzenden Einzelmaßnahmen durch die Träger des Personalrisikomanagements, sondern auch des **gesamten Überwachungssystems** (siehe Abb. 92). Die Überwachung der Funktionsfähigkeit des Risikomanagementprozesses ist Aufgabe der Unternehmensleitung, des Controllings und der internen Revision (interne Überwachung) sowie des Aufsichtsrats und der Jahresabschlussprüfer bzw. Wirtschaftsprüfer (externe Überwachung). Außerdem besteht bei weiteren Akteuren (z.B. Rating-Agenturen, Kreditinstituten, Betriebsrat) ein begründetes Interesse an den Ergebnissen des Risikomanagementsystems.

Abb. 92: Externes und internes Unternehmensüberwachungssystem

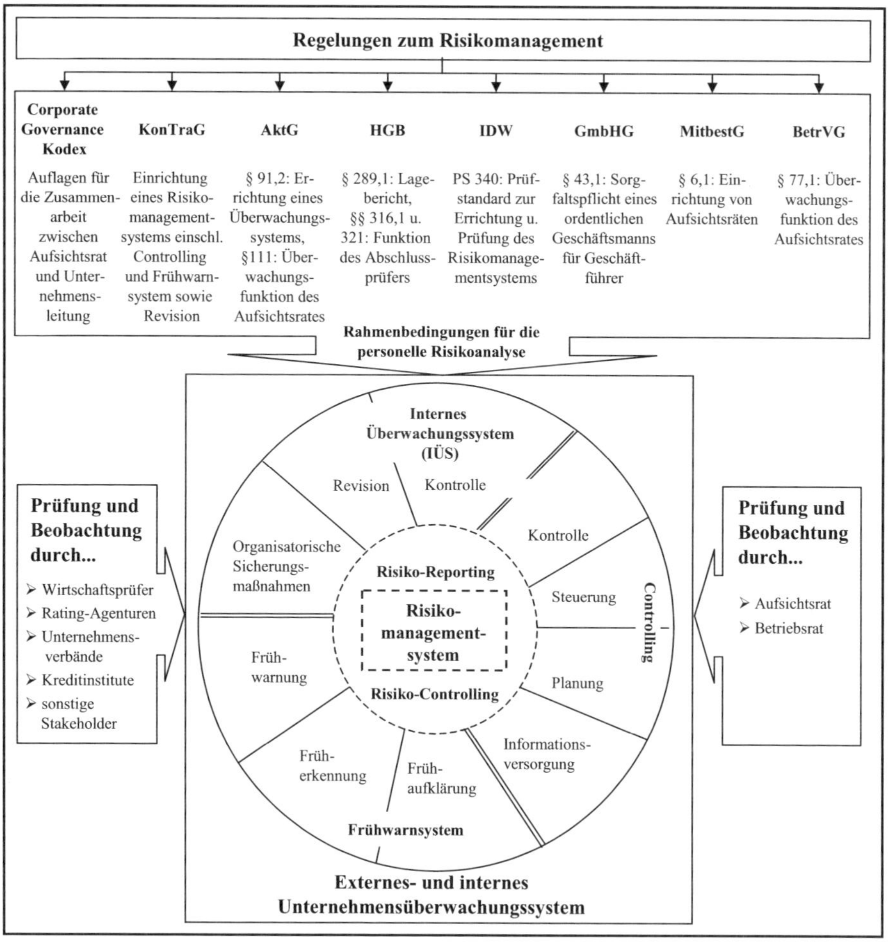

Quelle: Modifiziert nach Lück 2003, S. 15 und Wucknitz 2005, S. 18

Das Personalrisikomanagement kann heute als **Kernkompetenz** professioneller Personalarbeit aufgefasst werden. Allerdings sind naturgemäß nicht alle Unternehmen in der Lage, umfassende Informationen und systematische Darstellungen der Personalrisiken zu liefern. Insbesondere in kleinen und mittleren Unternehmen darf an dem Vorhandensein eines entsprechenden Instrumentariums der Informationsbereitstellung gezweifelt werden. Aber der Druck, ein professionelles Personalmanagement auch in KMU zu betreiben, nimmt zu (vgl. Mitlacher/Paul 4/2005, S. 19ff.). Abb. 93 zeigt, wie eine **Personal-Risikocontrolling-Konzeption** gestaltet sein kann, die auch für KMU geeignet ist. Die Umsetzung von Personalrisikomanagement erfordert vor allem das Bewusstsein bei den Unternehmensverantwortlichen, das dem

Abb. 93: Personal-Risikocontrolling-Konzeption

	Engpassrisiko	Anpassungsrisiko	Austrittsrisiko	Motivationsrisiko	Loyalitätsrisiko
	Risikoidentifikation und Risikomatrix Beurteilung der Schwerpunkte der Personal-Risiken im Unternehmen (Checklisten)				
Identifikation und Analyse	▪ Strategische Belegschaftsentwicklung ▪ Mitarbeiter-Portfolio ▪ Potenzialerfassung ▪ Entwicklungsgespräch	▪ Portfolio der internen Personalflexibilität ▪ Zusammenarbeit /Situation im Unternehmen	▪ Fluktuationsquote ▪ Risikoevaluation des Austrittsrisikos ▪ Zusammenarbeit/ Situation im Unternehmen (Mitarbeiterbefragung) ▪ Austrittsgespräch	▪ Symptome und Indikatoren innerer Kündigung und Burnouts, Arbeitssucht, Alkoholproblematik ▪ Standardisiertes Mitarbeitergespräch (Arbeitszufriedenheit) ▪ Fehlzeitengespräch ▪ Mitarbeitergespräch/-befragung	▪ Symptome und Indikatoren mangelnder Bindung an Werte, schlechte Vorbilder ▪ Interne Kontrollen ▪ Beobachtungen
Steuerung	▪ Potenzialanalyse und Nachfolgeplanung ▪ Personalgewinnung oder Entwicklung	▪ Reaktive Ansätze (Verringerung Mitarbeiterzahl) ▪ Aktive Ansätze (Auffanggesellschaften, Teilzeitarbeit) ▪ Präventive Ansätze (Personalentwicklung)	▪ Bindungsprogramm (Coaching/Mentoring, Projektarbeiten)	▪ Mitarbeitergespräche ▪ Leistungsbeurteilungen ▪ Aus- und Weiterbildung	▪ Vermittlung von Werten und Normen ▪ Imagepflege
Kontrolle	▪ regelmäßige Identifikation und Analyse ▪ Zeitvergleiche der Ergebnisse	▪ regelmäßige Identifikation und Analyse ▪ Zeitvergleiche der Ergebnisse	▪ regelmäßige Identifikation und Analyse ▪ Zeitvergleiche der Ergebnisse	▪ regelmäßige Identifikation und Analyse ▪ Zeitvergleiche der Ergebnisse	▪ regelmäßige Identifikation und Analyse ▪ Zeitvergleiche der Ergebnisse

Quelle: Eigene Darstellung

Menschen den obersten Platz in der Werthierarchie des Unternehmens einräumt und ihn nicht als **Kostenfaktor**, sondern als **Potenzial** betrachtet, das genutzt wird und durch spezielle Maßnahmen zu erhalten ist. Die Mitarbeiter sind das Vermögen des Unternehmens und das, was das Unternehmen zu leisten vermag. Es gilt das Personalrisikomanagement in ein qualifiziertes Unternehmens- und Personalmanagement einzubinden. Dabei sind vor allem die aktive Information der Mitarbeiter sowie deren Beteiligung bei der Umsetzung von hoher Wichtigkeit. Nur beherrschbare Risiken bieten auch Chancen.

2.1.6 Auditierung

Es existieren unterschiedliche Instrumente bzw. Konzepte zur **Qualitätssicherung** der Gesamtunternehmung sowie für einzelne Funktionsbereiche. Bei allen Qualitätsmanagement-Konzepten geht es letztlich um die Mobilisierung der Kräfte der Beschäftigten und des Unternehmens für Qualitätsverbesserungen. Hierzu können u.a. gezählt werden: Betriebliches Vorschlagswesen

(BVW), Kaizen bzw. Kontinuierlicher Verbesserungsprozess (KVP), Ideen-zirkel, Qualitätszirkel (QZ), Total Quality Management (TQM), European Foundation of Quality Management (EFQM) Modell für Excellence, ISO 9000 sowie Auditierung (vgl. Kamp 2003, S. 51ff.).

Die **Auditierung** kann grundsätzlich als ein wichtiges Instrument zur **Überprüfung** der **Qualität** von einzelnen **Unternehmensprozessen** betrachtet werden. Eine Auditierung kann dabei sowohl geplant als auch unerwartet durch die Führungskräfte selbst erfolgen und/oder durch ein unabhängiges Auditoren-Team. Sie ergänzt die laufende Ergebnis- und Erfolgskontrolle. Unter der Annahme, dass ein Außenstehender eher einen objektiven und un-voreingenommenen Blickwinkel auf die zu untersuchende Organisation hat, ist das **Personal-Audit** nicht selten bei Beraterfirmen angesiedelt. Die einzelnen Prozesse der Personalarbeit werden einer genauen Analyse unterzogen. Im Mittelpunkt der Evaluation der Personalarbeit steht die umfassende, gründliche und systematische Überprüfung des gesamten personalwirtschaftlichen Handelns, einschließlich der zugrunde liegenden Strategien und des Zielsystems sowie der verwandten Planungsmethoden, des Informationsmanagements, der Kontrollaktivitäten und der Personalorganisation (vgl. Hentze/Kammel 1993, S. 140ff.). Grundsätzlich handelt es sich beim Personal-Audit definitionsgemäß um eine „Total Evaluation", wobei bei der Durch-führung der Fokus auf das Prämissen-Audit, Strategien- und Ziele-Audit, Maßnahmen-Audit, Organisations-Audit oder Prozess-Audit gerichtet sein kann. Zur Vorgehensweise bezogen auf die einzelnen Objektbereiche siehe u.a. hierzu die Checklisten von *Hentze/Kammel* (1993, S. 238 ff). Allerdings kommt man aus Kosten- und Zeitgründen in der Praxis um eine Festlegung von **Überwachungsschwerpunkten** nicht herum.

Abbildung 94 zeigt ein **Audit-Schema** zur Überprüfung der Qualität des **Einstellungsprozesses**. Dabei sollten alle relevanten Sachverhalte der Einstellung, von der Reichweite des Personalmarketings bis hin zur Erwartung an die eingestellten Mitarbeiter, auf den Prüfstand kommen. „In Abhängigkeit der Bewertungspunktzahl wird das Audit bestanden oder nicht bestanden. Bei Nichtbestehen – wie im vorliegenden Fall – ist der Einstellungsprozess neu zu gestalten oder wenigstens zu modifizieren. Auch diese Maßnahmen gehören ihrerseits wiederum auditiert" (Bühner 1996, S. 63).

Angesichts der vielfältigen Einzelüberwachungsgegenstände und unter-schiedlicher Strukturen, Ziele usw. in Unternehmen erscheint eine standardi-sierte Auditmethode wenig zweckmäßig. Vielmehr sollte die Auditing-Idee auf einer intensiven gedanklichen Auseinandersetzung zwischen dem Perso-nalcontroller, den Personalverantwortlichen und den von personalwirtschaft-lichen Strategien und Handlungsprogrammen betroffenen Mitarbeitern beru-hen. Die Entwicklung eines **Auditierungsformblattes** (Kriterien, Bewertung

Abb. 94: Audit des Einstellungsprozesses

Einstellungsprozess Führungskraft _____ Auditor _____ Bereich _____ Datum _____							
	Bewertung					**Bemerkung**	
	nicht erfüllt				voll erfüllt		
	0	1	2	3	4		
1. Hohe Bewerberzahl auf Stellenausschreibung				⊠		unter Berücksichtigung der Arbeitsmarktsituation	
2. Hoher Anteil Eingeladener unter allen Bewerbern			⊠			strenge Auswahlkriterien	
3. Zeitdauer bis Stelle wieder besetzt ist				⊠		maximal ein Monat unbesetzt	
4. Lange Verweildauer der neu eingestellten Mitarbeiter		⊠				-------------------	
5. Geringe Zahl von Versetzungswünschen im ersten Jahr der Betriebszugehörigkeit					⊠	nur ca. 5 %	
6. Hohe Zufriedenheit der Fachabteilungen mit neu eingestellten Mitarbeitern nach einem Jahr	⊠					wird sporadisch erhoben	
7. Erfüllung der Erwartungen in die Entwicklung der neuen Mitarbeiter	⊠					-------------------	
Gesamtpunktzahl **(Bestanden ab 23 Punkten)**	0	1	2	3	4	Audit bestanden ☐ nicht bestanden ⊠	
			13				

Quelle: Bühner 1996, S. 63

usw.), insbesondere wenn eine Qualitätsüberprüfung intern stattfinden soll, ist letztlich eine unternehmensindividuelle Angelegenheit.

2.2   Eher personalarbeitsbezogene und -unterstützende Instrumente

Zu den eher personalarbeitsbezogenen und -unterstützenden Instrumenten rechnen wir das Berichtswesen, Checklisten, Kennzahlen, Kennzahlensysteme, Kostenanalysen, die Prozesskostenrechnung und die Gemeinkosten-Wertanalyse, das Zero-Base-Budgeting, Soll-Ist-Vergleiche, sonstige Vergleiche, das Benchmarking und die Balanced Scorecard.

2.2.1 Berichtswesen

Das **Berichtswesen** ist ein wichtiges Bindeglied eines **controllergerechten** und **empfängerorientierten** Informationssystems (Informationssammlung, -verarbeitung und -interpretation) zu anderen Führungsteilsystemen (vgl. Czenskowsky/Schünemann/Zdrowomyslaw 2004, S. 157ff., Küpper 2001, S. 152ff.). Dies gilt auch für das Personalcontrolling (vgl. Hentze/Kammel 1993, S. 123ff., Lisges/Schübbe 2005, S. 78ff.). Um unternehmerische Fehlentscheidungen zu vermeiden, müssen ständig und unmittelbar Rückmeldungen von Informationen der analysierten Tatbestände erfolgen. Dafür ist die Etablierung eines Berichtssystems im Unternehmen erforderlich. Wie ein Berichtswesen im konkreten Fall gestaltet sein sollte, hängt auch von den Strukturen und individuellen Bedürfnissen eines Unternehmens ab. Auf keinen Fall sollte das Personalcontrolling „Zahlenfriedhöfe" schaffen. Das Reporting bildet auf eine Weise das Kernstück des Personalcontrollings, denn Controlling muss gelebt und vermittelt werden. Es lebt vor allem auch durch die Kommunikationsarbeit des Controllers. „Gerade das Controllerreporting mittels Controllingberichten stellt dabei die kontinuierliche Präsenz des Controllers beim Adressaten sicher und schafft eine Diskussionsplattform, die zugleich in der Lage ist, die Controllerakzeptanz zu festigen bzw. zu erhöhen" (Neuhäuser-Metternich/Witt 2000, S. 291). Grundsätzlich sollen **Controllerberichte** folgende Reaktionen und Aktionen bewirken:

• Erkennen und Bewerten von Planrealitäten,
• Ansprechen der am Erfolg oder Misserfolg beteiligten Verantwortungsbereiche,
• Ursachenanalyse,
• Einleiten von Gegenmaßnahmen (vgl. Preißler 1998, S. 118).

Das Berichtswesen bzw. Berichtszwecke leiten sich aus dem Informationsbedarf der Organisation ab. Die **Versorgung der Entscheidungsträger** (internes Berichtswesen, „management reporting") mit steuerungsrelevanten Informationen ist eine der zentralen Aufgaben des Personalcontrollers. Die Berichte des Controllers sollen aber nicht nur der Unternehmensleitung als Entscheidungshilfe dienen, sondern relevante Informationen für jede Stufe und jeden Bereich des Unternehmens enthalten, aus denen erkennbar wird, inwieweit die definierten Ziele erreicht bzw. gefährdet sind. Da die Gefahr des Überangebots an Informationen umso größer ist, je globaler der Verantwortungsbereich des Empfängers ist, kann es zweckmäßig sein, die Berichtsinhalte mit steigender Entscheidungskompetenz und Verantwortung des Empfängers zu verdichten, d.h. eine **Berichtshierarchie** zu schaffen (vgl. Abb. 95). Es ist demnach die Frage zu beantworten: Wer erhält welche Berichte in welchem Verdichtungsgrad? Als besonders wichtig haben sich drei

Abb. 95: Informations- und Dispositionscharakteristik einer Berichtshierarchie

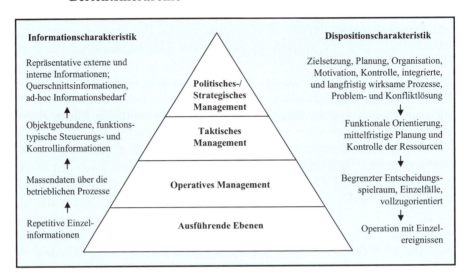

Quelle: Weber/Hirsch/Linder/Zayer 2003, S. 35

Berichtsarten mit entsprechend dazugehörigen Informationssystemen herausgeschält:

- Standardberichte = starre Berichts- oder Informationssysteme,
- Abweichungsberichte = Melde- und Warnsysteme,
- Bedarfsberichte = Abruf- und Auskunftssysteme (vgl. Ziegenbein 1998, S. 476ff.).

Eine Standardisierung des Berichtswesens wird wesentlich erleichtert, wenn Klarheit in der Darstellung, den inhaltlichen und zeitlichen Dimensionen und in der Art der Berichtsform besteht. Um den Informationsstand der Empfänger optimal zu befriedigen und Ansatzpunkte für Verbesserungen finden, sind folgende **W-Fragen**, insbesondere für routinemäßig zu erstellende Standardberichte, im Zusammenhang mit dem Berichtswesen bedeutsam:

- **Wozu** soll berichtet werden? (Berichtszwecke)
- **Was** soll an wen berichtet werden? (Berichtsinhalte und Genauigkeit)
- **Wer**? (Berichterstatter und Empfänger)
- **Wann** soll berichtet werden? (Berichtstermine und Bearbeitungszeiten)
- **Wie** soll berichtet werden? (Berichtsgestaltung und Präsentation)

Mit den unterschiedlichen Arten von Berichten und der **Berichtshierarchie** wird den verschiedenen Informationsbedürfnissen Rechnung getragen. Zwar sollten Berichtsform und Berichtsinhalt eine gewisse Stabilität aufweisen, aber das Berichtswesen muss so flexibel gestaltet sein, dass es sich neuen Anforderungen oder Erkenntnissen anpassen kann. Im Rahmen der Flexibilität sollte vor allem auch die Wie-Frage nicht ausgespart bleiben. Es reicht oftmals nicht aus, dass sich die Berichte durch Einfachheit in der Handhabung und Übersichtlichkeit, Datenwahrheit und -klarheit, Nutzenstiftung, Aktualität und Empfängerorientierung auszeichnen. Gelingt eine zielorientierte Informationsaufbreitung durch Verdichtung und Filterung der Informationen, so ermöglichen schnell verfügbare, aussagekräftige, komprimierte Informationen ein rasches, der Situation entsprechendes Handeln. So können Kennzahlen u.a. insbesondere als Maßstab und Maßgröße, als Zielgröße und als Kontrollgröße bei der Entscheidungsfindung sehr hilfreich sein.

Zu einem aussagefähigen und empfängerorientierten Berichtswesen gehört gerade im Controlling auch das „Verkaufen" der Berichte an die Verantwortungsträger. Zum Verkaufen gehört eine entsprechende Präsentation der Controllerergebnisse. Hierzu sollte sich der Controller auch in KMU der einschlägigen Hilfsmittel wie Overhead-Projektoren, Flipcharts, Tafeln usw. bedienen. Die Berichte selbst sollten nicht nur „nackte" Zahlen und Worte enthalten, sondern graphisch aufbereitet sein. Besonders geeignete graphische Hilfsmittel sind Schaubilder, Diagramme usw. Ein Berichtswesen, dass im wesentlichen aus Zahlenkolonnen besteht, stellt keine große Entscheidungshilfe dar. Eine bedeutende Aufgabe der Berichterstattung ist es daher, das Wesentliche „sichtbar" zu machen. Nach dem Motto: „Ein Bild sagt mehr als tausend Worte." Eine graphische Darstellung macht Größenordnungen, Entwicklungen und Zusammenhänge auf einen Blick deutlich. Auch prägt sie sich i.d.R. leichter ein als abstrakte Zahlen und sorgt dafür, dass ihre Aussage dem Adressaten besser im Gedächnis haften.

Abschließend sei betont, dass im Rahmen der **Gestaltung** eines Berichtswesens eine Vielzahl von Einflussgrößen zu beachten ist. Vor allem die Empfänger der personalwirtschaftlichen Informationen müssen nicht nur die Berichte des Personalcontrollings akzeptieren und wahrnehmen, sondern in der Lage sein, sie zu verstehen und zu beurteilen sowie bereit und motiviert sein, mit ihnen zielorientiert zu arbeiten. Bezüglich der Reporting-Qualität gilt der Grundsatz: „Klasse statt Masse."

2.2.2   Checklisten

Was ist eine Checkliste? Im weitesten Sinne handelt es sich um eine **Gedächtnisstütze in Hinblick auf Vollständigkeit von erforderlichen Informationen**. Checklisten sind eine gute Unterstützung beim Erkennen und Bewerten von Sachverhalten und Problemen. Sie dienen nicht nur dazu, zwischen „richtig" und „falsch" zu differenzieren. Sie helfen dabei, dass ein Problem nicht übersehen und in seiner Bedeutung verkannt wird. Die von der Wissenschaft und der Wirtschaftspraxis entwickelten Checklisten basieren in der Regel auf langjährigen Erfahrungen.

Insofern kann dabei als Checkliste gelten:

- Eine Materialsammlung bzw. Auflistung von Aspekten für bestimmte Bereiche oder Themen
- Eine Liste mit Fragen
- Ein Anforderungskatalog
- Ein Kennzahlenkatalog bzw. eine Kennzahlenauflistung

Checklisten erweisen sich als universelle, vielfältig einsetzbare und sehr stark praxisbezogene Instrumente, die auch in allen Bereichen der Personalarbeit Anwendung finden können (vgl. Hentze/Kammel 1993, S. 219ff.). Auch für den erfahrenen Mitarbeiter bedeuten Checklisten eine „**Denkentlastung**" und besitzen eine **Anregungsfunktion**. Nach *Hentze/Kammel* (1993, S. 131f.) können für Zwecke des Personalcontrollings folgende **Arten** von Checklisten Verwendung finden:

- Checklisten für Information und Analyse (im wesentlichen Informationskataloge),
- Checklisten für konkrete Handlungen in den einzelnen personalwirtschaftlichen Funktionsbereichen und Aufgabenkomplexen (Aktionslisten) und
- Checklisten zur Überwachung der betrieblichen Personalarbeit (Personal-Audit).

Auch hier gilt, dass es keinen allgemeinen Standard für Checklisten geben kann, da Listen auf die **unternehmensindividuelle Situation** und die **Bedürfnisse** der **Informationsempfänger** abgestimmt werden müssen und der Personalcontroller eigene Checklisten mit entsprechenden Prioritäten und Modifikationen entwerfen muss.

2.2.3   Kennzahlen

Das Berichtswesen mit **Kenngrößen** bzw. **Kennzahlen** (auch Kennziffern, Kontrollzahlen, Messziffern usw. genannt) und Kennzahlensystemen gehört heute zum Instrumentenbaukasten eines jeden Controllers bzw. einer jeden Führungskraft, auf ihn kann kein Unternehmen verzichten (vgl. Zdrowomyslaw/Kasch 2002, S. 68ff.). Unabhängig davon, welche Art von Analyse durchgeführt wird, sind Kennzahlen und Kennzahlensysteme als Führungsinstrument nicht mehr wegzudenken. Durch Anwendung von Kennzahlen erhält das

Management die Möglichkeit, kausale Zusammenhänge sowie die Ursachen und Wirkungen positiver und negativer Faktoren zu erkennen. Kenngrößen stellen eine wesentliche Grundlage für einen Vergleich mit anderen Organisationen, Funktionen oder Prozessen dar. Die wichtigste Informationsquelle für Kennzahlen ist nach wie vor das Rechnungswesen, d.h. die Finanzbuchhaltung sowie die Kosten- und Leistungsrechnung, aber eben nicht nur – gerade dann, wenn das Personalmanagement Betrachtungsgegenstand von Analysen ist.

Über den Begriff, die Terminologie und die Systematik betriebswirtschaftlicher Kennzahlen besteht jedoch in der Literatur **keine einheitliche Meinung**. Was unter dem **Begriff Kennzahl** verstanden werden kann, mag folgende Definition zum Ausdruck bringen:

• Kennzahlen können als quantitativ ausgedrückte Informationen angesehen werden, „die als bewusste Verdichtung der komplexen Realität über zahlenmäßig erfassbare betriebswirtschaftlich relevante und **direkt** erfassbare Sachverhalte informieren wollen" (Krystek/Müller-Stewens 1993, S. 45).

Wie auch für das Unternehmen insgesamt oder einzelne Funktionsbereiche können auch die Kenngrößen für die Personalarbeit nach unterschiedlichen Kriterien systematisiert werden (vgl. Zdrowomyslaw 2002, S. 70ff.). Abb. 96 zeigt eine mögliche Systematisierung, die als Anregung für die Suche nach der „richtigen" oder geeigneten Kennzahl für eine zu untersuchende Problemstellung dienlich sein kann (vgl. Lisges/Schübbe 2005, S. 174f.).

Die weite Verbreitung von **Personalkennzahlen** und **Personalstatistiken** weist bereits auf ihre große praktische Bedeutung hin. Alle Führungskräfte wollen Kennzahlen oder am besten ein „Management-Cockpit", das übersichtlich über Personalkennzahlen informiert und so eine optimale Steuerung der Personalarbeit ermöglicht. Kennzahlen sind für eine gute Unternehmensführung unabdingbar, aber eine Wunderwaffe oder ein Allheilmittel stellen sie auf keinen Fall dar.

Grundsätzlich deuten Zahlen und Daten auf **Exaktheit** hin und vermitteln zunächst eine gewisse **Objektivität**. Der recht einfache Einsatz von Kennzahlen darf allerdings nicht darüber hinwegtäuschen, „dass er nicht immer angemessen ist und teilweise auch in die Irre führen kann", wie es *Preißner* ausdrückt (1999, S. 178). Mit Zahlen wird gemessen und benotet, verglichen und analysiert, untermauert und bewiesen, so dass es sehr wichtig ist, die **Probleme** und **Grenzen** des Einsatzes von Kennzahlen zu kennen (vgl. Hentze/Kammel 1993, S. 92ff., Schulte 2002, S. 153f., Zdrowomyslaw/Kasch 2002, S. 100ff.). Statistiken bzw. Zahlen genießen nicht gerade überall den besten Ruf, wie folgende Ausführungen verdeutlichen:

Abb. 96: Mögliche Systematisierung von Kennzahlen bzw. Indikatoren

Komplexität/ mathematischer Anspruch	▪ Gering (Differenzen, Quotienten, Prozentsätze, Durchschnitte) ▪ Hoch (Methode der kleinsten Quadrate, statistische Funktionen wie Varianz oder Standartabweichung, Delta-Analysen)

Art	▪ absolute Zahlen (Summen, Differenzen, Durchschnitte)
	   - Verhältniszahlen (vergleichend, Prozentsätze)
	   - Gliederungszahlen (Zähler und Nenner identische Einheit)
	▪ Beziehungszahlen (unterschiedliche Einheit)
	▪ Indexzahlen (Bezug auf Basiszeitraum oder -stichtag)

Zeitraum	▪ statisch (Stichtagsaufnahme) Teilzeitquote ▪ dynamisch (Zeitraumbetrachtung, Ereignis während eines definierten Intervalls, typisch: Anzahl pro Zeiteinheit) Fluktuation
Zeithorizont	▪ Vergangenheit ▪ Gegenwart ▪ Zukunft (Vorausschau, Prognose)
Zeit-Intervall zwischen Ursache und Wirkung	▪ sofort wirksam (Krankenstand) ▪ verzögert wirksam ▪ stark verzögert wirksam (Fluktuation)
Darstellungsform	▪ Einfacher Zahlenwert (Quotient, Prozentsatz) ▪ Zahlenreihe im Zeitvergleich (Durchschnittsalter-Entwicklung) ▪ Zahlenwerte im Branchenvergleich (Fehlzeiten) ▪ grafische Darstellung von Zeitreihen (Fluktuation) ▪ Ermittlung von Trends ▪ Ampelmodelle ▪ Delta-Analysen ▪ besondere Aufbereitungsform (Pivot)

Quelle: Nach Lisges/Schübbe 2005, S. 174f.

- So behauptet ein **Sprichwort**, es gäbe drei Arten von Lügen: die gemeine Lüge, die Notlüge und die Statistik.
- Oder wer kennt nicht den **Spruch** eines englischen Politikers, der sagte, er glaube nur der Statistik, die er selbst gefälscht hat (vgl. Weber 1999, S. 11).

Zweifelsohne sind Kennzahlen und Kennzahlensysteme aus der Unternehmensführung nicht wegzudenken. Dieser Umstand darf aber nicht zu einem **unkritischen Einsatz von Kennzahlen** führen. In Anlehnung an *Preißner* (1999, S. 178f.) seien einige **Beispiele** für „falsche Anwendungen" bzw. Interpretationen vorgestellt:

- Beispielsweise wird gerne eine **Mitarbeiterproduktivitätskennzahl** berechnet, indem der Umsatz auf die Mitarbeiterzahl oder Stundenzahl bezogen wird. Den Mitarbeitern wird damit vorgerechnet, ob sie produktiver geworden sind oder nicht. Für die Unternehmensleitung mag diese Information wichtig sein, weil der Umsatz eine Schlüsselrolle ist und die Personalkosten einen wesentlichen Kostenfaktor darstellen. Tatsächlich ist diese Kennzahl nach *Preißner* jedoch „unsinnig", weil die **Mitarbeiter keinen**

Einfluss auf den Preis der Produkte haben. Die Mitarbeiterproduktivität wird durch Preisveränderungen bestimmt, was falsche Entscheidungen in der Produktionsorganisation nach sich ziehen könnte.

- Zu beachten ist, dass die **Aussagefähigkeit eingeschränkt** sein kann, wenn sich einzelne **Komponenten gegeneinander aufheben**. Dies ist ein einfaches statistisches Problem, das auch die Berechnung von Kennzahlen mit sich bringt. Als Beispiel sei hier eine klassische Kennzahl aus dem Bereich der Außendienststeuerung angeführt, die **Reklamationsquote**. Sie soll die **Beratungsqualität** im Außendienst sicherstellen bzw. kontrollieren helfen. Je nachdem ob die Zahl der reklamierten Aufträge oder ihr Umsatz als Größe herangezogen wird, erhält man eine andere Aussagefähigkeit. Wird mit der **Anzahl** gearbeitet, dann fällt z.B. ein reklamierter Großauftrag kaum ins Gewicht, auch wenn er für das Unternehmen einen hohen wirtschaftlichen Schaden bedeutet. Wird dagegen der **Umsatz** verwendet, dann wird zwar die wirtschaftliche Seite korrekt beleuchtet, es kann aber auch ein Fehler des Kunden gewesen sein, der zur Reklamation führte, so dass der Außendienstmitarbeiter übermäßig schlecht gestellt wird.

- Vielfach wird auch Kritik in die Richtung laut, dass Unternehmen bei der **Entwicklung von Kennzahlensystemen** in der Vergangenheit **übertrieben** haben. So wird im Hinblick auf die Frage nach der Anzahl einzubeziehender Kennzahlen in eine Jahresabschlussanalyse und ähnliche Fragestellungen von einigen Autoren (zurecht) kritisch angemerkt, dass ein gewisser **Zahlen-Fetischismus** zu beobachten ist. Je mehr Kennzahlen „produziert" werden, desto mehr ist man damit beschäftigt, diese Kennzahlen alle auszuwerten und möglicherweise Gegensteuerungsmaßnahmen einzuleiten. Je mehr Kennzahlen ermittelt werden, desto mehr Widersprüche treten i.d.R. auf. Es ist kaum möglich, sämtliche Kennzahlen gleichzeitig zu optimieren. So entstehen zwangsläufig **Widersprüchlichkeiten bei der Optimierung von Kennzahlen** wie „Lieferzuverlässigkeit" und „durchschnittlicher Lagerbestand". Denn die Verbesserung der Lieferzuverlässigkeit ist meistens mit einer Erhöhung des Lagerbestands verbunden. Beide Kennzahlen parallel einzusetzen, ist also nur bedingt sinnvoll.

- Zu berücksichtigen ist auch, an welchen Zielen sich die Kennzahlen orientieren. So wird zusehends kritisiert, dass die **Kennzahlendefinitionen oft genug auf Annahmen über Erfolgsfaktoren basieren, die nicht mehr bzw. nur noch eingeschränkt haltbar sind**. Beispielsweise wird mit Daten über Kostenanteile gearbeitet, die zu einer Senkung der Kosten beitragen, aber gleichzeitig auch zu einer Verringerung der Qualität und damit höheren Ausfallzeiten und Nacharbeitskosten führen. Vor diesem Hintergrund muss daher bei der Kennzahlendefinition berücksichtigt werden, ob die Resultate wirklich erwünscht sind. Als Beispiele hierfür können der **Auslastungsgrad** (führt zu hohen Lagermengen, falschen Lagerbeständen, hohem Abverkaufsdruck), der **Marktanteil** (führt zu starker Mengenorientierung, geringer Flexibilität, Verschlafen von Marktänderungen und verführt zu Preisnachlässen), der **Neukundenanteil** (führt zu nachlassender Qualität der Kundenbeziehungen, der Akquisition von Kunden geringerer Profitabilität und steigenden Akquisitionskosten) und das **Shareholder Value-Konzept** (führt dazu, kurzfristige Maßnahmen längerfristigen vorzuziehen, vernachlässigt langfristige Unternehmensentwicklung) genannt werden.

Da Kennzahlen in der Literatur nicht einheitlich definiert werden, ist es wichtig, dass man sich im Rahmen von Kennzahlenanalysen über deren Entstehung im Klaren ist.

> **Merksatz:** Bei Kennzahlen sollte grundsätzlich das Zustandekommen einer Formel (Zähler und Nenner!) bekannt sein bzw. hinterfragt werden, um Vergleiche und fundierte Beurteilungen zu gewährleisten.

Um **Fehlurteile** möglichst zu vermeiden, sollten die **Schwierigkeiten und Grenzen des Einsatzes von Kennzahlen** bekannt sein, wie z.B. falsche Gewinnung und Anwendung von Kenngrößen, bereits überholte Kennzahlen, ungenügende Repräsentativität von Vergleichszahlen oder die Gefahr einer isolierten Kennzahlenanwendung. Was sollte man beim Umgang mit Kennzahlen beachten?

Zu der qualitativen Dimension von Kennzahlen und Kennzahlensystemen, die für die Informationsqualität wichtig ist und damit auch über die Verwendbarkeit von Informationen für Entscheidungsprozesse Auskunft gibt, werden in der Literatur i.d.R. folgende **Eigenschaften als Auswahlkriterium** benannt:

1. **Zweckeignung**, d.h. Eignung der Information zur Lösung einer gestellten Aufgabe.
2. **Genauigkeit**, d.h. Grad der Übereinstimmung mit der Realität; Präzision der Information.
3. **Aktualität**, d.h. Zeitnähe; zeitlicher Abstand zwischen frühestmöglicher Ermittlung und dem zugrundeliegenden Bezugszeitpunkt bzw. -zeitraum.
4. **Kosten-Nutzen-Relation**, d.h. Gegenüberstellung der Beschaffungskosten und des Nutzens aus der Verwertung von Informationen (vgl. Meyer 1994, S. 24f.).

Indem durch Kennzahlen komplexe Sachverhalte auf **einfache Punktgrößen** verdichtet werden, wird es möglich, **Unternehmen zu vergleichen**. Gerade aber angesichts dieser Tatsache, sollte man sich darüber im Klaren sein, dass es einige Faktoren gibt, die die **Aussagefähigkeit von Kennzahlen** und damit auch die Möglichkeiten von **Analysen einschränken**. Eine **Checkliste** kann bei der Entscheidung für den Einsatz unternehmensbezogener Kennzahlen sehr hilfreich sein (vgl. Abb. 97). Welche Fragen bei der Auswahl der zum Einsatz gelangenden personalwirtschaftlichen Kenngrößen zu beantworten sind, ist in einer Checkliste von *Schulte* (2002, S. 147) zu entnehmen.

Abb. 97: Checkliste: Worauf Sie bei Kennzahlen achten müssen

- Kennzahlen sollen aussagefähig, transparent, verständlich, ausgewogen und aktuell sein.
- Die Lage eines Unternehmens ist durch quantitative Messungen allein nicht zu erfassen. Sie sollten daher auch qualitative Maßstäbe setzen und durch Messungen überprüfen.
- Neben Messdaten über den finanziellen Erfolg sollten Sie auch solche Größen berücksichtigen, die diesen Erfolg beeinflussen (vor allem „weiche" Daten über Ihre Mitarbeiter und Kunden).
- Die Kennzahlen sollten im Sinne des Stakeholder-Ansatzes auch auf den Bedürfnissen der Kunden, Anteilseigner und anderer wichtiger Interessengruppen beruhen.
- Messungen regelmäßig durchführen! Zumindest die Ertragslage und die finanzielle Stabilität des Unternehmens sollten Sie permanent und in regelmäßigen Abständen überwachen.
- Berücksichtigen Sie sowohl auf die Vergangenheit, die Gegenwart als auch die Zukunft gerichtete Kennzahlen.
- Messen und Auswerten kostet Zeit! Die Anzahl der Kennzahlen, die für das Gesamtunternehmen gelten, darf ein vernünftiges Maß daher nicht überschreiten. Weniger ist mehr: Messen Sie die wenigen wichtigen Schlüsselvariablen, nicht die vielen unwichtigen. Außerdem müssen Kennzahlen den Kriterien der Wirtschaftlichkeit genügen.
- Richten Sie sich bei der Auswahl der Kennzahlen nach den kritischen Erfolgsfaktoren des Unternehmens. Die Kennzahlen müssen auf Ziele oder Vorgaben ausgerichtet sein, die auf Recherche und nicht auf willkürlich gewählten Zahlen beruhen.
- Wenn sich das Umfeld und die Strategie ändern, sollten auch Ihre Kennzahlen verändert oder zumindest angepasst werden.
- Holen Sie Ihre Mitarbeiter ins Boot – verdeutlichen Sie ihnen den Zweck der Messungen und die Ziele hinter den verwendeten Zahlen.
- Verwenden Sie die Kennzahlen nicht nur für den innerbetrieblichen, sondern auch für den zwischenbetrieblichen Vergleich.

Quelle: Nach Weber 1999, S. 23 und Brown 1997, S. 3ff.

Prinzipiell können zahlreiche Kennzahlen zur Steuerung der Personalarbeit gebildet werden. Es ist ein Verdienst von *Schulte* (2002), der eine umfassende Kennzahlendarstellung aus der Praxis heraus für das Personalcontrolling geliefert hat. Abb. 98 zeigt das Personalkennzahlensystem nach *Schulte*, das sich nach den wesentlichen Funktionen der Personalarbeit gliedert.

Abb. 98: Personalkennzahlensystem nach Schulte

Personalbedarf und -struktur	Personalbeschaffung	Personaleinsatz	Personalerhaltung und Leistungsstimulation
Netto-Personalbedarf Arbeitsvolumen/ Arbeitszeit Qualifikationsstruktur Frauenanteil Durchschnittsalter der Belegschaft Durchschnittsdauer der Betriebszugehörigkeit ...	Bewerber pro Ausbildungsplatz Vorstellungsquote Effizienz der Beschaffungswege Personalbeschaffungs-kosten je Eintritt Produktivität der Personalbeschaffung Grad der Personaldeckung Frühfluktuationsrate Anzahl Versetzungswünsche nach kurzer Zeit ...	Vorgabezeit Leistungsgrad Arbeitsproduktivität Arbeitsplatzstruktur Verteilung des Jahresurlaubs Überstundenquote Durchschnittskosten je Überstunde Leistungsspanne Entsendungsquote Rückkehrquote ...	Fluktuationsrate Fluktuationskosten Krankheitsquote Unfallhäufigkeit Ausfallzeit infolge Unfall Kosten von Arbeitsunfällen Grad der Unfallschwere Lohnformenstruktur Lohngruppenstruktur Vermögensbildende Leistungen je Mitarbeiter Erfolgsbeteiligung je Mitarbeiter Altersversorgungsanspruch je Mitarbeiter Nutzungsgrad betrieblicher Sozialeinrichtungen Aufwand für freiwillige betriebliche Sozialleistungen je Mitarbeiter

Personalkennzahlensystem (PKS) – Teil II

Personalentwicklung	Betriebliches Vorschlagswesen	Personalfreisetzung	Personalkostenplanung und -kontrolle
Ausbildungsquote Übernahmequote Struktur der Prüfungsergebnisse Struktur der Bildungsmaßnahmen Jährliche Weiterbildungszeit je Mitarbeiter Anteil der Personal-entwicklungskosten an den Gesamtkosten Weiterbildungskosten pro Tag und Teilnehmer Bildungsrendite ...	Verbesserungs-vorschlagsrate Struktur der Einreicher Bewertungszeit pro Verbesserungsvorschlag Annahmequote Realisierungsquote Durchschnittsprämie Einsparquote ...	Sozialplankosten pro Mitarbeiter Abfindungsaufwand je Mitarbeiter ...	Personalintensität Personalkosten in Prozent der Wertschöpfung Personalzusatzkostenquote Personalkosten je Mitarbeiter Personalkosten je Stunde ...

Quelle: Schulte 2002, S. 156

Eine Möglichkeit der formalen Präsentation und (einfachen und reduzierten) Form der Kennzahlen-Definition sowie Kennzahlen-Auswertung bietet die Benutzung eines **Kennzahlenblattes**. Wie ein solches Kennzahlenblatt gestaltet sein kann, verdeutlicht Abbildung 99 am Beispiel der „Fluktuationsrate".

Abb. 99: Kennzahlenblatt Fluktuationsrate

Kennzahl-bezeichnung	Fluktuationsrate	Kennzahl-Nr. 26
Bezeichnung/ Formel	**BDA-Formel:** $\dfrac{\text{Freiwillig ausgeschiedene Beschäftigte}}{\text{Durchschnittlicher Personalbestand}} \times 100\ [\%]$ **Schlüter-Formel:** $\dfrac{\text{Anzahl der Austritte}}{\text{Personalanfangsbestand} + \text{Zugänge}} \times 100\ [\%]$	
Gliederungs-möglichkeiten	Mitarbeitergruppen Dauer der Betriebszugehörigkeit	
Erhebungszeit-punkte/-räume	halbjährlich; jährlich	
Anwendungs-bereich	Maß für die Arbeitszufriedenheit und organisatorische Stabilität	
Kennzahlen-zweck	Steuerung und Kontrolle der Unternehmensaustritte	
Mögliches Ziel	Gezielte Senkung der Fluktuationsrate (Ausnahme: Geplanter Personalabbau über natürliche Fluktuation)	
Basisdaten	Anzahl der Abgänge, durchschnittlicher Personalbestand bzw. Personalbestand bei Periodenbeginn und Zugänge	
Vergleichs-grundlagen	Zeitvergleich, Soll-Ist-Vergleich, Betriebsvergleich	
Interpretation	Durch Abgangsinterviews lassen sich die Fluktuationsursachen systematisch erforschen. Diese liefern zugleich die Ansatzpunkte für geeignete Maßnahmen zur Beeinflussung der Fluktuation, wie z.B. Gestaltung des Arbeitsinhalts und des Grades der Selbstständigkeit, der Arbeitsbedingungen (Arbeitsräume, Sicherheitsvorkehrungen), der Arbeitsorganisation (Arbeitszeit, Pausenreglung, Aufbau- und Ablauforganisation), des Betriebsklimas, des Lohngefüges und seiner Differenzierung. Andere Absatzpunkte sind erforderlich, um der Frühfluktuation entgegenzusteuern (vgl. Kennzahl 14).	

Quelle: Schulte 2002, S. 182

Wichtig ist auf jeden Fall, wie es *Kralicek* (1995, S. 30) in seinem Buch „Kennzahlen für Geschäftsführer" hervorhebt, **keine Angst vor Kennzahlen** zu haben. Sie sollten als **Freund** und **Helfer** betrachtet werden, denn sie können nicht Erfahrungen (Know-how) oder **gutes Management ersetzen**, aber sie können **gutes Management besser machen**, können **Entwicklungen aufzeigen**, die man sonst übersehen hätte, und sie helfen dem Manager, **Entscheidungen vorzubereiten**, die Entscheidung selbst nehmen sie ihm aber nicht ab.

2.2.4 Kennzahlensysteme

Nicht nur die Auswahl der richtigen, unternehmensindividuellen Kennzahlen ist entscheidend, sondern auch die **Aussagefähigkeit** dieser. Sie kann noch erheblich verbessert und die **Interdependenzen von Einzelaussagen** deutlich gemacht werden, wenn es gelingt, sie zu einem **Kennzahlensystem zu verbinden**. Praxis und Theorie haben einige traditionelle Kennzahlensysteme hervorgebracht, wie z.B. RoI-Kennzahlensystem bzw. Du-Pont-Kennzahlensystem, Kennzahlensystem des Zentralverbandes der Elektrotechnik- und Elektronikindustrie e.V. (ZVEI), Rentabilitäts-Liquiditäts-(RL)-Kennzahlensystem (vgl. Zdrowomyslaw/Kasch 2002, S. 88ff., Wunderer/Jaritz 2006, S. 107ff.). Was unter dem Begriff Kennzahlensystem verstanden werden kann, mag folgende **Definition** zum Ausdruck bringen:

> „Ein **Kennzahlensystem** ist eine geordnete Gesamtheit von Kennzahlen, die in einer Beziehung zueinander stehen und so als Gesamtheit über einen Sachverhalt vollständig informieren" (Horváth 1994, S. 555).

Heute sollen mit Kennzahlen **sowohl harte als auch weiche Faktoren** erkannt, gemessen und bewertet werden (vgl. Brown 1997). So haben im Rahmen der aktuell geführten Diskussion um Führungsinstrumente wie „Benchmarking" und „Balanced Scorecard" **Kennzahlen für Erfolgsfaktoren** wie Qualität, Zeit und Flexibilität (strategieorientiertes Performance-Measurement-System) bzw. qualitätsbezogene Kennzahlen deutlich an Relevanz zugenommen.

In Anlehnung an das DU-Pont-Kennzahlensystem hat *Bühner* (1996, S. 45ff. und 231) für das Personalmanagement ein Kennzahlensystem mit der (Spit-

Abb. 100: Kennzahlensystem für den Cash-Flow pro Mitarbeiter

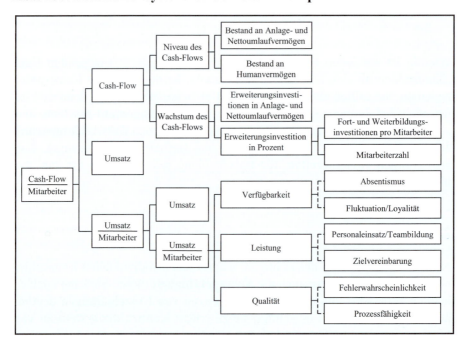

Quelle: Wunderer/Jaritz 2006, S. 114.

zen-)Kennziffer „Cash-flow pro Mitarbeiter" entwickelt. Unter anderem auf Grund der Problematik der Quantifizierung der Größen Verfügbarkeit, Leistung und Qualität wird allerdings von den Autoren *Wunderer/Jaritz* (2006, S. 113f.) der Informationsgehalt dieses prozessbezogenen Kennzahlensystems für das Personalmanagement eher als gering eingestuft. Angesichts der Messproblematik wird man aber bei Kennzahlensystemen für den Personalbereich wohl aber immer gewisse Abstriche bezüglich der Nachweisbarkeit machen müssen. Abbildung 100 zeigt das Kennzahlensystem für den Cash-flow pro Mitarbeiter.

Grundsätzlich sollte zunächst jedes Unternehmen bestrebt sein, einen eigenen, umfassenden **Kennzahlenkatalog** zu erstellen und zu pflegen (vgl. Schulte 2002). Allein schon vor dem Hintergrund der Anschaulichkeit und der Hinterfragung von Ursache-Wirkungszusammenhängen bietet sich außerdem auch eine Darstellung der Kenngrößen im Sinne eines **Kennzahlennetzwerkes** an – wie dies beispielsweise *Hewlett Packard* durchführt (siehe Abb. 101).

Abb. 101: Kennzahlen-(Netzwerk) bei Hewlett Packard

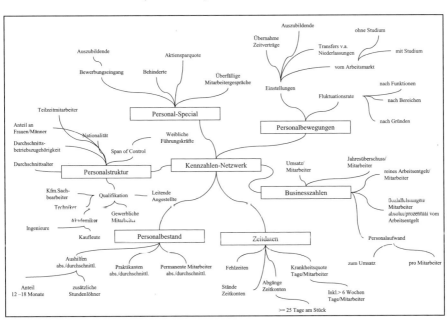

Quelle: Wunderer/Jaritz 2006, S. 112

2.2.5 Kostenanalysen

Angesichts der Bedeutung der Personalkosten für den Unternehmenserfolg ist das **Personalkostenmanagement** eine Herausforderung für jedes Unternehmen (zur Personalentlohnung und Differenzierung der Personalkosten siehe Kapitel III Gliederungspunkt 4.4.2.1 dieses Buches). Personalkostenplanung, Personalkostenstrukturierung und Personalkostenanalysen, teils computergestützt, sind erforderlich, um die Kosten und Leistungen – dabei wird vorrangig die Anwesenheit der Mitarbeiter und nicht der Faktorverbrauch bewertet – im Vergleich zur Konkurrenz zu bestimmen (vgl. Scholz 2000, S. 659ff.). Letztlich geht es darum, die Personalkosten für Entscheidungszwecke transparent zu machen, d.h. Gründe für die Verursachung von (unnötigen) Kosten auszumachen und Eingriffsmöglichkeiten zu erkennen (Ursachenanalyse). Eine **Einflussgrößenanalyse** vermag das strategische Personalmanagement bei der Planung der mit den Humanressourcen verbundenen Kosten in der Unternehmung durch wichtige Informationen unterstützen. Auf *Vogt* (vgl. Vogt 1983) geht die Unterscheidung zwischen von der Unternehmensleitung **disponierbaren** Bestimmungsfaktoren der Personalkosten (Aktionsvariablen: z.B. Arbeitnehmeranzahl und -struktur, Arbeitszeit- und Arbeitsplatzgestaltung) und Daten, die **nicht beeinflusst** (disponiert) werden können, wie z.B. Beitragsbemessungsgrenzen der Sozialversicherung, zurück (vgl. Hentze/ Kammel 1993, S. 154f., Henselek 2005, S. 120ff.).

Wie Abbildung 102 zeigt, sollte eine **Analyse der Personalkostenstruktur** an den zwei Ausgangsgrößen der Personalkosten ansetzen, nämlich der Mengen- und der Preiskomponente. Bei allen Analysen sollte grundsätzlich

Abb. 102: Beeinflussbarkeit der Personalkosten

	Grad der Disponierbarkeit		
	niedrig	**mittel**	**hoch**
Preis	• Lohnsätze • Beitragsbemessungsgrenzen der Sozialversicherung • Altersversorgung	• Zulagen für Schicht-, Akkord-, Sonn- und Feiertagsarbeit (tarifvertragliche Untergrenze!) • Zusatzleistungen • Bemessungsgrundlagen	• ad hoc-Prämien
Menge	• Zusatzleistungen • Arbeitstage • personalbedingte Ereignisse (z.B. Krankheit, Umzug)	• Belegschaftsstruktur • Alter, Geschlecht • arbeitsrechtlicher Status • Personaleinsatz • Arbeitszeit • Schichtarbeit • Mehrarbeit • Kurzarbeit	• Mehrarbeit

Quelle: Scholz 2000, S. 696

darauf geachtet werden, welcher **Wertbegriff** bzw. **Kostenbegriff** (z.B. Aufwand ist nicht immer gleich Kosten) zugrunde liegt (vgl. Zdrowomyslaw 2001, S. 48ff.). In der Regel werden meistens nur die direkten, zahlungswirksamen Kosten erfasst (z.B. Teilnehmergebühren für Seminare, Kosten für Stellenanzeigen, Mitarbeiterbeurteilungen usw.), selten dagegen die recht bedeutsamen, aber auch schwieriger zu ermittelnden **Opportunitätskosten** oder **Alternativkosten**. Hierunter fallen z.B. Kosten fehlender oder gestörter Leistungsmotivation (definiert als Differenz zwischen dem Beitrag eines Mitarbeiters zum Unternehmenserfolg, den er bei optimaler Motivation erbringen könnte und dem tatsächlich geleisteten Beitrag) und Stellenvakanz (vgl. Schulte 2002, S. 5).

Zur besseren Erfassung und Analyse der Personalkosten muss das Unternehmen ein praktikables und seinen Bedürfnissen entsprechendes Gliederungsschema entwickeln. Als Erfassungsquellen dienen insbesondere die Lohn- und Gehaltsabrechnung, die Gewinn- und Verlustrechnung (GuV), das interne Rechnungswesen (Kosten- und Leistungsrechnung) sowie überbetriebliche Erhebungen (z.B. Statistische Ämter, Agenturen für Arbeit, Betriebsvergleiche von Verbänden).

Abb. 103: Personalkostenstruktur

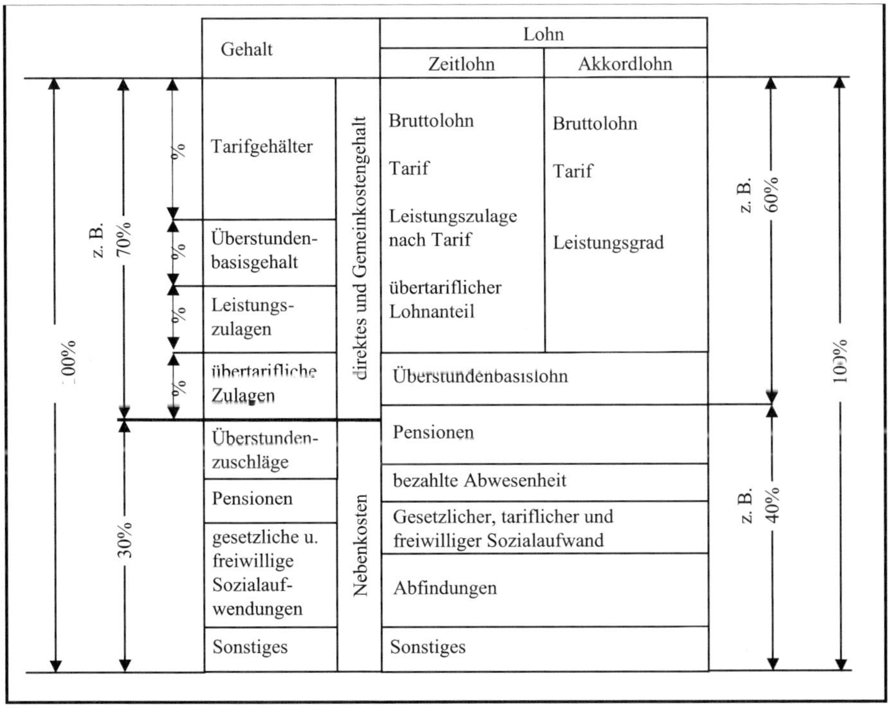

Gehalt		Lohn	
		Zeitlohn	Akkordlohn
Tarifgehälter	direktes und Gemeinkostengehalt	Bruttolohn	Bruttolohn
		Tarif	Tarif
Überstunden-basisgehalt		Leistungszulage nach Tarif	Leistungsgrad
Leistungs-zulagen		übertariflicher Lohnanteil	
übertarifliche Zulagen		Überstundenbasislohn	
Überstunden-zuschläge	Nebenkosten	Pensionen	
Pensionen		bezahlte Abwesenheit	
gesetzliche u. freiwillige Sozialaufwendungen		Gesetzlicher, tariflicher und freiwilliger Sozialaufwand	
		Abfindungen	
Sonstiges		Sonstiges	

(Links: z.B. 70%, 100%, 30%; rechts: z.B. 60%, z.B. 40%, 100%)

Quelle: Potthoff/Trescher 1986, S. 141

Viele Unternehmen, vor allem KMU, beschränken sich darauf, die Anteile der Personalkosten aus der GuV zu Beurteilungen heranzuziehen oder führen eine **Analyse der Personalkostenstruktur** durch (siehe Abb. 103). Eine detaillierte Aufschlüsselung der Personalkosten (einschließlich kalkulatorischer Kostenbestandteile) nach Kostenarten, -stellen und -trägern dürfte eher die Ausnahme als die Regel sein. Die Verwendung eines **Betriebsabrechnungsbogens** (BAB), als Vollkostenrechnung oder Teilkostenrechnung, könnte sich dabei als nützliches Hilfsmittel erweisen, um den **Gemeinkostenblock „Personal"** zu durchleuchten (vgl. Abb. 104). Der sog. Betriebsabrechnungsbogen (BAB) ist mit der Zielsetzung verbunden, das Management auf übersichtliche Weise in Tabellenform mit Informationen über die in den **Kostenstellen bezüglich der einzelnen Kostenarten angefallenen Gemeinkosten zu versorgen.** Zugleich dient das in ihm erfasste Datenmaterial in verschiedener Hinsicht als Grundlage zur Gewinnung entscheidungsrelevanter Informationen. Die Betriebsabrechnung wird in den folgenden **vier Schritten** „Übernahme und Verteilung der Einzelkosten", „Übernahme und Verteilung der primären Gemeinkosten", „Verteilung der sekundären Gemeinkosten" und „Ermittlung der Gemeinkostenzuschläge" durchgeführt. Wenig verbreitet scheint auch die Beteiligung an **Betriebsvergleichen** und die Nutzung dieser Ergebnisse zu sein (vgl. Zdrowomyslaw/Kasch 2002). Rein formal ausgerichtete Soll-Ist-Vergleiche von Personalkosten und -budgets sind zwar wichtige Steu-

Abb. 104: Betriebsabrechnungsbogen

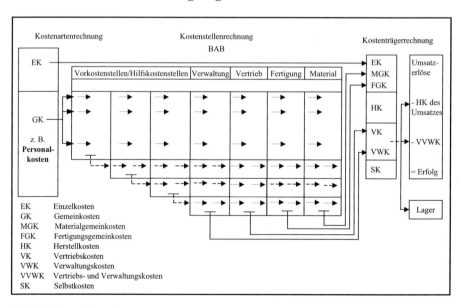

Quelle: Eigene Darstellung

erungs- und Kontrollinstrumente, reichen aber nicht aus. Zwingend sollte eine **Abweichungs-** und **Ursachenanalyse** folgen sowie **Vergleichsgrößen** herangezogen werden.

An dieser Stelle sei festgehalten, dass es verschiedene Möglichkeiten gibt, Personalkosten zu systematisieren, zu vergleichen und tiefgehende Analysen durchzuführen. Nach *Scholz* (2000, S. 696ff.) bietet sich, zur Beantwortung strategisch relevanter Fragen, eine Gliederung der Personalkosten in folgende **drei** Kostengruppen an:

- **Bestandskosten**, die unmittelbar durch die Bereitstellung des „Potenzialfaktors Personal" entstehen,
- **Aktionskosten**, die unmittelbar für Beschaffung, Entwicklung, Einsatz und Freisetzung anfallen und
- **Reaktionskosten**, hierzu zählen sämtliche Personalkosten, die dem Unternehmen ohne unmittelbar eigene Entscheidungen entstehen (vor allem Fluktuationskosten und Fehlzeitenkosten).

Im folgenden sei hier beispielhaft lediglich auf die **Reaktionskosten** als strategischer Kostenfaktor eingegangen. Die Reaktionskosten stellen zweifel-

Abb. 105: Fehlzeiten und ihre Beeinflussbarkeit

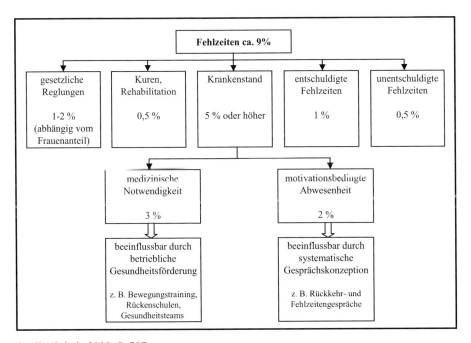

Quelle: Scholz 2000, S. 707

sohne eine wichtige Analyse- und Steuerungsgröße dar, wie empirische Studien zeigen. So haben laut *Gallup-Studie 2003* 12% der Mitarbeiter bereits innerlich gekündigt und 70% machen nur noch Dienst nach Vorschrift (vgl. www.gallup.de/mittelstand/index.htm vom 25.09.2006 Wood/Nink 10/2004). Leistungsentzug oder Fehlzeiten sind vielfach die Folgen von Unzufriedenheit und Unmotiviertheit der Mitarbeiter und wirken sich negativ auf die Kostenstruktur (große Verlustquelle) aus (vgl. Bühner 1996, S. 94 ff.). Allein aufgrund der Kostenwirkungen stellt die **Fehlzeitenanalyse** ein wichtiges Instrumentarium für das strategische Personalkostenmanagement dar. Abbildung 105 zeigt zusammenfassend die verschiedenen Formen der Fehlzeiten sowie das Ausmaß, in dem sie direkt oder indirekt zu beeinflussen sind.

Abbildung 106 zeigt Ansatzpunkte, mit welchen Maßnahmen Fehlzeiten reduziert werden können.

Abb. 106: Ansatzpunkte für Fehlzeitenreduzierung

Problemfeld	Maßnahmen
Einstellung zur Arbeit	Förderung von Verantwortungsübernahme Teamarbeit, Job-Enrichment Einführen und Leben von Führungsgrundsätzen (Information, Lob, Anerkennung, Zielvereinbarungen) Flexible Arbeitszeitregelung
Soziales Umfeld	Soziale Kompetenzen bereits bei der Einstellung berücksichtigen Aufklärung über Mobbing Berücksichtigen von besonderen Situationen bei Teamzusammensetzung oder Raumplanung (z.B. Raucher/Nichtraucher, Alter, Interessen)
Arbeitsplatz	Untersuchung und Verbesserung der Arbeitsbedingungen (Arbeitsplatz-Ergonomie, Unfallverhütung, Brandschutz) Aufklärung über Arbeitssicherheit und Gesundheitsschutz Sensibilisierung für Gesundheitsfragen in Bezug auf den Arbeitsplatz (z.B. richtiges Sitzen, Ernährung, Arbeit am Bildschirm), Pausenverhalten
Privat/Persönlich	Auch ohne direkte Einflussnahme Ansprechbarkeit signalisieren (Gesprächspartner bereitstellen, gegebenenfalls Suchthelfer ausbilden lassen)
Übergreifend	Krankenrückkehrgespräche Führungskräfteschulungen zu Fehlzeitenmanagement Regelung von Nebentätigkeiten

Quelle: Lisges/Schübbe 2005, S. 252

Durch detaillierte Erfassung, Strukturierung und Analyse der Personalkosten lassen sich Ansatzpunkte zur Kostenreduzierung finden. Das Controlling der Personalkosten ist für die Praxis ein wesentlicher Aspekt des Personalcontrollings.

2.2.6   Prozesskostenrechnung

Der hohe und steigende Anteil der **Gemeinkosten** (nicht direkt zurechenbare Kosten: maßgeblich auch die Personalkosten) an der betrieblichen Wertschöpfung hat in den 80er Jahren zur Entwicklung der **Prozesskostenrechung** bzw. dem **Activity-Based-Costing** geführt. Es ist als Instrument des Gemeinkostenmanagements bei konsequenter Weiterentwicklung des bestehenden Vollkostenrechnungssystems mit einer Kostenarten- und Kostenstellenrechnung zu verstehen (BAB) und knüpft an die Bezugsgrößenkalkulation im Fertigungsbereich an. Methodisch handelt es sich bei dem Verfahren um eine kombinierte Ist- und Plankostenrechnung auf Vollkostenbasis, wobei prinzipiell auch eine Prozesskostenrechnung auf Teilkostenbasis möglich ist (vgl. Zdrowomyslaw 2001, S. 404ff.).

Die Prozesskostenrechnung kann als ein sehr wichtiges **Instrument eines prozessorientierten Personalcontrollings** angesehen werden, denn sie liefert die Grundlage für die Identifikation der Personalprozesse, die Planung und Kontrolle der Personalkosten sowie die (strategische) Kalkulation der Kosten der personalwirtschaftlichen Aktivitäten (vgl. Schulte 2002, S. 115). Mit der Prozesskostenrechnung werden vor allem die folgenden **Ziele** verfolgt:

- Übertragung des im Fertigungsbereich bereits seit langem etablierten Bezugsgrößendenkens auf die indirekten Bereiche, um Gemeinkosten fundierter durchleuchten und verrechnen zu können. Wichtige Voraussetzung hierfür ist, dass Maße für die in den Kostenstellen erbrachten Leistungen definiert werden können. Kosten der Personalabteilung werden nicht mehr als Gemeinkosten betrachtet und über Zuschlagssätze verteilt.
- Darstellung der Kosten von Vorgängen und Prozessen. Letztere stellen Verknüpfungen sachlich zusammenhängender Tätigkeiten dar, die häufig in verschiedenen Kostenstellen, abteilungsübergreifend, erbracht werden. Die Kenntnis der kostenstellenübergreifenden Hauptkosteneinflussgrößen liefert vielfach wertvolle Anregungen für Rationalisierungsmaßnahmen mit teilweise strategischer Bedeutung. Die Transparenz der Prozesskosten ist daneben ein sinnvoller Ansatzpunkt für den Vergleich mit anderen Unternehmen (Benchmarking).
- Verbesserung der Aussagefähigkeit der Kalkulation gegenüber der vorwiegend auf wertmäßigen Bezugsgrößen basierenden traditionellen Kalkulationstechnik. Da die Kalkulationsverbesserung auf die weitgehend fixen Gemeinkosten abzielt, kann nicht das Verursachungsprinzip, wohl aber das Beanspruchungsprinzip angewandt werden (vgl. Schulte 2002, S. 115f.).

Abbildung 107 zeigt in welchen Schritten sich der Aufbau der Prozesskostenrechnung vollzieht.

Abb. 107: Aufbau der Prozesskostenrechnung

Schritt 1	Schritt 2	Schritt 3	Schritt 4	Schritt 5
Tätigkeitsanalyse zur Identifizierung von Prozessen	Wahl geeigneter Maßgrößen	Festlegung der Planprozessmengen	Planung der Prozesskosten	Ermittlung von Prozesskostensätzen

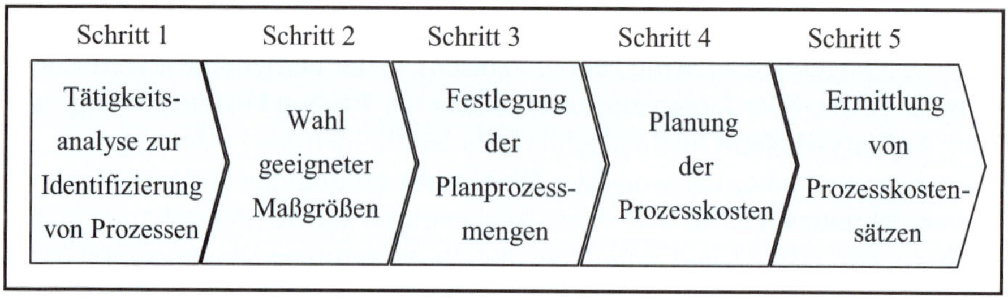

Quelle: Schulte 2002, S. 116

Mit dem Einsatz der Prozesskostenrechnung wird ein aktives Gemeinkosten-Management in unterschiedlicher Weise unterstützt. Das Benchmarking wird gefördert, Erfahrungskurveneffekte können besser ausgemacht und realisiert werden. Ferner müssen Leistungsstandards (z.B. Zeitstandards je Personalabrechnung) eindeutig definiert, einfach erfassbar und wirtschaftlich kontrollierbar sein. Im einzelnen sind von der laufenden (i.d.R. monatlichen) Kontrolle der repetitiven Gemeinkostenfunktionen folgende Vorteile zu erwarten (vgl. Schulte 2002, S. 118f.):

- Systematische Auslastung der Gemeinkostenstellen hinsichtlich der repetitiven Tätigkeiten;
- Häufig erstmalige Definition der Kapazität eines Gemeinkostenbereichs hinsichtlich seiner repetitiven Tätigkeiten, wodurch sich Personalplanungen usw. versachlichen lassen;
- Frühzeitige Information über Verschiebungen der Arbeitsbelastung durch Veränderungen der Mengengerüste;
- Erkennen von Trends durch Mehr-Perioden-Vergleiche;
- Präzise Darstellung der Notwendigkeit einer Personalanpassung in einzelnen Kostenstellen.

2.2.7 Gemeinkosten-Wertanalyse

Gleichermaßen wie die Prozesskostenrechnung zielen auch die Gemeinkosten-Wertanalyse (Overhead-Value-Analysis), die administrative Wertanalyse sowie das Zero-Base-Budgeting auf die **Reduzierung** oft hohen **Gemeinkosten** in Unternehmen ab (vgl. Wunderer/Jaritz 2006, S. 290ff.). Während bei der **Gemeinkosten-Wertanalyse** der Fokus darauf gerichtet ist, eine Betriebsleistung mit niedrigsten Kosten zu erstellen, liegt bei der **Administrativen Wertanalyse** der Schwerpunkt im Bestreben, wertsteigernde, innovative

Veränderungen in den Strukturen und Prozessen des Gemeinkostensektors herzustellen, d.h. die **Rationalisierung** voranzutreiben (vgl. Hentze/Kammel 1993, S. 159 sowie die Gegenüberstellung der Methoden auf den S. 160ff., Wunderer/Jaritz 2006, S. 312ff.). Es handelt sich um Analyse- und Planungstechniken, die zur Steuerung und Verbesserung von Produktivitätskennzahlen im Gemeinkostenbereich herangezogen werden können. Bekanntlich lässt sich in vielen Fällen die **Personalproduktivität** lediglich **indirekt** und **subjektiv beurteilen**, dennoch stellt sich die grundsätzliche Frage nach dem Kosten-Nutzen-Verhältnis (vgl. Schulte 2002, S. 119f.). Aus dieser generellen Fragestellung leiten sich Fragen ab wie:

- Lassen sich die Arbeitsorganisation oder die Arbeitsabläufe verbessern?
- In welche neuen Technologien, z.B. im Bereich der Bürokommunikation, sollte investiert werden?
  Wie können diese Technologien im Gemeinkostenbereich am wirkungsvollsten genutzt werden?
  Welche organisatorischen und personellen Veränderungen sind dazu erforderlich?
- Gibt es Aufgaben, für deren Erfüllung ein geringeres Leistungsniveau als bisher ausreicht? Ist eine Personal- oder Mittelumverteilung von weniger wichtigen zu wichtigen Aufgaben sinnvoll und möglich?
- Können andere Unternehmen bestimmte Aufgaben kostengünstiger oder besser erfüllen?

Zur Beantwortung obiger Fragen dienen u.a. die **Gemeinkosten-Wertanalyse**, die im folgenden kurz skizziert wird, und das Zero-Base-Budgeting, das anschließend in einem separaten Gliederungspunkt besprochen wird. Die Gemeinkosten-Wertanalyse beruht auf einer spezifischen Projektorganisation und einer strukturierten Vorgehensweise, die bestimmte Phasen – in der Regel **acht** – durchläuft (vgl. Hentze/Kammel 1993, S. 157f., Czenskowsky/Schünemann/Zdrowomyslaw 2004, S. 120ff., Scholz 2000, S. 726f.). Nach *Schulte* (2002, S. 120f.) beinhaltet die Gemeinkosten-Wertanalyse folgende **vier** Schritte:

1. **Ermittlung der Leistungsbeziehungen und Schätzung der Kosten**: Nach der Festlegung der Untersuchungseinheiten, die in aller Regel mit bestehenden Kostenstellen im Gemeinkostenbereich übereinstimmen, gibt jeder Kostenstellenleiter an, welche Leistungen seine Stelle für welche Leistungsempfänger erbringt und welche Leistungen die Kostenstelle von anderen Kostenstellen zur Erfüllung ihrer Aufgaben in Anspruch nimmt. Anschließend werden die Kosten aller erstellten und bezogenen Leistungen angegeben und mit dem Nutzen der erbrachten Leistungen verglichen.

2. **Entwicklung von Ideen für ein verbessertes Kosten-Nutzen-Verhältnis**: Die Linienführungskräfte werden aufgefordert, für Leistungen mit schlechtem Kosten-Nutzen-Verhältnis Ideen zur Kosteneinsparung zu entwickeln (siehe hierzu auch die Kreativitätstechniken). Hierbei gilt als Vorgabe eine Kosteneinsparung von 40 %. Dieses sehr anspruchsvolle Ziel wird gesetzt, um auch unkonventionelle Ideen zu provozieren. Als zulässige Einsparungsideen gelten Vorschläge zur Beschränkung von Leistungen ohne Nutzenminderung oder zur effizienteren Leistungserstellung.

3. **Bewertung der Ideen**: Die Realisierbarkeit aller Einsparungsideen wird anhand von Wirtschaftlichkeits- und Risikokriterien geprüft. Dabei werden mögliche negative Konsequenzen ebenfalls berücksichtigt.

4. **Auswahl und Realisation konkreter Maßnahmen**: Die realisierbaren Ideen werden zu Aktionsprogrammen zusammengestellt und zur Verabschiedung an die oberste Führungsebene weitergereicht. Die beschlossenen Maßnahmen sollten von denjenigen Führungskräften umgesetzt werden, die die Einsparungsvorschläge konzipiert haben.

Während die Gemeinkostenwertanalyse und das Zero-Base-Budgeting vor allem in Krisen- und Umbruchsituationen anzuwenden sind, ist die Administrative Wertanalyse eher für einen regelmäßigen Einsatz geeignet, zumal sie sowohl die Bewertung der Kosten als auch des Nutzens einbezieht (vgl. Wunderer/Jaritz 2006, S. 318).

2.2.8   Zero-Base-Budgetierung

Budgetierung kann als das letzte Glied in der Kette der operativen Planung betrachtet werden und ist ein wichtiges Instrument der Praxis für die Steuerung von Kostengrößen (vgl. Czenskowsky/Schünemann/Zdrowomyslaw 2004, S. 161ff.). Sie fasst Ziel-, Strategie- und Maßnahmenplanung zusammen und formuliert daraus **Soll-Werte** in Form von **Geld-** oder **Mengengrößen**. Grundsätzlich können bzw. werden auch (Personal-)Budgets im Sinne von Vorgabegrößen für längere Zeiträume festgelegt (siehe Abb. 108, vgl. Preißler 1998, S. 86). Bei längeren Zeithorizonten wird gewöhnlich vom Business Plan gesprochen. Führt man sich jedoch die zeitliche Koordinierungsaufgabe des Controllers vor Augen, so erfolgt die Benutzung des Begriffs „Budget" in der Regel im Zusammenhang mit der operativen Planung. Die Budgetierung nimmt eine dominante Rolle im operativen Controlling ein, da sie eine Kostenkontrolle ermöglicht und Rückkopplungen für die Planung liefert (Abweichungen zwischen Soll-Ist-Zustand).

Eine besondere Form der Budgetierung ist die Konzeption des **Zero-Base-Budgeting** (ZBB). Mit dieser Technik wird nicht nur eine **Kostenreduzierung**, sondern auch die **Ressourcenumverteilung** angestrebt. Wie der Name

Abb. 108:　Budgetierung in Abhängigkeit von der Länge des Planungshorizonts

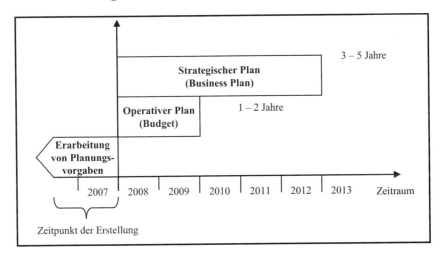

Quelle: Czenskowsky/Schünemann/Zdrowomyslaw 2004, S. 162

Zero-Base-Budgeting (ZBB) zum Ausdruck bringt, geht es bei dieser Konzeption um eine **Neuplanung** und eben nicht Fortschreibung eines Budgets. Jede Ausgabe, die in Zukunft getätigt werden soll, ist von Grund auf (von Null an) neu zu rechtfertigen. Es wird quasi die Überlegung angestellt, welche Budgets erforderlich sind, wenn das Unternehmen **„auf der grünen Wiese"** neu gegründet wird. Dem Vorteil einer Hinterfragung aller Tätigkeiten, Projekte usw. steht bei der Methode der große Zeitaufwand als Nachteil gegenüber, der für die Erstellung eines Budgets notwendig ist. ZBB muss also nicht überall im Unternehmen zum Einsatz gebracht werden, es kann auch selektiv auf den kritischen Kostensenkungsfeldern eingesetzt werden. Die Technik des ZBB konzentriert sich auf die Verfolgung folgender **drei** Ziele (vgl. Schulte 2002, S. 121):

- Es sollen nur solche Leistungen erstellt werden, die für das Unternehmen wichtig sind.
- Nicht oder nicht mehr benötigte Leistungen sind abzubauen.
- Leistungen, die bisher nicht oder nicht in ausreichendem Umfang erbracht wurden, sollten zukünftig in verstärktem Umfang erbracht werden.

Träger der Realisierung dieser Methode sind die Führungskräfte und Mitarbeiter der zu analysierenden Bereiche. Üblicherweise wird eine Projektgruppe gebildet, die sich aus Generalisten und Spezialisten zusammensetzt. Abbildung 109 zeigt die Vorgehensweise des ZBB. Die praktische Durchführung

Abb. 109: Ablauf des Zero-Base-Budgeting

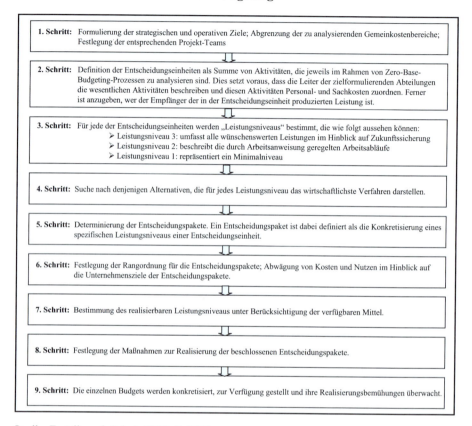

1. Schritt: Formulierung der strategischen und operativen Ziele; Abgrenzung der zu analysierenden Gemeinkostenbereiche; Festlegung der entsprechenden Projekt-Teams

2. Schritt: Definition der Entscheidungseinheiten als Summe von Aktivitäten, die jeweils im Rahmen von Zero-Base-Budgeting-Prozessen zu analysieren sind. Dies setzt voraus, dass die Leiter der zielformulierenden Abteilungen die wesentlichen Aktivitäten beschreiben und diesen Aktivitäten Personal- und Sachkosten zuordnen. Ferner ist anzugeben, wer der Empfänger der in der Entscheidungseinheit produzierten Leistung ist.

3. Schritt: Für jede der Entscheidungseinheiten werden „Leistungsniveaus" bestimmt, die wie folgt aussehen können:
  ➤ Leistungsniveau 3: umfasst alle wünschenswerten Leistungen im Hinblick auf Zukunftssicherung
  ➤ Leistungsniveau 2: beschreibt die durch Arbeitsanweisung geregelten Arbeitsabläufe
  ➤ Leistungsniveau 1: repräsentiert ein Minimalniveau

4. Schritt: Suche nach denjenigen Alternativen, die für jedes Leistungsniveau das wirtschaftlichste Verfahren darstellen.

5. Schritt: Determinierung der Entscheidungspakete. Ein Entscheidungspaket ist dabei definiert als die Konkretisierung eines spezifischen Leistungsniveaus einer Entscheidungseinheit.

6. Schritt: Festlegung der Rangordnung für die Entscheidungspakete; Abwägung von Kosten und Nutzen im Hinblick auf die Unternehmensziele der Entscheidungspakete.

7. Schritt: Bestimmung des realisierbaren Leistungsniveaus unter Berücksichtigung der verfügbaren Mittel.

8. Schritt: Festlegung der Maßnahmen zur Realisierung der beschlossenen Entscheidungspakete.

9. Schritt: Die einzelnen Budgets werden konkretisiert, zur Verfügung gestellt und ihre Realisierungsbemühungen überwacht.

Quelle: Erstellt nach Scholz 2000, S. 722f.

des ZBB erfolgt in neun Schritten bzw. Stufen (vgl. Franke 1994, S. 106ff.). Von großer Bedeutung beim ZBB ist die Vorgabe unterschiedlicher **Leistungsniveaus** in den Entscheidungseinheiten und die **Formulierung von Alternativen** unter Verwendung geeigneter **Formulare** (vgl. Franke 1994, S. 111, Ziegenbein 2002, S. 536). Dadurch wird der Kostenzuwachs deutlich, der sich aus einem höheren Leistungsniveau ergibt. Demzufolge ist für jede Entscheidungseinheit die Menge und Qualität festzulegen, wobei **drei verschiedene Leistungsniveaus** zur Verfügung stehen (vgl. Peemöller 1997, S. 206f., Hering/Zeiner 1995, S. 274ff., Ziegenbein 2002, S. 535):

• **Leistungsniveau 1 oder Grundstufe**: Das Minimum, mit dem das Ziel gerade noch zu erreichen ist, d.h. bestimmte Arbeitsläufe sind überflüssig und können deshalb wegfallen.
• **Leistungsniveau 2 oder Normalstufe**: Diese Stufe versucht aufbauend auf

der Grundstufe die Ziele möglichst mit wirtschaftlichen Mitteln zu erreichen und strebt deshalb Rationalisierung notwendiger Arbeitsabläufe an.
- **Leistungsniveau 3 oder Verbesserungsstufe**: Diese Stufe beinhaltet zusätzliche Leistungen, um das Ziel noch besser erfüllen zu können, z.B.
  durch Erweiterung der Arbeitsabläufe.

Der besondere **Vorteil** des Zero-Base-Budgeting liegt darin, dass mit Hilfe
dieser Methode konkret aufgezeigt werden kann, welche **zusätzliche** Leistung
durch die Erhöhung des Leistungsniveaus (also durch zusätzliche Mitarbeiter)
erbracht werden soll (vgl. Scholz 2000, S. 723f.).

2.2.9   Soll-Ist-Vergleiche

Durch **Soll-Ist-Vergleiche** (vgl. Czenskowsky/Schünemann/Zdrowomyslaw
2004, S. 173ff.) soll den Entscheidungsträgern vor Augen geführt werden,
welche Kosten von ihnen verursacht wurden und welche Einflussmöglichkeiten bestehen. Vielfach stellen Budgets die Grundlage für Soll-Ist-Vergleiche
dar und diese wiederum bilden den **Ausgangspunkt** von Kontroll- und Steue-
rungsprozessen (vgl. Wunderer/Schlagenhaufer 1994, S. 75f.). Sichtbarer
Mittelpunkt jeder Planung und Budgetierung, d.h. der operativen Steuerung,
ist der Soll-Ist-Vergleich, der im allgemeinen nach einem bestimmten **Grundschema**, dargestellt in Abbildung 110, abläuft. An diesem Ablauf wird ersichtlich, dass die **Basis** für das Durchführen von Soll-Ist-Vergleichen im

Abb. 110: Grundschema für den Ablauf eines Soll-Ist-Vergleichs

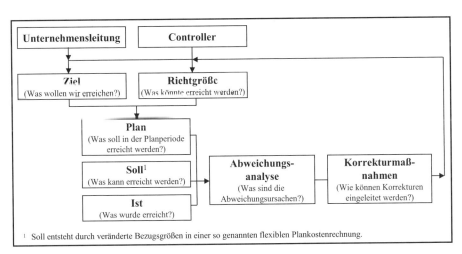

Quelle: Preißler 1998, S. 96

Rahmen des Personalcontrollings das Vorhandensein einer quantitativen und qualitativen **Personalplanung** ist.

Der **Musterablauf** eines Soll-Ist-Vergleichs kann wie folgt skizziert werden:

- Auf der Grundlage der Unternehmensziele gilt es, mittels erprobter Verfahren mit den verantwortlichen Bereichsleitern, Abteilungsleitern und Kostenstellenleitern die Teilpläne zu erarbeiten.
- Die erreichten Ist-Werte sind mit den Planwerten bzw. Sollwerten zu vergleichen und mit Hilfe der Abweichungsanalyse Korrekturentscheidungen und konkrete Maßnahmen einzuleiten. Dabei ist darauf zu achten, dass Planung und Kontrolle aufeinander abgestimmt sind, d.h. Vergleichbares miteinander verglichen werden kann.
- Die Abweichungsanalyse setzt einen Korrekturmechanismus in Gang, der anhand von neuen Lösungsansätzen entweder das ursprünglich angesteuerte Unternehmensziel realisieren soll oder gegebenenfalls sogar zu neuen Unternehmenszielen führt.

Die **Tätigkeit des Personalcontrollers** kann beim Soll-Ist-Vergleich in folgende **Arbeitsschritte** unterteilt werden:

1. Aufzeigen der Istwerte
2. Erkennen von Abweichungen (gemessen an den Plan- bzw. Sollwerten)
3. Ermittlung von Abweichungsursachen
4. Definieren von Korrekturmaßnahmen
5. Abwägen der Korrekturmaßnahmen
6. Vorschlag von Korrekturlösungen
7. Herbeiführen von Entscheidungen
8. Veranlassen bzw. Einleiten und Durchführung der getroffenen Korrekturentscheidungen
9. Überprüfung der eingeleiteten Korrekturen (vgl. Preißler 1998, S. 97)

Werden Soll- mit Ist-Werten verglichen, treten in der Regel **Abweichungen** auf. Sie bieten stets eine Chance zu lernen. Je schneller auf Abweichungen reagiert werden soll, desto kürzer muss der Kontrollrhythmus gewählt werden. Betrachtet man den Prozess, der zur Abweichungsanalyse führt, so ist festzuhalten, dass jede Abweichungsanalyse sowohl vergangenheitsorientiert aber vor allem zukunftsorientiert ist (Forecast-Analyse bzw. Erwartungsrechnung). Soll-Ist-Vergleiche sollen maßgeblich zur Unternehmenssteuerung beitragen und dürfen deshalb **nicht zu Rechtfertigungsberichten oder Anklageschriften ausarten**. Wichtig ist insbesondere dafür zu sorgen, dass fundierte **Abweichungsanalysen** (Ursachen- bzw. Schwachstellenanalysen) möglich sind und **Toleranzbereiche** für tiefergehende Analysen und wer, wann gegensteuern soll, definiert werden. Zu beachten ist, dass die **Ursachen** für Abweichungen nicht nur recht zahlreich sein können, sondern auch unterschiedlich bezüglich der Verantwortlichkeit und Beeinflussbarkeit einzuordnen sind (vgl. Ziegenbein 2002, S. 546ff., Czenskowsky/Schünemann/Zdrowomyslaw 2004, S. 175f.).

Im Rahmen des Soll-Ist-Vergleichs sollten bestimmte Bereiche erst dann genauer unter die Lupe gelegt werden, wenn z.B. bestimmte **Kennzahlen Problemfelder signalisieren**. Was ist noch akzeptabel und wann leuchtet die rote Lampe? Eine „**Ampeltechnik**" ins Berichtswesen (aber auch direkt in interne und externe Vergleiche) integriert, kann hilfreich und Ausgangspunkt für jegliche Art von Analysen sein. Solange sich die Werte im **definierten Toleranzbereich** bewegen, ist eine Teilanalyse i.d.R nicht notwendig (vgl. Abb. 111). Eine Abweichungsanalyse sollte immer nur dann durchgeführt werden, wenn für eine einzelne oder eine aggregierte Größe ein vorgegebener **Toleranzwert** über- oder unterschritten wurde.

Abb. 111: Toleranzbereiche und Ampeltechnik

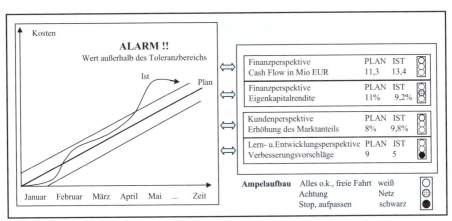

Quelle: Eigene Darstellung

Abschließend sei darauf hingewiesen, dass die Erstellung von Budgets und die Durchführung von Soll-Ist-Vergleichen auch im **Klein- und Mittelbetrieb notwendig** sind, wobei sich zweifellos der Planungshorizont und der Umfang des Planungsprozesses vom Großunternehmen unterscheiden werden. Folgender Grundsatz kann gelten, wenn die Frage ansteht, wer im Unternehmen auf **Abweichungen** reagieren und steuernd eingreifen sollte: „Bei **kleineren** Abweichungen liegt die Initiative zur Gegensteuerung allein bei der Personalabteilung, während das Personalcontrolling bei **mittleren** Abweichungen eingeschaltet wird und entstehende Probleme gemeinsam mit den

Fachabteilungen löst. Liegen hingegen **größere** und bedeutsamere Abweichungen vor, sollte die Geschäftsleitung einbezogen werden (vgl. Wunderer/Schlagenhaufer 1994, S. 76).

2.2.10 Sonstige Vergleiche

In Unternehmen können in Abhängigkeit von den zur Verfügung stehenden Daten unterschiedliche Vergleichsrechnungen durchgeführt werden. Außer dem Soll-Ist-Vergleich kommen noch der Ist-Ist-, Soll-Soll-, Wird-Wird-, Soll-Wird- und der Wird-Ist-Vergleich für die Durchführung einer Kontrolle im Sinne der operativen Vor- und Rückkopplung in Frage (vgl. Friedinger/ Weger 1995, S. 435ff.). Abbildung 112 zeigt das **Spektrum der Vergleichsformen** (vgl. Corsten/Reiß 11/1989, S. 616ff., Zdrowomyslaw/Kasch 2002, S. 11ff.).

Abb. 112: Spektrum der Vergleichsformen

	Faktische Informationen *IST-* GRÖSSEN	Prognostische Informationen *WIRD-* GRÖSSEN	Normative Informationen *SOLL-* GRÖSSEN	Fiktive Informationen *KANN-* GRÖSSEN
Faktische Informationen *IST-* GRÖSSEN	Ist-Ist-Vergleich (War-Ist-Vergleich) **Kontrolle und Lagebeurteilung** • Zeitvergleich • Betriebsvergleich			
Prognostische Informationen *WIRD-* GRÖSSEN	Wird-Ist-Vergleich **Prämissenkontrolle** • Zeitvergleich	Wird- Wird- Vergleich **Prognosekontrolle** • Betriebsvergleich • Alternativenvergleich		
Normative Informationen *SOLL-* GRÖSSEN	Soll-Ist-Vergleich **Ergebniskontrolle**	Soll-Wird-Vergleich **Planfortschrittskontrolle** • Diagnose (Problemerkennung) • Alternativenvergleich	Soll- Soll-Vergleich **Zielkontrolle** Zur Konsistenzprüfung der durch die Planung gesetzten Soll-Größe	
Fiktive Informationen *KANN-* GRÖSSEN	Kann-Ist-Vergleich	Kann-Wird-Vergleich	Kann- Soll-Vergleich	Kann-Kann-Vergleich

Quelle: Zdrowomyslaw/Kasch 2002, S. 12

Zu den **Kontrollarten** im einzelnen:

- **Ist-Ist-Vergleich:** Der Vergleich wird **ex post** durchgeführt. Dies trifft sowohl auf den **Zeitvergleich** (genauer: War-Ist-Vergleich) als auch auf den **Betriebsvergleich** und das **Benchmarking** zu. Als Hauptanwendungsgebiete für diese Vergleichsform sind die **Kontrolle** und die **Lagebeurteilung** (z.B. Stärken-Schwächen-(Profil)Vergleich oder die aus der Sozialpsychologie stammenden sozialen Vergleiche).
- **Soll-Soll-Vergleich:** Dieser Vergleich wird ebenfalls ex ante durchgeführt und dient zur **Überprüfung der Konsistenz** von geplanten Soll-Größen, also der **Zielkontrolle**. „Im Rahmen der Zielkontrolle werden die einzelnen Ziele im Hinblick darauf überprüft, ob sie untereinander verträglich sind oder ob sie in konkurrierender Beziehung zueinander stehen. Liegt Zielkonkurrenz vor, ist nach Problemlösungen zu suchen" (Bea/Haas 2001, S. 214).
- **Wird-Wird-Vergleich**: Bei diesem Vergleich handelt es sich um eine **Prognosekontrolle**. Prognostizierte Größen werden im Hinblick darauf überprüft, ob sie untereinander verträglich sind. Unter gegebenen Umständen können dieser Kontrollart der Betriebsvergleich und Alternativenvergleichsrechnungen zugeordnet werden. Im engeren Sinne werden Vergleichsrechnungen zum Alternativvergleich die aus der Investitionsrechnung bekannten Verfahren der Kostenvergleichsrechnung und der Gewinn- bzw. Rentabilitätsrechnung verstanden. „In einer weiten Auslegung zählen hierzu alle Bewertungsverfahren, bei denen die Bewertungsobjekte (ex ante) anhand ihrer Zielwirkungen (Wird-Größen) verglichen werden und dann eine Entscheidung für die Alternative mit der günstigsten Wird-Größen-Ausprägung erfolgt. Sie beruhen auf finanzmathematischen Methoden der Investitionsrechnung auf einer kompetitiven Alternativenauswahl" (Corsten/Reiß 11/1989, S. 619).
- **Soll-Ist-Vergleich:** Unter dem Soll-Ist-Vergleich versteht man **(Ergebnis-) Kontrolle** im engeren Sinn, bei der **ex post** festgestellt wird, inwieweit die geplanten Größen (Soll) tatsächlich durch die realisierten Größen (Ist) erreicht wurden. Abweichungen signalisieren, in welchem Umfang der Plan verfehlt wurde. Bei Auftreten von Soll-Ist-Abweichungen, die einen vorgegebenen Korridor überschreiten, ist im Rahmen einer Abweichungsanalyse nach den Ursachen zu forschen, und die Unternehmung muss sich überlegen, welche Maßnahmen sie in Zukunft ergreifen soll. Diese Art der Kontrolle ist wesentlicher Bestandteil des Prinzips der **Rückkopplung**, d.h. Vorschlagen von Korrekturmaßnahmen zur Zielerreichung an die Entscheidungsträger (vgl. Friedinger/Weger 1995, S. 436f.)
- **Soll-Wird-Vergleich**: Bei diesem Vergleich handelt es sich um eine **Planfortschrittskontrolle**, d.h. es wird überprüft, ob der Plan erwartungsgemäß verwirklicht wird (**ex ante Betrachtung**). Oder anders ausgedrückt: Der

Soll-Wird-Vergleich wird typischerweise im Rahmen der **Problemerkennung (Diagnose)** eingesetzt, wobei Problem letztlich ein anderer Begriff für Handlungsbedarf ist. Bei diesem Vergleich werden Soll-Größen schon während der Realisierungsphase den Wird-Größen (Prognosen über die spätere Planrealisierung, sprich Erwartungsrechnung) gegenübergestellt. Der Soll-Wird-Vergleich beruht auf dem Prinzip der **Vorkopplung** (Zielkorrektur). „Neben der **Eindeutigkeit des Vergleichsmaßstabs** ist eine Stärke dieser Vergleichsart darin zu sehen, dass der Entscheidungsträger in die Zukunft blickt und Chancen und Risiken antizipiert, d.h. er nimmt gedanklich die Entwicklung vorweg. In dieser Vorgehensweise ist das **Grundprinzip** der **Früherkennungs-** und **Frühwarnsysteme** zu erkennen" (Corsten/Reiß 11/1989, S. 619).

- **Wird-Ist-Vergleich**: Dieser Vergleich ist als **Prämissenkontrolle** aufzufassen. Mit dem Wir-Ist-Vergleich wird überprüft, ob die Prämissen der Planung (prognostizierte Wird-Größen) noch zutreffen, also mit den gegenwärtigen Ist-Größen übereinstimmen. Pläne können auch unbrauchbar werden, wenn ihre Ausgangsdaten nicht mehr zutreffen. Die Planerreichung allein ist nicht immer ein Erfolg, wenn man unter Umständen mehr erreichen hätte können. Gegebenenfalls sind Planannahmen zu korrigieren.

- **Kann-Größen basierte Vergleiche** und **kombinierte Vergleiche**: **Kann-Größen** kommt eine **Anregungsfunktion** zu. Sie lassen sich als „extreme" Wird-Größen interpretieren, d.h. sie informieren darüber, was eintreten kann, ohne dass sich die Entscheidungsträger Gedanken darüber machen, ob sie mit dem Eintreten dieser Zustände auch real rechnen müssen. **Beispiele** hierfür sind: **Sensitivitätsanalysen**, die einen **Wird-Kann-Vergleich** darstellen, gehören in diese Kategorie und können als „moderate" Phantasie bezeichnet werden. Den Kann-Größen ist auch der **Als-ob-Vergleich** oder **Ist-Wäre-Vergleich** zuzuordnen, der wie folgt aussehen könnte: Welche Preise ergäben sich auf einem tatsächlich oligopolistischen Markt (Ist-Preise), wenn dieser polypolistisch oder monopolitisch wäre (Wäre-Preise). Grundsätzlich können dargestellte Kontrollgrößen bzw. Vergleiche auch in Kombination durchgeführt werden.

Von den Unternehmen können in Abhängigkeit von den zur Verfügung stehenden Daten unterschiedliche Vergleichsrechnungen durchgeführt werden. Insbesondere Branchen- und Betriebsvergleiche (Kennzahlenvergleiche) sowie Benchmarking (moderne Form eines Betriebsvergleichs) sind Instrumente, die eine Orientierung an Leistungsmaßstäben der Konkurrenz ermöglichen. Betriebswirtschaftliche Vergleiche im Sinne einer **Dispositionsfunktion**

- dienen der Beurteilung von Zielsystemen, Situationen (Status quo, Lage) und Maßnahmen (Alternativen) und

• werden entweder vor Realisation (ex ante) oder nach Realisation (ex post) der Vergleichsobjekte angestellt.

Abbildung 113 zeigt die Anwendungsgebiete betriebswirtschaftlicher Vergleichsformen, die sich durch die Kombination obiger Aussagen ergeben.

Abb. 113: Anwendungsgebiete betrieblicher Vergleichsformen

Zeitbezug Objekt	ex ante	ex post
Zielsystembeurteilung	*Zielbildung*	
Lagebeurteilung	*Problemerkennung* **Lageprognose**	**Lageanalyse**
Maßnahmenbeurteilung	*Planung* **Wirkungsprognose**	*Kontrolle* **Wirkungsanalyse**

Quelle: Zdrowomyslaw/Kasch 2002, S. 15

In der Literatur wird zurecht als **primäres** oder **originäres Ziel** eines (zwischenbetrieblichen) Betriebsvergleichs die **Leistungssteigerung bei den Teilnehmerbetrieben** genannt, die durch die Identifikation von Stärken und Schwächen in einem Unternehmen in Gang gesetzt werden kann. Dies kann nur bejaht werden, denn Betriebsvergleiche können zweifellos maßgeblich zur Verbesserung der Planung und Kontrolle des Unternehmensprozesses beitragen und sind in folgenden fünf Bereichen **hilfreich** (vgl. Abb. 114, Zdrowomyslaw/Kasch 2002, S. 16).

Abb. 114: Funktionen des Betriebsvergleichs

> 1. Hilfe beim Auffinden von *Schwachstellen*,
> 2. bei der *Ursachenanalyse*,
> 3. bei der Erstellung von *Wirkungsprognosen*,
> 4. bei der Formulierung von *Zielvorgaben* und
> 5. bei der *Kontrolle* dieser.

Quelle: Zdrowomyslaw/Kasch 2002, S. 16

An den zwischenbetrieblichen Kennzahlenvergleich müssen sich vier Schritte anschließen: **Diagnose** der betrieblichen Schwachstellen, **Suche nach geeig-**

neten **Maßnahmen** zur Beseitigung dieser Schwachstellen, **Durchsetzung (Realisation)** dieser Maßnahmen und schließlich **Kontrolle** der Maßnahmen und ihrer Auswirkungen. Erst wenn sich diese Schritte nach „Vorliegen" des Betriebsvergleichs anschließen und **Fragen**, **Vergleichen** und **Austauschen** für die Führungskräfte keine Fremdwörter darstellen, sind die Voraussetzungen für ein **aktives Management der Unternehmensentwicklung** vorhanden. **Ergebnisse von Betriebsvergleichen (Benchmarking), Erfahrungsaustausch (ERFA-Gruppen)** und **Betriebsberatung** sind dabei wichtige Grundpfeiler einer zukunftsgerichteten und innovativen Unternehmensführung und Mittel der Leistungssteigerung und Erhaltung der Wettbewerbsfähigkeit.

2.2.11 Benchmarking

Zwar handelt es sich beim **Benchmarking** nicht um identische Techniken, aber die Nähe zu Betriebsvergleichen ist unverkennbar, so dass dieses neue Controlling-Instrument durchaus als Erweiterung des „traditionellen" Betriebsvergleichs betrachtet werden kann. Grundlegende Unterschiede zum „traditionellen" Betriebsvergleich liegen zweifellos in der stärkeren Einbeziehung auch **qualitativer bzw. nichtmonetärer Größen**, der **Prozessorientierung** und im Ansatz eines **branchenunabhängigen Vergleichs**. Durch diese „neue" Art vom „Betriebsvergleich" lassen sich im Sinne von *Porter* die Aktivitäten innerhalb der **Wertschöpfungskette** eines Unternehmens untersuchen (vgl. Zdrowomyslaw/Kasch 2002, S. 141ff., siehe auch Abb. 115).

Benchmarking ist zu verstehen als **kontinuierlicher**, **systematischer** Prozess, um Produkte, Dienstleistungen und Arbeitsprozesse von Unternehmen zu beurteilen und zu verbessern (Produktivität, Effizienz, Effektivität, Qualität), in dem laufend die **eigenen Erfolgsfaktoren** mit den Ergebnissen von Spitzenunternehmen (Benchmarks) zu vergleichen. Das Lernen kann somit zu einem festen Bestandteil der Unternehmenskultur werden (lernende Organisation). Benchmarking kann man demnach kurz umreißen als das **Lernen von den Besten** (Ergebnisse von „Spitzenunternehmen" = Best-Practice) zur Steigerung der Leistungsfähigkeit und Schließung der Lücke zur Konkurrenz („Sprungfunktion"). **Benchmarks** im weiteren Sinne sind **Orientierungs-** bzw. **Richtwerte** oder **Zielgrößen**, die als **Vorgaben** für betriebliche Leistungen genutzt werden können. Sowohl für Betriebsvergleiche als auch das Benchmarking gilt allerdings der Satz: „**Äpfel mit Äpfeln vergleichen**". Abbildung 116 zeigt das **Grundprinzip** und die **Merkmale** des Benchmarkings.

Abb. 115: Die Wertkette nach Porter

Die Wertkette nach Porter

Unterstützende Aktivitäten		Unternehmensinfrastruktur		**Gewinnspanne**
		Personalwirtschaft		
		Technologieentwicklung		
		Beschaffung		
Eingangs-logistik	Operationen	Marketing/Vertrieb	Ausgangs-logistik	Kunden-dienst/Service
(Bereitstellung von Produktions-faktoren)	(Leistungserstel-lung durch Kom-bination von Pro-duktionsfaktoren)		(Distributions-Mix)	

Lieferanten-Wertketten → Wertkette des Unternehmens → Abnehmer-Wertketten

——— *Primäre Aktivitäten* ———

Quelle: Czenskowsky/Schünemann/Zdrowomyslaw 2004, S. 37

Abb. 116: Benchmarking: Merkmale, Sprungfunktion und kontinuierliche Leistungsoptimierung

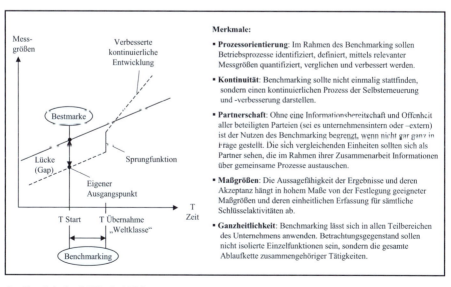

Merkmale:

- **Prozessorientierung**: Im Rahmen des Benchmarking sollen Betriebsprozesse identifiziert, definiert, mittels relevanter Messgrößen quantifiziert, verglichen und verbessert werden.

- **Kontinuität**: Benchmarking sollte nicht einmalig stattfinden, sondern einen kontinuierlichen Prozess der Selbsterneuerung und -verbesserung darstellen.

- **Partnerschaft**: Ohne eine Informationsbereitschaft und Offenheit aller beteiligten Parteien (sei es unternehmensintern oder –extern) ist der Nutzen des Benchmarking begrenzt, wenn nicht gar ganz in Frage gestellt. Die sich vergleichenden Einheiten sollten sich als Partner sehen, die im Rahmen ihrer Zusammenarbeit Informationen über gemeinsame Prozesse austauschen.

- **Maßgrößen**: Die Aussagefähigkeit der Ergebnisse und deren Akzeptanz hängt in hohem Maße von der Festlegung geeigneter Maßgrößen und deren einheitlichen Erfassung für sämtliche Schlüsselaktivitäten ab.

- **Ganzheitlichkeit**: Benchmarking lässt sich in allen Teilbereichen des Unternehmens anwenden. Betrachtungsgegenstand sollen nicht isolierte Einzelfunktionen sein, sondern die gesamte Ablaufkette zusammengehöriger Tätigkeiten.

Quelle: Schulte 2002, S. 110f.

Benchmarking, insbesondere auch für den **Personalbereich**, hat Hochkonjunktur (vgl. Kienbaum 1997). Das Bestreben zur stärkeren Verankerung der Wettbewerbsorientierung „Best-Practice-Vergleiche" durchzuführen, bietet sich gerade auch für das **Personalmanagement** zur Unterstützung der Wertschöpfungsmessung an, da es im Regelfall keinem direkten Wettbewerb ausgesetzt ist (vgl. Wunderer/Jaritz 2006, S. 188). Allerdings dürfen auch die **Grenzen** der Nutzung von Benchmarking nicht übersehen werden. Ferner ist mit der Kenntnis eines Instruments nicht zwingend auch die praktische Umsetzung gegeben. So zeigen Studien, dass die Verbreitung sowohl des externen als auch des internen Benchmarkings zur Qualitätsbeurteilung der Personalabteilung in der Praxis noch nicht sehr fortgeschritten ist (vgl. Wunderer/Jaritz 2006, S. 192ff.). Durch die unterschiedlichen Ausprägungen der Parameter „Vergleichspartner", „Untersuchungsgegenstand" und „Zielgröße" (bzw. Benchmark oder Vergleichsgröße) haben sich eine Vielzahl von Benchmarking-Varianten herausgebildet (vgl. Zdrowomyslaw/Kasch 2002, S. 144ff.). Abbildung 117 gibt einen Überblick über Benchmarkingarten, die alle ihre Vorteile wie auch Nachteile besitzen (vgl. Zdrowomyslaw/Kasch 2002, S. 148).

Abb. 117: Überblick über Benchmarkingarten

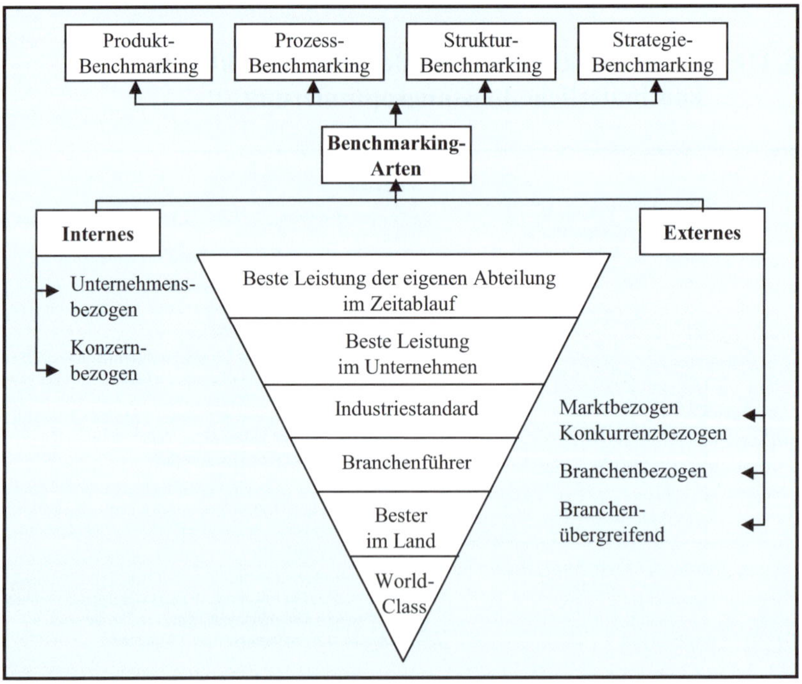

Quelle: Eigene Darstellung

Beim **Benchmarkingprozess** handelt es sich um eine **komplexe Aufgabe** und um eine **Herausforderung** an die Unternehmensleitung und die Mitarbeiter des am Benchmarking beteiligten Unternehmens. Die **Zergliederung** bzw. Darstellung des **Benchmarkingprozesses** erfolgt weder in der Theorie noch in der Praxis ganz einheitlich – dazu sind die Probleme, aber auch der Erfahrungstand in den Unternehmen zu unterschiedlich. Abbildung 118 verdeutlicht die zentralen Phasen des Benchmarkings (in der Differenzierung der Ablaufschritte nach Input- und Outputaspekten, siehe Schulte 2002, S. 114).

Abb. 118: Phasen des Benchmarkings

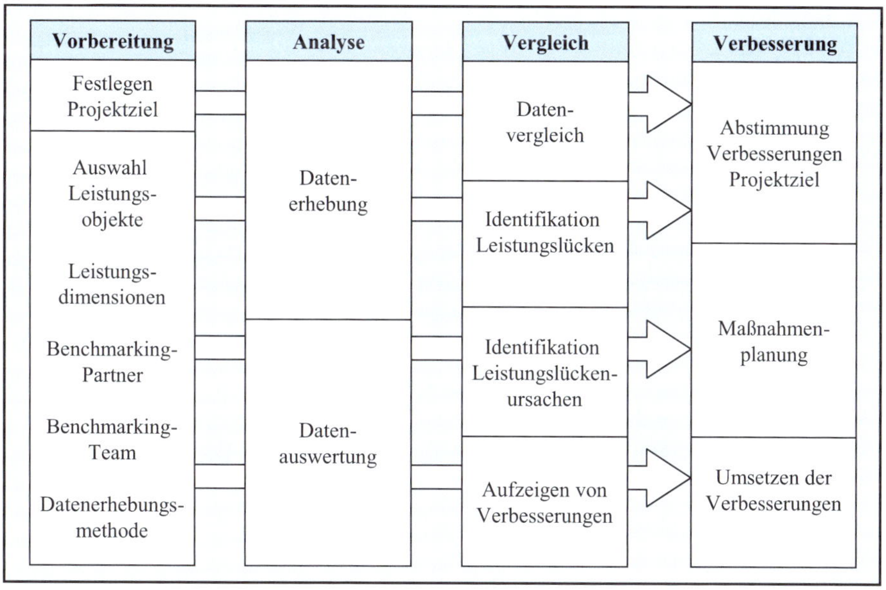

Quelle: Brokemper/Gleich 1998, S. 17

Die **Ablauforganisation** des Benchmarking kann nach *Preißler* (1998, S. 261) in folgenden Schritten charakterisiert werden:

1. Festlegung der Vergleichsmerkmale und Festlegen der Bereiche, wo die Leistungen verbessert werden sollten bzw. könnten.
2. Festlegung des Benchmarking-Teams.
3. Definition der Kosten-Nutzen-Relation.
4. Festlegung der „Best-practice"-Unternehmen.
5. Ermittlung der Kosten- und Leistungsstruktur des eigenen Unternehmens.
6. Kosten- und Leistungsermittlung der „Best-practice"-Unternehmen.
7. Erstellung eines Aktionsplans zur Leistungssteigerung und Kostenminimierung.

8. Erarbeitung eines Aktions- und Maßnahmekatalogs.
9. Permanente Überwachung und Steuerung des Aktions- und Maßnahmen- katalogs.
10. Korrekturentscheidungen und Gegensteuerungsmaßnahmen.
11. Aktualisierung der Benchmarks (Rückkoppelungsprozess).

Bei der Planung und Durchführung von Benchmarking sollte man sich gege- benenfalls von kompetenter Seite her Rat holen (Institute, Berater) und **Checklisten** zur Unterstützung nutzen.

Im Folgenden sei die Umsetzung des Benchmarkinggedankens am **Beispiel** der „Personalabrechnung" verdeutlicht (vgl. Schulte 2002, S. 113ff.):

Der Prozess „Personalabrechnung" umfasst alle zur Erstellung der Lohn- und Gehaltsabrechnung erforderlichen Aktivitäten. Der Prozess beginnt mit der Dateneingabe der Bewegungsdaten für den jeweiligen Abrech- nungslauf und endet mit dem Versand der Abrechnungen an die Mitarbei- ter. Zur Prozessbeurteilung können verschiedene Kennzahlen herangezo- gen werden, die die Produktivität, die Kosten, die Qualität und die Dauer des Prozesses, wie Abbildung 119 zeigt, widerspiegeln. Die in der Abbil- dung enthaltenen Werte beziehen sich auf eine im 1. Halbjahr 2000 bei 101 deutschen Unternehmen durchgeführten Erhebung von *Pricewaterhouse- Coopers* Unternehmensberatung, wobei sich die Daten auf das Geschäfts- jahr 1999 beziehen. Die erste Kennzahl liefert Aussagen zur Produktivität der mit dem Abrechnungsprozess beschäftigten Mitarbeiter. Im Umkehr- schluss kann man hieraus auch die durchschnittliche Personalkapazitäts- bindung für eine bestimmte Anzahl von Abrechnungen ermitteln. Die Ge- samtkosten pro Abrechnung setzen sich aus den Personal-, den IT- und den sonstigen Kosten zusammen. Die dritte Kennzahl zeigt den Anteil der feh- lerhaften Personalabrechnungen (für aktive Mitarbeiter) an der Gesamtzahl aller Personalabrechnungen. Aussagen über die Dauer des gesamten Perso- nalabrechnungsprozesses liefert die letzte Kenngröße.

Abb. 119: Benchmarking der Personalabrechnung

Alle Unternehmen	Durchschnitt	1. Quartil	Median	3.Quartil
Anzahl Abrechnungen für aktive Mitarbeiter pro Jahr je FTE Personalabrechnung	5.553	3.519	5.053	7.246
Gesamtkosten pro Abrechnung für aktive Mitarbeiter in GE	31,35	18,69	25,61	47,98
Anteil der fehlerhaft ausgegebenen Personalab- rechnungen an allen Personalabrechnungen in %	0,41	0,10	0,27	0,61
Dauer des Abrechnungslaufes in Tagen	4,65	2,0	3,0	5,25

Quelle: Schulte 2002, S. 115

Die Darlegungen machen deutlich, dass es einen **fließenden Übergang** des Benchmarkings **zu früheren Ideen**, wie z.B. Stärken-Schwächen-Vergleichen, Organisationsklimauntersuchungen, internen und externen Betriebsvergleichen u.a., aber auch zu den eher „modernen" wie z.B. Prozesskostenrechnungen und der Balanced Scorecard, gibt.

2.2.12 Balanced Scorecard

Kaum ein Führungsinstrument steht so im Fokus der Diskussion und der praktischen Anwendung wie die **Balanced Scorecard** (BSC). Neben der allgemeinen Literatur zur BSC (vgl. Friedag/Schmidt 1999, Kaplan/Norton 2000, Weber/Schäffer 1999) gibt es mittlerweile zahlreiche Veröffentlichungen, die die Anwendung der BSC grundsätzlich für den Personalbereich beleuchten (vgl. Gehringer/Michel 2003, Tonnesen 2002) und die Bedeutung der BSC als wichtigen und umfassenden Bewertungsansatz bezogen auf das Personalmanagement, neben dem EFQM-Modell und Business Excellence-Modell, hervorheben (vgl. Wunderer/Jaritz 2006, S. 355ff.).

Die Kritik an traditionellen, quantitativ ausgerichteten Kennzahlensystemen und Kenngrößen, mit den Aspekten, dass (vgl. Horváth & Partners 2003, S. 368)

* sie operativ und vergangenheitsorientiert sind und keine Verbindung zur Unternehmensstrategie hergestellt wird,
* die Zahlen der Bilanz sowie Gewinn- und Verlustrechnung im Vordergrund stehen und nichtmonetäre Größen kaum beachtet werden,
* die Systeme sich auf Symptome, nicht auf Ursachen konzentrieren,
* und die Einbindung der Kenngrößen ins Managementsystem ungeklärt bleibt, da die Erarbeitung, die Verfolgung und die Rückkopplung der Kennzahlen nicht problematisiert wird,

hat dazu geführt, dass sich die Wissenschaft verstärkt mit der Frage der Überprüfung des **Leistungsniveaus** und der **qualitativen Leistungsmessung** zuwandte, die sich nicht nur auf den Personalbereich beschränkt. In diesen neuen Systemen der Leistungsmessung und -bewertung, die zu dem Begriff des **„Performance Measurement"** in Verbindung stehen, sollen zugleich auch die Auswirkungen von kontinuierlichen Verbesserungen dargestellt werden können. *Kaplan/Norton* haben als erste ein systematisches Konzept entwickelt, das die Leistungsmessungen aus vier verschiedenen Perspektiven (Finanzwirtschaftliche Perspektive, Kundenperspektive, Interne Perspektive und Lern- und Entwicklungsperspektive) miteinander verbindet, eben die strategiegeleitete Balanced Scorecard. Der Begriff Balanced Scorecard leitet sich aus **Balance („Ausgewogenheit")** und **Scorecard („Berichtsbogen")** ab und bedeutet die („ausgewogene") Erfassung und Verwendung von relevanten Kenngrößen für die gewählten Perspektiven. Die vier Perspektiven zur Betrachtung des Unternehmens werden jeweils durch ihre strategischen Ziele, Messgrößen, operativen Ziele und Maßnahmen charakterisiert. Zu beachten ist, dass diese **Perspektiven** nicht isoliert zu sehen, sondern untereinander und mit der Vision des Unternehmens zu **verknüpfen** sind, d.h. **Ursache-Wirkungs-Beziehungen** zwischen den übrigen und den finanziellen Kenngrößen zu identifizieren und bei der Ableitung und Umsetzung von Strategien zu beachten sind.

Mittlerweile existieren zahlreiche Modifikationen bzw. Erweiterungen der ursprünglichen BSC der Gründungsväter (vgl. Ehrmann 2000, S. 91f.). Das Konzept der Balanced Scorecard kann grundsätzlich auf verschiedenen Ebenen der Strategieentwicklung und -umsetzung eingesetzt werden, nämlich auf der Ebene der Unternehmensstrategie, der Geschäftsbereichsstrategie, der Funktionalstrategie (z.B. Personalstrategie) und der Subfunktionsstrategie (vgl. Schulte 2002, S. 103). Drei **Voraussetzungen** für den Einsatz einer BSC werden genannt:

- Die Organisationseinheit verfügt über eine Strategie bzw. diese kann entwickelt werden. Hier ist ein **Kriterienkatalog** zur BSC-Eignungsprüfung der Personalabteilung hilfreich (vgl. Schulte 2002, S. 104).
- Die Aktivitäten der Organisationseinheit umfassen eine vollständige Wertkette. Überträgt man die Kaplan/Norton-Wertkette auf die **Personalabteilung**, so werden von dieser Kundenorientierung, Innovation und Prozessorientierung gefordert. Je nach Entwicklungsstand der Personalabteilung lassen sich drei unterschiedliche Typen unterscheiden, die **ohne Einschränkung** (Profit-Center Personal), **grundsätzlich geeignet** (Als ob-Profit Center Personal) oder **nicht** für den Einsatz der BSC-Personal **geeignet** sind (vgl. Schulte 2002, S. 106f.).
- Für die Organisationseinheit existieren Kennzahlen in der geforderten Art und Anzahl bzw. können entwickelt werden, d.h., es müssen für die Umsetzung der BSC für die Perspektiven relevante **Personalkennzahlen** vorliegen. Neben „Hard fact-Kennzahlen" kommen in der BSC-Personal vielfach auch „Soft fact-Kennzahlen" zur Anwendung, wie z.B. für die **Kundenperspektive** die „Kundenzufriedenheit mit den Dienstleistungen der Personalabteilung" und für die Lern- und Entwicklungsperspektive „Mitarbeiterzufriedenheit" bzw. „Betriebsklima" (vgl. Schulte 2002, S. 107).

Für das Personalmanagement und die Ermittlung des „Human Capitals" ist insbesondere die Lern- und Entwicklungsperspektive relevant, „da beispielsweise die Weiterqualifikation von Mitarbeitern hier als ein mögliches Ziel des Unternehmens zu verorten ist" (Scholz/Stein/Bechtel 2004, S. 125). Als zentrale Messgrößen zur Bestimmung des Human Capitals werden vor allem genannt:

- Mitarbeiterzufriedenheit,
- Mitarbeiterloyalität bzw. Mitarbeiterbindung und
- Mitarbeiterproduktivität.

Die Mitarbeiterzufriedenheit wird hierbei als „**Treiber**" für die anderen Faktoren verstanden. Als treibende Potenziale für die Lern- und Entwicklungsperspektive werden drei Bereiche ausgemacht: Weiterbildung der Mitarbeiter, Potenziale der Informationssysteme und Motivation, Empowerment und Zielausrichtung der Mitarbeiter (Wunderer/Jaritz 2006, S. 359f.). Die Ermittlung konkreter Werte erfolgt durch eine Vielzahl von **Indikatoren** bzw. „**Aufdeckungsziffern**", deren Ausprägung durch unterschiedliche Maßnahmen erfasst wird, wie etwa durch (Scholz/Stein/Bechtel 2004, S. 126)

Abb. 120:　Balanced Scorecard für ein kundenorientiertes Personalmanagement

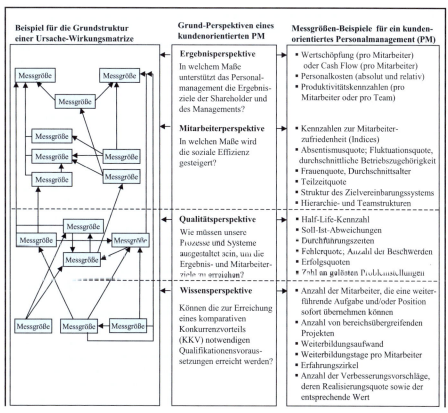

Quelle: Eigene Darstellung

- „Mitarbeiterbefragungen (bezüglich der Einbeziehung in Entscheidungen und der Anerkennung guter Leistungen, hinsichtlich Anreizen zur Kreativität und Eigeninitiative sowie zur allgemeinen Zufriedenheit),
- Berechnungen von Fluktuationsraten, Pro-Kopf-Umsatz und Wertschöpfung pro Mitarbeiter,
- Ermittlung von Anzahl beziehungsweise Wert umgesetzter Verbesserungsvorschläge als Indikator für die Motivation der Mitarbeiter,
- Erfassung von Verspätungen, Fehlzeiten und Ausschussquoten zur Messung der Performance-Verbesserung und
- Ermittlung der Anzahl abteilungsübergreifender Projekte als Indikator für Teamarbeit."

An **Beispielen** für Modifikationen der ursprünglichen *Norton/Kaplan-BSC* bezogen auf den Personalbereich (HR Scorecard) sowie die praktische Umsetzung im Personalmanagement mangelt es in der Literatur nicht. Abbildung 120 zeigt die Balanced Scorecard für ein **kundenorientiertes Personalmanagement** (vgl. Tonnesen 2002, Schulte 2002, S. 108). Eine **spezielle Va-**

Abb. 121: Führungs-Scorecard

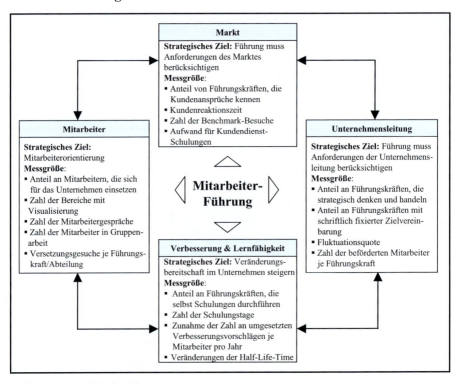

Quelle: Schulte 2002, S. 109

riante der BSC stellt die **Führungs-Scorecard** (FSC) dar. Vor allem geht es bei dieser BSC darum, zwischen den verschiedenen Dimensionen der **Mitarbeiterführung** einen Zusammenhang herzustellen. Abbildung 121 zeigt die Führungs-Scorecard, deren Erstellung in vier Schritten erfolgt (Schulte 2002, S. 109f.):

- **Bestimmung der Anforderungen** der vier Perspektiven an die Mitarbeiterführung,
- **Übersetzung der Anforderungen** in quantifizierbare Größen, mit denen sich die Mitarbeiterführung steuern lässt,
- **Festlegen von konkreten Zielwerten,**
- **Bestimmung der Aktivitäten**, mit denen die festgesetzten Zielgrößen erreicht werden können.

Schmeisser (vgl. Schmeisser/Grothe 2003, S. 131ff.) hat einen Ansatz zur **Rechenbarkeit der BSC** im Sinne des „Kostenorientierten und Finanzorientierten Personalmanagement-Paradigmas" mit Modellen, Instrumenten und Techniken des internen und externen Rechnungswesens vorgestellt. Abbildung 122 zeigt die Verknüpfung der BSC mit dem RoI-Kennzahlensystem.

Abb. 122: Return on Investment mit Treiberebene analog der Balanced Scorecard

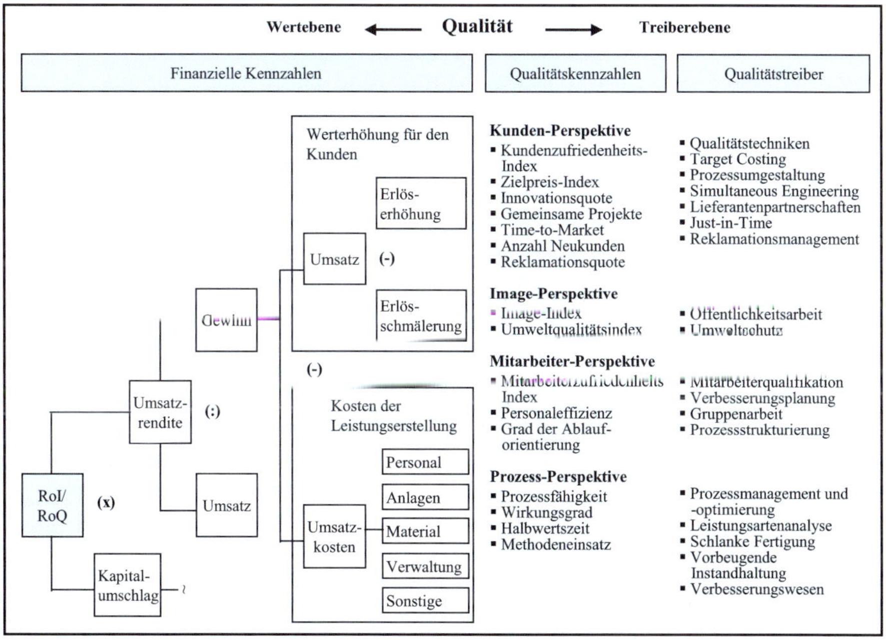

Quelle: Schmeisser/Grothe 2003, S. 138

Praxisbeispiele zur Umsetzung der BSC im Personalbereich sind in der Literatur eher für Großunternehmen vorzufinden (vgl. Wunderer/Jaritz 2006, S. 361ff.). Dargestellt wird **beispielhaft** hier das **strategische Personalcontrolling** in der *DaimlerChrysler AG* (vgl. Zdrowomyslaw/Benthin/Hamm/Prößler/Rath 1/2005 u. 2/2005):

Die Autoren *Fleig/Gesmann/Biel* (8/9 2004, S. 465ff.) verdeutlichen, dass ausgehend von einem integrativen Strategieverständnis die Notwendigkeit besteht, einen systematischen Ansatz zum Umsetzungscontrolling strategischer Ziele zu haben. Am Beispiel „Wettbewerbsfähige Belegschaft" in der DaimlerChrysler AG beschreiben sie den Prozess des strategischen Personalcontrollings und die Operationalisierung strategischer Personalziele. Ausgangspunkt ihrer Überlegungen zur Gestaltung einer wettbewerbfähigen Belegschaft sind folgende drei Herausforderungen an das strategische Personalmanagement, die als „magisches Dreieck" aufgefasst werden: Kostenverbesserungen, demographischer Wandel und Qualifikationsanforderungen. In diesem Beitrag wird die Bedeutung der Humanressourcen für die Steigerung des Unternehmenswerts (Shareholder-Value-Ansatz) hervorgehoben. Angesichts einer sich **verändernden Belegschaftsstruktur** geht die DaimlerChrysler AG der Fragestellung nach: „Sind unsere Belegschaftsstrukturen zukünftig anforderungsgerecht und wettbewerbsfähig?" Darunter wird verstanden: „Die Belegschaft erfüllt in jeder Beschäftigungsgruppe (Führungskräfte, Angestellte, direkte/indirekte Arbeiter) die aus dem Wettbewerb abgeleiteten betrieblichen Anforderungen hinsichtlich Qualität, Zeit und Kosten und verfügt über Entwicklungspotenziale, die eine schnelle Anpassung an kurz-, mittel- und langfristige Veränderungen sowie Innovationen ermöglichen" (Fleig/Gesmann/Biel 8/9 2004, S. 469). Welche Beziehung besteht zwischen den drei Herausforderungen? Der Wettbewerb erfordert einen ständigen Verbesserungsprozess. Dabei kann vor allem durch Prozessoptimierungen und Produktivitätssteigerungen eine wettbewerbsfähige **Kostensituation** erreicht und **verbessert** werden. Des weiteren führt der **demographische Wandel** unumkehrbar zu einer Alterung der Belegschaft und somit zu einer Änderung der Belegschaftsstruktur. Außerdem gilt insbesondere für Unternehmen, die die Strategie der Technologie- und Innovationsführerschaft verfolgen, die Notwendigkeit, sich mit neuen **Qualifikationsanforderungen** wie der Globalisierung, e-Business und der Mechatronik auseinanderzusetzen. Zur operativen Umsetzung dieses strategischen Ansatzes „Wettbewerbsfähige Belegschaft" bedient sich das Personalcontrolling der **Balance Scorecard**. So wird die strategische Zielsetzung präzisiert und Zieldimensionen mit Teilzielen definiert. Abbildung 123 zeigt die vier Zieldimensionen des Human Resource Managements unter dem Aspekt der Förderung wettbewerbsfähiger Belegschaftsstrukturen. Im nachfolgenden Schritt werden die Zieldimensionen mit Messgrößen und dazugehörigen Zielwerten hinterlegt, so dass der Umsetzungsprozess kommuniziert und gesteuert werden kann (vgl. Fleig/Gesmann/Biel 8/9 2004, S. 470). Im DaimlerChrysler-Konzern orientieren sich alle Handlungen und Entscheidungen an der Steigerung des Unternehmenswertes. Erfolgreiche Grundsätze des Controllings, das Messen und Steuern, werden auch im Personalmanagement (Steuerung des Humankapitals und damit immaterieller Werte) angewendet. Das Personalmanagement wird eben als „kritischer Erfolgsfaktor" im Wettbewerb erkannt.

Abb. 123: Zieldimensionen wettbewerbfähiger Belegschaftsstrukturen und Perspektiven der Balanced Scorecard der DaimlerCrysler AG

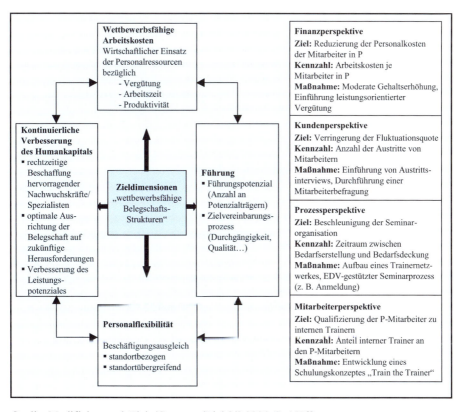

Quelle: Modifiziert nach Fleig/Gesmann/Biel 8/9 2004, S. 465ff.

In der Praxis hat sich im Zusammenhang mit der Entwicklung und Einführung der BSC die Begleitung und Unterstützung des Projekts durch interne und externe Berater sowie durch Controller bewährt. „Die Implementierung der BSC erfolgt als Customizing-Prozess: Jedes Unternehmen muss sich ein speziell auf die eigenen Bedürfnisse zugeschnittenes und kontextspezifisches Indikatorenset erarbeiten, um die jeweils relevanten Dimensionen zu erfassen und zu steuern" (Scholz/Stein/Bechtel 2004, S. 127). In welchen Phasen der Weg zur BSC verläuft, wird in der Literatur in unterschiedlicher Form verdeutlicht (vgl. z.B. Müller 2000, S. 122f. und 143f.). Nachfolgende **Checkliste** (Abb. 124) zeigt abschließend die Punkte auf, die vom Unternehmen bzw. vom Projektteam beim **Aufbau einer BSC** zu beachten sind (Horváth & Partners 2003, S. 244).

Abb. 124: Einführungs-Checkliste für den Aufbau einer Balanced Scorecard

1.	Der Einsatz der BSC beginnt mit dem hundertprozentigen Commitment des Top-Managements zu einer **gemeinsamen Vision**.
2.	Erst wenn dieser Konsens erreicht ist, kann mit dem Entwurf für die Architektur der BSC begonnen werden. Dabei wird geklärt: Welche **Perspektiven** müssen Sie **unternehmensspezifisch** abbilden, um ihre Strategie umzusetzen?
3.	In der BSC sollen nur **Kennzahlen** verwendet werden, die **strategische Relevanz** besitzen. Das erfordert die **Reduzierung auf wenige Kenngrößen**, für jede Organisationseinheit (Gesamtunternehmen, Teilkonzern, Division oder Abteilung) dürfen nicht mehr als 15 bis 20 Maßgrößen verwendet werden.
4.	Ziel ist es, die **Komplexität zu reduzieren** und die Aufmerksamkeit des Top-Managements auf die strategisch bedeutsamen Inhalte zu fokussieren.
5.	Versuchen Sie, sich **Klarheit über die Ursache-Wirkungs-Beziehungen** zwischen den Größen der verschiedenen Perspektiven zu verschaffen, auch wenn dabei zunächst nur Tendenzaussagen möglich sein werden.
6.	Die **Erwartungshaltung** sollte **nicht zu hoch** gesetzt werden. Bauen Sie keinesfalls die Erwartungshaltung auf, man könnte mit der BSC ein deterministisch durchrechenbares Abbild des Geschäfts entwickeln.
7.	Richtig angewandt bietet die BSC die Möglichkeit, von endlos während den Planungsrunden zu **effizienten Strategiegesprächen** über die **wettbewerbsentscheidenden Geschäftsinhalte** zurückzukehren.
8.	Die Beschäftigung mit BSC kann sehr gut als **Impuls** dafür genutzt werden, das **Planungssystem zu vereinfachen**.

Quelle: Horváth & Partners 2003, S. 244

2.3 Eher personenbezogene und bewertende Instrumente

Über viele Jahrhunderte hinweg wurde wirtschaftlicher Erfolg maßgeblich nach dem Kriterium der Effektivität von physischem Kapital gemessen und bewertet. Abbildung 125 zeigt die **Bewertungssysteme** im Wandel der Zeit. Heute wird intensiv der Frage nachgegangen, wie **Wissen** oder die Leistung

Abb. 125: Bewertungssysteme im Wandel der Zeit

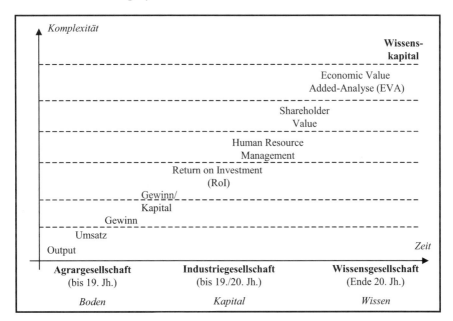

Quelle: Bodrow/Bergmann 2003, S. 58

von Mitarbeitern sowie immaterielle Werte wertmäßig erfasst und abgebildet werden können. Nach *Scholz/Stein/Bechtel* (2004, S. 51) existieren in der Unternehmenspraxis sechs Ansätze zur Bewertung des Humanvermögens aus folgenden Denkrichtungen: Marktwertorientierte, Accountingorientierte, Indikatorenbasierte, Value Added-Ansätze und Ertragsorientierte Ansätze. Um aber überhaupt den Wert von Mitarbeitern in einem Unternehmen ansatzweise bewerten zu können, ist eine Beurteilung vonnöten. Deshalb stellen wir zunächst die Instrumente „Personal- bzw. Leistungsbeurteilung", das „Assessment-Center-Verfahren", die „Mitarbeiterbefragung", die „Stärken-Schwächen-Analyse" sowie die „Personal-Portfolios" vor, und abschließend präsentieren wir die Diskussion um die „Humanvermögensrechnung", die wird der Kategorie „eher personenbezogene und bewertende Instrumente" zuordnen.

2.3.1   Personal- bzw. Leistungsbeurteilung

Wie bereits dargelegt, lassen sich weiche Erfolgsfaktoren nur bedingt messen. Instrumente der **Fremd-** und **Selbstbeurteilung** sowie systematische **Selbstbild-/Fremdbildvergleiche** sind vonnöten. So wie Dialog und Kommunikation stellt **Feedback** „ein Lebenselixier von Unternehmen wie Menschen dar.

Gleichzeitig ist es eine Messgröße für Verhalten und Verhaltensänderung von Individuen" (Sattelberger 1997, S. 59). Abbildung 126 zeigt das System des **Feedback-Prozesses** (im Sinne eines Feedback-Portfolios) bei der *Lufthansa AG* und die systematische Gliederung der Personalbeurteilung. Nach *Hentze/Kammel* (2001, S. 278) lässt sich der Begriff Personalbeurteilung wie folgt definieren:

> „Personalbeurteilung (Mitarbeiterbeurteilung) wird als Oberbegriff für die Systeme verwendet, mit denen Persönlichkeit bzw. Persönlichkeitsele- mente und/oder das Leistungsergebnis sowie das Leistungs-, Führungs- und soziale Verhalten beurteilt werden. Nach dem jeweiligen Beurteilungs- gegenstand lassen sich **Systeme der Persönlichkeitsbeurteilung** und **Sys- teme der Leistungsbeurteilung** und, falls diese kombiniert werden, **Mischsysteme** unterscheiden. Bei der Beurteilung der **Persönlichkeit** wird das Kriterium Arbeitsleistung durch das Kriterium Persönlichkeitsmerkmal ersetzt, wobei unterstellt wird, dass die Leistung eine Funktion der Persön- lichkeitsmerkmale ist. Die Leistungsbeurteilung lässt sich nach Zielen in die **Leistungsbewertung**, die **Potentialbeurteilung** und die **Entwick- lungsbeurteilung** unterteilen".

Abb. 126: Feedback-Prozess und Gliederung der Personalbeurteilung

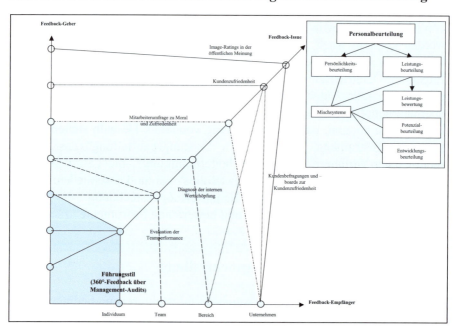

Quelle: Hentze/Kammel 2001, S. 279, Sattelberger 1997, S. 60

Die Personalbeurteilung kann verschiedenen **Verwendungszwecken** dienen (Beratung der Mitarbeiter, Maßnahmen der betrieblichen Weiterbildung, Grundlage und Überprüfung von Auswahlentscheidungen usw.) und verfolgt „das **Ziel**, dem Beurteiler ein Instrument an die Hand zu geben, mit dessen Hilfe er seine Beurteilungen zielgerichtet vornehmen und dem Beurteilenden ein Feedback geben kann" (Böck 2002, S. 135). Allerdings dürfen die **methodischen Probleme** der Anwendung psychologischer Mess- und Beurteilungsmethoden (Bedingungsgleichheit, Objektivität, Zuverlässigkeit, Gültigkeit) nicht unterschätzt werden (vgl. Hentze/Kammel 2001, S. 281ff.). Folgende Grundsatzfragen bezüglich eines **Personalbeurteilungssytems** müssen geklärt werden (Böck 2002, S. 136):

- **Wer** soll beurteilt werden und wer soll die Beurteilung vornehmen (z.B. Mitarbeiter durch Führungskraft, Team-, Vorgesetzten-, Kollegen- und/oder Selbstbeurteilung sowie eindimensionale oder mehrdimensionale Beurteilungsverfahren bis hin zur Gesamtbeurteilung aus mehreren Einzelbeurteilungen im ausgeprägtesten Fall der sog. 360-Grad-Beurteilung)?
- **Warum** soll beurteilt werden (z.B. Gehalts- und Lohndifferenzierung, Beratung der Mitarbeiter, Maßnahmen der betrieblichen Weiterbildung, Grundlage und Überprüfung von Auswahlentscheidungen)?
- **Was** soll beurteilt werden (Leistungs-, Persönlichkeits-, Potenzialbeurteilung)?
- **Wie** soll beurteilt und **worauf** muss bei der Beurteilung geachtet werden (summarische und analytische Beurteilungsmethoden, aber auch ob durch Befragung, Gespräche, Beobachtung, Wahl der Beurteilungskriterien und Beurteilungsskalen, Problematik persönlichbedingter Beurteilungsfehlern wie z.B. Sympathie-Effekt usw. Informationen erschlossen werden)?
- **Wie** oft soll beurteilt werden (**Beurteilungsrhythmus**: z.B. halbjährlich oder jährlich, Anlässe: z.B. Ablauf der Probezeit, Versetzung)?

Personal- bzw. Leistungsbeurteilungen verbunden mit **Zielgesprächen** und **Zielvereinbarungen** sind praxiserprobte Instrumente einer effektiven Mitarbeiterführung und deren Anwendung ein möglicher Beitrag zur Steigerung der Wertschöpfung in Unternehmen (vgl. Jetter/Skrotzki 2000, Fersch 2002). Kontinuierlich negative Ergebnisse von Personalbeurteilungen können als Indikator für eine fehlerhafte Personalstrategie dienen und eine Strategieüberprüfung auslösen (vgl. Wunderer/Schlagenhaufer 1994, S. 68).

2.3.2   Assessment-Center

Das **Assessment-Center-Verfahren** ist ein **systematisches Auswahlinstrument**, das eine **umfassende Beurteilung des Individuums** (z.B. Fähigkeit zur Problemanalyse, Urteilsvermögen, Delegation, Entscheidungsfähigkeit) beinhaltet, wobei die notwendigen Informationen mit Hilfe verschiedener **Übungen** (z.B. Postkorbübung, Fact-Finding, Interviewsimulation, Gruppendiskussion, Bürgerbeschwerde) gewonnen werden, wie Abbildung 127 zu entnehmen ist (vgl. Hentze/Kammel 2001, S. 313ff.).

Abb. 127: Ablauf eines Assessment-Centers und Eignungsüberprüfung durch Übungen

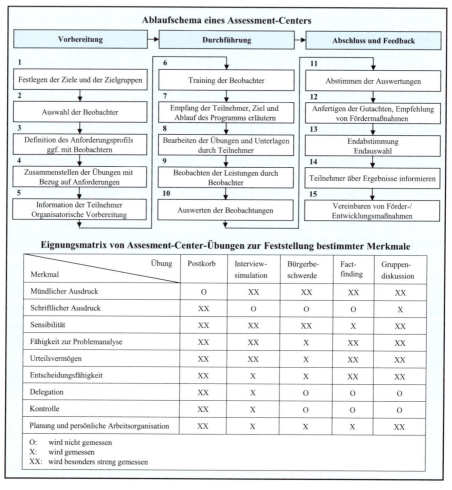

Quelle: Erstellt nach Hentze/Kammel 2001, S. 316-317

Das Assessment-Center-Verfahren **eignet** sich insbesondere:

- für die Auswahl interner und externer Fach- und Führungskräfte,
- im Rahmen einer Potenzialanalyse zum Erkennen von Führungsfähigkeiten oder der Ermittlung von Potenzial für andere höherwertige Arbeitsplätze und
- für die Analyse von Entwicklungs- und Trainingsnotwendigkeiten.

Bei der **Konzipierung** und Anwendung eines Assessment-Centers (AC) gibt es, wie bei fast jedem Instrument, nicht nur Vorteile, sondern auch Probleme (z.B. hoher Planungs- und Organisationsaufwand, „Schauspieler-Effekte" und bei negativer Beurteilung Gefahr von Demotivation und Resignation). Außer Frage steht aber, dass die aufbereiteten Ergebnisse des AC's vom Personalcontrolling für diverse personalwirtschaftliche Fragestellungen und Aufgaben im Personalbereich nutzbar gemacht werden können.

2.3.3   Mitarbeiterbefragung

Die Methoden zur Ermittlung und Messung des Erfolgs von personalwirtschaftlichen Aspekten und der Qualität der Mitarbeiter sind vielfältig (z.B. Kennziffern und Indikatoren, Prüfungen und Tests, Erfolgsmessung durch Mitarbeiterbeurteilung). Da **Mitarbeiterbefragungen** als Diagnoseinstrumente und als Grundlage von gestalterischen Maßnahmen zur Organisationsentwicklung eingesetzt werden können und für die Ortung schwacher Signale und Bewertung weicher Erfolgsfaktoren ein wichtiges Instrument darstellen, sind sie aus dem Instrumentenkasten eines Personalcontrollers nicht wegzudenken. Die Mitarbeiterbefragung ist ein multifunktional einsetzbares Instrument, mit der vor allem **qualitative Erfolgsfaktoren** wie z.B. Mitarbeiterzufriedenheit, Betriebsklima und Führung erfragt und analysiert werden können. Vor allem die **Mitarbeiterzufriedenheit** durch Befragungen zu messen, hat heute vor dem Hintergrund der Qualitätsdebatte (z.B. Total Quality Management, Mitarbeiterzufriedenheit als Ergebniskriterium im Europäischen Qualitätsmodell E.F.Q.M) in der Praxis eine starke Verankerung (vgl. Bühner 1996, S. 1/1ff.). Allerdings müssen für den Einsatz von Befragungen aller Art (schriftliche, mündliche, per Telefoninterview oder Internet) bestimmte **Voraussetzungen** vorliegen bzw. geschaffen werden, und vor allem setzen effektive Mitarbeiterbefragungen einen vertrauensvollen Umgang zwischen Vorgesetzten, Personalabteilung und Mitarbeitern voraus, also eine **Vertrauenskultur** im Unternehmen (vgl. Wunderer/Schlagenhaufer 1994, S. 73).

Der **Erfolg** von Mitarbeiterbefragungen hängt maßgeblich von der **Akzeptanz** aller Beteiligten (Geschäftsleitung, Führungskräfte, Betriebsrat) ab. Die Akzeptanz ist anhand der Beteiligungsquote ablesbar, unter der Voraussetzung, dass die Teilnahme auf freiwilliger Basis beruht. Neben der Zusicherung der **Anonymität** der Befragung können folgende Faktoren die Akzeptanz sichern bzw. erhöhen:

- Information über Ziele und Durchführung des gesamten Prozesses,
- Mitwirkung bei der Entwicklung der Instrumente und Methoden,
- Zusicherung der Veröffentlichung der Ergebnisse,
- Garantie der Geschäftsführung, dass aus den Ergebnissen Maßnahmen abgeleitet werden (z.B. Meinungsäußerungen führen zu spürbaren Verbesserungen) und
- der Erfolg mit entsprechenden Controlling-Instrumenten überprüft wird.

Tatsache ist, dass auf das Instrument der Mitarbeiterbefragung kaum eine Organisation verzichten kann und bei aller Problematik der Messtheorie, sie heute ein beliebtes Instrument zur Messung von „Mitarbeiterzufriedenheit" ist, wie folgendes Zitat verdeutlicht (Bühner 1996, S. 173f.):

> „Auch im Europäischen Qualitätsmodell wird bei der Messung der Mitarbeiterzufriedenheit, ‚was das Unternehmen im Hinblick auf die Zufriedenheit seiner Mitarbeiterleistet', die Mitarbeiterbefragung an erster Stelle genannt. Auf diese Weise soll erhoben werden, wie die Mitarbeiter das Unternehmen einschätzen, und zwar bezüglich folgender Themen: Arbeitsumfeld, Gesundheits- und Sicherheitsvorkehrungen, Sicherheit des Arbeitsplatzes, Kommunikation, Mitarbeiterbewertung und Zielvereinbarung, Aus- und Weiterbildung, Karrierechancen und Laufbahnplanung, Anforderungen der Arbeitsstelle, Entlohnungssysteme, Systeme zur Anerkennung von Leistung, Führungsstil und -wirksamkeit, Beschäftigungsbedingungen, Autorisierung der Mitarbeiter (Empowerment), Mitarbeiterbeteiligung, Daseinszweck, Wertesystem, Leitbild und Strategie des Unternehmens, Verbesserungsprozess. Dieser Katalog an Befragungsgegenständen im Europäischen Qualitätsmodell entspricht in etwa dem Inhalt des ‚Standardfragebogens der Projektgruppe Mitarbeiterbefragung' (1989)".

Abbildung 128 zeigt beispielhaft einen Ausschnitt aus einer Mitarbeiterbefragung, wobei die Antworten der Mitarbeiter (üblicherweise) auf einer Fünf-Punkte-Skala von „sehr zufrieden" bis „sehr unzufrieden" gemessen werden.

Es lässt sich festhalten, dass Ergebnisse von Mitarbeiterbefragungen ein hervorragendes **Feedbackinstrument** sind und außerdem durch Einbeziehung einer Stärken-Schwächen-Analyse in die Befragung auch aufschlussreiche Aussagen über den **Ist-Zustand** der Organisation liefern können. Sehr wichtig ist, dass die Ergebnisse (z.B. Firmenzeitschriften, schwarzes Brett, Gespräche) auch weitergegeben werden (vgl. Bungard 2004, S. 1204ff., Wunderer/Schlagenhaufer 1994, S. 73f.).

Abb. 128: Ausschnitt aus einer Mitarbeiterbefragung

Bitte kreuzen Sie zu jedem Punkt an, wie zufrieden Sie damit sind.

Wie zufrieden sind Sie mit der Zusammenarbeit mit....

sehr zufrieden   *sehr unzufrieden*

...den Kollegen in Ihrer Abteilung?   ☐ ☐ ☐ ☐ ☐

...Ihren Vorgesetzten   ☐ ☐ ☐ ☐ ☐

...anderen Abteilungen, an die Sie Produkte oder Dienstleistungen abgeben (Ihre internen Kunden)?   ☐ ☐ ☐ ☐ ☐

...anderen Abteilungen, von denen Sie Produkte oder Dienstleistungen erhalten (Ihre internen Lieferanten)?   ☐ ☐ ☐ ☐ ☐

Wie zufrieden sind Sie mit....

...der Arbeitsreglung?   ☐ ☐ ☐ ☐ ☐

...den Arbeitsmitteln?   ☐ ☐ ☐ ☐ ☐

...den räumlichen Verhältnissen?   ☐ ☐ ☐ ☐ ☐

...der Belüftung?   ☐ ☐ ☐ ☐ ☐

...der Beleuchtung?   ☐ ☐ ☐ ☐ ☐

...dem Arbeitsumfeld?   ☐ ☐ ☐ ☐ ☐

...den Sozialräumen?   ☐ ☐ ☐ ☐ ☐

Wie zufrieden sind Sie mit folgenden Punkten im Hinblick auf Ihre Arbeit?

Gute Möglichkeiten, Ihre fachlichen Stärken einzusetzen   ☐ ☐ ☐ ☐ ☐

Übersichtliche und geregelte Arbeitsaufgaben   ☐ ☐ ☐ ☐ ☐

Weitgehend eigene Arbeitsgestaltung   ☐ ☐ ☐ ☐ ☐

Eine Arbeit, die Sie fördert   ☐ ☐ ☐ ☐ ☐

Möglichkeiten zur Entwicklung und Verwirklichung eigener Ideen   ☐ ☐ ☐ ☐ ☐

Ihren Fähigkeiten entsprechend eingesetzt zu sein   ☐ ☐ ☐ ☐ ☐

Vielseitigkeit Ihrer Aufgaben   ☐ ☐ ☐ ☐ ☐

Die Möglichkeit, den Arbeitsplatz nach Ihren Vorstellungen mitzugestalten   ☐ ☐ ☐ ☐ ☐

Quelle: Bühner 1996, S. 175f.

2.3.4 Stärken-Schwächen-Analyse

Die **Stärken-Schwächen-Analyse** (auch als Ressourcen- bzw. Potenzialanalyse bezeichnet) ist eine **universell einsetzbare Methode, die es gestattet,** Stärken und Schwächen bestimmter Untersuchungsgegenstände zu ermitteln, d.h. die Ressourcen des Unternehmens, z.B. den **einzelnen Mitarbeiter** oder die **Erfolgsfaktoren der betrieblichen Personalarbeit**, zu bewerten. Streng genommen ist die Stärken-Schwächen-Analyse nur eine auf die Gegenwart bezogene Betrachtung. Ihr Ziel ist es, erkannte Stärken weiter auszubauen und bemerkte Schwächen möglichst schnell zu beseitigen, und zwar mit einer langfristigen (strategischen) Ausrichtung. Zur Beurteilung des Unternehmens werden geeignete **quantitativ fassbare** (z.B. Preise), vor allem aber **qualitative Merkmale** (z.B. Dekoration und Werbemaßnahmen) als Maßstäbe herangezogen. Die Stärken-Schwächen-Analyse wird in zwei Varianten durchgeführt: als **Stärken-Schwächen-Profilanalyse** und als **Stärken-Schwächen-Nutzwert-Analyse** – auch Nutzwertanalyse bzw. Scoringmodell genannt (vgl. Czenskowsky/Schünemann/Zdrowomyslaw 2004, S. 88ff.). Der Stärken-Schwächen-Analyse in beiden Varianten gehen entsprechende Informationsbeschaffungsprozesse und -verarbeitungsprozesse voraus.

Um Chancen und Risiken oder Stärken und Schwächen deutlich und vergleichbar darzustellen, hat sich das **Profil** (die sog. Fieberkurve) bewährt. Mit Hilfe der Stärken-Schwächen-Profil-Analyse ist es möglich, die Meinungen und Ansichten von Personen zu einem Sachverhalt bzw. Untersuchungsobjekt unter Verwendung ausgewählter Kriterien grafisch darzustellen. Abbildung 129 zeigt zwei Beispiele eines **Anforderungs-/Fähigkeitsprofils** zur Feststellung des Fortbildungsbedarfs. Um ein **Fähigkeitsprofil** (Qualifikation, Eignung) zu erstellen, kommen als Quellen u.a. die Personalentwicklungsdatei, Tests (Assessment-Center), Leistungs- und Potenzialbeurteilungen sowie Mitarbeiter- und Vorgesetztenbefragungen in Betracht (vgl. Olfert 2005, S. 397f.). Um ein Profil zu erstellen, sind grundsätzlich folgende **Schritte** erforderlich:

- Es werden zuerst Hauptkriterien (Oberkriterien: z.B. Arbeitsleistung) gesucht, nach denen eine Beurteilung vorgenommen werden kann. Als näch-

Abb. 129: Zwei Beispiele für Stärken-Schwächen-Analyse

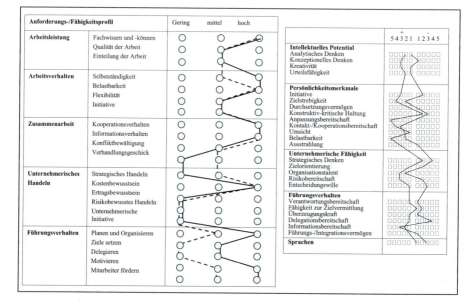

Quelle: Olfert 2005, S. 397ff., Wunderer/Schlagenhaufer 1994, S. 77

stes sucht man für diese Oberkriterien einzelne Teilkriterien (z.B. Fachwissen und -können).

- Es ist eine **Skalierung** festzulegen und neben die Beurteilungskriterien zu platzieren, in der die Beurteilung eingetragen wird.
- Werden die **Beurteilungskriterien** in die Zeilen, die **Bewertungen** in die Spalten geschrieben und die Bewertungspunktzahlen grafisch miteinander verbunden (Polygonzug), so erhält man für jedes Untersuchungsobjekt typische Profile, an denen sich die Stärken und Schwächen erkennen lassen.
- Da absolute Noten wenig aussagen, ist ein **Vergleich** mit anderen gleichartigen Objekten bzw. Bezugsgrößen (hier eindeutig: Fähigkeit zu Anforderung bzw. Stellenbeschreibung) vorzunehmen.
- Die **Profildarstellungen (hier: Fähigkeitslücken und Anforderungslücken)** sind auszuwerten und danach zu bewerten, wo Ansatzpunkte der Verbesserung bzw. gefährliche Entwicklungen erkennbar sind oder welche Stärken noch besonders gefördert werden sollten.

Die hier vorgestellten Stärken-Schwächen-Profil-Analysen dokumentieren, dass es sich um eine sehr aussagefähige Problemanalysetechnik handelt, auf die kein Unternehmen verzichten muss. Probleme liegen zweifellos in der Auswahl der Kriterien sowie der Beschaffung aussagefähiger Informationen, speziell dann, wenn die Erfolgsfaktoren der betrieblichen Personalarbeit (z.B. Personalplanung, Personalentwicklung) im **Vergleich zur Konkurrenz** (Benchmarking, Betriebsvergleiche) evaluiert werden sollen. Ferner lassen sich auch bei der Beurteilung von Profilen subjektive Einflüsse nicht völlig ausschließen.

2.3.5 Personal-Portfolios

Die vereinfachte **optische Darstellung** von strategischen Sachverhalten bzw. Planungen für den Finanz- und Absatzmarkt (Produkt-Markt-Bereich) mit Hilfe von **Portfolios**, d.h. in Form einer zweidimensionalen oder mehrdimensionalen Matrix, hat Tradition und erfreut sich bei Beraterfirmen und größeren Unternehmen einer gewissen Beliebtheit. Meist erfolgt eine Einteilung des Portfolios in vier oder neun Felder, wobei jedem Feld eine bildhafte Beschreibung zugeordnet wird. Die **Dimensionen** beinhalten in der Regel einen **Ist-Zustand** und einen **Plan- oder potenziellen Zustand**. Der Vergleich von Ist- und Ziel-Portfolios legt Abweichungen offen und bewirkt geeignete Maßnahmen sowie das Ableiten entsprechender „Normstrategien". Um Portfolios erstellen zu können, benötigt man Daten aus dem Rechnungswesen, Statistiken, Befragungen usw., je nach dem welches Objekt mit welcher Zielstellung betrachtet werden soll.

Der bekannteste Versuch, das Portfolio-Konzept auf den **Personalbereich** zu übertragen, stammt von *Ordiorne* (vgl. Wunderer/Schlagenhaufer 1994, S. 67). Mittlerweile hat sich die Portfolio-Technik auch im Personalbereich etabliert und findet eine Anwendung beispielsweise als „Human-Ressourcen-Portfolio", als „Manager-Portfolio" und „Mitarbeiter-Portfolio" (vgl. Schulte 2002, S. 95 ff.). **Personal-Portfolios** bzw. **Human-Ressourcen-Portfolios** verdeutlichen das personelle **Leistungspotenzial** der analysierten Organisation. Sie unterstützen das Personalcontrolling vor allem in der **Planungs-** und **Vorsteuerungsfunktion**. Mit ihnen lässt sich eine rechtzeitige Identifikation von Stärken und Schwächen der Personalarbeit und in der Mitarbeiterstruktur (differenziert nach Abteilungs-, Funktions- und Geschäftsbereichsebene) sowie die Aufdeckung von Chancen und Gefahren, die durch das Personal bewirkt werden, realisieren. Die Ergebnisse von Portfolio-Analysen unter Hinzuziehung von Vergleichsgrößen (Zeit-, Betriebsvergleich, Benchmarking) liefern Informationen zur Transparenz und Evaluation personalwirtschaftlicher Problemfelder.

In Abbildung 130 sind das „Ist-Human-Ressourcen-Portfolio", das „Manager-Portfolio" und das „Mitarbeiter-Portfolio" zusammengefasst, die im Folgenden kurz charakterisiert werden (vgl. Schulte 2002, S. 96ff.):

- **Human-Ressourcen-Portfolio-Analyse**: Sie läuft in fünf Phasen ab. **1. Schritt**: Auswahl der Planungstechniken (z.B. Länder oder Tochtergesellschaften, Mitarbeitergruppen). **2. Schritt**: Im Ist-Portfolio werden anhand der vorliegenden Daten für die beiden Achsen die gegenwärtigen Positionen abgetragen, wobei die Größe der Kreise die jeweilige Größe der Geschäftseinheit ausdrückt. **3. Schritt**: Planung des Soll-Zustands (Ziel-Portfolio) und Prüfung, ob und inwieweit durch die personelle Situation die Umsetzung der Unternehmensziele und -strategien unterstützt wird bzw. gefährdet ist. **4. Schritt**: Planung personalpolitischer Strategien auf der Diskussionsbasis folgender „Normstrategien": **Wachstumsstrategie** (Erhöhung der Personalquantität/-qualität in angestammten Tätigkeitsfeldern), **Diversifikationsstrategie** (Aufbau eines Personalstammes in neuen Tätigkeitsfeldern), **Konsolidierungsstrategie** (Halten der Personalqualität bei gleichzeitiger Suche nach Rationalisierungspotenzialen) und **Eliminierungsstrategie** (Abbau von Personal). **5. Schritt**: Realisation, aber auch Kontrolle und zwar durch Erstellen eines neuen Ist-Portfolios zum Ende der Planungsperiode, um einen Abgleich durchzuführen.
- **Manager-Portfolio**: Es dient der **Positionierung von Führungskräften** und berücksichtigt, dass je nach Lebenszyklusphase und Wettbewerbsposition eines Geschäftsfeldes andere Anforderungen an Führungskräfte gestellt werden. Entsprechend den unterschiedlichen **Fähigkeitsschwerpunkten**, die in den einzelnen Lebenszyklusphasen des Geschäfts und der

Abb. 130: Drei Varianten von Personal-Portfolios

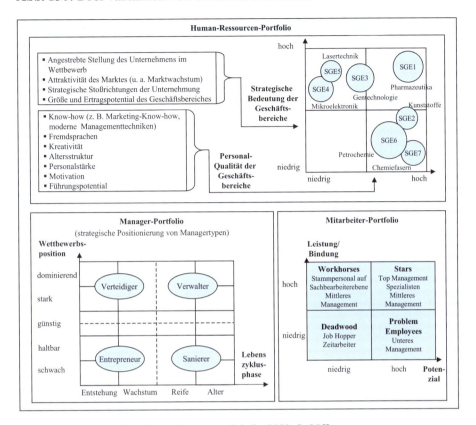

Quelle: Eigene Darstellung in Anlehnung an Schulte 2002, S. 95ff.

Marktposition erwartet werden, können vier Managertypen identifiziert werden: Entrepreneure, Verteidiger, Verwalter und Sanierer.

- **Mitarbeiter-Portfolio**: Es ist ein Instrument zur **zukunftsorientierten Mitarbeiterbeurteilung**, das Leistungsbewertung und Potenzialbeurteilung miteinander kombiniert (siehe die beiden Achsen der Matrix). Die Positionierung der einzelnen Mitarbeiter im Ist-Portfolio gibt Auskunft darüber, ob das Unternehmen über ein ausgewogenes Mitarbeiter-Team verfügt. Im nächsten Schritt können personbezogene Schlüsse im Sinne von „Normstrategien" gezogen werden: **Leistungsschwache Mitarbeiter** (Deadwood) müssen voraussichtlich auf unbedeutendere Stellen versetzt werden, soweit es sich beispielsweise nicht bereits um Zeit- oder Leiharbeiter handelt. **Arbeitstiere** (Workhorses), wie z.B. Stabsspezialisten und ältere Mitarbeiter, benötigen individuelle Führung, um nicht in den leistungsschwachen Bereich abzusinken. Beispielsweise kann auf mögliche interne

Karrierepfade hingewiesen werden. **Problemfälle** (Problem Employees) müssen zur Verbesserung ihres Leistungsverhaltens angehalten werden; im unteren Management können es bestimmte Nachwuchsführungskräfte sein. **Spitzenkräfte** (Stars) sind besonders zu fördern, da sie die herausragenden Leistungs- und Potenzialträger sind.

Abschließend seien aber auch die **kritischen Hinweise** bezüglich der Anwendung von Portfolio-Konzepten im Personalbereich genannt: Zwei Dimensionen reichen für eine ganzheitliche Mitarbeiterbeurteilung nicht aus, Mitarbeiter werden „schablonisiert" und wie Produkt-Markt-Kombinationen behandelt, eine klare Zuordnung von Mitarbeitern in eine der vorgegebenen Kategorien ist nicht immer möglich (z.B. weisen viele Mitarbeiter nicht über die gesamte Beurteilungsperiode einen konstanten Leistungsgrad auf) und die Durchführung aufschlussreicher Konkurrenzvergleiche scheitert am Informationsmangel bezüglich vergleichbarer Unternehmen (vgl. Wunderer/Schlagenhaufer 1994, S. 71).

2.3.6   Humanvermögensrechnung

Sätze wie „Der Mensch im Mittelpunkt" oder „Unser wertvollstes Kapital sind unsere Mitarbeiter" findet man in dieser oder ähnlicher Form in vielen Geschäftsberichten und sonstigen Veröffentlichungen der Unternehmen. Ob es sich vielfach nur um Lippenbekenntnisse handelt, darüber lässt sich trefflich streiten. Gleiches gilt für Aussagen wie „Wir sind gegen Human Capital Management, weil es mitarbeiterfeindlich, mechanistisch und technokratisch ist". Zwar stehen Begriffe wie „Humanvermögen", „Humanressourcen" oder „**Humankapital**", letzterer Begriff ist zum **Unwort des Jahres 2004** gewählt worden, stark in der Diskussion, aber über ihre wirkliche Bedeutung und Definition scheint wenig Klarheit zu herrschen.

Die menschliche Arbeitskraft beeinflusst zweifellos in starkem Maße die Inputseite (Kosten) und Outputseite (Leistungs- und Ertragsbereich), also den Erfolg eines Unternehmens. Seit geraumer Zeit wird deshalb die ausschließliche Konzentration der betriebswirtschaftlichen Investitionskalküle auf materielle und finanzielle Anlageinvestition als unbefriedigend kritisiert und die Erweiterung und differenzierte Behandlung des investitions-theoretischen Instrumentariums auf den personellen Sektor gefordert. Sieht man von früheren Anstößen und Vorarbeiten der Nationalökonomie, welche den „Produktionsfaktor Arbeit" schon vor Jahren in die gesamtwirtschaftlichen Leistungs- und Wachstumsrechnungen einbezogen hat, ab, so ist die Konzeption des „Human Resource Accounting" vor allem auf organisationspsychologisch orientierte Studien zurückzuführen. Unter Human Resource Accounting versteht man ein

personalbezogenes Rechnungswesen, welches die **menschliche Arbeits-kraft als Investition aktiviert** und dieses Wirtschaftsgut entsprechend seiner Nutzungsdauer abschreibt (vgl. Müller-Hedrich/Schünemann/Zdrowomyslaw 2006, S. 224ff., Schulte 2002, S. 6f.). Die **Humankapitaltheorie** und **Humanvermögensrechnung**, d.h. die Beschäftigung mit verschiedenen Konzepten der **Bewertung des Humanvermögens** („Human Resources", „Human Assets", „Human Capital") fand bereits in den 60er Jahren statt, wurde noch zu Anfang der 90er als „Modeerscheinung" abgetan und scheint nun eine Renaissance zu erleben (vgl. Gebauer 2005, S. 1ff.). Ausgehend vom angloamerikanischen und skandinavischen Raum werden verstärkt Ansätze zu Bewertung von Humanressourcen präsentiert, wobei nach Ansicht von einigen Autoren sich die Betrachtung des „Wissenskapitals" zu einem vorherrschenden Bewertungskriterium entwickeln könnte (vgl. Bodrow/Bergmann 2003, S. 57f., siehe auch Abb. 125). Abbildung 131 zeigt überblickartig die Verfahren zur Bewertung von Humanvermögen, die nach unterschiedlichen Kriterien differenziert werden können (z.B. Kosten- und Wertprinzip, Individuum oder Gruppe, monetär und nicht monetär). Denkbar ist auch eine Unterteilung nach **input-** und **outputorientierten Modellen** mit der weiteren Unterscheidung in „Bewertung mit vergangenen Kosten" oder „Bewertung auf Basis bisheriger Leistungen" sowie „Bewertung mit zukünftigen Kosten" oder „Be-

Abb. 131: Übersicht zu Verfahren der Bewertung von Humanvermögen

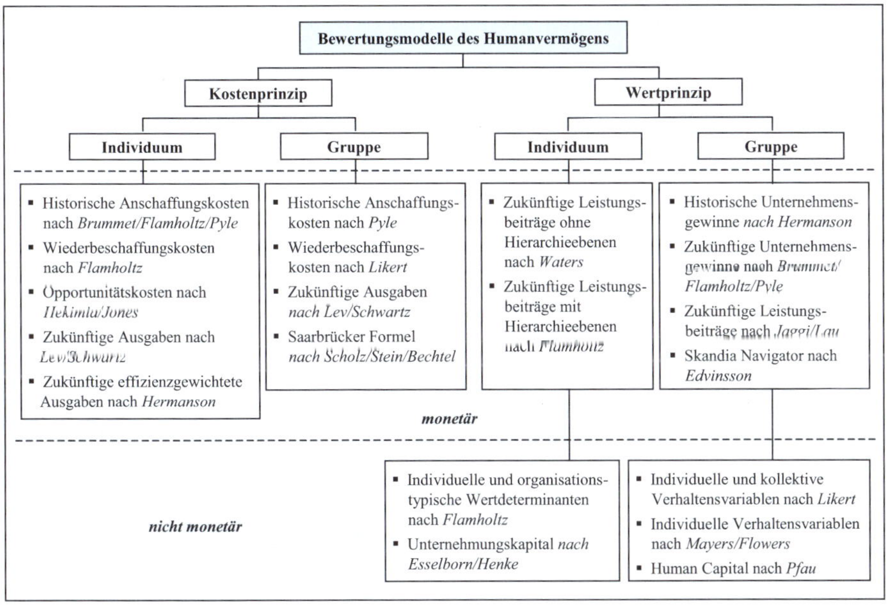

Quelle: Gebauer 2005, S. 36

wertung auf Basis zukünftiger Leistung" (vgl. Wunderer/Jaritz 2006, S. 177).
Mit diesen Ansätzen kann die klassische Bilanzierung bzw. Rechnungslegung
ergänzt werden. Nach *Scholz/Stein/Bechtel* (2004, S. 22) kann im Ergebnis
das Human Capital Management (HCM) für das Personalmanagement das
werden, was die Investitionsrechnung für die Finanzplanung heute ist.

Jedem ist zwar klar, dass das Bilanzvermögen einen **Unternehmenswert**
nicht „richtig" wiedergibt. Aber jedem ist auch bewusst, dass die Erfassung
und Bewertung von verborgenen und in einer Bilanz nicht ausgewiesenen
(unsichtbaren) Werten, also verschiedenen Formen von immateriellen Vermö-
genswerten (Intangible Assets) wie z.B. „Wissenskapital" bzw. „Intellektuelles Kapital", erhebliche Schwierigkeiten bereitet. Dennoch bemühen sich
neuere Ansätze verstärkt, das „Wissen als Vermögenswert" zu erfassen, zu
messen und zu bewerten. Richtungweisend waren die Pionierarbeiten von
Skandia, auch als sog. „Navigator Modell" bezeichnet (vgl. Edvinsson/Brünig
2000). Während immaterielle Wirtschaftsgüter (Vermögenswerte), die von
Dritten entgeltlich erworben werden, in der (offiziellen) Bilanz ausweispflich-
tig sind, taucht ein selbstgeschaffener Geschäfts- oder Firmenwert (Goodwill)
oder ähnliche selbstgeschaffene immaterielle Werte in der Bilanz nicht auf.
Im **traditionellen Rechnungswesen** tauchen „Investitionen in die Mitarbeiter" als **Kosten** (z.B. Personal-, Einarbeitungs-, Weiterbildungskosten usw.) in
der Gewinn- und Verlustrechnung auf und reduzieren das Eigenkapital. Sollen
die Mitarbeiter aber als „Vermögen" (Investition) bzw. „Kapital" (Finanzierung) erfasst und abgebildet werden, d.h. die „unsichtbaren" Werte aktiviert
werden, so erhalten diese Werte **Eigenkapitalcharakter**. Vermögen und Kapital stellen zwei Seiten einer Medaille dar bzw. stehen in einem spiegelbild-
lichen Verhältnis. Die Erfassung von **Human-,** oder weiter gefasst, **Wissenskapital**, soll die Wertlücke zwischen Buch- und Marktwert schließen. Abbildung 132 zeigt die bestehenden Zusammenhänge zwischen offizieller Bilanz
und um die verborgenen Werte verlängerte Bilanz.

Auch Wissenschaftler aus dem Bereich „Personalmanagement" beschäftigen sich eingehend mit den Fragen nach dem Ausweis eines Human-Capital-
Wertes und wie davon ausgehend das Human-Capital-Management in Unternehmen aussehen könnte. In diesem Zusammenhang sei beispielhaft auf die
„Saarbrücker Formel" bzw. den Ansatz zur ökonomischen Bewertung einer
Belegschaft seitens der Autoren *Scholz/Stein/Bechtel* (2004) verwiesen, die
systematisch die bekanntesten Ansätze zur Bewertung des Humanvermögens
untersuchen und daraus ihren eigenen Ansatz entwickeln. Das **Ziel** ist die
exakte Quantifizierung der Mitarbeiter als Gesamtheit, nicht als Individuen.
Abbildung 133 zeigt, die Komponenten und Formelbestandteile des Ansatzes.
Dieser Ansatz ermittelt den **Marktwert der Belegschaft**, zieht davon die Abschreibungen für den Wertverlust im Zeitablauf ab, addiert die Investitionen
in die Personalentwicklung und gewichtet die unterschiedlichen Beschäftigungsgruppen mit einem Motivationsfaktor. Die „Saarbrücker Formel" hat

Abb. 132: Bilanz unter Berücksichtigung „unsichtbarer" Werte

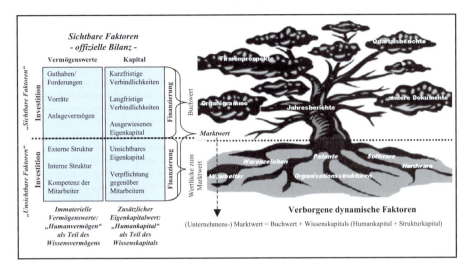

Quelle: Eigene Darstellung

den Anspruch, auf alle Branchen anwendbar zu sein. Der Wert der Gesamtbelegschaft (Human-Capital-Wert) ergibt sich in dieser Formel aus dem Quotienten aus Wissensrelevanz und Betriebszugehörigkeit gewichteten Durchschnittslohn aller Vollzeitarbeiter zuzüglich der Personalentwicklungskosten, wiederum gewichtet mit dem Motivationsindex, und dies aufsummiert über alle betrachteten Beschäftigungsgruppen. Zur kritischen Bewertung des Ansatzes siehe *Wunderer/Jaritz* (2006, S. 187ff.).

Die **Ergebnisse von Humanvermögensrechnungen** haben nicht nur ihre Berechtigung, sondern können als Entscheidungshilfen für diverse Fragestellungen bzw. Anlässe herangezogen werden. Ähnlich wie bei Finanzkennzahlen im Geschäftsbericht soll auch der Erfolgs- bzw. Wertschöpfungsfaktor „Humankapital" messbar, vergleichbar und unternehmensintern wie auch unternehmensextern als **Entscheidungsgrundlage** nutzbar gemacht werden (vgl. Müller-Hedrich/Schünemann/Zdrowomyslaw 2006, S. 225, Schulte 2002, S. 6):

- **Unternehmensinterne Entscheidungen**: Beispielsweise wird durch die quantitative Erfassung des Personalkapitals eine wirtschaftliche Beurteilung von Personalentscheidungsalternativen bei der Einstellung (Vergleich der erforderlichen Investitionskosten alternativer Bewerber), Förderung und Entlassung von Personal (z.B. Bewertung der Fluktuationskosten), auf der erweiterten Basis relativer Kosten und Nutzen, ermöglicht.

- **Selbstdarstellung des Unternehmens und der Leistungen des Personalmanagements:** Beispielsweise wird durch den Ausweis des Personalkapitals in öffentlichen Berichten eine weitergehende Bewertung des Unternehmens, des Managements und seiner zukünftigen Erfolgschancen für Gläubiger und potenzielle Kapitalgeber eröffnet (z.B. Rating-Agenturen). Die Leistungen der Personalarbeit im Sinne der Selbstdarstellung lassen sich beispielsweise mit der Beantwortung folgender Frage verdeutlichen: Wie viele personelle Aktiva konnte das Personalmanagement durch externe Personalbeschaffung und Personalentwicklungsmaßnahmen hinzugewinnen?
- **Corporate Governance** und **Corporate Social Responsibility**: Mit einer Humanvermögensrechnung wird beispielsweise eine Organisation in die Lage versetzt, präzise Informationen für die externen und internen Stakeholder (Anspruchgruppen), z.B. in Form einer sog. öffentlichen Sozialbuchführung (= social accounting) zu liefern und deutlich zu machen, inwieweit eine verantwortungsbewusste Unternehmenspolitik und Unternehmensführung stattgefunden hat.
- **Beitrag zur Klärung von Markt-Buchwert-Relationen:** Bekanntlich kann eine **Unternehmensbewertung** für verschiedene Zwecke (z.B. Fusionen und Übernahmen, Nachfolgeregelungen) durchgeführt werden. Den richtigen Unternehmenswert gibt es offensichtlich ja nicht. Es wird in Zukunft zu überprüfen sein, ob unter Verwendung der Methoden der Humanvermögensrechnung ein weiterer Erklärungsansatz zur Lücke zwischen Markt- und Buchwerten von Firmen beigetragen werden kann.

Zwar haben die so genannten **Sozialbilanzen** (Sozialbericht, Wertschöpfungsrechnung und Sozialrechnung), die darauf abzielen, die klassische Rechnungslegung und Berichterstattung von Unternehmen so zu vertiefen, dass transparent wird, wie und in welchem Umfang sie ihre soziale Verantwortung wahrnehmen, mittlerweile in deutschen (Groß-)Unternehmen eine gewisse Verbreitung erlangt (vgl. Dierkes/Marz 2004, S. 1723ff.), aber von einem echten Durchbruch ist man noch weit entfernt. Bezogen auf die enger gefasste Humanvermögensrechnung im Hinblick auf die Ermittlung eines Return on Investment des Humanvermögens kann bezogen auf die Etablierung in der Praxis folgende Einschätzung gelten: „Bisher konnte sich noch keine Methode zur Bewertung des betrieblichen Humanvermögens etablieren. Es ist auch kein Unternehmen bekannt, dass die Steigerung des Mitarbeitendenwertes gleichberechtigt neben die betriebswirtschaftlichen Ziele stellen würde" (Kobi 2005, S. 42).

Abschließend sollte nicht unerwähnt bleiben, dass neben dem Vorteil der quantitativen Bewertung personalwirtschaftlicher Aktivitäten auch eine Reihe von **Problemen** zu bedenken ist: So stellen Mitarbeiter kein Eigentum des Unternehmens dar. Die Gefahr ist nicht von der Hand zu weisen, dass der Mitarbeiter im Rahmen einer Humanvermögensrechnung zum Objekt degradiert wird. Durch eine entsprechende Informationspolitik sind daher negativen psychologischen Konsequenzen möglichst vorzubeugen. Die Beweisbarkeit der Wertansätze wird relativiert, da neben Vergangenheitswerten auch zukunftsorientierte, also in der Regel geschätzte Werte zum Ansatz gelangen. Es ist erstrebenswertes Ziel, „Wissenskapital" zu messen, aber man sollte dabei die auftretenden vielfältigen Abgrenzungs- und Zurechnungsprobleme nicht ausblenden. Auch die neueren Verfahren haben ihre Unzulänglichkeiten. Sie können zwar mehr oder weniger den langfristigen und investiven Charakter der Humanressourcen erfassen, aber den relativen Wertbeitrag einzelner Maßnahmen abzuschätzen, gelingt nur bedingt. Deshalb ist eine gesunde Skepsis gegenüber den Werten von Humanvermögensrechnungen, wie eben auch grundsätzlich bei der Nutzung von Ergebnissen (Informationen) aller Art, angebracht (vgl. Schulte 2002, S. 7).

Abb. 133: Das Humankapital als Bestandteil des Unternehmenswertes, bewertet nach der von Scholz/Stein/Bechtel entwickelten Saarbrücker Formel

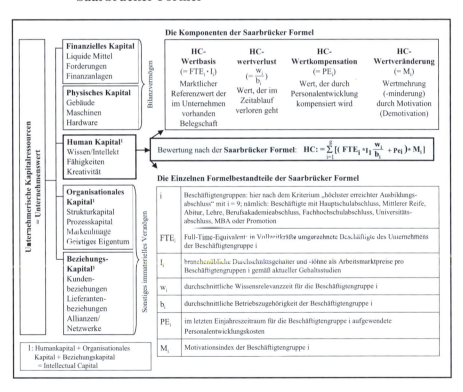

Quelle: Erstellt nach Scholz/Stein/Bechtel 2004, S.24, 226-232

Kapitel V: Erfahrungsberichte und Fallbeispiele aus der Wirtschaftspraxis

Erfahrungsberichte und **Fallbeispiele** aus der Wirtschaftspraxis verdeutlichen in diesem Kapitel die unterschiedlichen Sichtweisen bzw. Konzepte des Personalcontrollings. Die Präsentation ausgereifter und erprobter Personalcontrolling-Konzepte steht dabei jedoch nicht im Vordergrund. **Das Personalcontrolling-Konzept** als Erfolgsgarant für alle Organisationen **gibt es sowieso nicht.** Vielmehr soll der Leser eine Vorstellung darüber erhalten, wie unterschiedlich die Blickwinkel auf das Personalcontrolling und die Erwartungen an sowie die Erfahrungen mit einem Personalcontrolling sein können.

Wie bereits dargelegt, kann und darf Personalcontrolling nicht völlig losgelöst von den (internen und externen) Trägern der Personalpolitik und den Adressaten einer Unternehmung beurteilt werden. Die **Sichtweisen** und **Erwartungen** was das Personalcontrolling leisten kann und soll, sind **sehr unterschiedlich.** Vor diesem Hintergrund kommen nun **sechszehn Praktiker** aus unterschiedlichen Positionen und Branchen sowie Institutionen der Wirtschaftspraxis in **zwölf Beiträgen** zu Wort und geben Einblicke in ihr Denken und Handeln bezüglich des Themenfeldes Personalcontrolling und Personalmanagement (siehe Abb. 134).

Abb. 134: Erfahrungsberichte der Praktiker hinsichtlich des Personalcontrollings

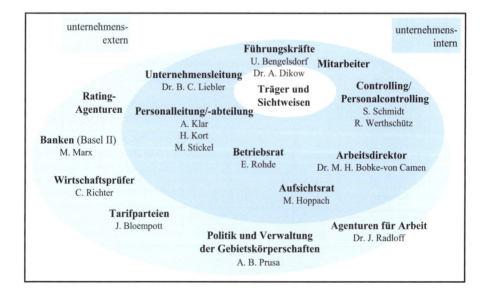

In diesem Zusammenhang sei insbesondere auf die Beiträge hingewiesen, die eine Betrachtung des Personalmanagements und Personalcontrollings aus eher externen Sicht vornehmen (z.B. die Ausführungen von Herrn *Prusa*, Herrn *Bloempott* und Herrn *Dr. Radloff*). Entsprechende Beiträge aus Außensicht mit dem ausdrücklichen Bezug zum Personalmanagement von Unternehmen sind eher selten in der Literatur auszumachen. Das es keinen Dogmatismus bei den Sichtweisen des Personalcontrollings geben muss, zeigt u.a. die Tatsache, dass einige Beiträge in Gemeinschaftsproduktion entstanden sind (z.B. der Beitrag von *Frau Rohde* und *Herrn Werthschütz* sowie derjenige von Herrn *Dr. Liebler* und Herrn *Klar*). Die nachfolgenden Beiträge geben Erfahrungswissen wieder, das die Vielfalt des Personalcontrollings aufzeigt. Die **Reihenfolge der nachfolgenden Beiträge** folgt in der Tendenz dem Ansatz der Darstellung des Sachverhalts vom eher „Allgemeinen" zum eher „Konkreten". In unserem Fall werden dementsprechend zunächst die Beiträge vorgestellt, die mehr die „unternehmensexterne" Sicht des Personalcontrollings beleuchten und anschließend diejenigen präsentiert, die stärker die „unternehmensinterne" Sicht des Personalcontrollings verdeutlichen.

Insbesondere am Personalcontrollingfeld „**Weiterbildung**" haben die unterschiedlichen gesellschaftlichen (z.B. Politik, Gewerkschaften, Arbeitgeberverbände) und unternehmensbezogenen Akteure (z.B. Betriebsrat, Personalentwickler) großes Interesse. Vor dem Hintergrund der zunehmenden Notwendigkeit des „lebenslangen Lernens", der Suche nach Wegen der Erhöhung der Beschäftigungsfähigkeit und der betrieblichen Mitarbeiterflexibilität, ist ein wachsendes **Interesse an kollektiven Regelungen** auszumachen. Diese Tatsache, wie auch die wachsende strategische und operative Bedeutung des Personalcontrollings für Organisationen prinzipiell, verdeutlichen auch die nachfolgenden Erfahrungsberichte der Praktiker:

- Mit seinen Ausführungen macht *André Benedict Prusa*, Leiter des Regionalmanagements Uecker-Randow und Vorpommern, deutlich, dass zwischen Personalcontrolling und Regionalmanagement durchaus Verbindungslinien bestehen. Insbesondere wird dies offenkundig, wenn man sich vor Augen führt, dass Personalplanung sowohl aus der volks- als auch betriebswirtschaftlichen Sicht einer sinnvollen Steuerung im Sinne der Gesellschaft und der Unternehmen bedarf. Kritisch werden am Beispiel des Regionalmanagements Vorpommern vor allem die grundsätzlichen Problemfelder eines Personalcontrollings in Verwaltungen beleuchtet.
- Äußerst qualifiziert zeigt Dr. *Jürgen Radloff*, Vorsitzender der Geschäftsführung der Agentur für Arbeit in Stralsund, die besondere Rolle der Agenturen auf, die diese im Hinblick auf die Steuerung des Arbeitsmarkts bundesweit und regional haben. Die Agenturen für Arbeit betreiben sowohl ein umfangreiches und aussagekräftiges internes Controlling als auch ein

detailliertes bundesweites und regionales Monitoring über den Arbeitsmarkt. Sie unterstützen in vielfältiger Art und Weise die Personalplanung von Unternehmen und sonstigen Organisationen. Nicht zu unterschätzen ist auch ihre Bedeutung hinsichtlich der Qualifizierung von Arbeitslosen und somit die Aufrechterhaltung deren Beschäftigungsfähigkeit sowie auch die Weiterbildung von bereits sich in einer Beschäftigung befindenden Personen. In seinem Beitrag lenkt der Autor den Blick auf die zur Verfügung stehenden umfangreichen statistischen Daten, die als eine Quelle für das betriebliche Personalmanagement genutzt werden können.

- *Jan Bloempott*, Bevollmächtigter (Geschäftsführer) der *IG Metall* Verwaltungsstelle Stralsund und Neubrandenburg, weist auf die gesellschaftliche Verantwortung und besondere Bedeutung der Personalentwicklung der Unternehmen hin und macht deutlich, welchen Part die Gewerkschaft im Hinblick auf die Beschäftigungsfähigkeit der Arbeitnehmer spielen kann und soll. Er fordert eine stärkere, vorausschauende Personalentwicklungspolitik der Unternehmen zum Nutzen der Beschäftigten, aber auch zur Erhöhung der Wettbewerbsfähigkeit der Unternehmen. Die Handlungsmöglichkeiten bei den Gewerkschaften liegen dabei vor allem im Rahmen der Tarifabsprachen (z.B. in Form von Tarifverträgen zur Qualifizierung).

- *Michael Marx*, Filialdirektor der HypoVereinsbank AG in Stralsund, zeigt auf, dass die Bewertung der Managementfähigkeiten im Rahmen des Ratings von Unternehmen sowie bei der Entscheidung über die Kreditvergabe keineswegs auszublenden ist. Ein gut funktionierendes Personalcontrolling in den Kreditinstituten und den Unternehmen kann hilfreich sein, die Personalrisiken besser einzuschätzen.

- Auch die Wirtschaftsprüfer werden zusehends mit der Bewertung von Risikomanagementsystemen, speziell auch mit der Einschätzung von Personalrisiken, konfrontiert. *Carsten Richter*, Prüfungsleiter beim Verband norddeutscher Wohnungsunternehmen e.V. Hamburg – Mecklenburg-Vorpommern – Schleswig-Holstein, zeigt auf, dass auch für mittelständisch geprägte Branchen (hier: Wohnungsgenossenschaften) die Notwendigkeit besteht, sich mit dem Risikomanagement und dem Personalmanagement auseinander zu setzen. Allerdings ist für die meisten wohnungswirtschaftlichen Unternehmen zu konstatieren – dies dürfte grundsätzlich auf viele KMU zutreffen – dass ein eigenständiges und ausgebautes Personalcontrolling eher nicht vorzufinden ist.

- *Manfred Hoppach*, Stellvertretender Vorsitzender des Aufsichtsrates und Vorsitzender des Betriebsrats der Peene-Werft GmbH, weist auf die wichtige Funktion der Betriebsräte bezüglich der Personalplanung und Weiterbildung der Belegschaften in Unternehmen hin. Im Rahmen ihrer Mitwirkungsrechte bzw. Einflussmöglichkeiten können Betriebsräte und Arbeitnehmervertreter in Aufsichträten maßgeblich zur wirtschaftlichen und sozialen Stabilität einer Organisation beitragen. Tarifverträge (z.B. zur Qualifizierung) sowie Betriebsvereinbarungen sind dabei geeignete Instrumente, um Interessenkonflikte adäquat und zielorientiert zu steuern.

- *Uwe Bengelsdorf*, Vorstandsmitglied für die Bereiche Technik und Marketing einer mittelständischen Wohnungsgenossenschaft, hebt hervor, dass es in kleinen und mittleren Organisationen nicht zwingend eine ausgeprägte und festgeschriebene Personalstrategie oder einen Funktionsbereich Personalcontrolling geben muss. Wichtig sind allerdings kritische Diskussionen und die Ziele des Unternehmens und die Einbeziehung der Mitarbeiter in die Prozessabläufe sowie vor allem die Erzeugung eines guten Betriebs- und Arbeitsklimas.

- *Marlies Stickel*, Leiterin der Abteilung Personal und Sozialwesen im AMEOS Diakonie Klinikum, hebt die besondere Rolle der Mitarbeiterförderung als Teilaufgabe des Personalcontrollings hervor. Nicht nur „öffentliche" Krankenhäuser, sondern verstärkt auch andere sog. Non-Profit-Organisationen, müssen sich dem Wettbewerb stellen und können die Aspekte „Effektivität" und „Effizienz" nicht völlig ausblenden. Wie in rein profitorientierten Unternehmen stellen auch in diesen Organisationen die Mitarbeiter das wichtigste Erfolgspotenzial dar. Das Personalcontrolling liefert die erforderlichen Informationen und Berichte zur Entwicklung und Stützung von Personalstrategien.

- Die Autoren *Heinz Kort* (Leiter Personal/Sozialwesen der Webasto AG Neubrandenburg) und *Dr. Andreas Dikow* (Geschäftsführendes Vorstandsmitglied des REFA Landesverbandes Mecklenburg-Vorpommern) beleuchten den Wettbewerbsfaktor „Arbeit" und die Rolle des Personalcontrollings am Beispiel eines Automobilzulieferers in detaillierter und anschaulicher Art. Im Zentrum der Betrachtung steht dabei die Frage nach der Erfassung und Bewertung von Kosten und Leistungen in einer Organisation. Es werden wichtige Aufgaben und Lösungsansätze aus dem Personalcontrolling des Webasto Werks Neubrandenburg vorgestellt sowie Standards zur Bemessung von Wertschöpfung und Arbeitseinsatz (Arbeitszeit und Personalkosten) – hierzu zählen Kennzahlen (z.B. Arbeitskosten je Stunde) und Vergleichsgrößen – dargestellt.

- *Elvira Rohde* (Betriebsratsvorsitzende RAG Aktiengesellschaft Betrieb Holding, Mitglied im Aufsichtsrat der RAG Aktiengesellschaft) und *René Werthschütz* (Personalstrategie und -controlling, Projektleiter Mitarbeiterbefragung) zeigen auf, dass bei der Entwicklung und Umsetzung eines Konzepts zur optimalen Steuerung der Wertschaffung aus der Sicht des Humankapitals einige wesentliche Erfolgsfaktoren, insbesondere die Einbindung verschiedener Stakeholder zu beachten ist. Gerade die enge und partnerschaftliche Zusammenarbeit und permanente Information der jeweiligen Betriebsratsgremien – insbesondere der Arbeitsgemeinschaft der Betriebsräte im *RAG-Konzern* (ABK) als konzernweites Gremium der Mitbestimmung – hat die Entwicklung und Einführung des Konzeptes gefördert. Dabei stand weniger die Erfüllung rechtlicher Informations- und Einbindungspflichten im Sinne des Betriebsverfassungsgesetzes als ein gemeinsames Interesse an einem strategischen Personalcontrolling im Vordergrund. An den Ausführungen der Autoren wird ebenfalls ersichtlich, welche wichtige Rolle der internen Kommunikation und der Beteiligung der zukünftigen Anwender für die Etablierung und Akzeptanz des Instruments „strategisches Personalcontrolling" zukommt.

- Dr. *Bertram Liebler* (Geschäftsführer der Volkswerft Stralsund GmbH) und *Andreas Klar* (Hauptabteilungsleiter Personalmanagement der Volkswerft Stralsund GmbH) zeigen auf, dass die Ergebnisse des Personalcontrollings die Transparenz erhöhen und vielfach die Grundlage schaffen, um die Personalarbeit effektiver und effizienter zu steuern. Allerdings kann Personalcontrolling nicht alleine die zur Verfügungstellung von nötigen Zahlen und Statistiken sein, sondern vor allem deren Interpretationen. Gemeinsam mit allen Führungskräften der unterschiedlichen Abteilungen leiten sich daraus erst Steuerungsmaßnahmen ab, die einem ständigen Monitoring unterliegen. Auch in diesem Beitrag wird deutlich, dass Qualifikation und wachsende Motivation der Mitarbeiter wichtige Erfolgsfaktoren im globalen Wettbewerb sind und maßgeblich zur Zukunftssicherung der Volkswerft Stralsund GmbH beitragen.

- Im letzten Praxisbeitrag wird von den Autoren *Dr. Manfred H. Bobke-von Camen* (Geschäftsführer Personal Berliner Flughäfen, Arbeitsdirektor) und *Silke Schmidt* (Personalcontrolling Berliner Flughäfen) in umfassender und fundierter Form aufgezeigt, dass das Personalcontrolling als Evaluierungs- und Kontrollsystem maßgeblich dabei hilft, die Umsetzung einer Personalstrategie zu überwachen. Dem Personalcontrolling kommt eine wichtige Schlüsselfunktion für die strategische Planung zu. Wie in anderen Brachen steigen auch die Anforderungen an die Flughäfen; ein Funktionswandel der Flughäfen vom klassischen Infrastrukturbereitsteller zum Unternehmen im Wettbewerb findet statt. Das Personalcontrolling der Berliner Flughäfen wird kritisch und zielorientiert dem Leser präsentiert. Es wird aufgezeigt, dass mit der Einrichtung des Personalcontrollings nicht nur das Ziel eines quantitativen („harte Zahlen"), sondern auch das eines qualitativen Personalcontrollings („Softfacts") verfolgt wird, welches eine Hilfe zur Beschlussfassung darstellt. Hierzu gehören nicht nur Erhebungen zur Mitarbeiterzufriedenheit und Beurteilungen über die Führungskräfte durch die Mitarbeiter, sondern auch alle anderen messbaren Aussagen zur Beziehung der Menschen innerhalb des Unternehmens. Neben den innerbetrieblichen Kennzahlen sollen auch außerbetriebliche Kennzahlen erfasst und verglichen werden (Benchmarking). Ziel ist hierbei, die eigenen Werte vergleich- und beurteilbar zu machen und dringend verbesserungswürdige Felder zu erkennen. Eine bedeutende Schnittstelle hat das Personalcontrolling zum Unternehmenscontrolling. Hier ist es ebenso Dienstleister und hilft dem Unternehmenscontrolling, Führungsinstrumente zu entwickeln und anzuwenden. Die Hauptfelder sind hierbei die Mittelfristplanung, die Wirtschaftsplanung und das Berichtswesen. Das Personalcontrolling liefert hier die erforderlichen Zahlen zum Personal, die in die Konzernberichterstattung einfließen. In größeren Unternehmen ist die Arbeit des Personalcontrollings ohne technische Unterstützung (EDV-Programme) mühsam und ineffizient und durch zu häufige Medienbrüche auch schnell fehleranfällig. Es wird klargestellt, dass das Personalcontrolling der Berliner Flughäfen sich bei all seinen Aktivitäten als interner Dienstleister und Berater für die Betriebsparteien (Geschäftsführung und Betriebsräte) versteht. Es steht für und ermöglicht einen partnerschaftlichen Umgang miteinander.

André Benedict Prusa

Leiter des Regionalmanagements Uecker-Randow und Vorpommern

1.   Personalcontrolling in der Verwaltung am Beispiel des Regionalmanagements Vorpommern

Das Werkzeug Personalcontrolling darf bekanntlich nicht losgelöst von den Zielen, die hiermit verfolgt werden, betrachtet werden. Insofern sollte zunächst geklärt werden, welche speziellen Ziele Personalcontrolling in der Verwaltung, hier das Regionalmanagement als Teil des *Regionalen Planungsverbandes*, haben kann.

1.1   Volkswirtschaftliche Aspekte des Regionalmanagements

Das Regionalmanagement *Vorpommerns* und *Uecker-Randows* basiert haushaltstechnisch auf den Haushaltmitteln der Gemeinschaftsaufgabe „Verbesserung der regionalen Wirtschaftsstruktur" (im Folgenden: GA-Mittel). Hieraus können Vorhaben der gewerblichen Wirtschaft einschließlich des Tourismusgewerbes sowie der wirtschaftsnahen Infrastruktur gefördert werden.

Ziel des GA-Mittel Einsatzes ist es, die Anpassungsfähigkeit und Wettbewerbsfähigkeit der Wirtschaft zu stärken, um neue Arbeitsplätze zu schaffen bzw. vorhandene Arbeitsplätze zu sichern. Es handelt sich hierbei in der Regel um ein Kofinanzierungs-Modell mit Fördersätzen von ca. 80 Prozent, die bundes- und europaseitig bereit gestellt werden. Einen Anteil von ca. 20 Prozent müssen die geförderten Strukturen als Kofinanzierung (Eigenanteil) aufbringen. Mit Punkt 8. des 36. Rahmenplanes Teil II (8.2 Förderung des Regionalmanagements) sorgt der Bund auch zukünftig für eine thematische Fokussierung des Mitteleinsatzes und ihre gesetzliche Grundlage. Die Fördergebiete, in denen diese GA-Mittel Verwendung finden, verfügen überwiegend über ein **integriertes regionales Entwicklungskonzept** oder sind dabei, eines zu entwickeln. Neben essentiellen Fragestellungen wie:

- integrierte regionale Entwicklungskonzepte entwickeln und umsetzen,
- regionale Konsensbildungsprozesse in Gang setzen,
- regionale Netzwerke, Bündnisse, Verbundprojekte, Innovationscluster u. Ä. aufbauen,
- regionale Entwicklungsprojekte identifizieren und fördern,

besteht durch die Aufgabe, „verborgene Beschäftigungs- und Wachstumspotenziale zu mobilisieren", wohl die direkteste Art, volkswirtschaftliche Effekte hervorzurufen. Selbstredend können die sonst bekannten Aufgaben des Regionalmanagements abhängig von den konkreten Kontexten nicht immer trennscharf unterschieden werden.

In den vergangenen sechs Jahren konnten durch das Regionalmanagement rund 1,4 Mio. Euro an Projektmitteln in regionale Projekte investiert werden. Überwiegend profitierten von der direkten Auftragsvergabe zumeist lokale Unternehmen. Gleichwohl waren gegebene gesetzliche Vergaberichtlinien Grundlage der Auftragsvergabe an die Unternehmen. In der Regel handelte es sich aber zumeist um so spezielle Aufgaben und Themen, wie oben deutlich gemacht, dass lokale Unternehmen überwiegend zum Zuge kamen.

Neben diesem direkten „Mitteltransfer" in die Region ist darüber hinaus ein gesamter volkswirtschaftlicher Effekt durch die Art der Projekte zu unterstellen. Denn überwiegend waren die **Projektresultate** erstellte „öffentliche Güter" im engeren und weiteren volkswirtschaftlichen Sinne. Hier finden sich Themen wie die Schaffung und Vermarktung von regionalen Marken, die Sicherstellung von überregionalen Messeauftritten für regionale Akteure, die Etablierung von flankierender touristischer Infrastruktur (Flyer, Internetplattform, Branchehefte, Events), die Schaffung von innovativen Netzwerken, die Durchführung von Wirtschaftsreisen – überwiegend im europäischen Ausland, um Kooperationspartner für KMU´s zu gewinnen – etc. Folglich sind das sämtlich Produkte oder Dienstleistungen, für die es keinen klassischen Markt gibt, deren Wirkung aber durch ihren strategischen Horizont auf Dauer gestellte Effekte zeitigen.

In der Regel sind die monetären Effekte öffentlicher Güter nur schwer zu bestimmen. Insofern bleibt an dieser Stelle nur die Möglichkeit, quantitativ zu argumentieren und Fragen zu stellen:

- Wie sähe eine Urlaubsregion ohne Beschilderung der Erholungsmöglichkeiten aus?
- Wie können sich kleine und mittlere Unternehmen auf großen internationalen Messen mehrtägig präsentieren, wenn häufig allein die Stellfläche 10.000 Euro kostet?
- Wie würde eine lokale Wirtschaft sich vermarkten, wenn sie nicht über die nötigen Informationen verfügen würde, die Alleinstellungsmerkmale in ihrer Heimatregion und deshalb Chancen für Investments darstellen?
- Wie will eine Region im Wettbewerb der Regionen um Arbeitskräfte und junge Familien bestehen, ohne in geeignetem Maße ihre Stärken nach außen und innen darzustellen?

Wir arbeiten heute mit rund 80 Partnern zusammen, von denen weit über die Hälfte aus kleinen und mittleren Unternehmen stammen. Deshalb lässt sich abschließend aus den Erfahrungen der letzten Jahre sagen, dass die monetären Initialzündungen des Regionalmanagements *Vorpommerns* und *Uecker-Ran-*

dows zahlreiche endogene Potenziale geschaffen und unterstützt haben, die mittlerweile als Verbund oder auch als Einzelakteure von volkswirtschaftlicher Bedeutung sind. **Regionalplanung** kann im weitesten Sinne durchaus auch als **Unterstützung der Beschäftigungsfähigkeit einer Region** und damit auch als Beitrag zur unternehmensbezogenen Personalplanung aufgefasst werden.

1.2   Allgemeine Anmerkungen zum Personalcontrolling in der Verwaltung

Während sich erfahrungsgemäß ein Personalcontrolling in der Wirtschaft nah an seinem innewohnenden Prinzipen der Gewinnmaximierung orientiert, darf eine klassische Verwaltung hierzu eine andere Perspektive einnehmen. Verwaltung kann deshalb nicht in erster Linie Ziele wie die Reduktion von Personalkosten oder die bloße Maximierung einer Kundenzufriedenheit für sich geltend machen. Im Gegenteil muss die Verwaltung in Teilen zunächst relativ unabhängig von externen Einflüssen „Routinen" sicherstellen. Diese Routinen der Sachbezogenheit sind es, die die Verwaltung zu dem Leistungserbringer qualifizieren, für die politische Willenumsetzung geeignet ist. Denn zunächst muss die klassische Verwaltung einer politischen Klasse Handlungsoptionen eröffnen, damit diese eine optimale Deckung von Bedürfnissen der Bevölkerung umsetzen kann. Wir müssen deshalb im Folgenden von dem Primat der Realisierung und Gewinnung von Handlungsfreiheit, von praktischer Politik ausgehen, die ihr Ziel darin findet, eine geeignete Form der „Daseinsvorsorge" zu gewährleisten. Folgerichtig ist das Personalcontrolling in der Verwaltung der Versuch, eine „Effektmaximierung" zu generieren. Im Bereich der Raumplanung als Kernstück der Aufgabenwahrnehmung des *Regionalen Planungsverbandes* bedeutet das im allgemeinen, raumordnerische Ziele der Gebietskörperschaften und Landesregierung in der „Fläche" umzusetzen. Die „Routinen" einer so verpflichteten Verwaltung sind dann relativ unbeeinflusst vom tatsächlichen sachlichen Inhalt eines Vorganges. Für die Verwaltung bedeutet das Eröffnen von Handlungsoptionen deshalb zunächst ein optimales Verfahren zu finden, das der Problemlösung am geeignetsten entspricht und auf gegebenen Rechtsgrundlagen fußt. So ist beispielsweise ein geltend gemachter Nutzungsanspruch auf eine Fläche, ganz gleich ob Golfplatz oder Wellnesshotel gegebenenfalls mit einem raumordnerischen Verfahren zu begleiten, wenn sich herausstellen sollte, dass der Nutzungsanspruch Raum bedeutsam ist. Der dann gewählte Algorithmus oder die Routine, z.B. die Beteiligung der Träger öffentlicher Belange, ist die Kernaufgabe der Verwaltung. Ziel der die Verfahren führenden Verwaltung ist es, die optimale Abstimmung aller Beteiligten bei möglicherweise entgegenstehenden oder partiell unterschiedlichen Ansprüchen an Raumnutzung sicher zu stellen.

Das **Personalcontrolling** muss hier die Erfüllung von Fristen, Transparenz der Beteiligten und sachliche/inhaltliche Ausgewogenheit zu staatlichen Vorgaben (z.B. Raumordnungsprogramm) sicherstellen.

Dem Wesen nach herrscht in der Verwaltung vielfach das tradierte Führungsprinzip der Über-Unterordnung im Sinne einer Hierarchie. Der Vorgesetzte und der Untergebene als handelnde Personen finden sich in einer Tradition des absolutistischen Staates wieder. In diesem Sinne ist der Vorgesetzte von der Ansicht beseelt, dass es sein Recht sei, das Handeln des Untergebenen zu bestimmen. Zu Grunde liegt dem die Überzeugung, dass der Wille des Vorgesetzten somit der Wille der höheren Instanz, kräftiger und inhaltlich besser ist als der der untergebenen Instanz. Hierauf beruht das ständige Eingriffsrecht des Vorgesetzten in der Verwaltung bis hin zur Einzelentscheidung, mit der Konsequenz, dass der Untergebene sich diesem Weisungsrecht unterzuordnen hat. An dieser Stelle gehört erwähnt, dass das geschilderte Vorgesetzten-Prinzip nicht allein auf Initiative des Führenden begründet ist. Ursachen für seine Unangefochtenheit sind häufig auch soziale und kulturelle Prägungen der Untergebenen selbst. Insoweit findet man eine hohe Bereitschaft, dieses Prinzip als das gültige anzuerkennen.

Letztlich und das ist eine Erkenntnis, die schon aus den 70er Jahren des vergangenen Jahrhunderts stammt, setzt die technische und gesellschaftliche Veränderung dem oben geschilderten Führungsnormativ heute deutliche Grenzen und lässt es zusehends uneffektiv erscheinen. Eine der wichtigsten Veränderungen ist dabei sicher die Art und die Dichte des Informationsflusses, neben Fragestellungen wie z.B. allgemeiner Wertewandel der Gesellschaft.

1.3   Personalcontrolling im Regionalmanagement Vorpommern

Im Bereich des Regionalmanagements existiert ein **Personalcontrolling nicht als Institution**. Die in Behörden institutionalisierte Personalabteilung ist in bezug auf das Regionalmanagement Vorpommern lediglich auf Fragen der Gehaltsfragestellungen, Urlaubszeiten etc. reduziert. Gleichwohl gibt es Methoden des Regionalmanagers, folgend dann ebenfalls als Vorgesetzter bezeichnet, die den Ansprüchen eines Personalcontrollings entsprechen. **Grundlage des Personalcontrollings** bildet dabei der sogenannte **Jahresmaßnahmeplan des Regionalmanagements**. Dieser wird durch den Beirat, bestehend aus Vertretern von Ministerien und Verbänden verbindlich für ein Jahr abgestimmt und beschlossen. Hiernach wird er dem Vorstand des Regionalen Planungsverbandes vorgestellt und ebenfalls verabschiedet. Aus dem Maßnahmeplan lassen sich verbindlich alle Ziele, projektbezogene Budgets und die Art der durchzuführende Projekte für ein Haushaltsjahr entnehmen. In den begleitenden Ausführungen zum Jahresmaßnahmeplan findet sich eine

detaillierte Aufstellung über Gesamt- und Teilziele mit dazugehörigem Zeit-
plan verbindlich dargestellt. Ein Personalcontrolling im Regionalmanagement
hat als erstes dafür Sorge zu tragen, dass allen Mitarbeitern der abgestimmte
Jahresmaßnahmeplan bekannt wird. Hieraus werden dann, abhängig von der
Qualifikation einzelner Mitarbeiter, einzelne Arbeitspakete für das Haushaltsjahr abgeleitet.

Die folgenden Schritte des Personalcontrollings in der Praxis heben dann in
der Regel nur noch auf Fragenstellungen wie **Zeitcontrolling** und **Synergiemanagement** ab, welches direkt durch den Vorgesetzten erfolgt und überwiegend auf technischem Wege durch eine Projektmanagementsoftware unterstützt wird. Hierdurch sind permanente Soll-Ist-Vergleiche sowie die Analyse
von Abweichungen möglich, die gegebenenfalls das Einleiten von Korrekturmaßnahmen möglich machen. Die im Regionalmanagement etablierten Steuerungsfunktionen sind immer vom Kontext abhängig und umfassen z.B. laufende Beobachtung, hier vor allem Kostenziele in einzelnen Projekten, welche
vorwiegend in der Hand der Assistentinnen liegen. Vorschläge für Korrekturmaßnahmen erfolgen in der Regel durch die Projektmitarbeiter selbst oder
verbundene regionale Akteure, die im Rahmen der Projekte ebenfalls dem
Personalcontrolling des Regionalmanagements „unterliegen". Im folgenden
soll versucht werden, einige Aspekte aus der Praxis zu schildern. Dabei werden Fragestellungen der Informationsverarbeitung, des Zielcontrollings und
der Personalbindung ausschnittsweise thematisiert.

Der Einblick in die Praxis kann in dem vorliegenden Rahmen nicht abschließend das Thema Personalcontrolling besprechen. Ziel soll es aber sein,
abschnittsweise umsetzungsorientierte Verwaltungsarbeit in bezug auf Personalcontrolling zu thematisieren.

1.4   Informations- und Zielcontrolling

Im Regionalmanagement haben wir es mit einer großen Fülle von Informationen und somit Informationsverarbeitungsprozessen in ganz unterschiedlicher Qualität und Quantität zu tun. Zudem sind die Absender der Informationen sehr heterogen. Alle gegebenen Informationselemente benötigen aber,
um verarbeitet zu werden, einen eigenen Algorithmus der Verarbeitung, will
man dem „gestalterischen" Anspruch des Regionalmanagements gerecht
werden.

In der Abbildung 135 sind für die Jahre 2002 bis 2006 die verschiedenen
thematischen **Zielrichtungen der Projekte** des Regionalmanagements dargestellt.

Für die Praxis bedeutet das, dass simultan unterschiedlichste Modelle des
Informationshandlings existieren müssen und durch die Mitarbeiter weitest-
gehend selbstständig bearbeitet werden. Selbstständige Informationsverarbei-

tung betrifft auf der Mitarbeiterebene zunächst Informationen, die am ehesten als „Prozessinformationen" zu bezeichnen sind. Diese besitzen in der Regel keine Ziel gebenden /verändernden Inhalte. Sie dienen lediglich dem Erhalt einer prozessorientierten Kommunikation.

Im Gegensatz dazu werden Informationen grundsätzlicher Natur im Regionalmanagement direkt durch den Vorgesetzten beurteilt. In der Praxis steht den Mitarbeitern ein Portfolio an Medien zur Informationsweiterleitung zur Verfügung. Dem Mitarbeiter wird dabei nicht vorgeschrieben, in welcher Weise er diese Informationen an den Vorgesetzten weitergibt. Er muss selbstständig die Reichweite des Informationsgehalts erkennen und in jedem Fall eine geeignete Form des Informationsflusses sicher stellen. Über einen komplexen Sachverhalt wie zum Beispiel eine Vertragsänderung mit kooperierenden Partnern in einem kurzen Telefonat berichten zu wollen, kann in diesem Sinne nicht zielführend sein und würde durch den Vorgesetzten nicht akzeptiert werden.

Als **Ergebnis** lässt sich festhalten, dass die Kontrolle von Informationen durch den Vorgesetzen sich zunächst auf fundamentale Informationen bezieht. Hier fordert die Führung eine dem Sachverhalt angemessene Information durch den Untergebenen ein. Prozessbegleitende Informationen können von dem Untergebenen im Rahmen seines Erfahrungsschatzes selbst verarbeitet werden. Wie kann der Vorgesetzte einen Verstoß gegen diese Vorgaben feststellen? Im Rahmen des Führungsverständnisses im Regionalmanagement hat sich ein Prinzip „Messung von Teilzielen und Gesamtzielen" durchgesetzt. Der Vorgesetzte kann Defizite durch den unzureichenden Umgang mit Informationen lediglich an der Erreichung oder eben Nichterreichung von Teilzielen/Zielen bewerten. Dabei werden nur nominalskalierte (Plan erfüllt oder nicht erfüllt) oder rangskalierte (die Ergebniskontrolle ist besser oder schlechter als geplant) Bewertungen durch den Vorgesetzten vorgenommen.

Abb. 135: Projektbilanz RM in Prozent

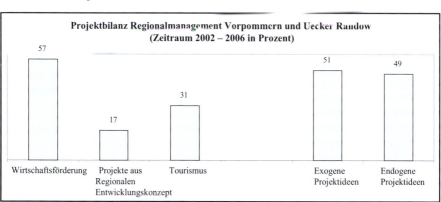

Dieser „finale Ansatz" produziert gelegentlich Probleme, die im Sinne der Zielsetzung grundsätzliche Elemente tragen. Hierdurch aufgedeckte Defizite sind häufig nur unter großen Anstrengungen wieder zu korrigieren. Auf der anderen Seite stellt er sicher, dass die Untergebenen den Anspruch entwickeln, sich permanent selbst in ihren Entscheidungen und Handlungen innerhalb des definierten Gesamtprozesses zu hinterfragen. Aufgrund der hohen Dynamik und der Unterschiedlichkeit der Projekte des Regionalmanagements hat sich dieser Ansatz der selbstverantwortlichen Handlungen auf der Mitarbeiterebene als erfolgreich erweisen. Man darf dabei allerdings nicht die hohe Belastung der Mitarbeiter selbst unterschätzen. Mitarbeiter, die es vorziehen, nach einem festen allgemeingültig formulierten Schema zu arbeiten, sind hierfür ungeeignet und werden schnell beruflich scheitern.

Die Mitarbeiter im Regionalmanagement besitzen deshalb eine überwiegend breit angelegte Qualifikation und eine menschlich gefestigte persönliche Verfassung. Ihre grundsätzliche Motivation schöpfen sie in aller Regel nicht aus dem Zugehörigkeitsgefühl zur Verwaltung als Arbeitgeber, sondern aus dem Anspruch, in der „Region" Prozesse in Gang zu setzen.

Folglich existiert im Regionalmanagement ein Belohnungssystem als Element des Personalcontrollings, das sowohl auf interne, durch den Vorgesetzten, als auch auf externe Faktoren zurückgreifen kann. Auf die internen Belohnungssysteme wird an dieser Stelle nicht näher eingegangen, sie entsprechen dem möglichen Repertoire einer Vorgesetztenfunktion in der öffentlichen Verwaltung. Interessanter sind die positiven externen „Rückkopplungen". Die Mitarbeiter des Regionalmanagements stehen häufig mit ihren Leistungen in der Öffentlichkeit. Prozessbeteiligte Akteure aus der Region, der Presse, Teilnehmer von Veranstaltungen oder die Resonanz aus dem Beirat des Regionalmanagements signalisieren fast permanent Meinungsbilder über die Arbeit des Regionalmanagements und seine Mitarbeiter. Aus diesen Meinungsbildern entsteht für die Mitarbeiter ein nicht zu unterschätzender Motivationsfaktor, der natürlich auch nicht immer positiv ist.

1.5   Grenzen des Personalcontrollings

Die **Grenzen des Personalcontrollings** im Regionalmanagement Vorpommern bestehen in den Bereichen Weiterbildung, Personalbeschaffung und Personalverfügbarkeit. Aufgrund des Charakters des Regionalmanagements als Stabsstelle der Landkreise und der kreisfreien Städte besteht ein erhöhter Bedarf an Weiterbildungen. Folgend genannte Bereiche bilden beispielhaft das notwendige **Weiterbildungsspektrum** ab:

- Umgang mit Presse/Medien
- Praktische Pressearbeit

- Landes-/Bundesförderrecht
- Kommunalverfassungsrecht/Baurecht/Immissionsschutzrecht/Stiftungs-recht/Markenrecht
- Erneuerbare Energien, Direktvermarktung

Aufgrund der Zugehörigkeit zur Verwaltung und dem damit verbundenen, nicht befriedigend ausgestattetem Weiterbildungsbudget der öffentlichen Hand, sind Weiterbildungskosten für die Mitarbeiter des Regionalmanagements Vorpommern nicht realisierbar. Ausnahmen hiervon bilden Seminare, die das Regionalmanagement mit regionalen Akteuren zusammen besucht oder organisiert. Der hier gewonnene Input für die Mitarbeiter des Regionalmanagements war rückblickend nicht sonderlich ertragreich. Das Fördern notwendiger Weiterbildungen ist unter den bestehenden Bedingungen nicht zu leisten. Insofern muss der Vorgesetzte im Regionalmanagement auf zusehends obsoletes Know-how zurückgreifen, was nicht nur für ihn sondern in gleichem Maße für die Mitarbeiter höchst unbefriedigend ist.

Ein weiterer Bereich, der durch das Regionalmanagement nicht befriedigend gelöst werden kann, ist die Personalbeschaffung und damit verbundene Themen. Heute stellen wir fest, dass Fragestellungen der Personalüberhänge häufig Verwaltungsentscheidungen beeinflussen. In aller Regel führt auch eine detaillierte Argumentation durch Jahresarbeitspläne nicht dazu, dass zusätzliche Personalressourcen bereit gestellt werden können.

Aufgrund gegebener Situationen der öffentlichen Hand konnte in Ausnahmefällen auf Konzepte wie „Job Hopper" oder befristete Zeitarbeit zurückgegriffen werden. Hieraus ergeben sich häufig neue Fragen an die Motivation, die Belastbarkeit, die Loyalität, die Dienstauffassung, die Belohnungs- sowie Bestrafungssysteme in bezug auf die hierdurch gebundenen Mitarbeiter. Teilweise konnte das Regionalmanagement auf Personal aus Arbeitsbeschaffungsprogrammen zurückgreifen, hier aber immer mit dem „Makel", immer auch einen zweiten Arbeitgeber (institutionalisierte Trägerschaften) akzeptieren zu müssen. Auch das hiervon betroffene Personal musste sich der Herausforderung stellen, den Ansprüchen von zwei Vorgesetzten zu entsprechen. Eine Fragestellung, die trotz koordinierter inhaltlicher Strategie der Arbeitgeber nicht immer befriedigend auf den „Faktor Mensch" eingehen kann

1.6   Ausblick und Erwartungen an das Personalcontrolling

Im Rahmen der geplanten Umstrukturierung des Regionalmanagements zu einer privatrechtlichen Unternehmung wird das Personalcontrolling zukünftig an Bedeutung gewinnen. Zukünftig wird die „Unternehmensführung" des Regionalmanagements mittels des Personalcontrollings Kernfragen wie Personalkosten und Personalausstattungen thematisieren müssen. Unbenommen von diesen Zielen werden schon heute thematisierte Elemente der Mitarbeiterführung weiter Bestand haben, wenn auch mit leicht veränderten Durchsetzungsfähigkeiten, allein schon durch die Tatsache, dass die Mitarbeiter eines zukünftigen Regionalmanagements keine öffentlich Bediensteten sein werden.

Eine besondere Chance ergibt sich aus heutiger Sicht auch für die Möglichkeiten der Motivation von Mitarbeitern. Auch wenn der „neue" Mitarbeiter die relative berufliche Sicherheit der öffentlichen Hand nicht mehr hat, kann die Unternehmensführung intern sehr viel flexibler Belohnungselemente für gute Leistungen etablieren. Hier sind insbesondere die leistungsabhängige Entlohnung, die Überstundenvergütung, die Arbeitszeitflexibilität und nicht zuletzt die flexible Übertragung von neuen oder neuartigen Aufgaben gemeint.

Daneben verbindet sich die Hoffnung, auch wenn dies immer mit dem betriebswirtschaftlichen Kalkül übereinstimmen muss, eine bessere Versorgung mit Qualifikationsmöglichkeiten für die Mitarbeiter umzusetzen.

1.7   Fazit

Die Ausführungen lassen erkennen, dass zwischen Personalcontrolling und Regionalmanagement im weitesten Sinne durchaus Verbindungslinien gezogen werden können. Die Erhaltung und Schaffung der Beschäftigungsfähigkeit von Personen sowie die indirekte Unterstützung der unternehmerischen Personalplanung durch regionale Projekte dürfte sichtbar geworden sein. Aus mehr interner Organisationssicht kann festgehalten werden: Dem Ansatz nach praktiziert das Regionalmanagement Vorpommern als Teil der öffentlichen Verwaltung Personalcontrolling, ohne es institutionalisiert zu haben. Gemessen am theoretischen Konzept des Personalcontrollings entsprechen seine Ansätze allerdings nicht den Zielen, z.B. der Freien Wirtschaft, sondern sind denen einer Verwaltung verpflichtet. Es verbinden sich zukünftig mit einer Umstrukturierung des Regionalmanagements jedoch Hoffnungen, dass das Personalcontrolling inhaltlich und in seiner Wirkung auf den „Faktor Mensch" an Bedeutung gewinnt. Diese in die Zukunft gerichteten Hoffnungen schließen auch betriebliche Ziele mit ein.

Wenn man den Status Quo und die Perspektiven des Personalcontrollings im Regionalmanagement Vorpommern formulieren sollte, ergibt sich folgendes Bild: Das heute praktizierte Personalcontrolling versteht sich als Aufklärer und Innenrevisor, um Projekte des Regionalmanagements in ihrer Durchführung sicher zu stellen. Zukünftig jedoch sollte ein etabliertes Personalcontrolling als Art Navigator, Lotse oder Steuermann verstanden werden. Es sollte auf der Grundlage von betrieblichen Daten und Zahlen in der Lage sein, betriebliche und personalpolitische Richtungen im Meer der ökonomischen Realitäten vorzugeben und gegebenenfalls Gefahren zu signalisieren und Kurskorrekturen vorzunehmen.

Dr. Jürgen Radloff
Direktor der Agentur für Arbeit in Stralsund

2. Arbeitsmarktstatistik als eine Quelle für das betriebliche Personalmanagement

Das **betriebliche Personalmanagement**, insbesondere bei Fragen seiner strategischen Ausrichtung, benötigt fundierte Kenntnisse über die **Entwicklungen am Arbeitsmarkt**. Aktuelle, aber vor allem künftige Wertschöpfungsprozesse des Unternehmens sind nur effektiv und effizient zu gestalten, wenn alle sie beeinflussenden Wirkungsfunktionen bekannt sind und in die notwendigen Entscheidungen mit einbezogen werden. Eine umfassende betriebliche Personalarbeit bezieht deshalb die Informationen über die aktuelle Lage am Arbeitsmarkt und seine künftige Entwicklung als ein Planungswerkzeug mit ein.

Aufgrund tiefgreifender und fortwährender Veränderungen am Arbeitsmarkt kommt den Kenntnissen und dem Verständnis der Entwicklungen am Arbeitsmarkt perspektivisch eine noch größere Bedeutung zu. Trotz einer insgesamt nach wie vor hohen Arbeitslosigkeit, deren Höhe regional sehr unterschiedlich ist, zeigen sich auch in dieser Situation immer wieder Tendenzen eines **partiell fehlenden Arbeitskräfteangebotes** bis hin zum **Fachkräftemangel**.

Ausgehend von den Erkenntnissen zur **demographischen Entwicklung** ist anzunehmen, dass mittelfristig das zur Verfügung stehende Arbeitskräftepotenzial in der gesamten Bundesrepublik abnehmen wird. Besonders problematisch stellt sich dabei in den ostdeutschen Bundesländern die Situation bei den Schulabgängern dar. Die geburtenschwachen Jahrgänge nach der Wiedervereinigung sorgen hier in den nächsten Jahren für einen deutlichen Rückgang der Absolventenzahlen. Der damit einhergehende Mangel an potenziellen Auszubildenden und zukünftigen Fachkräften wird für sich für die Unternehmen der Region deutlich früher als im restlichen Bundesgebiet zu einem Problem entwickeln.

Bereits partiell heute und noch mehr zukünftig sind Arbeitskräfte im allgemeinen und im besonderen **Kräfte mit Spezialwissen** am Arbeitsmarkt nicht mehr beliebig verfügbar. Fundierte Kenntnisse über den Arbeitsmarkt, sein aktuelles und zukünftiges Kräfteangebot und die Entwicklung der Kräftenachfrage und dabei insbesondere die regionale Situation sind deshalb wichtige Grundlagen für betriebliche Entscheidungsprozesse. Eine wichtige und umfassende Quelle für die notwendigen Informationen zum Arbeitsmarkt ist das Statistikangebot der Bundesagentur für Arbeit (BA). Die Bundesagentur für Arbeit hat gemäß ihres gesetzlichen Auftrages die „… Lage und Entwicklung der Beschäftigung und des Arbeitsmarktes im allgemeinen und nach Berufen, Wirtschaftszweigen und Regionen sowie die Wirkungen der aktiven Arbeitsförderung zu beobachten, zu untersuchen und auszuwerten ...“ (Sozialgesetzbuch III *§ 280*) und darüber **Statistiken** zu **erstellen** und zu **veröffentlichen**.

Abgeleitet aus diesem Auftrag hält die Bundesagentur ein breites und detailliertes Angebot an statistischen Informationen für die Politik, die Öffentlichkeit, die Sozialpartner und für alle bereit, die sich mit dem Arbeitsmarkt und seiner Entwicklung beschäftigen wollen. Basierte diese Statistik in der Vergangenheit bisher allein auf Geschäftsdaten der Agenturen für Arbeit, haben sich die **Grundlagen für Arbeitsmarktstatistik** mit der Einführung des Sozialgesetzbuches II (SGB II) zum 01.01.2005 und der Zusammenlegung von Arbeitslosen- und Sozialhilfe geändert. Die Arbeitsagenturen sind nur noch für einen Teil der Arbeitslosen zuständig. Mit dem SGB II treten in Form von Arbeitsgemeinschaften und den sogenannten optierenden Kommunen weitere Akteure auf den Arbeitsmarkt. Die Bundesagentur wurde mit § 53 SGB II allerdings beauftragt, die bisherige Arbeitsmarktstatistik unter Einbeziehung des neuen Rechtskreises (SGB II) zur Sicherung der Vergleichbarkeit und Qualität der Statistik weiterzuführen. Einen Gesamtüberblick vermittelt die Abbildung 136.

Die vielleicht bekannteste statistische Information der Bundesagentur für Arbeit und ihrer regionalen Agenturen ist der **monatliche Arbeitsmarktbericht**. In ihm werden Monat für Monat die wichtigsten Daten der Entwick-

Abb. 136: Gesamtüberblick über Statistiken

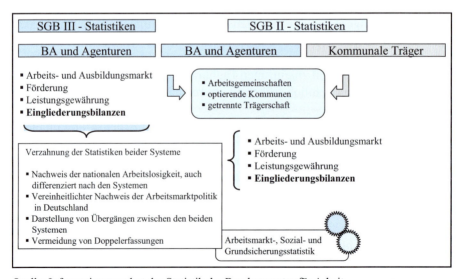

Quelle: Informationsangebot der Statistik der Bundesagentur für Arbeit

lung am Arbeitsmarkt aufbereitet, kommentiert und veröffentlicht. Dieses differenzierte Bild der Arbeitsmarktsituation in der Bundesrepublik und in den einzelnen Bezirken der Arbeitsagenturen enthält neben den Angaben über die Gesamtzahl der Arbeitslosen und Arbeitslosenquoten eine detaillierte Untergliederung nach den Merkmalen der von Arbeitslosigkeit Betroffenen. So sind Auswertungen nach Geschlecht, Alter, Nationalität, Leistungsbezug, Dauer der Arbeitslosigkeit, Bildungs- und Berufsabschlüssen, oder dem Wohnort möglich. Diese Auswertung ist bis in kleinräumige regionale Gliederungen möglich. So können bei Bedarf Arbeitsmarktberichte sogar für Gemeinden erstellt werden. Der Arbeitsmarktbericht gibt auch Auskünfte über die der BA gemeldeten offenen Stellen und ihren Bestand sowie über die Zahl der Teilnehmer an ausgewählten Maßnahmen der aktiven Arbeitsmarktpolitik, wie Qualifizierung, Arbeitsbeschaffungsmaßnahmen oder z. B. Arbeitsgelegenheiten. Abb. 137 „Eckwerte des Arbeitsmarktes" vermittelt einen Gesamtüberblick über die Situation am Arbeitsmarkt zu einem monatlich festgelegten „Statistiktag".

Der monatliche Arbeitsmarktbericht enthält darüber hinaus neben der Kommentierung und den Eckwerten des Arbeitsmarktes ein sehr umfangreiches Tabellenwerk. Diese Übersichten – jeweils für die gesamte Bundesrepublik und die einzelnen Arbeitsagenturen – sind tief gegliedert und geben beispielsweise Auskünfte über die **Entwicklung des Arbeitsmarktes nach Rechtskreisen** (SGB III und SGB II), die Arbeitslosigkeit von Personengruppen (Jugendliche, Ältere, Schwerbehinderte u.a.), Leistungsempfänger, die Zu- und Abgänge von Arbeitslosen und Stellen nach Wirtschaftszweigen und Berufen, den Einsatz arbeitsmarktpolitischer Instrumente (Förderung der beruflichen Weiterbildung, Trainingsmaßnahmen/Maßnahmen der Eignungsfeststellung, Förderung der Selbständigkeit, Kurzarbeit, Eingliederungszuschüsse, Arbeitsbeschaffungsmaßnahmen, Arbeitsgelegenheiten u.a.) sowie über Erwerbstätige und sozialversicherungspflichtige Beschäftigte. Ein wichtiger Bestandteil der monatlichen Arbeitsmarktberichte sind auch die Statistiken zum Ausbildungsstellenmarkt. Hierunter werden u.a. Angaben zu den Bewerbern auf Berufsausbildungsstellen, gegliedert nach ihrer Schulausbildung und nach einzelnen Berufswünschen veröffentlicht. Dem gegenüber wird das Angebot an Ausbildungsstellen gestellt – auch hier gegliedert nach Berufen und Wirtschaftszweigen.

Die monatlich veröffentlichten Daten zur Entwicklung am Arbeitsmarkt liegen derart detailliert und in einer Tiefe vor, wie für kaum einen anderen öffentlichen Bereich und ermöglichen damit einen umfassenden Überblick über die Angebots- und Nachfragesituation auf dem Arbeitsmarkt der Bundesrepublik. Die Bundesagentur wurde damit zu einem der wichtigsten Ansprechpartner für Politik und Wirtschaft bei der Beurteilung bisheriger und zukünftiger Entwicklungen auf dem Arbeitsmarkt. Auf ein besonderes Interesse für das betriebliche Personalmanagement dürften dabei vor allem alle Angaben zum

Abb. 137: Eckwerte des Arbeitsmarktes Bundesrepublik Deutschland

Berichtsmonat: Dezember 2006   Bundesrepublik Deutschland

Merkmal	2006				Veränderung gegenüber Vorjahresmonat (Arbeitslosenquote Vorjahreswerte)			
	Dezember	November	Oktober	September	Dezember[2]		November	Oktober
					absolut	in %	in %	in %
ERWERBSTÄTIGE (Monatsdurchschnitt)[1]	...	39.764.000	39.712.000	39.522.000	380.000	1,0	...	1,0
SOZIALVERSICHERUNGSPFLICHTIG BESCHÄFTIGTE	.	...	...	26.904.100	- 26.560.122	-100,0	...	-100,0
ARBEITSLOSE								
- Bestand	4.007.559	3.995.087	2.050.841	4.237.371	-597.384	-13,0	-11,8	-55,0
Frauen (49,8%)	1.996.592	2.007.585	462.379	2.116.382	-173.931	-8,0	-7,5	-78,9
Jüngere unter 25 Jahren (10,4%)	415.015	426.847	101.354	527.069	-110.197	-21,0	-20,3	-82,0
dar.: Jugendliche unter 20 Jahren (2,1%)	84.834	89.852	1.075.513	123.217	-23.033	-21,4	-20,8	775,9
50 Jahre und älter (26,6%)	1.066.642	1.061.837	533.358	1.098.444	-109.821	-9,3	-8,4	-54,1
dar.: 55 Jahre und älter (13,0%)	522.729	524.514	605.252	544.448	-43.233	-7,6	-6,9	6,7
Ausländer (14,8%)	594.108	594.779	...	616.041	-62.549	-9,5	-8,8	-100,0
ARBEITSLOSENQUOTEN bezogen auf								
- alle zivilen Erwerbspersonen insgesamt	9,6	9,6	10,9	10,1	11,1	-	10,9	11,0
- abhängige zivile Erwerbspersonen insgesamt	10,7	10,7	10,5	11,4	12,4	-	12,2	12,2
Männer	10,4	10,3	11,4	10,9	12,5	-	12,1	12,2
Frauen	11,1	11,2	9,6	11,8	12,2	-	12,2	12,3
Jüngere unter 25 Jahren	8,6	8,9	6,4	10,9	10,7	-	10,9	11,5
dar.: Jugendliche unter 20 Jahren	5,4	5,7	22,0	7,8	6,6	-	6,9	7,5
Ausländer	21,6	21,6	...	22,4	24,6	-	24,4	24,4
LEISTUNGSEMPFÄNGER								
Arbeitslosengeld	.	...	...	1.228.670	-1.511.690	-100,0	...	-100,0
Arbeitslosengeld II	.	.	.	.	.	.	.	.
Sozialgeld	.	.	.	.	.	.	.	.
GEMELDETE STELLEN[4]								
- Zugang im Monat	208.015	217.489	176.724	231.751	22.458	12,1	4,7	-23,2
dar. ungefördert[5]	154.795	167.007	2.506.953	181.010	6.166	4,1	2,4	1.338,6
Zugang seit Jahresbeginn	2.932.457	2.724.442	1.937.908	2.259.345	201.069	7,4	7,0	-17,1
dar. ungefördert[5]	2.259.710	2.104.915	626.126	1.761.184	149.481	7,1	7,3	-65,2
- Bestand[3]	591.670	608.878	414.758	620.628	197.324	50,0	44,4	-8,5
dar. ungefördert[5]	385.962	402.151	569.874	423.780	114.236	42,0	40,8	87,7

SAISONBEREINIGTE ENTWICKLUNG	Veränderung gegenüber Vormonat							
	Dez. 06	Nov. 06	Okt. 06	Sept. 06	Aug. 06	Juli 06	Juni 06	Mai 06
Erwerbstätige[1]	...	46.000	35.000	24.000	34.000	46.000	77.000	85.000
Arbeitslose	-108.000	-94.000	-79.000	-33.000	1.000	- 106.000	-59.000	-77.000
gemeldete Stellen (einschl. geförderte Stellen)	27.000	30.000	53.000	29.000	0	51.000	29.000	24.000
Arbeitslosenquote bezogen auf alle zivilen EP	9,8	10,1	10,3	10,5	10,6	10,6	10,8	11,0
ILO Erwerbslosenquote[1]	.	.	.	.	.	.	.	.

1) Statistisches Bundesamt, Erwerbstätige im Inland
2) Veränderungen des letztverfügbaren Wertes gegenüber Vorjahresmonat.
3) Den Arbeitsagenturen waren im 4. Quartal 2004 laut Umfrage bei Betrieben 30,3 Prozent des gesamten Stellenangebotes gemeldet.
4) Im JD 2004 waren 74% der gem. Stellen vakant. Bereits bei Zugang waren 52% sofort zu besetzen. Innerh. von 30 Tg. ab Bes.-Termin konnten 49% erledigt werden.
5) ohne PSA, ABM, BSI und Arbeitsgelegenheiten
6) Endgültige Werte zur Förderung stehen erst nach einer Wartezeit von drei Monaten fest. Am aktuellen Rand können die Daten aufgrund von Erfahrungswerten überwiegend hochgerechnet werden. Vorjahresvergleiche werden nur für endgültige Werte ausgewiesen. Ausführliche Informationen in der Tabelle "Wichtige arbeitsmarktpolitische Instrumente der Bundesagentur für Arbeit"

Quelle: Statistik der Bundesagentur für Arbeit

Arbeitskräfteangebot und seinen Bewegungen sowie den Stellenzu- und -ab-
gängen in einer tiefen regionalen Gliederung stoßen.

Zur Vollständigkeit sei an dieser Stelle auch verwiesen auf die durch die
BA erstellten Statistiken zu den sozialversicherungspflichtig Beschäftigten,
den Pendlerströmen oder die Zahl der Arbeitslosen auf Gemeindeebene, deren
Veröffentlichung regelmäßig quartalsweise erfolgt. Auch können hier durch
die Arbeitsagenturen Expertisen angeboten werden, die ein spezielles Arbeits-
marktsegment, einen Wirtschaftszweig sehr detailliert analysieren. Daten zum
Arbeitskräfteangebot nach Berufen in einer sehr tiefen regionalen Gliederung
bis auf Gemeindeebene zu den Entlohnungs- und Einkommensstrukturen sind
beispielsweise wichtige Grundlagen bei der Planung und Entscheidung von
Standortfragen für Unternehmensansiedlungen oder deren Erweiterungen.

Neben der skizzierten monatlichen Arbeitsmarktberichterstattung, die auch
in der Form von Jahres- und Quartalsberichten erfolgt, erstellen die Bundesagentur und die regionalen Agenturen des weiteren auch **Eingliederungsbilanzen** und eine Vielzahl von **Sonderberichten**. Eingliederungsbilanzen sind
jährlich von jeder Arbeitsagentur zu erstellen. Sie sollen nach Abschluss eines
Haushaltsjahres Aufschluss geben über den Einsatz ihrer Ermessensleistun-
gen der aktiven Arbeitsförderung und Leistungen zur Förderung der Aufnahme einer selbständigen Tätigkeit, die geförderten Personengruppen und
die Wirksamkeit der Förderung (vgl. § 11 SGB III). In den standardisierten
Sonderberichten wird regelmäßig eine breite Palette von arbeitsmarktlichen
Problemstellungen analysiert und abgebildet, die mit der „normalen" Arbeitsmarktberichterstattung nicht in der Detailliertheit erfasst werden kann. Hier
seien beispielhaft nur erwähnt die Sonderberichte zur Entwicklung und Struktur des Arbeitsmarktes und der Arbeitsmarktpolitik, zur Beschäftigung und
Arbeitslosigkeit, zur Situation von Frauen und Männern auf dem Arbeits- und
Ausbildungsstellenmarkt oder zur Grundsicherung für Arbeitsuchende, Bestand und Bewegung von Bedarfsgemeinschaften und Hilfebedürftigen.
Sämtliche benötigte Daten für die hier nur skizzierten Statistiken der Arbeitsmarktberichterstattung werden in der Bundesagentur seit 2004 über ein modernes IT-Programm generiert. Auf Grundlage dieser neu eingeführten Datenbank, des sogenannten Data Warehouse (DWH), werden die Vielzahl von
internen und externen Datenbeständen zentral zusammengefasst. Das DWH
bietet die Möglichkeit, Daten aus den unterschiedlichen fachlichen Anwen-
dungsprogrammen der Bundesagentur und aus externen Stellen (Sozialversi-
cherungsträger) in eine zentrale Datenbank einzuarbeiten und dabei aufeinander abzustimmen, zu prüfen und zusammenzufassen.

Aus diesem Pool aller auswertungsrelevanten Datensätze des DWH werden
dann die Standardreporte (monatliche Arbeitsmarktberichte) erstellt. Zudem
besitzen die Agenturen vor Ort die Möglichkeit, eigene Reports mit selbst gewählten Merkmalen aus einem Analysewürfel abzufragen.

Neben der allgemeinen Arbeitsmarktberichterstattung durch die Bundesagentur betreibt das Institut für Arbeitsmarkt- und Berufsforschung (IAB) eine wissenschaftlich fundierte Arbeitsmarkt- und Berufsforschung. Das IAB wurde 1967 als Forschungsinstitut der Bundesanstalt für Arbeit gegründet. Bereits damals war die Erkenntnis ausschlaggebend, dass eine aktive Arbeitsmarktpolitik auf eine wissenschaftlich fundierte Analyse und Vorausschau angewiesen ist. Auch der Forschungsauftrag des Instituts für Arbeitsmarkt- und Berufsforschung leitet sich aus dem Sozialgesetzbuch III ab (§280 ff.). Je nach Aufgabe werden deskriptive oder kausalanalytische Konzepte verfolgt, wobei räumliche, zeitliche und sozial-strukturelle Aspekte einbezogen werden. Erarbeitet werden Projektionen, Politiksimulationen, internationale und regionale Vergleiche, Gesamtrechnungen, sektorale und betriebliche Analysen, Evaluationen arbeitsmarktpolitischer Programme oder simultane Analysen von Angebot und Nachfrage.

Mit dieser umfangreichen Angebotspalette ist das IAB nicht nur an maßgeblich an der Erstellung, Organisation und Optimierung von Daten für die Bundesagentur beteiligt, sondern entwickelte sich zu einem geschätzten Ansprechpartner für einen wissenschaftlichen Nutzerkreis, der weit über das IAB hinausreicht. Mit seinen umfangreichen **Veröffentlichungsreihen** berichtet das IAB laufend über alle **aktuellen Forschungsergebnisse**.

Sämtliche hier skizzierten statistischen Veröffentlichungen sind in gut aufbereiteter Form inklusive aller zum Verständnis notwendigen Hinweise über das **Internetangebot** der Bundesagentur unter www.arbeitsagentur.de oder über den Bereich Presse- und Öffentlichkeitsarbeit der Arbeitsagenturen sowie über das Informationsangebot des IAB verfügbar.

Jan Bloempott

Bevollmächtigter (Geschäftsführer) der *IG Metall* Verwaltungsstelle *Stralsund* und Neubrandenburg

3. Personalpolitik und Personalentwicklung in der Metall- und Elektroindustrie in der Region Neubrandenburg/Stralsund aus gewerkschaftlicher Sicht

Personalpolitisch standen die ersten Jahre nach der Wiedervereinigung unter der großen Überschrift „Restrukturierung, Durchführung von Anpassungsmaßnahmen, Erhalt der industriellen Substanz in Mecklenburg-Vorpommern". Damals suchten die Betriebsräte und die IG-Metall mit industriellen Konzepten, politischen Aktionen und tagtäglichen betrieblichen und strukturpolitischen Lösungen nach Wegen, eine schnelle Privatisierungspolitik der Treuhandanstalt abzuwenden. Naturgemäß waren langfristige Personalentwicklungen und Personalcontrolling als Handlungsinstrumente noch sehr unterentwickelt. Vorerst galt es für die Personalverantwortlichen und die Betriebsräte sozialpolitisch verträglich Arbeitsplätze abzubauen und Beschäftigungs- und Qualifizierungsgesellschaften aufzubauen..

Nach Abschluss der Restrukturierungs- und Privatisierungsphase und der Konsolidierung der Metall- und Elektroindustrie in Mecklenburg –Vorpommern, zog Mitte der 90er Jahre wieder ein wenig Normalität in die Unternehmen. Damit ist allerdings nicht der Aufbau eines umfassenden Personalwesens im Sinne einer vorausschauenden Personalentwicklung mit offensiven betrieblichen Erstausbildungs- und Qualifizierungskonzepten einhergegangen. Insbesondere in den Klein- und Mittelbetrieben unserer Region gibt es nach wie vor keine vorausschauende Personalpolitik. Hier wird vor allem auftragsbezogen reagiert aber nicht zukunftsorientiert agiert. Die Gründe dafür sind vielfältig:

- die Unternehmen verfügen über keine ausreichenden Ressourcen
- es fehlt an ausreichenden Qualifikationen zur betrieblichen Aus- und Weiterbildung
- es besteht eine zu starke Marktabhängigkeit
- Aus- und Weiterbildung sind zu teuer
- es gibt zu viel oder zu wenig Arbeit
- etc..

Vielen Unternehmen ist die strategische Bedeutung einer vorausschauenden Personalpolitik, insbesondere was Erstausbildung und Weiterbildung anbelangt, noch nicht bewusst. Aber gerade das wird für das Überleben dieser Firmen in Zukunft immer wichtiger. So werden auch sie auf einem enger werdenden Arbeitsmarkt um ausgebildete und qualifizierte Arbeitskräfte und Fachkräfte ringen müssen.

In der Unternehmenspolitik der Großbetriebe der Metall- und Elektroindustrie Vorpommerns werden die Personalplanung und damit eng verbunden das Personalcontrolling unterschiedlich gewichtet. Zwei Unternehmensbeispiele seien hier benannt.

Das erste Unternehmen, das ich hier vorstellen möchte, hat trotz aller Schwierigkeiten in der Privatisierungsphase, kontinuierlich eine zukunftsorientiert Personalpolitik betrieben, in dem es sehr früh die Gefahr der demographische Entwicklung (hoher Altersdurchschnitt in der Belegschaft) wahrgenommen hat und in Zusammenarbeit mit dem Betriebsrat diesen durch eine überdurchschnittlich hohe Ausbildungs- und Übernahmequote senken konnte. Ferner wurde in Zusammenarbeit mit der Fachhochschule Stralsund begonnen, den sich anbahnenden Fachkräftemangel der Ingenieure zu reduzieren. Eine andere Tendenz kann allerdings aus gewerkschaftlicher Sicht nicht befürwortet werden, und dies ist der zunehmende Einsatz von Leiharbeitnehmern. Die Wettbewerbsfähigkeit eines Unternehmens wird damit nicht erhöht.

Die Realität auf vielen deutschen Werften ist gekennzeichnet durch abweichende Tarifverträge und Kostensenkungsstrategien zu Lasten der Beschäftigten, statt dringend notwendiger Personaleinstellungen. Für die Arbeitnehmer heißt deshalb die Devise: „Leiharbeit, Werkverträge, Vergabe …". Doch in Bezug auf die Ingenieure klagt die Branche über mangelnden Nachwuchs und zu geringe Hochschulabgängerzahlen. Der Schutz des geistigen Eigentums beginnt jedoch streng genommen schon hier, denn nur eigenes Entwicklungs-Know-How der Werften kann, wenigstens partiell, für Produktvorsprünge sorgen.

In einer aktuellen Umfrage betonen die Betriebsräte und Vertrauensleute im Bezirk Küste die betrieblichen Probleme, die durch Leiharbeit entstehen. Folgende Probleme sind u.a. aufgefallen:
- unterschiedliche Endgeldstruktur durch die geringen Löhne bei Leiharbeitern und damit auch Aufbau von Druck auf die Lohnhöhe der Stammbelegschaften
- Abwanderung von Know-how durch die Verringerung der Stammbelegschaft
- Blockierung von Neueinstellungen – Festeinstellungen werden vermieden
- Aufspaltung der Belegschaft

Vor diesem Hintergrund muss befürchtet werden, dass kurzfristig der Auslastungsboom beschäftigungspolitisch „verpufft", mittelfristig statt einer Auslastungskrise eine Personalkrise bevorsteht und darüber hinaus die Zukunftsfähigkeit des deutschen maritimen Sektors, angesichts fehlender qualifizierter Beschäftigter, erheblichen Schaden nimmt. Deshalb sollte die Erhöhung der Ausbildungsquoten und eine offensive Personalpolitik im Bereich von Facharbeitern und Ingenieuren auf der Tagesordnung stehen.

Der andere große Betrieb in der Region reagiert leider verspätet auf die sich abzeichnenden personalpolitischen Probleme der Überalterung. Nach der Privatisierung und dem Abschluss des Belegschaftsabbaus wurde kein Programm aufgelegt, um diesem Phänomen entgegenzuwirken. Hier waren die Ausbildungs- und Übernahmequoten viel zu gering, um angemessen auf die bevorstehenden Engpässe reagieren zu können. Seitdem Betriebsrat und IG Metall im Zuge von Ergänzungstarifverträgen die Fragen von demographischer Entwicklung und der Notwendigkeit einer langfristig angelegten Personal- und Ausbildungspolitik aufgeworfen haben, beginnt langsam ein Umdenken in der Unternehmensführung.

Mit den geburtenschwachen Schulabgängerzahlen ab 2007 werden **beide Unternehmen** Schwierigkeiten bekommen, ihre Ausbildungsplätze quantitativ und qualitativ gut zu besetzen. Es wird zunehmend darum gehen, den Schulabgängern aufzuzeigen, dass auch die Industrieberufe im Schiffbau zukunftsträchtig sind. Hierfür gilt es dem Negativbild der veralterten Schiffbauindustrie entgegenzuwirken. Einhergehend mit einer Imagekampagne, sollte auch die Entlohnung wieder den Tarifverträgen entsprechen.

In den meisten Unternehmen der Metall- und Elektroindustrie ist weder ein operatives noch ein zukunftsorientiertes Personalcontrolling vorhanden. Vielmehr wird das Personalwesen nach den aktuellen Betriebsereignissen ausgerichtet. Dies ist keineswegs vorausschauend und kann in der Zukunft den Verlust der Wettbewerbsfähigkeit nach sich ziehen. Wer als Betrieb die Qualifizierung und Personalentwicklung von Mitarbeitern auf ein Mindestmaß beschränkt, um kurzfristig Kosten zu sparen, und seine Investitionen bezüglich der Bindung und Akquisition von Personal gering hält, tut wenig für seine eigene Wettbewerbsfähigkeit – national und international.

Das Motto der IG Metall heißt: „Nicht billiger statt besser" sondern: „Besser statt billiger", um für die Anforderungen eines globalen Wettbewerbs gerüstet zu sein.

Michael Marx

Filialdirektor der HypoVereinsbank AG in Stralsund

4. Personalcontrolling vor dem Hintergrund der Ratinganforderungen der Kreditwirtschaft – beispielhaft dargestellt am Ratingverfahren der Hypo-Vereinsbank (HVB)

4.1   Einführung

Die neuen **Eigenkapitalregeln** der Kreditinstitute erfordern ein Umdenken und eine Veränderung der Unternehmensfinanzierung. In Zukunft werden alle Unternehmen nach Bonität geratet werden. Die Konsequenzen werden dabei weit reichender sein, als es vielen Unternehmen, vor allem Mittelständlern, bewusst ist. Die Einstufung der Unternehmen in Risikoklassen bei der Kreditnachfrage wird darüber entscheiden, ob überhaupt ein Kredit vergeben wird, welches Kreditlimit gezogen und wie teuer der Kredit wird. Für Unternehmen heißt die heutige Devise: **Bonität signalisieren!** Eine **offene Geschäfts- und Informationspolitik** muss dabei eine der wichtigsten Pflichtübungen der Unternehmen sein, um einer Limitierung oder sogar der Kreditversagung entgegenzuwirken. Hierzu müssen die Unternehmen vor allem ihr **internes** (Informationsgenerierung) und **externes** (Informationsbereitstellung) **Informationsmanagement** verbessern und zudem ein angemessenes **internes Risikofrüherkennungssystem** einrichten und betreiben.

4.2   Berücksichtigung von Basel II bei der Kredit- und Risikopolitik

Zur Einordnung des Themenfeldes **Personalcontrolling** und **Personalmanagement** in den **Prozess der Unternehmensbewertung** geht die *HypoVereinsbank* (HVB) im wesentlichen folgendermaßen vor. Im Rahmen der Umsetzung der Kreditrichtlinien von Basel II gibt es Anpassungen der **Kredit-** und **Risikopolitik** der Bank an die entsprechenden Vorgaben und Rahmenbedingungen zur Kreditvergabe. Branchenüblich war bisher auch schon, dass Unternehmen, die von ihrem Kreditinstitut mittels Fremdkapital finanziert werden, intern von der Kreditabteilung der Bank geratet werden. Das sogenannte **Rating** ist nichts anderes als ein Urteil über die Fähigkeit eines Unternehmens, künftige Zahlungsverpflichtungen pünktlich und vollständig

bedienen zu können. Im Endergebnis wird eine statistische Ausfallwahrscheinlichkeit durch fünf bis sieben Kennzahlen ermittelt, die besonders
Branchenspezifika berücksichtigen. Es existieren u.a. Kennzahlen zur Vermö-
gens-, Finanz- und Ertragslage, sowie auch sonstige Kennzahlen zu Größe,
Wachstum, Personal- und Sozialaufwand.

4.3   Externes oder internes Rating zur Kreditrisikoermittlung

Seit 2005 werden Banken vom Gesetzgeber verpflichtet, ihre Kredite je nach
Bonität des Kunden in unterschiedlichem Umfang mit Eigenkapital zu unterlegen, was die pauschale Unterlegung mit 8 Prozent Eigenkapital ablöst – der
Umfang der Eigenkapitalbindung wird somit durch die Bonität der Kredit-
kunden bestimmt. Nach Basel II können die Banken zwischen **drei verschiedenen Ansätzen zur Kreditrisikoermittlung** wählen. Der Standardansatz
ermöglicht die Ermittlung der Ausfallwahrscheinlichkeit ausschließlich über
ein **externes Rating**, d.h. durch eine Bewertung des Unternehmens von beispielsweise einer der bekannten **Ratingagenturen** Standard & Poor's oder
Moody's. Im zweiten Ansatz wird das Rating und damit die Ermittlung der
Ausfallwahrscheinlichkeit des Kreditnehmers nicht von einer externen Agentur, sondern vom Kreditinstitut selbst festgelegt. Diese Form wird nachfolgend weitergehend beispielhaft für die HVB beschrieben. Entscheidet sich die
Bank für den dritten, von Basel II angebotenen, Ansatz, so hat sie neben
einem **internen Rating** auch mittels eines komplexen Modells die Verlust-
höhe bei einem Kreditausfall durch eigene Schätzungen zu unterlegen. Hierfür sind umfassende Zahlenreihen aus der Vergangenheit zu erstellen, aus
denen sich hochrechnen lässt, wie viel Geld die Bank verliert, wenn ein Kre-
ditkunde ausfällt. Hierbei spielen Sicherheiten und deren spezifischen Bewer-
tungsvorgaben eine wesentliche Rolle.

Der schon angesprochene zweite Ansatz, das **interne Rating**, bedeutet für
die Bank deutlich steigende Anforderungen an ihre **internen Bewertungsme-
thoden**. Schlussendlich hat dies zur Folge, dass sich die Kreditabteilungen
noch intensiver mit ihren Kunden befassen müssen. Insbesondere müssen sie
noch mehr Wert auf die Beurteilung der Zukunftsfähigkeit ihrer Kunden
legen. Sie müssen sich umfassend mit der Branche und dem Wettbewerbsum-
feld ihrer Kunden auseinandersetzen, die Veränderungsdynamik in der jeweiligen Industrie beurteilen und schließlich auch die Fähigkeit des einzelnen
Unternehmers, auf Veränderungen zu reagieren.

Dazu sind die Kundenbetreuer heute deutlich mehr bei den Unternehmern
zum Gespräch vor Ort. Neben einer unverändert sorgfältigen Analyse der Vergangenheit und Gegenwart anhand von **Bilanz- und Erfolgsrechnungszah-
len** wird eine Durchdringung der Planungszahlen wesentlich an Bedeutung
gewinnen. Dabei werden die Banken mehr Informationen von ihren Kunden

benötigen als in der Vergangenheit. Denn nur so können sie sich auch ein ech-
tes Bild von den sogenannten „weichen" Faktoren, wie beispielsweise dem
Geschäftsmodell, der Marktposition, der Innovationsfähigkeit oder der Mana-
gementfähigkeit, machen. Diese wichtigen Punkte werden also neben den
quantitativen Gesichtspunkten, den sogenannten „Hardfacts", z.B. Eigenkapital, Rentabilität oder Liquidität, in das Rating einfließen.

**Abb. 138: Die Struktur des Ratings für Geschäftskunden mit Bilanz
und persönlicher Haftung in der HypoVereinsbank**

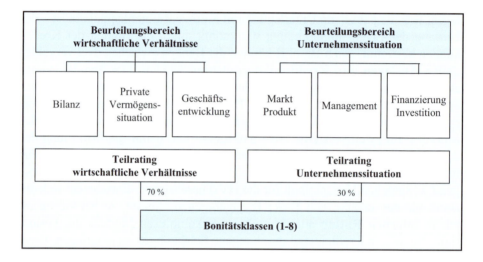

4.4   Personal- und Managementbewertung stärker im
Blickpunkt von Kreditentscheidungen

Grundvoraussetzung für eine künftig erfolgreiche Kreditbeziehung ist eine
aktive Informationspolitik, denn nur wenn die Bank ein umfassendes Bild
vom Unternehmen hat, kann sie risikoadäquate Entscheidungen fällen. Dieser
Punkt hängt wesentlich vom Management des jeweiligen Unternehmens ab.
Im Rahmen der Risikostrategie ist die **Kreditwürdigkeitsprüfung** ein zentra-
ler Prozess bei der Kreditentscheidung. Sie schließt sowohl die gesetzlichen
Rahmenbedingungen (Anforderung an die Mindestunterlagen) als auch die
Bonitätseinstufung des Kreditnehmers ein. Die Bewertung geschieht in der
HVB anhand von Bonitätsklassen, wobei die Bonitätsklasse 1 die geringste
Ausfallwahrscheinlichkeit hat. Da im Zuge von Basel II das bankinterne Ra-
ting maßgeblichen Einfluss auf die Kreditkonditionen hat, ist dem Grundsatz-
gespräch des Kreditnehmers mit seinem Kundenbetreuer (oder Betreuerteam)

eine zunehmende Bedeutung beizumessen. In diesen Gesprächen mit dem Betreuer wird auf die „weichen" Faktoren eingegangen, die sich dann, nach einer Analyse, in verschiedenen Positionen der maschinellen (EDV) Beurteilung wiederspiegeln.

Abb. 139: Kriterien der Managementbewertung bei der Beurteilung der Unternehmenssituation

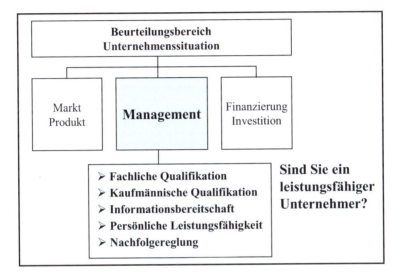

So ist z.B. im Betreuerantrag Kredit eine Aussage zum **persönlichen Eindruck** und zur **Zuverlässigkeit** des Kreditnehmers zu treffen. Bei der Eingabe in die EDV sind auch hierzu Kommentarmöglichkeiten gegeben. Damit wird im Computersystem der Bank die Bonität u.a. bestehend aus **Basisdaten** (Branche), **Kapitaldienstfähigkeit**, ggf. **Privatseite der haftenden Gesellschafter** und **Abbruchkriterien** (negative Bankauskünfte), erfasst. In diesem Zusammenhang ist es für die Umsetzung der Kreditrichtlinie von Basel II notwendig, dass die Bank in ihren Kreditbeständen möglichst aktuelle Informationen über den Kunden verarbeiten und abbilden kann. Eine regelmäßige Aktualisierung der Bonitätsklassen ist daher erforderlich. Dazu gibt es maschinelle Aktualisierungsläufe, die mögliche Veränderungen, besonders negative Entwicklungen, auf elektronischen Listen verschiedener Kategorien ausweisen. Nach einer Auswertung ist dann wiederum aktiv das Gespräch mit dem Kunden zu suchen.

In Anlehnung an die Abbildung 139 legt die Bank natürlich nunmehr größeren Wert auf die **Angaben und Aussagen zur Struktur der Mitarbeiterpotenziale** und dem **Personalmanagement**. Denn über die kennzahlenge-

stützte Bewertung nahezu aller Unternehmensbereiche, eben auch der Perso-
nalposition/-situation, sind Kostensenkungen für die Fremdkapitalbeschaf-
fung möglich. Andererseits ist selbstverständlich durch die richtige Aufstellung eines Unternehmens eine deutlich höhere Rentabilität zu erreichen.
Wobei die Schwierigkeit hier noch darin besteht, dass sich Personalthemen
nicht umfassend bewerten lassen, zu mindest nicht so, dass direkt vergleich-
bare Kennziffern in bezug auf das Personalmanagement bestehen. Gerade in
der gegenwärtigen Phase der Fusions- und Übernahmeprozesse, die viele
Unternehmen betrifft und in fast allen Branchen stattfindet, ist das Ergebnis
von Personalarbeit im Rahmen von Umstrukturierungen meist erst nach Monaten oder gar Jahren zu messen. In manchen Fällen sind Fehlentscheidungen
dann auch nicht mehr korrigierbar, insbesondere dann, wenn es sich um hoch-
qualifizierte Fachkräfte handelt. Somit muss der Unternehmer der Bank Aufschluss darüber geben, wie er unternehmerische Risiken der Personalarbeit
ausschließen oder eingrenzen will. Aussagen zu Anzahl der Mitarbeiter in
Korrespondenz zu Lohnkosten, Qualifikation in Korrespondenz zu Weiterbildungskosten pro Mitarbeiter und Altersstruktur spielen eine große Rolle und
werden in das Rating einbezogen.

4.5   Ausblick

Die gute Nachricht für die Unternehmen ist also, sie selbst können Einfluss
auf ihre Kreditkonditionen nehmen, indem sie ihre Bonität aktiv beeinflussen.
Möglich ist dies z.B. durch eine klare strategische Fokussierung, plausible
Planungsunterlagen und eine hohe Transparenz. Entscheidend ist aber auch
ein **qualifiziertes Management**. Denn festzuhalten ist, dass Unternehmen
meist nicht am fachlichen Know-how scheitern, sondern an Management-
anforderungen. Daher muss eine zukunftsfähige Gesamtstrategie den Auf-
oder Ausbau eines aussagefähigen Controllings, eben auch bezogen auf das
Gebiet des Personalwesens, enthalten.

Die neuen verschärften Vergaberichtlinien für Kredite zwingen die Unternehmen – in einem stärkeren Ausmaß als bislang vielfach üblich – die grundsätzlichen ökonomischen Zusammenhänge zwischen Investition, Geschäfts-
prozesse und Finanzierung bei allen Entscheidungen und Aktivitäten die das
Unternehmen trifft und unternimmt zu berücksichtigen. Die Verwendung geeigneter Kriterien und die Überprüfung dieser offenbart ein konsequentes
bzw. inkonsequentes wirtschaftliches Verhalten.

Carsten Richter
Prüfungsleiter beim Verband norddeutscher Wohnungsunternehmen e.V. Hamburg – Mecklenburg-Vorpommern – Schleswig-Holstein

5. Notwendigkeit und Etablierung des Personal-controllings in Wohnungsgenossenschaften aus Prüfersicht

Der Verband norddeutscher Wohnungsunternehmen e.V. Hamburg – Mecklenburg-Vorpommern – Schleswig-Holstein (im Folgenden: VNW) vertritt die Interessen seiner 320 Mitglieder, die insgesamt einen Bestand von rd. 700.000 eigenen Wohnungen bewirtschaften (vnw 2005/2006, Inneneinband). Der VNW ist gesetzlicher Prüfungsverband nach *§ 55 GenG* und führt damit für die 178 Mitgliedsgenossenschaften die Prüfung der wirtschaftlichen Verhältnisse, der Ordnungsmäßigkeit der Geschäftsführung sowie des Jahresabschlusses entsprechend *§ 53 GenG* durch.

Zu den Mitgliedsgenossenschaften zählen Unternehmen aller Größenklassen (entsprechend der Größenklassen des *§ 267 HGB*). Branchenspezifisch bedingt haben aber selbst große Unternehmen lt. *§ 267 HGB* eine, verglichen mit anderen Branchen, geringe Anzahl von Arbeitnehmern. Die durchschnittliche Anzahl bewirtschafteter Wohnung bei Wohnungsgenossenschaften der drei Bundesländer liegt zwischen 88 und 132 je Arbeitnehmer (vnw/vdw 2005, S. 20). Die Organisationsstruktur ist in der Regel von flachen Hierarchien geprägt. Unternehmensgegenstand ist zumeist die sichere und sozial verträgliche Versorgung der Mitglieder mit Wohnungen. Die Unternehmen bewirtschaften Wohnbauten mit einer betriebsgewöhnlichen Nutzungsdauer von 50 bis 80 Jahren. Hieraus resultiert über relativ lange Zeiträume eine Konstanz bezüglich Art und Umfang der Geschäftätigkeit.

Veränderungen ergaben sich in den zurückliegenden Jahren insbesondere aufgrund veränderter gesetzlicher Rahmenbedingungen (z.B. KonTraG) aber in weit stärkerem Maße – vor allem in Mecklenburg-Vorpommern jedoch auch in Teilen Schleswig-Holsteins – durch den demographischen Wandel (sinkende Bevölkerungszahlen, steigendes Durchschnittsalter der Einwohner).

Das **Controlling** ist bei den Unternehmen – abhängig von der Unternehmensgröße – unterschiedlich ausgeprägt. In kleinen Wohnungsgenossenschaften werden Controlling-Instrumente je nach Kenntnissen der beteiligten Personen angewendet. Ein dokumentiertes, in sich geschlossenes Controlling ist in diesen Unternehmen – die Größe und Struktur nach eher kleinen Handwerksunternehmen entsprechen – nicht vorhanden. Mittelgroße Genossenschaften haben infolge des KonTraG bereits Risikomanagementsysteme in ihren Unternehmen implementiert. Als eine Säule innerhalb dieser Systeme ist auch das Controlling ausgebaut bzw. bestehende Controlling-Ansätze wurden hierin integriert. Wegen der bereits genannten branchenspezifischen Besonderheiten besteht jedoch meist keine eigenständige Controlling-Stelle. Die Aufgaben des Controllings werden i.d.R. durch eine andere Stelle wahrgenommen, häufig durch den Leiter Rechnungswesen aber auch direkt durch den Vorstand. Die Personalführung und alle damit in Zusammenhang stehende Sachverhalte – mit Ausnahme der Lohn- und Gehaltsbuchführung – werden aber meist durch den Vorstand vorgenommen.

Auch die **Struktur** großer Wohnungsgenossenschaften entspricht eher KMU's. Hier gibt es jedoch meist eigenständige Controlling-Stellen. Gründe sind in der Höhe der bewirtschafteten Vermögenswerte und der erzielten Umsätze zu finden. In den Unternehmen findet sich die gesamte Breite des Controlling-Instrumentariums wieder. Teilweise sind in den Unternehmen auch Personalstellen oder Personalabteilungen eingerichtet. Ihnen obliegt jedoch meist „nur" die Lohn- und Gehaltsbuchführung, die Personalstatistik sowie teilweise die Aus- und Weiterbildung im Unternehmen.

Aus dem bisher dargelegten ist deutlich geworden, dass in den betrachteten Unternehmen ein eigenständiges Personalcontrolling nicht vorhanden ist. Dennoch sind die Funktionen des Personalcontrollings in der Unternehmensführung ausgeprägt.

* **Frühwarnfunktion:** Die in den Unternehmen implementierten Risikofrüherkennungssysteme sind zum Teil auf rein personalbezogene Indikatoren ausgerichtet (z.B. Krankenstand, Überstunden), bestimmend sind jedoch externe Frühwarnindikatoren (z.B. Arbeitslosenquote, Zinsniveauentwicklung, Veränderungen der Altersstruktur), um Veränderungen in diesen Bereichen, die Auswirkungen auf die Wohnungsgenossenschaft – und damit auf deren Personal – hätten, frühzeitig zu erkennen.
* **Koordinations- und Integrationsfunktion:** Die Einbeziehung der Personalplanung mit der Unternehmensplanung ist hierin ein zentraler Punkt. Der oben erwähnte demographische Wandel hat bei einer Vielzahl von Unternehmen zu einer Verminderung der bewirtschafteten Bestände durch Abriss und Rückbau geführt. Die Personalstruktur war an diese Verringerung anzupassen. Die Personalplanung war bei den davon betroffenen Unternehmen auch in die Sanierungskonzepte gemäß *§ 6a AHG* einzubeziehen.

In den letzten Jahren hat sich aber auch das Tätigkeitsprofil der Mitarbeiter in wohnungswirtschaftlichen Unternehmen – durch demographische und soziale Veränderungen bedingt – gewandelt. Von einer mehr oder weniger ausgeprägten Bestandsverwaltung ist die Entwicklung zu wohnungswirtschaftlichen Dienstleistungsunternehmen erfolgt, die eine breite Palette von wohnbegleitenden Serviceangeboten erbringen (vgl. vnw, 2005/2006, S. 36). Dies stellt hohe Anforderungen an die Qualifikation der Mitarbeiter. Durch berufsbegleitende Weiterbildung sowie Veränderungen in der Berufsausbildung wurde diesen Veränderungen entsprochen (vgl. vnw, 2005/2006, S. 38). Die Unternehmen beschäftigen heute auch nicht mehr „nur wohnungswirtschaftliches Personal" sondern auch Sozialarbeiter, Pädagogen etc.

- **Vergleichs- und Legitimitätsfunktion:** Make-or-buy-Entscheidungen spielen auch bei Wohnungsgenossenschaften eine große Rolle. Dabei ist regelmäßig die Entscheidung zu treffen zwischen der Beschäftigung eigener Handwerker, Hausmeister etc. oder der Inanspruchnahme der Leistungen von Drittfirmen. Ein besonderer Aspekt bei Wohnungsgenossenschaften ist hierbei, dass neben den wirtschaftlichen Kriterien der Entscheidungsfindung auch zu berücksichtigen ist, das von den Mietern, die gleichzeitig Genossenschaftsmitglieder sind, die Beschäftigten der Genossenschaft als wichtige „Mittler" der Genossenschaftsidentität gesehen werden.

Abschließend kann festgehalten werden, dass in den wohnungswirtschaftlichen Unternehmen, die meistens mittelständische Strukturen aufweisen, ein eigenständiges und ausgebautes Personalcontrolling eher selten vorzufinden sind.

Literatur/Quellen:
Verband norddeutscher Wohnungsunternehmen e.V.; Tätigkeitsbericht 2005/ 2006.
Verband norddeutscher Wohnungsunternehmen e.V./Verband der Wohnungswirtschaft e.V. Niedersachsen/Bremen; Statistik 2005.

Manfred Hoppach

Stellvertretender Vorsitzender des Aufsichtrates und Vorsitzender
des Betriebsrats der Peene-Werft GmbH

6.   Einflussmöglichkeiten von Betriebsrat und Arbeitnehmervertretern im Aufsichtsrat bei der Personalplanung und Weiterentwicklung von Mitarbeitern am Beispiel der Peene-Werft GmbH

Die Einflussmöglichkeiten bzw. Mitwirkungsrechte des Betriebsrats im Hinblick auf die Personalplanung und soziale Angelegenheiten der Mitarbeiter (durch Information, Anhörung, Beratung, Veto, Zustimmung, erzwingbare Initiative und Mitbestimmung) sind gemäß Betriebsverfassungsgesetz (BetrVG) durchaus gegeben – allerdings müssen die rechtlichen Möglichkeiten auch in Anspruch genommen werden.

Vor allem die rechtlichen Möglichkeiten des Betriebsrats, Einfluss auf das betriebliche Weiterbildungsgeschehen zu nehmen, sind vergleichsweise gut, und sie wurden durch die Reform des Betriebsverfassungsgesetzes im Jahr 2001 nicht eingeschränkt, sondern eher ausgebaut (z.B. *§ 92a, § 96 und § 97 BetrVG*). Mit der Reform des BetrVG hat der Betriebsrat einen erweiterten Handlungsspielraum bei der betrieblichen Weiterbildung zur Förderung und Sicherung der Beschäftigung sowie zur Anpassung der Qualifikationen der Arbeitnehmer an veränderte Tätigkeiten erhalten. Um die Belange der Mitarbeiter zu vertreten, sollten Betriebsräte und Arbeitnehmervertreter im Aufsichtsrat einerseits den **rechtlichen Rahmen nutzen**, andererseits aber auch **Erkenntnisse von Studien** und **wissenschaftlich begleitete Projekte** für die Umsetzung von eigenen Interessen zu Rate ziehen. Personalplanung, Personalentwicklung und Personalbetreuung sind schon immer ein Thema des Betriebsrats der *Peene-Werft GmbH* gewesen. Einen zusätzlichen Impuls bezüglich der Optimierung der Personalarbeit erhielten die Mitglieder des Betriebsrats und der Geschäftsführung durch ein gemeinsames Projekt „ZAP – Zukunft der Arbeit und Personalentwicklungsstrategien", das in den Jahren 2004 und 2005 in Zusammenarbeit mit der *Fachhochschule Stralsund* und der *Kooperationsstelle Wissenschaft und Arbeitswelt in M-V* durchgeführt wurde. Mit diesem Projekt wurden u.a. die **arbeitsmarkt- und personalpolitischen Auswirkungen des demographischen Wandels** thematisiert und insgesamt hat die Sensibilisierung für das Thema Personalplanung in der *Peene-Werft GmbH* zugenommen. Sowohl die tariflichen Akteure als auch die Akteure auf betrieblicher Ebene haben bald erkannt, das hinsichtlich Personalcontrollings, der Gewinnung von Nachwuchskräften und der betrieblichen Weiterbildung schnelle Entscheidungen getroffen werden müssen. Das Projekt hat den Betriebsrat in seinen Argumenten unterstützt, viel früher mit einer kontinuierlichen Personalplanung zu beginnen, Werbung für den Schiffbau zu betreiben und die betriebliche Weiterbildung voran zu treiben.

Ende April 2006 ist zwischen dem NORDVERBUND e.V. der IG Metall (Bezirk Küste, Hamburg) ein „Tarifvertrag zur Qualifizierung" (TV Q) abgeschlossen worden. Diesen gilt es nun mit Leben zu erfüllen. Dieser Tarifvertrag ist bindend und wird in die weiteren Verhandlungen auf betrieblicher Ebene mit einfließen. Er hilft uns, unser Informationsrecht und vor allem unser Mitbestimmungsrecht zu wahren. Ganz gleich, ob es den Arbeitgebern passt oder nicht. Seit über einem Jahr steht der Betriebsrat in Verhandlungen mit der Personalabteilung über eine Betriebsvereinbarung „zur Gestaltung und Förderung der Berufsbildung von Arbeitnehmerinnen und Arbeitnehmern der Peene-Werft-GmbH". Wie aus **Sicht des Betriebsrats** der *Peene-Werft GmbH* zukünftig die Themen Personalplanung, Erstausbildung und betriebliche Bildung geregelt werden sollten, sind den nachfolgenden Dokumenten zu entnehmen: 1. „Tarifvertrag zur Qualifizierung", 2. „Betriebsvereinbarung über die Grundsätze der innerbetrieblichen Stellenausschreibung" und 3. „Entwurf der Betriebsvereinbarung zur Gestaltung und Förderung der Berufsbildung von Arbeitnehmerinnen und Arbeitnehmern der Peene-Werft GmbH".

Tarifvertrag zur Qualifizierung (TV Q)

Vom 28. April 2006

Zwischen dem

Nordverbund e.V.

bestehend aus

1. **NORDMETALL**
   Verband der Metall- und Elektro- Industrie e.V., Hamburg

2. **METALL UNTERWESER**
   Verband der Metall- und Elektro- Industrie e.V., Bremen

3. **NORD-WEST-METALL**
   Verband der Metallindustriellen des Nordwestlichen Niedersachsens e.V.,
   Wilhelmshaven, zugleich für seine Verbandsgruppen
   Oldenburg, Ostfriesische Werften, Wilhelmshaven und Cuxhaven

und der

IG Metall, Bezirk Küste, Hamburg

wird für die Tarifgebiete Hamburg und Umgebung, Schleswig-Holstein, Mecklenburg-Vorpommern, Unterwesergebiet und Nordwestliches Niedersachsen (Verbandsgruppen Wilhelmshaven, Cuxhafen, Oldenburg und Ostfriesische Werften) folgender **Tarifvertrag zur Qualifizierung** vereinbart:

Präambel
Die Frage der Qualifizierung und des lebenslangen Lernens ist ein Schlüssel für die Sicherung
der Arbeitsplätze und der Beschäftigungsfähigkeit der Beschäftigten im Betrieb.
Die Tarifvertragsparteien bekennen sich mit diesem Tarifvertrag zu diesen Zielen und zu ihrer
Aufgabe, den Rahmen für diese Zukunftsaufgabe zu schaffen.

§ 1 Geltungsbereich
Für diesen Tarifvertrag gilt der Geltungsbereich des Manteltarifvertrages bzw. in Betrieben, die
das Entgeltrahmenabkommen betrieblich eingeführt haben, der Geltungsbereich des Entgelt-
rahmenabkommens. Ausgenommen sind die Auszubildenden.

§ 2 Qualifizierung
Qualifizierung im Sinne dieses Tarifvertrages sind betrieblich notwendige (Nr. 1 bis 3) sowie
betrieblich zweckmäßige (Nr. 4) Weiterbildungsmaßnahmen, die dazu dienen:

1. die ständige Fortentwicklung des fachlichen, methodischen und sozialen Wissens im Rahmen des eigenen Aufgabengebietes nachvollziehen zu können (Erhaltungsqualifizierung),
2. veränderte Anforderungen im eigenen Aufgabengebiet erfüllen zu können (Anpassungs-
   qualifizierung),
3. beim Wegfall von Arbeitsaufgaben eine andere gleichwertige oder höherwertige Arbeitsaufgabe für einen durch den jeweiligen Beschäftigten im Betrieb zu besetzenden Arbeitsplatz übernehmen zu können (Umqualifizierung),

4. eine andere höherwertige Arbeitsaufgabe im Betrieb übernehmen zu können (Entwicklungsqualifizierung).

§ 3 Feststellung des betrieblichen Qualifikationsbedarfs

1. Der Arbeitgeber unterrichtet den Betriebsrat gemäß §§ 90 ff. BetrVG über die Planung von technischen Anlagen, die Änderung von Arbeitsverfahren oder Arbeitsabläufen oder deren Neueinführung oder die Änderung von Arbeitsplätzen rechtzeitig unter Vorlage der erforderlichen Unterlagen. Der Betriebsrat kann hierbei eigene Vorschläge gem. § 92 a BetrVG einbringen.

2. Auf der Grundlage der geplanten und erwarteten Veränderungen des Betriebes ist der künftige betriebliche Qualifikationsbedarf vom Arbeitgeber festzustellen und mit dem Betriebsrat zu beraten.

   Bei diesen Beratungen sind gem. § 92 BetrVG anhand des gegenwärtigen und künftigen Personalbedarfs Maßnahmen der Qualifizierung darzustellen und der Betriebsrat anhand von Unterlagen rechtzeitig und umfassend zu unterrichten.

   Der Betriebsrat kann dem Arbeitgeber Vorschläge für die Einführung von Maßnahmen und ihre Durchführung machen.

   Zu diesen Beratungen können die Betriebsparteien im Rahmen der gesetzlichen Bestimmungen Sachverständige hinzuziehen.

   Arbeitgeber und Betriebsrat haben darauf zu achten, dass unter Berücksichtigung der betrieblichen Notwendigkeiten den Beschäftigten die Teilnahme an betrieblichen oder außerbetrieblichen Qualifikationsmaßnahmen ermöglicht wird. Sie haben dabei auch die Belange älterer Beschäftigter, Teilzeitbeschäftigter und Beschäftigter mit Familienpflichten sowie nach Möglichkeit und Notwendigkeit an- und ungelernter Beschäftigter zu berücksichtigen.

   Falls aufgrund von geplanten oder durchgeführten Maßnahmen des Arbeitgebers sich Tätigkeiten des betroffenen Beschäftigten ändern und ihre beruflichen Kenntnisse und Fähigkeiten zur Erfüllung ihrer Aufgaben nicht mehr ausreichen, hat der Betriebsrat bei der Einführung von Qualifizierungsmaßnahmen gem. § 97 Abs. 2 BetrVG mitzubestimmen.

§ 4 Individuelle Qualifizierungsgespräche

Auf der Grundlage des gemäß § 3 festgestellten betrieblichen Qualifizierungsbedarfs vereinbaren die Betriebsparteien regelmäßige oder Anlass bezogene Gespräche der Beschäftigten mit dem Arbeitgeber. Wird betrieblich nichts anderes geregelt, sind die Gespräche jährlich zu führen. Diese Gespräche können auch als Gruppengespräche geführt werden. Sie können auch im Rahmen anderer Personalgespräche (z.B. im Rahmen der Leistungsbeurteilung) geführt werden.

In dem Qualifizierungsgespräch wird zwischen Beschäftigtem und Arbeitgeber gemeinsam festgestellt, welcher konkrete individuelle Qualifizierungsbedarf besteht.

Soweit ein individueller Qualifizierungsbedarf besteht, werden die notwendigen Qualifizierungsmaßnahmen vereinbart. Hierzu können die Beschäftigten Vorschläge machen. Zur Vereinbarung der Qualifizierungsmaßnahmen gehört ggf. auch die Festlegung von Prioritäten zwischen notwendigen Qualifizierungsmaßnahmen.

Der Beschäftigte kann bei der Erörterung ein Mitglied des Betriebsrats hinzuziehen.

Wird zwischen Beschäftigtem und Arbeitgeber kein Einvernehmen über den Qualifizierungsbedarf und/oder die daraus resultierenden notwendigen Qualifizierungsmaßnahmen erzielt, gelten § 6 und § 7 Nr. 1.

Steht fest, dass Beschäftigte in der gesetzlichen Elternzeit und in Kindererziehungszeiten zu einem bestimmten Zeitpunkt in den Betrieb zurückkehren, wird auch mit ihnen ein solches Gespräch vereinbart. Eine evtl. daraus resultierende Maßnahme soll nach Möglichkeit vor der Rückkehr durchgeführt werden.

§ 5 Durchführung der Qualifizierung

1. Allgemeine Bestimmungen

Qualifizierungsmaßnahmen im Sinne dieses Tarifvertrages sind zeitlich, inhaltlich abgegrenzte und beschriebene Maßnahmen. Sie sind nicht mit der Festlegung auf bestimmte Methoden verbunden und können arbeitsplatznah („training on the job") oder in anderen internen und externen Maßnahmen durchgeführt werden.

Die Kosten der Qualifizierungsmaßnahmen im Sinne von § 2 werden – soweit sie nicht von Dritten übernommen werden – vom Arbeitgeber getragen.

Der Betriebsrat bestimmt bei der Durchführung der Qualifizierungsmaßnahmen im Rahmen der gesetzlichen Bestimmungen mit.

Betriebsrat und Arbeitgeber stellen verbindlich fest, welche Form der betrieblichen Qualifizierung gemäß § 2 vorliegt. Im Falle der Nichteinigung gilt § 7 Nr. 2 entsprechend.

Der Arbeitgeber berichtet dem Betriebsrat regelmäßig – mindestens einmal jährlich – über die umgesetzten Weiterbildungsmaßnahmen.

Die Teilnahme an einer Qualifizierungsmaßnahme wird dokumentiert und dem Beschäftigten bestätigt.

2. Betrieblich notwendige Qualifizierungen

Die erforderliche Qualifizierungszeit gilt als zuschlagsfrei zu vergütende oder durch bezahlte Freistellung auszugleichende Arbeitszeit im Sinne der tariflichen Bestimmungen.

Qualifizierungs- und Reisezeiten müssen nicht auf Arbeitszeitkonten gutgeschrieben werden.

3. Entwicklungsqualifizierung

Von der erforderlichen Qualifizierungszeit sind grundsätzlich 50% bezahlte Arbeitszeit (s. Nr. 2) und 50% vom Beschäftigten als Eigenanteil in Form von zusätzlicher unbezahlter Arbeitszeit einzubringen. Sofern Arbeitszeitkonten bestehen, kann der Beschäftigte auch Ansprüche aus diesen Konten als Eigenanteil einbringen, soweit die betrieblichen Regelungen dies gestatten.

Von den Betriebsparteien soll in begründeten Einzelfällen auf Verlangen des Beschäftigten ein geringerer Eigenanteil festgelegt werden, wenn ein überwiegender betrieblicher Nutzen zu erwarten ist. Ebenso soll von den Betriebsparteien in begründeten Einzelfällen auf Verlangen des Arbeitgebers ein höherer Eigenanteil des Beschäftigten festgelegt werden, wenn kein überwiegender betrieblicher Nutzen zu erwarten ist.

§ 6 Pflichten der Beschäftigten

Die Beschäftigten sind verpflichtet, bei der Ermittlung des Qualifizierungsbedarfes mitzuwirken und an den vereinbarten Qualifizierungsgesprächen und -maßnahmen teilzunehmen.

Lehnt ein Beschäftigter die Teilnahme an einer für ihn vereinbarten Qualifizierungsmaßnahme ohne wichtigen Grund ab, so kommen für ihn die Bestimmungen der §§ 2, 3 und 4 des Tarifvertrages zur Entgeltsicherung bzw. des Tarifvertrages Lohn- und Gehaltssicherung in der Folge (einmalig) nicht zur Anwendung. Im Übrigen gelten die Rechte und Pflichten aus dem Arbeitsvertrag.

Beschäftigte, die an einer Qualifizierungsmaßnahme im Sinne dieses Tarifvertrages teilgenommen haben, sind verpflichtet, die dadurch erreichte Qualifikation einzusetzen, soweit die Arbeitsaufgabe dies verlangt.

§ 7 Konfliktregelung

1. Bei Streitigkeiten zwischen Beschäftigtem und Arbeitgeber im Rahmen des Qualifizierungsgesprächs (§ 4) haben sich auf Antrag einer Seite Arbeitgeber und Betriebsrat mit der Angelegenheit zu befassen und möglichst zu einer einvernehmlichen Lösung zu kommen.

a) **Betrieblich notwendige Qualifizierung**

Bei weiterhin bestehenden Streitigkeiten zwischen Beschäftigtem und Arbeitgeber aus diesem Tarifvertrag über eine betrieblich notewendige nach § 2 Nr. 1 bis 3 wird eine paritätische Kommission eingerichtet, der je zwei vom Arbeitgeber und vom Betriebsrat bestellte Betriebsangehörige angehören und die die Streitigkeit abschließend regeln soll.

Kommt es in der paritätischen Kommission zu keiner Einigung, so entscheidet auf Antrag einer Betriebspartei die tarifliche Einigungsstelle gem. § 3 des Tarifvertrages über Tarifschiedsgericht, Einigungsstelle und Schnellschlichtung.

In Betrieben mit weniger als 100 Beschäftigten gilt folgendes: Kommt es betrieblich zu keiner Einigung, so werden neutrale Gutachter über TESIK hinzugezogen, um die Streitigkeit beizulegen. Gelingt keine Einigung, so entscheidet das Losverfahren.

b) **Entwicklungsqualifizierung**

Bei weiterhin bestehenden Streitigkeiten zwischen Beschäftigtem und Arbeitgeber aus diesem Tarifvertrag über eine betrieblich zweckmäßige Qualifizierung nach § 2 Nr. 4 gilt Nr. 1 a) entsprechend, sofern eine Betriebsgröße von mehr als 50 Beschäftigten gegeben ist und der Beschäftigte eine Betriebszugehörigkeit von mindestens 2 Jahren erreicht hat.

2. Bei allen betriebsverfassungsrechtlichen Streitigkeiten aus diesem Tarifvertrag tritt an die Stelle der gesetzlichen Einigungsstelle – nach Durchführung des tariflichen Vorverfahrens – die tarifliche Einigungsstelle gemäß § 3 des Tarifvertrages über Tarifschiedsgericht, Einigungsstelle und Schnellschlichtung.

§ 8 Persönliche berufliche Weiterbildung

Keine Qualifizierung im Sinne der §§ 2 bis 7 dieses Tarifvertrages ist eine persönliche berufliche Weiterbildung. Diese ist zwar im Grundsatz dazu geeignet, eine Tätigkeit im freistellenden Betrieb auszuüben; es besteht jedoch aufgrund der aktuellen Beschäftigungssituation kein betrieblicher Bedarf für derartige Qualifizierungsmaßnahmen.

Wird eine solche persönliche berufliche Weiterbildung durchgeführt, ist sie keine bezahlte Arbeitszeit. Die Kosten dieser Maßnahme sind vom Beschäftigten zu tragen.

Für Wünsche der Beschäftigten auf Freistellung zur persönlichen beruflichen Weiterbildung gelten folgende Bestimmungen:

Vereinbarungen über Freistellungen zur persönlichen beruflichen Weiterbildung werden zwischen dem Beschäftigten und dem Arbeitgeber getroffen.

In diesen Vereinbarungen sind mindestens festzulegen:

* Beginn und Dauer der Maßnahme
* Art der Freistellung (Wechsel in ein Teilzeitarbeitsverhältnis oder unbezahlte Freistellung)
* Wiedereinstellungsanspruch nach Ende bzw. Abbruch der Maßnahme auf den vorherigen Arbeitsplatz oder zumutbaren gleich- oder höherwertigen Arbeitsplatz. Dieser ist bei vorher Vollzeitbeschäftigten ein Vollzeitarbeitsplatz.
* Anrechnung der Ansprüche aus den jeweiligen Weiterbildungsgesetzen, soweit rechtlich möglich.

Im Streitfall über einen Wunsch zur Freistellung für persönliche berufliche Weiterbildung kann die Regelung nach § 7 Ziff. 1 a) in Anspruch genommen werden, sofern eine Betriebsgröße von mehr als 200 Beschäftigten gegeben ist und der Beschäftigte eine Betriebszugehörigkeitszeit von mindestens 5 Jahren erreicht hat.

Eine streitige Entscheidung einer Einigungsstelle nach § 3 des Tarifvertrages über Tarifschiedsgericht, Einigungsstelle und Schnellschlichtung ist in diesen Fällen ausgeschlossen, sofern festgestellt wird, dass der Beschäftigte eine Tätigkeit im Betrieb ausübt, die im besonderen betrieblichen Interesse liegt und ein angemessener Ersatz auf dem Arbeitsmarkt nicht rechtzeitig zu finden ist (analog § 2 Ziff. 5 TV BB).

§ 9 Betriebsratslose Betriebe

In allen Fällen, in denen dieser Vertrag eine Einigung einschließlich Betriebsvereinbarungen zwischen Arbeitgeber und Betriebsrat vorsieht und ein Betriebsrat im Betrieb nicht vorhanden ist, ist die Einigung zwischen Arbeitgeber und Beschäftigtem herbeizuführen.

§ 10 Abschlussbestimmungen

Durch diesen Tarifvertrag werden die Mitbestimmungsrechte des Betriebsrates nach dem BetrVG weder eingeschränkt noch ausgeweitet und kündigungsschutzrechtliche Wertungen des KschG nicht verändert.

Unberührt bleibt bei aufwändigeren Qualifizierungsmaßnahmen die Möglichkeit einer vertraglichen Regelung der Arbeitsvertragsparteien im Rahmen der gesetzlichen Bestimmungen, für den Fall der Eigenkündigung des Beschäftigten eine Rückzahlungsverpflichtung (von Teilen) der Qualifikationskosten zu vereinbaren.

Bestehende und zukünftige betriebliche Regelungen zur Qualifizierung werden durch diesen Tarifvertrag nicht betroffen, soweit sie wertgleich zu den Bestimmungen dieses Tarifvertrages sind oder über diese hinausgehen.

§ 11 In-Kraft-Treten und Kündigung

Dieser Tarifvertrag tritt am 1. Juli 2006 in Kraft.

Er kann mit dreimonatiger Frist zum Jahresende, erstmals zum 31. Dezember 2010, gekündigt werden.

Hamburg, Bremen, Wilhelmshaven den 28. April 2006

NORDVERBUND e.V.

**IG METALL
BEZIRKSLEITUNG KÜSTE, HAMBURG**

Betriebsvereinbarung Nr. 02/06

**zwischen Geschäftsführung der Peene-Werft GmbH
- einerseits –**

**und Betriebsrat der Peene-Werft GmbH
- andererseits –**

über die Grundsätze der innerbetrieblichen Stellenausschreibung

---

§ 1 Geltungsbereich und Zweck

1. Diese Betriebsvereinbarung gilt für Stellen, die innerhalb des Betriebes mit Arbeitnehmern/Arbeitnehmerinnen besetzt werden sollen.
2. Durch die innerbetriebliche Stellenausschreibung soll es jedem/jeder Mitarbeiter/Mitarbeiterin ermöglicht werden, die innerbetrieblichen Entwicklungs- und Aufstiegsmöglichkeiten entsprechend seinen/ihren Fähigkeiten, Neigungen und beruflichen Vorstellungen zu nutzen.

§ 2 Pflicht zur innerbetrieblichen Stellenausschreibung

1. Neu geschaffene oder frei werdende Stellen werden vor ihrer Neubesetzung innerhalb des Betriebes ausgeschrieben. Neben der internen Stellenausschreibung kann gleichzeitig eine externe Stellenausschreibung erfolgen.
2. Eine innerbetriebliche Ausschreibung entfällt in folgenden Fällen:
   a. leitende Angestellte gemäß § 5 Abs. 3 BetrVG
   b. Führungs- und Leitungspositionen, für die geeignete Bewerber/Bewerberinnen im Betrieb offensichtlich nicht vorhanden sind
   c. Stellen, die im Rahmen der Personalplanung mit einem/einer qualifizierten Bewerber/Bewerberin derselben Abteilung bzw. KST besetzt werden können, die bereits im Rahmen der dem Betriebsrat mitgeteilten Personalplanung bestimmt sind
   d. wenn die Stelle mit einem/einer Auszubildenden nach ende der Ausbildung, mit Betriebsangehörigen nach Wehrdienst, Mutterschutz und Elternzeit oder mit einem/einer Mitarbeiter/Mitarbeiterin besetzt werden kann, dessen Arbeitsplatz weggefallen ist.
3. Von einer innerbetrieblichen Stellenausschreibung kann nach Unterrichtung des Betriebsrates in folgenden Fällen abgesehen werden:
   a. wenn innerbetrieblich kein geeigneter Bewerber (m/w) zur Verfügung steht
   b. wenn die Bewerbung eines/einer betriebsfremden Bewerbers/Bewerberin vorliegt und durch innerbetriebliche Ausschreibung sich eine unvertretbare Verzögerung ergeben würde
   c. oder in allen sonstigen Fällen besonderer Eilbedürftigkeit.

§ 3 Inhalt der Stellenausschreibung

1. Die innerbetriebliche Stellenausschreibung enthält:
   a. eine Stellenbeschreibung unter Angabe der ausschreibenden Kostenstelle und die Bezeichnung des Arbeitsplatzes

b. Angaben über die erforderlichen fachlichen Qualifikationen einschließlich der Ausbildungsnachweise des/der Bewerbers/Bewerberin
c. tarifliche Eingruppierung
d. Besetzungstermin
e. Angaben zum Bewerbungsverfahren (Bewerbungsunterlagen, Form und Frist, Ansprechpartner im Betrieb).

2. Enthält die innerbetriebliche Ausschreibung keine Angaben über Form und Frist, endet die Bewerbungsfrist zwei Wochen nach Bekanntgabe. Die Bewerbung ist in schriftlicher Form bei der Personalabteilung einzureichen.

§ 4 Veröffentlichung der Stellenausschreibung
Die innerbetriebliche Stellenausschreibung erfolgt durch Aushang und durch Veröffentlichung auf dem Server ProPeene unter dem Pfad QMS/Stellenausschreibung.

§ 5 Auswahl des Bewerbers
Für die Auswahl des/der Bewerbers/Bewerberin ist ausschließlich die fachliche, persönliche Qualifikation sowie die gesundheitliche Eignung entscheidend. Interne und externe Bewerber/Bewerberinnen werden nach gleichen Kriterien beurteilt. Bei gleicher Qualifikation und Eignung haben innerbetriebliche Bewerber/Bewerberinnen den Vorrang vor außerbetrieblichen. Den Bewerbern und dem Betriebsrat wird innerhalb einer Frist von 14 Tagen die Entscheidung mitgeteilt.

§ 6 Schlussbestimmungen
1. Mit Inkrafttreten dieser Vereinbarung verliert die Betriebsvereinbarung vom 26.10.1990 über innerbetriebliche Stellenausschreibung ihre Gültigkeit.
2. Sollten sich einzelne Regelungen dieser Betriebsvereinbarung als unwirksam erweisen, wird dadurch die Wirksamkeit der übrigen Regelungen nicht berührt.
   Anstelle der unwirksamen Regelung ist eine neue wirksame Regelung zu setzen, welche dem Sinn und Zweck der ursprünglichen, aber unwirksamen Regelung möglichst nahe kommt.

3. Diese Betriebsvereinbarung tritt mit Wirkung zum 01.10.2006 in Kraft. Sie kann mit einer Frist von drei Monaten zum Jahresende, erstmals zum 31.12.2007 gekündigt werden.

Wolgast, 12.09.2006

_____   _____
        Geschäftsleitung   Betriebsrat

Entwurf –

Betriebsvereinbarung Nr.

Zwischen Geschäftsführung der Peene-Werft GmbH
einerseits –

und Betriebsrat der Peene-Werft GmbH
andererseits –

zur Gestaltung und Förderung der Berufsbildung von
Arbeitnehmerinnen und Arbeitnehmern der Peene-Werft GmbH

Regelungsbereiche: 1. Personalplanung
                                2. Erstausbildung
                                3. berufliche Bildung

1.   Personalplanung
1.1   Die Personalplanung ist neben der Gewinn-, Investitions-, Produktions- und Absatzpla-
        nung integrierter Bestandteil der gesamten Unternehmensplanung
        Die Personalplanung wird für die gleichen Planungszeiträume durchgeführt, wie die
        übrigen Bereiche der Unternehmensplanung
        kurzfristig - bis zu   1 Jahr
        mittelfristig - bis zu   3 Jahren
        langfristig - über   3 Jahre
1.2   Die Personalplanung soll dazu beitragen, die Aufgaben der Zukunft im Interesse der
        Arbeitnehmerinnen und Arbeitnehmer und des Unternehmens zu bewältigen. Ebenso
        soll erreicht werden, dass in Zukunft nur das Personal eingesetzt wird, das im Unter-
        nehmen von der Anzahl, der demographischen Entwicklung sowie den Aufgaben und
        den damit verbundenen Qualifikationen benötigt wird.
1.3   Die Geschäftsleitung hat den Betriebsrat über die Personalplanung, insbesondere über
        den gegenwärtigen und künftigen Personalbedarf sowie über die sich daraus ergeben-
        den personellen Maßnahmen und Maßnahmen der Berufsausbildung anhand von
        Unterlagen rechtzeitig und umfassend zu unterrichten.
1.4   Folgende Unterlagen sind dem Betriebsrat zur Verfügung zu stellen:
        – Stellenbeschreibungen; Stellenausschreibungen
        – Stellenpläne
        – Personalbedarfsermittlungen
        – Fluktuation
        – Statistiken: AK-Zahlen
                                      ANÜ
                                      Werksverträge
                                      Krankenstand
                                      Unfallgeschehen
                                      Belastungsplanung
                                      Schwerbehinderte
                                      Schichtpläne

– Bildungspläne
– Berufliche Aus- und Weiterbildung

1.5   Die Geschäftsleitung ist verpflichtet, rechtzeitig vor Beginn des jeweiligen Geschäftsjahres mit dem Betriebsrat über Art und Umfang der erforderlichen Maßnahmen zu beraten. Die Geschäftsleitung hat Anregungen, Bedenken und Vorschläge des Betriebsraters entgegen zu nehmen, sie ernsthaft zu prüfen und die beiderseitigen Vorstellungen/Konzepte zu verhandeln.

2.   Erstausbildung

2.1   Jährlich wird in den Struktureinheiten durch die jeweiligen Vorgesetzten in Absprache mit Meistern und Gruppenleitern eine Bedarfsanalyse erstellt und der Geschäftsleitung vorgelegt.

2.2   Geschäftsleitung und Betriebsrat legen gemeinsam die Ausbildungsberufe und die Anzahl der Ausbildungsplätze anhand des ermittelten Bedarfes fest.

2.3   Geeignete Bewerber/innen (Schulzeugnis, Bewerbungsschreiben) müssen sich durch einen Eignungstest und ein Vorstellungsgespräch mit dem Leiter der Ausbildung, einem JAV- Mitglied sowie einem Betriebsratsmitglied empfehlen.

2.4   Der dualen Ausbildung hinsichtlich der Besetzung von Schlüsselfunktionen im Unternehmen und der damit verbundenen Zeitschiene von der Erstausbildung bis zum Abschluss des Studiums wird ein besonderer Stellenwert eingeräumt. Der Ausbildungsvertrag, Arbeitsvertrag, Bildungsvertrag sowie der Urlaubsanspruch und die Finanzierung der Studienintervalle werden geregelt.

3   Berufliche Bildung

3.1   Kern der beruflichen Bildung ist, berufliche Kenntnisse und Fertigkeiten zu erhalten, sie zu erweitern und den technischen Entwicklungen sowie den beruflichen Veränderungen anzupassen. Dieser Prozess baut im Regelfall auf eine bereits abgeschlossene Berufsausbildung und auf eine gewonnene Berufserfahrung auf.

3.2   Betriebliche Regelungen zur Gestaltung der beruflichen Bildung

3.2.1   Bildungsbedarfsanalyse
        Den Ausgangspunkt für eine kontinuierliche Bildungsarbeit bildet die Ermittlung des Bildungsbedarfes auf der Basis der Personalbedarfsplanung und den daraus resultierenden Arbeitsplatzanforderungen.
        Unter Berücksichtigung eines Soll-Ist-Vergleiches des Eignungspotenzials und des Ersatzbedarfes der Mitarbeiter ist der Bildungsbedarf von den Abteilungsleitern bzw. den Leitern der Struktureinheiten zu ermitteln. Jeder Vorgesetzte führt dazu einmal jährlich ein Mitarbeitergespräch durch.
        Daraus resultierende Bildungsmaßnahmen sind der Abteilung Personal-/Sozialwesen zwecks Vorschau mit der Kostenplanung im Oktober des laufenden Jahres für das Folgejahr schriftlich bekannt zu geben und sind ein Bestandteil der Personalplanung. Die detaillierte, individuelle Beantragung erfolgt im Folgejahr.

3.2.2   Antragsverfahren
        Zur Beantragung von Bildungsmaßnahmen sind die Vordrucke
        - „Veranstaltung_I..." (für interne Maßnahmen – siehe Anlage 1)
        - „Veranstaltung_E..." (für externe Maßnahmen – siehe Anlage 2)
        (zu finden im zentralen Netzwerk der Peene-Werft GmbH – unter Netzwerkumgebung) zu verwenden und in der Abteilung Personal-/Sozialwesen zwecks Genehmigung einzureichen.

3.2.3. Organisation
        Die Organisation von internen und externen Bildungsmaßnahmen erfolgt auf Antrag der Fachbereiche durch die Abteilung Personal-/Sozialwesen.

Bei der Teilnahme an externen Bildungsmaßnahmen sind die Reservierungen für Hotel und Verkehrsmittel von den Fachbereichen eigenständig vorzunehmen.

3.3.   Betriebliche Förderung

3.3.1.   Freistellung

Bildungsmaßnahmen sind grundsätzlich außerhalb der regulären Arbeitszeit zu realisieren. Ist die Teilnahme an externen Bildungsmaßnahmen außerhalb der Arbeitszeit nicht zumutbar bzw. nicht möglich, gewährt die Peene-Werft GmbH eine bezahlte Freistellung auf Basis des Bruttoverdienstes lt. Tarifvertrag.

3.3.2.   Erstattung von Bildungskosten

Zu den Bildungskosten zählen Lehrgangsgebühren, Lehrmaterialien, Reisekosten (Fahrt- u. Übernachtungskosten, Tagegeld) und die Kosten für das Arbeitsentgelt bei einer bezahlten Freistellung.

Ist die Teilnahme an Bildungsmaßnahmen ausschließlich im betrieblichen Interesse, übernimmt die Peene-Werft GmbH Wolgast die Bildungskosten in voller Höhe.

Für die Teilnahme an Fremdsprachenlehrgängen, die auf Veranlassung des Betriebes absolviert werden, sind die nachstehenden Kosten von dem/der Mitarbeiter/in persönlich zu tragen

- Lehrgangsgebühren   zu 50%
- Reisekosten   zu 50%
- Kosten für bezahlte Freistellung   zu 50%

Bei der Realisierung von externen Bildungsmaßnahmen gelten die Grundsätze zur Dienstreisetätigkeit in der Peene-Werft GmbH sowie die gültigen Reisekostenrichtlinie.

Bei berufsbegleitenden privaten Bildungsmaßnahmen hat der Teilnehmer alle Kosten zu tragen. Eine Förderung und Unterstützung erfolgt nur hinsichtlich einer Schichtbefreiung und Umsetzung in die Normalschicht.

3.3.3.   Einarbeitung in ein neues Aufgabengebiet

Ist die Einarbeitung in ein neues Aufgabengebiet aufgrund einer höheren Stellenanforderung mit einer Qualifizierung und einer Versetzung verbunden, erhält der/die Mitarbeiter/in, beginnend mit dem Tag der Versetzung, für die Dauer von einem Jahr als Einarbeitungs- und Vorbereitungsjahr seinen/ihren bisherigen Bruttodurchschnittsverdienst lt. Tarifvertrag.

Während dieser Zeit wird vom Fachvorgesetzten eine Eignungseinschätzung zur Durchführung der Bildungsmaßnahmen (Soll-Ist-Vergleich des Eignungspotenzials) vorgenommen.

Mit dem/der Mitarbeiter/in wird die Einschätzung ausgewertet und im Eignungsfall die notwendigen Bildungsmaßnahmen besprochen und festgelegt.

Die weitere Entgeltvergütung gestaltet sich dann wie folgt:

- ab 2. Halbjahr der Einarbeitungs-
und Vorbereitungszeit   zuzüglich Z1 lt. TV
- mit Beginn der Bildungsmaßnahmen   zuzüglich Z2 lt. TV
- Ende der Bildungsmaßnahmen und Beginn
der neuen Tätigkeit   neue EG
                                              entsprechend der Arbeitsplatz-
                                              beschreibung

Mit der Einleitung einer Bildungsmaßnahme wird mit dem/der Mitarbeiter/in eine vertragliche Vereinbarung zur beruflichen Entwicklung (siehe Anlage 3) getroffen. Im Nichteignungsfall erfolgt eine Zurückversetzung in die alte Tätigkeit.

3.3.4.   Bildungsverträge

Bildungsverträge (siehe Anlage 4) sind für alle betrieblich notwendigen Bildungsmaßnahmen mit einer Mindesthöhe an Bildungskosten (ab 1.000,00 €) auszufertigen.

3.4. Abrechnung von Bildungsmaßnahmen

Die Abrechnung von internen Bildungsmaßnahmen obliegt der Abteilung Personal-/ Sozialwesen.

Externe Bildungsmaßnahmen sind von den Mitarbeitern/Mitarbeiterinnen unter Verwendung des Vordruckes „Abrechnung_Rei..." (siehe Anlage 5 – zu finden im zentralen Netzwerk der Peene-Werft GmbH – unter Netzwerkumgebung –) über die Abteilung Personal-/Sozialwesen abzurechnen.

3.5. Soziale und familienverträgliche Maßnahmen

Weitere soziale und familienverträgliche Maßnahmen zur Vermeidung von außergewöhnlichen Härten bzw. zur Verbesserung der Ausbildungsbedingungen können, sofern betriebliche Belange nicht dagegen stehen, zwischen dem/der Mitarbeiter/in und dem Unternehmen vereinbart werden.

3.6. Inkrafttreten und Kündigung

Diese Vereinbarung tritt mit Wirkung vom .... 2006 in Kraft und kann mit einer Frist von 3 Monaten zum Quartalsende gekündigt werden.

Mit Inkrafttreten dieser Vereinbarung werden die Betriebsvereinbarung Nr. 08/1990 vom 01.11.1990, der Nachtrag zur Betriebsvereinbarung Nr. 08E/1990 vom 01.03.1991 sowie die Aktennotiz Nr. 8E/1990 vom 04.04.1991 ungültig.

Wolgast, den 2006

....
    Geschäftsleitung   Betriebsrat

Uwe Bengelsdorf
Vorstandmitglied für die Bereiche Technik und Marketing einer mittelständischen Wohnungsgenossenschaft

7. Personalmotivation: Ein wichtiges Instrument des Personalcontrollings in einer kleinen Wohnungsgenossenschaft e.G.

Wir sind eine mittelständische, *gemeinnützige Wohnungsgenossenschaft* mit Liegenschaften an sieben Standorten in *Mecklenburg-Vorpommern*. Unser Unternehmen bewirtschaftet über 1100 eigene genossenschaftliche Wohneinheiten und ca. 250 Fremdwohnungen. Zur Durchführung der vielfältigen Aufgaben der Verwaltung, der Modernisierung und der Instandhaltung des Bestandes sowie der Mitgliederbetreuung sind 3,5 kaufmännische Angestellte, zwei Hauswarte und drei bis fünf Mitglieder zeitweise in geringfügigen Beschäftigungsverhältnissen bei uns eingesetzt. Wir unterliegen, durch unseren Unternehmensstatus begründet dem Genossenschaftsgesetz und unserer Satzung. Gemäß dem Genossenschaftsgesetz sind wir der Gemeinnützigkeit verpflichtet und verfolgen das **Ziel**, die Genossenschaftsmitglieder und Fremdmieter in jeder Hinsicht dienstleistungsmäßig zufrieden zu stellen. Zwar darf die Genossenschaft keine Gewinne realisieren, dies bedeutet aber keineswegs, dass eine Unternehmensplanung und Personalsteuerung ausbleiben kann.

In unserer **Organisation** gibt es allerdings, allein schon aufgrund der geringen Anzahl von Mitarbeitern, keinen eigenständigen Fachbereich „Personal" bzw. keinen Funktionsbereich „Personalcontrolling". Diese Planungs- und Steuerungsaufgaben werden von zwei hauptamtlichen und einem ehrenamtlichen Vorstandsmitglied wahrgenommen.

Der Wohnungsmarkt ist vom Charakter her ein **langfristiger Investitionsmarkt**. Der strategische Planungshorizont umfasst in der Regel bis zu zehn Jahre und wirkt sich auch auf die personalwirtschaftlichen Entscheidungen aus. Geplant werden alle Investitionen für Sanierungen, Zu- und Verkäufe etc.; auf Basis dieser werden die Personalplanungen für die nächsten Jahre abgeleitet.

Im Gegensatz zu anderen Absatzmärkten (z.B. Konsumgüter) ist der Wohnungs- und Immobilienmarkt in seiner Reaktion bezüglich der Preise und gesellschaftlichen Veränderungen als eher träge einzustufen. Dennoch verschonen die langfristigen Trends, wie sinkende Geburtenrate, Überalterung der Bevölkerung, Fluktuation und Migration auch die Immobilienbranche nicht. Diese Trends und Entwicklungen sind bei der Erstellung der Teilpläne zu berücksichtigen und gegebenenfalls Korrekturmaßnahmen vorzunehmen. Der

Wohnungsmarkt wir heute nicht in erster Linie vom Angebot bestimmt, sondern es handelt sich um einen Nachfrage- bzw. Mietermarkt. Dieser ist durch ein Überangebot an Wohneinheiten gekennzeichnet. Steuerliche Sonderabschreibungen haben allgemein die Bauaktivitäten gefördert, und die damalige Eigenheimzulage hat dazu geführt, dass viele Personen sich für den Bau von Eigenheimen entschieden. Die Lage auf dem Wohnungsmarkt gestaltet sich schwierig. Es ist weiterhin mit einem hohen Leerstand zu rechnen, der hohe Zusatzkosten verursacht. Vor diesem Hintergrund lauten unsere Ziele: möglichst hohe Auslastung der Wohneinheiten bei bester Wohnqualität sowie guter Betreuung der Mieter.

Um die Ziele realisieren zu können, sind wir auf motivierte und leistungsbereite Mitarbeiter angewiesen. Wir bauen auf die Erfahrung, die Sozialkompetenz und das hohe Engagement unserer Mitarbeiter. In ihnen sehen wir den wichtigsten Erfolgsfaktor der Genossenschaft. Deshalb betrachten wir eine gute Motivation und **Zufriedenheit der Mitarbeiter** als wichtigen Bestandteil der Unternehmenssicherung. **Was wird getan**, um die Mitarbeiter an die Organisation zu binden und sie für ihre Aufgaben zu motivieren?

* Wöchentlich wird eine Arbeitsberatung durchgeführt, in der alle Mitarbeiter in positiver Atmosphäre betriebliche Probleme kritisch und kreativ diskutieren.
* Es finden planmäßige, halbjährliche Mitarbeitergespräche statt, um Potenziale zu entdecken und zielgerichtet zu fördern.
* Jeder Mitarbeiter nimmt jährlich an einer fachbezogenen Weiterbildung (2 Tage) teil.
* Regelmäßige Arbeitsessen von Aufsichtsrat und Mitarbeitern werden durchgeführt, um in entspannter Atmosphäre betriebliche Probleme, aber durchaus auch mal persönliche Angelegenheiten, zu besprechen.
* In den gemeinsamen Pausen, wie Frühstück und Mittagessen, werden u.a. Tagesaufgaben besprochen und Problemlösungen erörtert.
* Gemeinsame Jahresabschlussfeiern und Kegelabende o.ä. mit Partner werden veranstaltet, um das Betriebsklima nachhaltig zu fördern.

Weitere Erfolgsfaktoren unserer Genossenschaft sind: Eine „**flache Hierarchie**", die **kurze Wege** zwischen Mitarbeiter und Vorgesetzten bedeutet. Das **Prinzip der offenen Türen**, das eine intensive Kommunikation jederzeit ermöglicht. Unsere Mitarbeiter haben bei festgeschriebenen Arbeitsinhalten (Funktionsplan/Stellenbeschreibung) eine hohe Eigenverantwortung, wie ein jeder sein Tagesziel erreicht. Werden die erwarteten Vorgaben über einen Zeitraum von ca. vier Wochen nicht realisiert, gibt es außerplanmäßige, wohlwollende Gespräche, in denen Ursachen und Probleme ergründet werden. Unsere **Dienstleister-Philosophie** besagt, alles für das Wohl unserer Kunden zu tun, um den Auslastungsgrad zu maximieren. Diese Einstellung ist bei allen Mitarbeitern akzeptiert und somit kann auch ein Mieter bei Problemen kurze Wege erwarten. Die Kundennähe sei durch folgendes **Beispiel** illustriert:

Bei einem Anruf, auch außerhalb der Geschäftszeiten, ist es selbstverständlich, dass dem Anrufer kompetent geholfen wird, oder sein Problem unverzüglich gelöst, oder an den entsprechenden Mitarbeiter weitergeleitet wird.

Die Nähe zu den Mitarbeitern und der Einsatz oben genannter Maßnahmen fördern ein gutes Betriebs- und Arbeitsklima in unserer Genossenschaft, so dass auch wirklich team- und aufgabenorientiert zusammengearbeitet wird. Probleme werden unkompliziert und kreativ angegangen werden. Bei allen Problemen und Herausforderungen sollte auch noch eine Portion „Spaß" bei der Arbeit sein und das Gefühl für einen relativ sicheren Arbeitsplatz vorherrschen.

Abschließend kann gesagt werden, dass wir zwar keine ausgeprägte Personalstrategie oder gar ein festinstalliertes Personalcontrolling haben, dennoch wird auch vieles von dem, was bei großen Unternehmungen in entsprechenden Fachabteilungen geplant und analysiert wird, bei uns im kleinen Rahmen und sicherlich eher **intuitiv** vollzogen und umgesetzt. **Ziele** werden besprochen, kritisch diskutiert und dann in einzelnen Arbeitsaufgaben auf jeden Mitarbeiter runtergebrochen, um den Einzelnen zu fordern und zu fördern. Motivierte Mitarbeiter und ein funktionierendes Team zu haben, sind ein zentrales Anliegen des Vorstands. Die Mitarbeiter sollen sich als gestaltendes Mitglied der Genossenschaft sehen und nicht das Gefühl haben, nur ein unbedeutendes Rädchen in einer anonymen Organisation zu sein.

Marlies Stickel
Leiterin der Abteilung Personal und Sozialwesen im
AMEOS Diakonie Klinikum

8.   Mitarbeiterförderung als Teilaufgabe des Personalcontrollings im AMEOS Diakonie Klinikum

8.1   Unternehmensgrundsätze

Wir sind eine Einrichtung der *AMEOS Gruppe* in der Region Mecklenburg-Vorpommern und betreiben ein Krankenhaus der medizinischen Grundversorgung mit spezialisierten psychiatrisch-psychotherapeutischen Behandlungen sowie ein Fachkrankenhaus für Forensische Psychiatrie. Unser Pflegehaus ist Lebensraum für schwer geistig und körperlich behinderte Menschen. Für Kinder bieten wir eine Tagesstätte an. Die Diakonische Dienstleistungsgesellschaft ist ein Tochterunternehmen und erbringt Serviceleistungen auf dem Gebiet der Gebäudereinigung und Beköstigung.

- Wir betrachten den Menschen umfassend mit Körper, Geist und Seele. Seine Würde ist unantastbar und wird nicht durch Krankheit und Behinderung eingeschränkt. Wir sehen ihn in seiner Individualität und achten sein Selbstbestimmungsrecht. Alles Leben, das uns begegnet, hat seine Würde aus sich heraus. Wir begegnen ihm mit Ehrfurcht. Krankheit und Behinderung schränken diese Würde nicht ein.
- Wir verstehen uns als diakonische Dienstgemeinschaft. Jede Mitarbeiterin und jeder Mitarbeiter ist gleichermaßen wertvoll für unser Unternehmen. Wir streben ein gemeinsames Ziel an. Unsere Zusammenarbeit ist von gegenseitiger Achtung und Wertschätzung gegenüber jedem geprägt, unabhängig von Status und Funktion. Wir sind in unserer Verantwortung für unterschiedliche, sich ergänzende Aufgabenbereiche aufeinander angewiesen. Wir schaffen eine Atmosphäre, in der die Mitarbeiterinnen und Mitarbeiter ihre Kompetenzen zielorientiert einbringen und entwickeln können. Jeder Einzelne erfährt regelmäßig motivierende Beratung und Beurteilung. Unsere Fachlichkeit ist geprägt von hoher Leistungsbereitschaft, Professionalität und Verantwortungsbewusstsein in der ständigen Zuwendung zu den uns anvertrauten Menschen.
- Wir nutzen Chancen und Möglichkeiten zur Fort- und Weiterbildung mit dem Ziel, die fachlichen, sozialen und kommunikativen Kompetenzen aller Beschäftigten zu sichern und zu erweitern. Dadurch wird die Kreativität maßgeblich gefördert, und alle können sich umfassend in die Gestaltung des täglichen Arbeitsprozesses einbringen. Die Ausbildung

junger Menschen ist Ausdruck unserer fachlichen und sozialen Verantwortung.

- Unser Leistungsangebot der Grundsicherung, bei gleichzeitiger flexibler Spezialisierung, ist geleitet vom Prinzip der Wirtschaftlichkeit.

8.2   Die „Branche" Gesundheitswesen im Wandel

Die sich verändernden Bedingungen im Gesundheitswesen bedingen für alle beteiligten Akteure neue Fragestellungen nach Problemlösungen. Da jede Organisation durch ihre Umwelt mitgeprägt wird, hängt auch der Erfolg der Strategieentwicklung von Unternehmen in der Gesundheitsbranche „stationäre Gesundheitsdienstleistungen" bzw. Krankenhaus maßgeblich davon ab, inwieweit es der Organisation gelingt, die gegenwärtige Lage zu beurteilen und Veränderungen der Umwelt rechtzeitig zu erkennen sowie diese beim Planungs- und Problemlösungsprozess zu berücksichtigen.

Insbesondere die „Branche" stationäre Gesundheitsdienstleistungen, die eher dem **Non-Profit-Sektor** zuzuordnen ist und somit bisher weniger dem Marktmechanismus mit seinen ökonomischen Gesetzen ausgesetzt war, sieht sich nunmehr immer stärker dem **Sog der Liberalisierung und Privatisierung** ausgesetzt. Das Handeln der Ärzte und des Pflegepersonals zeichnet sich in erster Linie durch die Konzentration auf den erkrankten Menschen und seiner Heilung aus. Die Unternehmenskultur ist durch ethische Grundsätze geprägt und am hippokratischen Eid ausgerichtet. Durch die Veränderung der Finanzierung von Krankenhäusern, hervorgerufen durch einen starken Anstieg der Kosten im Gesundheitswesen, ist eine ökonomische Denkweise auch bei Ärzten und Pflegepersonal zwingend notwendig. Die wirtschaftliche Betrachtungsebene nimmt zu und damit die Notwendigkeit eines verstärkten Steuerungsbedarfs (vgl. Hörig 2001, S. 1). Der zunehmend stärker werdende Wettbewerb und die Ökonomisierung im Gesundheitswesen erzwingen vom Arzt sowie dem Leitungspersonal in verstärktem Maße **betriebswirtschaftliches Denken und Handeln**. Die Diskussionen um Krankenhausmanagement und Personalcontrolling kennzeichnen diesen Entwicklungstrend (vgl. Bernhard/Walsh 1997, Haubrock/Schär 2002, Zwierlein 1997) In diesem Zusammenhang unterliegt vor allem auch der Teilaufgabenbereich der Personalentwicklung enormen Veränderungen, denen die Unternehmensleitung mit geeigneten Instrumenten und Maßnahmen begegnen muss.

8.3   Allgemeines Personalcontrolling im Ameos Diakonie Klinikum

Das Gesundheitswesen steht heute vor größten Herausforderungen. Diesen Veränderungen kann man nur gerecht werden, wenn alle Hierarchieebenen beteiligt werden. Das moderne Personalmanagement ist dabei direkter Erfolgsträger unseres Unternehmens. Das Personalcontrolling als Funktionsbereich des Personalwesens liefert monatlich, halbjährlich und jährlich der Geschäftsleitungsebene wichtige Daten (Auswertungen), die als Unterstützungsfunktion für den Aufbau von Ressourcen und zur Sicherung der strategischen Unternehmensziele unabdingbar sind.

Das primäre **Betrachtungsobjekt** unseres Personalcontrollings ist die **Belegschaft** des Unternehmens. Typischerweise stehen dabei nicht einzelne Mitarbeiter, sondern **Mitarbeitergruppen** oder die **Gesamtheit der Beschäftigten** im Fokus. Abbildung 140 zeigt die Betätigungsfelder bzw. für welche Bereiche Auswertungen gefahren werden.

Abb. 140: Statistische Auswertungen

Mitarbeiterzahlen	Auswertung monatlich,
Organigramme	Auswertung monatlich
Kostenstrukturen	Auswertung monatlich
Fehlzeitenanalysen	Auswertung monatlich
Fluktuationsstatistik	Auswertung monatlich
Personalplanungen	Auswertung jährlich
Stellenplan und Stellenbeschreibungen	Auswertung jährlich
Betriebszugehörigkeiten	Auswertung jährlich
Altersstrukturen	Auswertung jährlich
Ausbildungsschlüssel	Auswertung jährlich
Fort- und Weiterbildungsanalysen	Auswertung jährlich
Einzelgespräche für jeden/e Mitarbeiter/in	Auswertung jährlich
Mitarbeiterzufriedenheit	alle 2 Jahre

Unverzichtbare Basis für jedes Personalcontrolling ist die Verfügbarkeit eines für die Herstellung von aussagekräftigen Personalstatistiken geeigneten Personaldatenbestandes. Nicht geeignet in diesem Sinne sind bereits gruppierte oder summierte Vorselektionen, sondern ausschließlich auf Personenebene dargestellte Datenbestände. Personalcontrolling ist weit mehr als eine rückblickende oder monatsaktuelle Personalstatistik. Es ermöglicht zukünftige Prognosedaten vorherzusagen. Die Genauigkeit dieser Daten ist abhängig von der Qualität der Ausgangsdaten.

Der transparenter werdende Markt bietet uns zunehmend Vergleichsmöglichkeiten und Gelegenheit zur Untersuchung der eigenen Kostentreiber. Eine aktive Personalpolitik, die in der Folge unternehmensstrategischer Ziele ihre Steuerungsfunktion stärken und in bezug auf Mitarbeiterquantitäten und -qualitäten flexibler agieren will, muss daher permanent ihre Hochrechnungsarbeit professionalisieren. Was letztlich den Erfolg und Wert der Personalarbeit bestimmt, sind nicht Aktivitäten, sondern welcher ökonomische Nutzen und welcher messbare Beitrag zum Unternehmenserfolg erbracht werden.

Diese Statistiken werden mit den einzelnen Fachbereichsleitern in den monatlichen Budgetauswertungen besprochen. Negativ Trends werden umfassend analysiert und gleichzeitig Festlegungen getroffen, die diesen Prozess entgegenwirken. Positive Entwicklungen werden ebenfalls betrachtet und geprüft auf Anwendbarkeit in anderen Bereichen des Unternehmens. Der größte Anteil der Kosten in unserem Unternehmen fällt auf den Personalbereich. Er macht etwa 65 Prozent der Gesamtkosten aus. Es ist offensichtlich, wer diesen Kostenblock nicht steuern kann, der hat unter den heutigen Bedingungen das Nachsehen. Das ist nur möglich, wenn wir die quantitativen und die qualitativen Leistungsparameter der Mitarbeiter gleichermaßen entwickeln.

8.4   Personalentwicklung eine konzeptionelle Aufgabe

Die Personalentwicklung ein umfasst ein sehr komplexes Aufgabengebiet innerhalb der betrieblichen Personalarbeit. Auch wenn die Personalentwicklung angesichts der Erfüllung der vielfältigen Aufgaben sich nicht immer eindeutig von anderen Teilbereichen der Personalwirtschaft abgrenzen lässt, sollte jede Organisation bestrebt sein, ein eigenes Konzept der Personalentwicklung zu realisieren.

Der Werkzeugkasten des Controllers bzw. Personalentwicklers hat zahlreiche Instrumente. Folgende Auflistung weist **instrumentelle Bausteine** der **Personalentwicklung** aus, die, abgeleitet aus dem dargestellten Konzept für eine **systematische Personalentwicklung** in Organisationen aller Art und Größe, grundsätzlich in Frage kommen:

- **Ermittlung der Anforderungen der Organisation**: Organisationspläne und Stellenpläne, Stellenbesetzungspläne, Stellenbeschreibungen, Anforderungsprofile.
- **Ermittlung der Eignung der Mitarbeiter**: Mitarbeiterbeurteilung (Leistung und Potenzial), Mitarbeiterbefragungen, Befragungen der Vorgesetz-

ten, Beurteilungsseminare (Assessment Centers), innerbetriebliche Stellen-ausschreibung.
- **Gestaltung der (eigentlichen) Personalentwicklung**: Fördergespräch, Laufbahn- und Nachfolgeplanung, Coaching, Outplacement, Job Enrichment und Job Enlargement.
- **Qualifikationsvermittlung**: Training-on-the-job und Training-off-the-job (interne und externe Bildungsmaßnahmen).
- **Evaluierungs- bzw. Kontrollmaßnahmen:** Kosten- und Erfolgskontrolle.
- **Informationsgrundlagen:** Personalinformationssystem, Personalkarteien und Pesonaldateien (vgl. Mentzel 1997, S. 26).

Trotz oder gerade wegen der Ökonomisierungstendenzen im Krankenhaus-bereich sollte darauf geachtet werden, dass das Krankenhaus **nicht zur reinen Gesundheitsindustrie verkommt.** Vor diesem Hintergrund kommt der Aus- und Weiterbildung sowie Förderung des Personals eine besondere Bedeutung zu. Gerade bei stationären Gesundheitsdienstleistungen sollte nicht das kostenorientierte Effizienzcontrolling, sondern das **Effektivitäts-controlling** die Personalpolitik prägen (vgl. Wunderer/Schlagenhaufer 1994, S. 22ff.)

8.5   Weiterbildung und Mitarbeiterförderung unter veränderten Rahmenbedingungen

Mit den oben genannten Bedingungen und Einflussfaktoren im Hinblick auf Personalmanagement setzten sich auch die *Ameos-Diakonie-Kliniken* kritisch auseinander. Denn ähnlich wie in vielen anderen Krankenhäusern bestehen kaum Personalreserven. Die Mitarbeiter werden durch Überstunden stark beansprucht, und die anfallenden Aufgaben müssen, unter anderem aufgrund fehlender Fluktuation und gegebenenfalls verstärkt durch Personalabbau auf Basis eines Sozialplans, von Personen mit vergleichsweise hohen Lebens-bzw. Dienstalter durchgeführt werden.

Wie bereits erwähnt, kommt noch „erschwerend" hinzu, dass angesichts der emotionalen Bindung des Patienten an das Praxis- bzw. Betreuungsteam (Arzt und Pflegepersonal) dem „dienstleistungsmarketingpolitischen Instrument" ein besonderer Stellenwert beigemessen werden muss. Dabei spielt das „richtige" Personal- bzw. Krankenhausteam insgesamt eine große Bedeutung, wenn es um die **Patientenbindung** geht. Da das Team das Krankenhaus nach innen und nach außen präsentiert, stellt es einen wichtigen Bestandteil der Corporate-Identity-Politik und des Imagemarketings dar. Dieser hohe Stellen-wert fordert gerade eine zielorientierte Führung der Mitarbeiter heraus, „und zwar nicht nur im Hinblick auf die Fachkompetenz, sondern auch in Hinblick auf die Kommunikationskompetenz (vgl. Saleh 2003, S. 448). Aus den Ausführungen wird ersichtlich, dass die Planung, Durchführung und Evaluierung von Weiterbildungsmaßnahmen zur Steigerung der **Leistungsfähigkeit und -willigkeit der Mitarbeiter**, trotz knapper Gelder für Personalentwicklungsmaßnahmen, geradezu ein Muss sind. Mit der **Personalentwicklung** verfolgt ein Krankenhaus grundsätzlich folgende **Ziele**: Entwicklung und Steigerung der Mitarbeiterqualifikation, Gewinnung von (Führungs-)Nachwuchskräften aus den vorhandenen Mitarbeitern, Förderung von qualifizierten Mitarbeitern, Aufdeckung und Beseitigung von Fehlbesetzungen, Anbindungs- und Motivationspolitik gegenüber qualifizierten Mitarbeitern, Schaffung von Mitarbeiteranreizen, Verbesserung des sozialen Klimas; Begrenzung der Fluktuation und Verbesserung des Krankenhausimages (vgl. Möllering/Hintelmann/Schulze Frenking 1998, S. 153).

8.6 Beurteilungssystem sowie Fort- und Weiterbildung als Eckpfeiler konzeptioneller Personalentwicklung

Im Rahmen der Personalentwicklung beider Einrichtungen werden dem **Beurteilungssystem** und der **Fort- und Weiterbildung** ein besonderes Augenmerk geschenkt. Beide Maßnahmen sind mit dem Ansinnen einer stärker **konzeptionellen Ausrichtung der Personalentwicklung** im Jahr 2003 speziell für die Mitarbeiter des Pflege- und Funktionsdienstes entwickelt worden. Der Handlungsbedarf geeignete Steuerungsinstrumente seitens der Unternehmensleitung zu nutzen, ergab sich zwar einerseits aus den dargelegten Bedingungen, wurde aber auch durch Impulse der Mitarbeiter maßgeblich unterstützt und mitgetragen.

8.7.1 Mitarbeiter-Beurteilungssystem

Vor der Einführung des Beurteilungssystems fand Mitarbeiterbeurteilung nur sporadisch oder anlassbezogen statt. Feedback innerhalb des Arbeitsalltages hing maßgeblich von der Führungsqualität der zuständigen Leitungsperson ab. Diese Situation wurde im Hinblick auf gezielte Führung und Einsatz der Mitarbeiter und deren Motivation durch regelmäßige Rückmeldungen über Leistungen und Verhalten als unzureichend eingeschätzt. Auf einer Klausurtagung aller Stations- und Pflegedienstleitungen wurde das Thema diskutiert und der Arbeitauftrag „Erstellung eines Beurteilungs- und Beratungssystems" an einen **Qualitätszirkel** erteilt, der sich aus Mitarbeitern, Leitungskräften und Vertretern der Mitarbeitervertretung bzw. des Betriebsrates zusammensetzte. **Zielsetzung** war die Einführung einer systematischen und objektiven Mitarbeiterbeurteilung als Instrument zur Mitarbeiterführung, Mitarbeitermotivation und Mitarbeiterentwicklung (vgl. Weidlich 2005).

Bezüglich der Realisierung eines **Anforderungs-Eignungs-Vergleichs** wurde davon ausgegangen, dass Mitarbeiter nicht nur das Recht haben zu wissen, sondern ihnen auch transparent gemacht wird, was von ihnen erwartet wird und inwieweit sie diese Erwartungen erfüllen. Als Grundlage für die Bewertung lag die jeweilige ausführliche **Stellenbeschreibung**, die für jeden Mitarbeiter zur näheren Ausgestaltung seines Arbeitsvertrages erstellt worden ist, vor. Um Änderungsbedarfe festzustellen und die **Basis für eine Leistungsbeurteilung** mit sich anschließenden Förderungsmaßnahmen auf die Plattform von Offenheit und Vertrauen zu stellen, wurden zur Objektivierung und Systematisierung von Sachverhalten **diverse Formulare** wie z.B. der Beurteilungs- und Beratungsbogen (vgl. Abb. 141), eine entsprechende Verfahrensanweisung sowie unterschiedliche Listen zur Protokollierung erarbeitet. Diese Instrumente bilden die Grundlage für das **individuelle Personalförderungsgespräch**. Geklärt wurde ferner welche Mitarbeiter, wann, durch wen und mit welchen Verfahren einer Leistungsbeurteilung unterzogen werden sollen. Prinzipiell entschied man sich für die Form der **systematischen Leistungsbeurteilung**. D.h. vorrangig werden die in der Vergangenheit in einem abgesteckten Zeitraum erbrachten Leistungen des Mitarbeiters (Leistungsergebnis und -verhalten) erfasst und bewertet. Darauf aufbauend wird jedoch auch versucht, das **Potenzial des Mitarbeiters** für zukünftige Aufgabenstellungen zu bestimmen.

Abb. 141: **Beurteilungs- und Befragungsbogen**

Name   Vorname

Arbeitsbereich   Qualifikation

Beurteilungszeitraum   Beschäftigungsdauer

Letzte Beurteilung(en)

Anlass der Beurteilung ☐ Periodische Beurteilung   ☐ Fort-und Weiterbildung   ☐ Ablauf Probezeit

                         ☐ Wunsch des Mitarbeiters   ☐ Versetzung/Umsetzung   ☐ Arbeitszeugnis

                         ☐ Sonstige_ _

Bewertungskritetien

1   Nicht immer erfüllt   2   erfüllt   3   voll erfüllt   4   hervorragend

Soziale Kompetenz

- Vertreten des eigenen Standpunktes   ☐
  -äußert sich aktuell und sachbezogen im richtigen Rahmen
  -drückt sich klar und verständlich aus
  -macht sein Handeln transparent

- Kontaktaufnahme zu Patienten/Bewohnern und deren Angehörigen/Betreuern   ☐
  - ist in der Lage, professionelle Beziehungen aufzunehmen/ zu führen
  - hört zu und geht auf Klienten ein
  - berücksichtigt die Persönlichkeitssphäre
  - vermittelt Ruhe und Sicherheit
  - informiert innerhalb seiner Kompetenzen

- Team- und Kritikfähigkeit   ☐
  - integriert sich im Team, ist ehrlich und offen
  - ist gesprächsbereit, hört zu und geht auf Kollegen ein
  - gestaltet eine konstruktive Zusammenarbeit in der Bezugs-/ Bereichspflege
  - erkennt Problem, greift Konflikte auf, setzt sich damit auseinander
  - strebt sachliche Problem- und Konfliktlösungen an
  - kann Kritik und Anregungen sachlich annehmen und auch selbst in sachlicher Weise abgeben
  - unterstützt andere Mitarbeiter

- Kooperation mit anderen Berufsgruppen   ☐
  - sorgt für Klarheit und Transparenz in seiner Arbeit
  - trägt zu Problem-/ Konfliktlösungen bei
  - setzt gemeinsame Entscheidungen um

- Vertreten des eigenen Standpunktes   ☐
  - reflektiert eigene Handlungs- und Verhaltensweisen
  - korrigiert diese bei Bedarf selbständig

Individuelle Kompetenz

- Verantwortungsbereitschaft   ☐
  - ist sich der Tragweite seiner Handlungen bewusst
  - führt Arbeitsaufträge verantwortlich aus (ist umsichtig dabei)
  - übernimmt Verantwortung

- Initiative/ Improvisationsvermögen   ☐
  - kann in spontan entstandenen Situationen Lösungen erkennen und umsetzen
  -zeigt sich flexibel und behält die Übersicht

- Vertreten des eigenen Standpunktes   ☐
  - kann sich bei veränderten Arbeitsabläufen effektiv umstellen
  - übernimmt kurzfristig andere Tätigkeiten

- Selbständigkeit

  - erkennt selbständig Aufgaben/Probleme, findet adäquate Lösungen und setzt diese um
  - arbeitet ohne Anleitung   ☐

- Belastbarkeit
  - arbeitet ausdauernd und konzentriert, auch bei hohem Arbeitsanfall   ☐
  - bewältigt Ausnahme und Krisensituationen

- Zuverlässigkeit   ☐
  - pünktlich
  - arbeitet termingerecht
  - führt Arbeiten vollständig aus

- Sorgfalt   ☐
  - arbeitet umsichtig
  - führt Arbeiten korrekt aus

- Diskretion   ☐
  - beachtet die dienstliche Schweigepflicht
  - gibt zielgerichtet Informationen an den zuständige Adressaten

- Empathiefähigkeit   ☐
  - ist im Kontakt mit anderen verständnisvoll und vorurteilsfrei
  - steht diesen als sensibler Gesprächspartner wertschätzend gegenüber

- Einsatzbereitschaft   ☐

III   Individuelle Kompetenz

  - Kenntnis über Krankheitsbilder   ☐
    - besitzt fundierte Fachkenntnisse
    - kann erlerntes Wissen in der Praxis umsetzen

  - Pflegebeobachtung   ☐
    - beobachtet gezielt
    - nimmt Veränderungen wahr

  - Pflegeplanung   ☐
    - erstellt, ausgehend von der Beobachtung (Probleme/Ressourcen)
    - sinnvolle, strukturierte Planung
    - setzt klare, detaillierte Ziele (klare Strukturen)
    - Berücksichtigung der Bedürfnisse der Patienten

  - Pflegemethoden   ☐
    - arbeitet nach Pflegestandards
    - wendet aktuelle Pflegetechniken an

  - Umsetzung der Ziele nach dem therapeutischen Konzept   ☐

  - Kenntnis und Umsetzung von Vorschriften und gesetzlichen Grundlagen   ☐

  - Entwicklung des eigenen Fachwissens   ☐

Datum :   _ _ _ _ _ _ _ _ _ _ _

Kenntnis genommen: _ _ _ _ _ _ _ _ _ _ _   _ _ _ _ _ _ _ _ _

                    MitarbeiterIn   Vorgesetzter

Für die Durchführung einer **akzeptierten** und in einer Organisation **verwendbaren Personalbeurteilung** spielen neben den **gesetzlichen Grundlagen** vor allem bestimmte **fachliche und menschliche Voraussetzungen** eine wichtige Rolle. Wer soll von wem beurteilt werden, bzw. aus welchen Personen soll sich die Gesprächsrunde zusammensetzen? Bei der Vorgabe, dass jeder Mitarbeiter mindestens einmal im Jahr beurteilt werden sollte, ergab sich nicht nur aus inhaltlichen, sondern auch aus logistischen Gründen die Festlegung, dass lediglich der direkte Vorgesetzte des Mitarbeiters in Frage kommt. Die zusätzliche Arbeitsbelastung durch diese Aufgabe wurde deshalb auf ca. 45 Leitungskräfte im mittleren Management, die damit jeweils ca. 12 bis 15 Mitarbeiter pro Jahr einzuschätzen haben, verteilt. Um den Tatsachen Rechnung zu tragen, dass bei den Leitungskräften natürlich die fachlichen und menschlichen Voraussetzungen unterschiedlich ausgeprägt sind und um latente Konflikte und Frustrationen möglichst nicht aufkommen zu lassen, wurde zum einen die Qualifizierung der Beurteiler ins Auge gefasst, und zum anderen sollte ein „unabhängiger" Beobachter zur Objektivierung der Gesprächssituation beitragen. Es soll eben ein partnerschaftlich-orientiertes Personalbeurteilungs- und -förderungsgespräch stattfinden, das dem Mitarbeiter nutzt und gleichzeitig auch zur Verbesserung der Führungsqualität (Vorgesetzten-Mitarbeiter-Verhältnis) beiträgt. Die Funktion des Moderators übernimmt ein Mitglied der Mitarbeitervertretung bzw. des Betriebsrats. Diese Entscheidung erfolgte aus der Überlegung heraus, dass zum einen jeder Mitarbeiter ohnehin das Recht hat, seine Interessenvertretung hinzuzuziehen. Zum anderen ist aber im Hinblick auf eine Objektivierung von Leistungen, insbesondere bei „schwierigen" Mitarbeitern, auch für den Vorgesetzten die Beteiligung dieser Gremien als sinnvoll anzusehen. Die **Schulung aller Beurteiler und der Beobachter** fand an zwei Tagen als Inhouse-Seminar mit einem Psychologen als Fachdozent statt und wird weitergeführt. Inhalte waren allgemeine Grundsätze der Gesprächsführung, das Führen von Beurteilungsgesprächen und die Vermittlung von Wissen über Beurteilungsfehler sowie die spezielle Anwendung des Beurteilungssystems, welches auch in Rollenspielen geübt wurde. Somit waren nach Abschluss einer **Betriebsvereinbarung mit der Mitarbeitervertretung bzw. dem Betriebsrat** Voraussetzungen für die Einführung des Beurteilungssystems gegeben.

Wie dem **Beurteilungs- und Beratungsbogens** (vgl. Abb. 141) zu entnehmen ist, werden die soziale, individuelle und Fachkompetenz festgehalten. Als **Erfassungs- und Beurteilungsmaßstab** entschied man sich für eine modifizierte Nominalskala. Bewusst wurde auf die klassische „Schulnoten"-Einteilung verzichtet. Um Mittelfehler weitgehend auszuschließen, wurde die Graduierung als gerade Zahl gehalten. Da innerhalb der Abteilungen die verschiedenen Arbeitsaufgaben deutlich voneinander unterschiedliche Schwerpunkte darstellen, mussten die Kriterien der Beurteilung, so definiert werden, dass sie möglichst auf alle Mitarbeiter anwendbar bleiben. Bereichsspezifische Schwerpunkte werden anhand der Kriterien im Mitarbeitergespräch präzisiert.

Wie sieht der **Prozess der Mitarbeiterbeurteilung** unter Verwendung des Instruments aus? Das Procedere der Mitarbeiterbeurteilung beginnt damit, dass der direkte Vorgesetzte und Stellvertreter unter Zuhilfenahme des Beurteilungs- und Beratungsbogens den Mitarbeiter beurteilen. Gleichzeitig erhält der Mitarbeiter den Beurteilungs- und Beratungsbogen, um seinerseits die eigene Leistung bewerten zu können. Ein Beurteilungs- und Beratungsbogen liegt als Muster im Arbeitsbereich aus, damit sich die Mitarbeiter bereits im Vorfeld darüber informieren können. Der Vorgesetzte und der Mitarbeiter tauschen die ausgefüllten Formulare ca. eine Woche vor dem Gespräch zur Vorbereitung aus und bringen das Formular zum Gesprächstermin mit. Bei der Terminplanung wird der Teilnehmerkreis festgelegt, der in der Regel aus dem Mitarbeiter und der Stationsleitung (oder Stellvertretung) sowie je nach Einrichtung einem Mitglied der Mitarbeitervertretung oder des Betriebsrates besteht. Bei schwerbehinderten Mitarbeitern wird der Beauftragte der Schwerbehindertenvertretung hinzugezogen. Alle zwei Jahre nehmen zusätzlich ein nächsthöherer Vorgesetzter (wie die zuständige Pflegedienstleitung oder der Pflegedirektor) an der Gesprächsrunde teil. Diese besteht jedoch grundsätzlich aus mindestens drei Gesprächspartnern. Das **eigentliche Gespräch** findet außerhalb des Arbeitsbereiches statt, damit eine unbelastete Atmosphäre garantiert werden kann. Zu Beginn werden die Vertraulichkeit und die Gleichberechtigung innerhalb des Gesprächs für alle Teilnehmer hervorgehoben. Der Beurteilungs- und Beratungsbogen wird dabei als Leitfaden verwandt, um die Leistungen des Mitarbeiters einzuschätzen und insbesondere um auf Differenzen einzugehen. Schwerpunkte sind die Darstellung der Leistungsentwicklung des Mitarbeiters, die Hervorhebung von positiven Fähigkeiten und Fertigkeiten sowie seines Fachwissens, aber auch die Verdeutlichung von Reserven im Leistungsvermögen. Die eigenen Vorstellungen des Mitarbeiters zur persönlichen Leistungsentwicklung werden dabei mit einbezogen. Insbesondere Vorschläge zur Verbesserung und Förderung der Arbeitssituation aus Sicht des Mitarbeiters, aber auch Kritik am Führungsverhalten des Vorgesetzten sind erwünschte Bestandteile des Gespräches. Die Dauer des Gesprächs wird von den Gesprächspartnern bestimmt; als Richtwert gilt eine Zeit von mindestens 45 Minuten. Im Anschluss wird der Zeitraum für das nächste Beurteilungs- und Bewertungsgespräch bestimmt und ggf. Zielvereinbarungen getroffen. Das **Gesprächsprotokoll** (vgl. Abb. 142) wird von den Gesprächsteilnehmern unterschrieben und dem Mitarbeiter eine Kopie ausgehändigt. Der Beurteilungs- und Beratungsbogen des Vorgesetzten sowie das Gesprächsprotokoll werden als laufender Vorgang bei der Pflegedienstleitung verwahrt und sind eben **nicht** Bestandteil der Personalakte. Die ausgewerteten Bögen dienen als Arbeitsgrundlage für alle weiteren Gespräche oder für die Erstellung von Zeugnissen. Ist der Mitarbeiter mit dem Verlauf oder dem Ergebnis des

Gespräches nicht einverstanden oder konnte kein Konsens zur weiteren Entwicklung erzielt werden, wird das Gespräch ggf. wiederholt oder fortgesetzt. Ein prinzipieller Widerspruch bleibt dem Mitarbeiter jederzeit vorbehalten.

Abb. 142: Gesprächsprotokoll und Allgemeiner Fragebogen für Mitarbeiter

Gesprächsprotokoll

Datum:_____

Name, Vorname   _____

Gesprächsteilnehmer   _____

_____

Protokollant   _____

Beratungsschwerpunkte

Zielvereinbarung

Die Beteiligung des MAV/des Betriebsrates wurde vom MA gewünscht / nicht gewünscht.
Die Beteiligung des MAV/des Betriebsrates wurde vom Leiter gewünscht.
Ich nehme meine Beurteilung zur Kenntnis und behalte mir Widerspruch innerhalb von 14 Tagen vor.

Allgemeine Angaben

1. Was hat sich in Ihrem Arbeitsbereich positiv/negativ verändert ? Welche Veränderungen wünschen Sie sich im Arbeitsbereich ?

3. Wie nehmen Sie Ihre Vorgesetzten wahr?

4. Welche Verbesserungen wünschen Sie sich am Arbeitsplatz

5. Welche Vorstellungen haben Sie zur eigenen beruflichen Fort- und Weiter bildung und Ihrer beruflichen Entwicklung

----------------   ----------------   ----------------   ----------------
Unterschrift MitarbeiterIn   F.d.R.d.P   Ort /Datum   Unterschrift MitarbeiterIn

8.7.2   Fort- und Weiterbildungskonzept

Das entwickelte Mitarbeiterbeurteilungs- und -förderungssystem bildet die Grundlage für zukünftige Förder- und Bildungsmaßnahmen. Systematisch angelegte Weiterbildungsmaßnahmen werden dabei als wichtiger Bestandteil der Personalzufriedenheit, Personalerhaltung und Personalentwicklung, insbesondere der Mitarbeiterqualifikation, angesehen. Zwischen den Akteuren in der Organisation besteht Einigkeit darüber, dass Fort- und Weiterbildungsmaßnahmen sowohl der Unternehmenssicherung dient, als auch den persönlichen Bedürfnissen der Mitarbeiter gerecht wird. Die zielgerichtete Fort- und Weiterbildung der Mitarbeiter ist neben der Motivation somit im Eigeninteresse der Einrichtung existenziell (vgl. Eichhorn/ Schmidt-Rettig 1995).

Die **Wichtigkeit** der Weiterentwicklung und Qualifikation von Mitarbeitern schlägt sich auch in **gesetzlichen Rahmenbedingungen und Vereinbarungen** nieder. Im *§ 2 (1)* der *AVR* (Allgemeine Vertragsrichtlinien des Diakonischen Werkes/gültiger Tarifrahmen) heißt es: „Jeder Mitarbeiter .... soll jederzeit bemüht sein, das fachliche Können zu erweitern." Damit ist das eigene Bemühen des Mitarbeiters um Fort- und Weiterbildung arbeitsvertraglich bereits begründet. Der Dienstgeber hat Anspruch auf entsprechende Leistungen und kann prinzipiell vom Mitarbeiter erwarten, dass dieser sich für die Anforderungen seines Arbeitsbereiches ständig qualifiziert. An anderer Stelle des Tarifvertrages wird aber auch deutlich formuliert, dass der Dienstgeber durch Freistellung, Bereitstellung von Kursen etc. dem Mitarbeiter dabei behilflich sein soll. So regelt *§ 3 a (1) AVR* die Freistellung des Mitarbeiters und die Fortzahlung der Bezüge, wenn Bedarf der Einrichtung zu derartigen Maßnahmen im Rahmen des Personalbedarfes und der Qualitätssicherung besteht.

Um die **Bedarfssituation** an Fort- und Weiterbildung festzustellen, wird der Qualifikationsbedarf unter Verwendung der entwickelten Formulare (insbesondere Gesprächsprotokoll) ein Mal pro Jahr bei allen Mitarbeitern ermittelt. Basisfaktoren dabei sind der aktuelle und zukünftige Einsatz und das dafür notwendige Wissen sowie die jeweiligen Verantwortlichkeiten des Mitarbeiters. Nach Auswertung dieser Analyse wird prospektiv ein Jahresplan für die Einrichtung erstellt, der bei aktuellem Bedarf ergänzt oder geändert werden kann. Dabei werden bereits im Vorfeld durch die Pflegedirektion die Finanzierung und sonstige Rahmenbedingungen (z.B. Dienstplan) festgelegt. Die internen Angebote bestehen zum einen aus bestimmten **Pflichtfortbildungen**, die jeder Mitarbeiter einmal in zwei Jahren besuchen muss, da sie bestimmtes Grundlagenwissen z.B. aus den Bereichen Hygiene, Reanimation oder Medizingeräteverordnung aktuell aufbereitet, vermitteln sollen. Alle anderen **Fachthemen** werden in Form von Vorträgen, Seminaren, Workshops oder **Auffrischungskursen** angeboten, wobei die Teilnahme aufgrund des z.T. sehr fachspezifischen Inhaltes nicht verpflichtend ist. Diese Veranstaltungen werden möglichst durch externe Fachleute oder eigene qualifizierte Mitarbeiter als Referenten und Trainer besetzt. Alle Teilnehmer erhalten ein **Zertifikat** und beurteilen die Veranstaltung bezogen auf Inhalt und Präsentation. Diese Meinung geht in weitere Planungen ebenfalls mit ein. Die Seminarunterlagen werden in Form von Hand-outs und nach Möglichkeit im firmeninternen EDV-System veröffentlicht und somit auch Mitarbeitern, die die Veranstaltung nicht wahrnehmen konnten, zugänglich gemacht. Außerdem wer-

den die Mitarbeiter auf geeignete **externe Weiterbildungsangebote** hingewiesen. Darüber hinaus steht geeignete Literatur in Form von **Fachbüchern**
oder **-zeitschriften** in der hauseigenen Bibliothek oder im Arbeitsbereich
selbst zur Verfügung. Als **Weiterbildungsmaßnahmen** sind insbesondere die
Qualifizierungen zur Stations- und Wohngruppenleitung, die **Fachweiter-
bildungen** Psychiatrie und Forensische Psychiatrie, die Fachweiterbildung
Anästhesie und die Fachweiterbildung OP für die Einrichtung von Interesse.
Hierzu werden anhand des Bedarfes im Stellenplan gezielt Mitarbeiter ausge-
sucht und ein entsprechender Qualifizierungsvertrag abgeschlossen. Einzelne
Mitarbeiter erhalten bei vorliegenden Vorraussetzungen die Möglichkeit zu
einem **berufsbegleitenden Fachhochschulstudium**. Die genannten Maßnahmen betten sich ein in das Qualitätsmanagement der Einrichtung und werden
fortlaufend unter Einbeziehung der Mitarbeiterposition auf Effektivität und
Effizienz evaluiert.

8.8   Resümee

Die strategische Ausrichtung von Krankenhäusern – insbesondere was das
Personal betrifft – ist bisher in der Betriebswirtschaftslehre und Praxis vernachlässigt worden. Gerade der zunehmende Wettbewerb zwischen den An-
bietern von stationären Gesundheitsleistungen stellt die Krankenhäuser vor
Führungsprobleme, die in der Konsequenz lediglich mit dem zielorientierten
Einsatz betriebswirtschaftlicher Instrumentarien gelöst werden können. Es ist
zu beobachten, dass der Wandel sich weiter hin zu einem noch stärkerem
Wettbewerb vollziehen wird, so dass auch der Druck auf die Krankenhäuser
im Hinblick auf betriebwirtschaftliches Denken und Handeln weiter wachsen
wird.

Die in diesem Beitrag gemachten strategischen und operativen Hinweise
bezüglich der **Personalentwicklung** in Krankenhäusern, können nur in
Ansätzen die Bedeutung dieser Materie aufzeigen. Unstrittig sollte aber
sein, dass **individuell angepasste Personalentwicklungsstrategien** in einer
Organisation als **Erfolgsfaktoren** wirken können. Die Motivation, Förderung und Weiterbildung von Mitarbeitern ist kein „alter Hut", sondern gewinnt in wirtschaftlich unsicheren und vielfach durch „Change-Manage-
ment" gekennzeichneten Organisationen noch an Stellenwert. Es spricht
einiges dafür, dass eine der Unternehmenskultur angepasste und zielorientierte Personalentwicklung maßgeblich zur Sicherung einer Organisation
beitragen kann.

Literatur/Quellen:

Bernhard, Linda A./Walsh, Michelle; (1997) Leiten und Führen in der Pflege, Wiesbaden 1997.

Breinlinger-O`Reily, Jochen/Krabbe, Mario (Hrsg.); (1998) Controlling für das Krankenhaus, Neuwied 1998.

Eichhorn, Siegfried/Schmidt-Rettig, Barbara; (1995) Mitarbeitermotivation im Krankenhaus, Gerlingen 1995.

Haubrock, Manfred/ Schär, Walter; (2002) Betriebswirtschaft und Management im Krankenhaus, 3. Aufl., Bern 2002.

Hentze, Joachim/Huch, Burkhard/Kehres, Erich (Hrsg.); (1998) Krankenhaus-Controlling. Konzepte, Methoden und Erfahrungen aus der Krankenhauspraxis, Stuttgart 1998.

Mentzel, Wolfgang; (1997) Unternehmenssicherung durch Personalentwicklung. Mitarbeiter motivieren, fördern und weiterbilden, 7. Aufl., Freiburg im Breisgau 1997.

Möllering, Christoph/Hintelmann, Michael/Schulze Frenking, Werner; (1998) Personal-Controlling, in: Breinlinger-O'Reily, Jochen/Krabbe, Mario (Hrsg.); Controlling für das Krankenhaus, Neuwied 1998, S. 141-199.

Saleh, Samir; (2003) Beispiel Gesundheit (Ärzte), in: Pepels, Werner (Hrsg.); Betriebswirtschaft der Dienstleistungen, Herne/Berlin 2003, S. 428-450.

Wunderer, Rolf/Schlagenhaufer, Peter; (1994) Personal-Controlling. Funktionen – Instrumente – Praxisbeispiele, Stuttgart 1994.

Weidlich, Ute; (1998) Mitarbeiterbeurteilung in der Pflege, Systematisch bewerten – Zeugnisse schreiben, München 1998.

Zwierlein, Eduard (Hrsg.); (1997) Klinikmanagement, München 1997.

Heinz Kort
Leiter Personal/Sozialwesen bei der Webasto AG Neubrandenburg
Dr. Andreas Dikow
Geschäftsführendes Vorstandsmitglied des REFA Landesverbandes Mecklenburg-Vorpommern

9.   Wettbewerbsfaktor Arbeit – Personalcontrolling von Leistung und Kosten bei einem Automobilzulieferer

9.1   Webasto – Feel the drive

Mobilität und Komfort gehören zu den Grundbedürfnissen der Menschen die in allen Teilen der Welt zunehmende Bedeutung erlangen. Mehr Komfort und Erlebnis in der Mobilität – diesem Ziel hat sich die *Webasto AG* voll und ganz verpflichtet: Mit dem Know-how aus über 100 Jahren setzt *Webasto* auf neue Ideen in den Bereichen Schiebedächer, Cabrioverdecke, Karosseriesysteme und Temperaturmanagement. *Webasto* zählt mit seinen Tochterunternehmen und Vertriebsgesellschaften in 46 Ländern sowie mit 16 Produktionsstandorten zu den führenden Zulieferern und Systempartnern der internationalen Automobilindustrie.

Die Erhaltung des in die *Webasto AG* über Jahrzehnte gewachsenen Vertrauens der Automobilhersteller erfordert kontinuierliche qualitative und inhaltliche Topleistungen – gerade unter den sich rasant verändernden Marktbedingungen. Dies wird durch eine an den Kunden ausgerichtete spezifische Organisationsstruktur gewährleistet, die der wachsenden internationalen Vernetzung in der Automobilindustrie permanent angepasst wird. Dadurch ist es möglich, sich global um alle Belange der Projektführung zu kümmern und die komplexen Prozesse zwischen Automobilhersteller und Zulieferer erfolgsorientiert zu steuern. Mittels Innovationsmanagement werden zukünftige Kundenanforderungen frühzeitig erkannt. Einheitliche Qualitätsstandards und ein stabiles Netzwerk aus leistungsfähigen Partnern und Lieferanten gewährleisten weltweit ein hohes Niveau der Prozesse.

Eine zentrale Position bei der Sicherung von Innovation, Qualität, Flexibilität und Kundenorientierung besitzen die Mitarbeiter. Weltweit arbeiten bei *Webasto* über 6.200 Mitarbeiter an dem Ziel, die verschiedenen Verkehrsmittel, ob PKW oder Nutzfahrzeug, immer komfortabler zu machen und dem Kunden einen hohen Nutzen gewährleisten und die Kundenzufriedenheit ständig zu verbessern. Daher gehört es zu den zentralen Leitlinien der *Webasto AG*, den Mitarbeiterinnen und Mitarbeitern Aufgaben und Bedingungen

zu bieten, in denen sie ihre persönlichen und beruflichen Vorstellungen enga-
giert umsetzen können und wollen. Dies gilt im Besonderen auch für den mit
650 Mitarbeitern größten Webasto-Produktionsstandort im Nordosten
Deutschlands, in Neubrandenburg.

Das Webasto-Produktionswerk in Neubrandenburg gehört seit 1990 zur
Unternehmensgruppe und ist u.a. spezialisiert auf die Herstellung motorunab-
hängiger Fahrzeugheizungen. Speziell in diesem Produktsegment kann das
Werk auf eine lange Tradition und Erfahrung zurückgreifen. Unter der Pro-
duktbezeichnung Sirokko hat der Standort vor 1990 den Absatzmarkt in den
RGW-Staaten praktisch als Alleinhersteller mit Heizungssystemen für PKW,
Nutzfahrzeuge und insbesondere Busse beliefert.

Heute vertrauen alle namhaften Automobilhersteller auf die Temperatur-
managementprodukte von *Webasto*. Mit diesen Qualitätsprodukten beliefert
der Produktionsstandort Neubrandenburg weltweit sowohl die Fahrzeugend-
montagewerke (OEM) als auch die zertifizierten Einbau- und Servicepartner
im Aftermarket.

9.2   Anforderungen an Automobilzulieferer und abzuleitende
Konsequenzen für das Personalcontrolling

Die Globalisierung der Wirtschaft und die internationale Verflechtung der
Automobilindustrie setzt die meist mittelständischen Zulieferunternehmen
unter einen enormen Anpassungs- und Kostendruck. Die Automobilbranche
befindet sich in einer Konsolidierungsphase, von der die gesamte Wertschöpfungskette von den Zulieferern über die Hersteller bis zu den Händlern
betroffen sind. Experten gehen davon aus, dass bis 2015 von den derzeit zwölf
unabhängigen Automobilkonzernen voraussichtlich nur noch neun bis zehn
eigenständig sein werden. Gleichzeitig prognostizieren aktuelle Studien, dass
sich die Zahl der Zulieferer von heute 5.500 auf etwa 2.800 reduzieren wird
(vgl. Kurek 2004, S.1). Vor diesem Hintergrund ist zu erwarten, dass sich die
Zusammenarbeit zwischen OEM´s und den Zulieferunternehmen in Zukunft
verändern wird. Insbesondere werden die Anforderungen an die Zulieferer
weiter steigen. Neben den wachsenden fachlichen Anforderungen der Pro-
dukt- und Prozessentwicklung steigen mit dem Trend der Vergabe kompletter
Module inklusive der Entwicklungsleistungen an die Zulieferer aber nicht nur
deren finanzielle Belastungen sondern ggf. auch die Risiken z.B. aus der
Übernahme von Garantieleistungen. Vor dem Hintergrund der veränderten
Anforderungen auf den Finanzmärkten (Stichwort Basel II) ist dies eine große
Herausforderung für die Zulieferer. Parallel besteht auch in Zukunft eine er-
heblicher Preisdruck von Seiten der OEM´s auf die Zulieferer.

Tendenziell ist davon auszugehen, dass der eigene Wertschöpfungsanteil
der OEM´s durch Outsourcing weiter reduziert wird (im Jahr 2010 bis auf

20-30%). Parallel steigt der Wertschöpfungsanteil der Zulieferer am Gesamtfahrzeug bis 2010 auf 70-80%. Damit wird insbesondere die Arbeitsproduktivität in der unternehmensübergreifenden Wertschöpfungskette der Zulieferer zu einem entscheidenden Wettbewerbskriterium und die Verbesserung der Effizienz zu einer zentralen Managementaufgabe.

Dies bedeutet für alle an der Automotive-Wertschöpfungskette beteiligten Partner, dass auch in den kommenden Jahren insbesondere vom Personal eine hohe Leistungsfähigkeit und Leistungsbereitschaft sowie eine hohe Anpassungsfähigkeit und Anpassungsbereitschaft für veränderte Arbeits- und Organisationsstrukturen erwartet werden muss. Die Ergebnisse der Studie „Automobilentwicklung in Deutschland – wie sichern wir die Zukunft" (vgl. Bullinger/Kiss-Preußinger/Späth) haben gezeigt, das hierfür unter anderem Themen wie Kooperation und Kommunikation sowie Mitarbeiterorientierung eine hohe Bedeutung haben, um mehr Effizienz und Effektivität realisieren zu können. Dem Personalcontrolling als umfassendes Unterstützungsinstrument in der Personalplanung, der Personalentwicklung, der Personalsteuerung und der Personalleistungsbewertung kommt damit eine strategisch wichtige Aufgabe zu.

9.3 Exemplarische Aufgaben und Lösungsansätze aus dem Personalmanagement der Webasto AG im Werk Neubrandenburg

Die *Webasto AG* verfügt über ein zentrales Personalmanagement am **Unternehmenssitz** in *München Stockdorf*. In diesem Zentralbereich werden u.a. in Abstimmung mit den Produktions-, Vertriebs- und Servicestandorten die strategischen Aufgaben des Personalcontrollings realisiert und koordiniert. Im **Produktionsstandort** *Neubrandenburg* hat der Standortbereich Personal und Sozialwesen überwiegend operative Aufgaben des Personalcontrollings zu realisieren. Diese umfassen auch die Planung, Organisation und Kontrolle langfristiger Personalentwicklungskonzepte wie z.B. das Projekt zur Lehrlingsausbildung „Wolke 7".

Zielstellung dieser **Webasto-Initiative** ist es aus sozialer und gesellschaftspolitischer Sicht, jungen Menschen eine Perspektive zu geben und einen Beitrag zum notwendigen höheren Ausbildungsniveau in Deutschland zu leisten sowie aus betrieblicher Sicht für eine langfristige Nachwuchssicherung zu sorgen. Die bisherigen Ergebnisse sind beachtlich. Wurden im Jahr 2003 an den vier Webasto-Deutschlandstandorten 21 Lehrlinge neu ausgebildet, so waren es 2004 schon 40 und 70 Lehrlinge im Jahr 2005. Ab dem Jahr 2006 werden jährlich 100 neue Lehrlinge bei *Webasto* in Deutschland ausgebildet. Der Standort in *Neubrandenburg* hat dabei den höchsten Anteil der Auszubildenden. Derzeit befinden sich in *Neubrandenburg* 81 Lehrlinge. Für 2007 kommen dann noch weitere 40 Lehrlinge hinzu.

Viele Aufgaben des Personalmanagements, wie sie in diesem Buch praxisnah beschrieben sind, werden bei *Webasto* am Standort Neubrandenburg realisiert. Auf eine vollständige Beschreibung aller Aktivitäten bei *Webasto* kann an dieser Stelle verzichtet werden. Exemplarisch sollen einige zentrale **Aktivitäten** und **Ergebnisse** benannt werden.

- Die regelmäßige Teilnahme an Benchmarkingprojekten und Best Practice Vergleichen sowohl der regionalen, nationalen und internationalen Industrie, um zum einen eigene Verbesserungspotenziale zu identifizieren und zum anderen, Lieferanten und Interessierten als Best Practice Partner zur Verfügung zu stehen;
- Die Nutzung differenzierter flexibler Arbeitszeitmodelle u.a. Vertrauensarbeitszeit im Angestelltenbereich und Zeitkontenmodelle (+200 Stunden und –200 Stunden) im gewerblichen Bereich mit integrierten Ampelsystemen zur effizienten Umsetzung.
- Die Planung und Umsetzung einer systematischen Personalentwicklung, angefangen bei der Vorbereitung der Personalauswahl, den Personaleinstellungsgesprächen, den Partnerschaften für neue Mitarbeiter zur Einarbeitungsunterstützung, der Einarbeitungsbeurteilung bis hin zur Anwendung der Instrumente Könnensmatrix, Zielvereinbarung, jährliche Mitarbeiter- und Vorgesetztenbeurteilungsgespräche und Personalentwicklungsgespräche. Für die Mitarbeiterqualifizierung werden jährliche Personalentwicklungspläne mit differenzierten Schulungs- und Trainingsprogrammen erarbeitet und mit entsprechenden Budgetmitteln abgesichert. Basis der Personalentwicklung sind aktuelle Stellenbeschreibungen und transparente Anforderungsbewertungen für alle Personalstellen im Werk. Neben der Personalentwicklung dient diese in Anlehnung an den Einheitlichen Entgeltrahmenvereinbarung für Arbeiter und Angestellte (ERA) der Metallindustrie realisierte Anforderungsermittlung auch als Basis für die anforderungsabhängige Lohndifferenzierung. Die leistungsabhängige Entgeltdifferenzierung erfolgt nach unterschiedlichen Modellen, z.B. für die Angestellten und einen Teil der Zeitlohnempfänger über ein Beurteilungssystem und für andere Mitarbeiter u.a. auf stückzahl- oder vorgabezeitbasierten Prämienkennzahlen.
- Die regelmäßige Analyse und Bewertung der Mitarbeiterzufriedenheit und der Ableitung von Maßnahmen zur Erhaltung und Verbesserung der Mitarbeiter- und Kundenorientierung. In diesem Zusammenhang wurde die *Webasto AG* mehrfach ausgezeichnet; u.a. zählt die *Webasto AG* zu den TOP 50 Besten Arbeitgebern Deutschlands in den Jahren 2004 und 2005, u.a. gemessen am Grad der Zufriedenheit der Mitarbeiter mit dem Unternehmensmanagement (vgl. Hauser/Schmidtner 2005).

Diese und andere Elemente des Personalcontrollings sichern für den Webasto-Standort in *Neubrandenburg* eine hohe Leistungsfähigkeit der Personalressourcen und im Zusammenhang mit modernen technischen Anlagen, einer zukunfts- und kundenorientierten Produktentwicklung sowie leistungsfähigen Lieferanten eine hohe internationale Konkurrenzfähigkeit.

9.4 Qualitative und quantitative Faktoren des Personalcontrollings

Für die Bewertung der Wettbewerbsfähigkeit eines Unternehmens und die Wirkung der personellen Ressourcen sind je nach Betrachtungsperspektive unterschiedliche Faktoren von besonderem Gewicht. In einer Studie zu den bestimmenden **Frühwarnindikatoren für den Mittelstand** (vgl. Bundesverband Deutscher Unternehmensberater BDU e.V. 2005) haben z.B. die befragten Bankinstitutionen bei der Priorisierung ausgewählter Frühwarnindikatoren des Bereiches Personal die Indikatoren Fluktuationsquote (3,5), Betriebsklima (3,0) sowie Fort- und Weiterbildungsquote (2,83) als besonders wichtig bewertet (Bewertungsmaßstab 1-unwichtig; 4-sehr wichtig; vgl. Abb. 143). Die befragten Unternehmen sehen dagegen das Betriebsklima (3,48) als den zentralen Frühwarnindikator an, gefolgt von der Krankheitsquote (3,02) und der Fluktuationsquote (2,97).

Friedag und *Schmidt* vertreten dagegen in ihrem Ansatz der **Balanced Scorecard** die Auffassung, dass Mitarbeiterzufriedenheit und Mitarbeitertreue eher Spätindikatoren sind und z.B. die Beteiligung an Verbesserungsprozessen besser als Frühindikator geeignet erscheint (vgl. Friedag/Schmidt 1999). In der Praxis zeigt sich, dass in Abhängigkeit von der Unternehmenskultur und der sich abzeichnenden oder der angestrebten Entwicklungsperspektive des Unternehmens die verschiedenen Indikatoren differenziert zu betrachten und individuell auszuwählen sind.

Für die *Webasto AG* gilt seit vielen Jahrzehnten, wesentlich geprägt durch die Grundeinstellung des Unternehmers *Werner Baier*, dass die **Mitarbeiter** die **wertvollste** und **erfolgsbestimmende Ressource** des Unternehmens sind.

Vor diesem Hintergrund sind **qualitative** Faktoren wie z.B.:
• Mitarbeiterzufriedenheit und Mitarbeitermotivation
• Kreativität und Innovationsfähigkeit
• Teamfähigkeit und soziale Kompetenz
• Verantwortungsbewusstsein, Flexibilität und Lernbereitschaft

wesentliche Merkmale des Personalcontrollings bei *Webasto*. Das Controlling dieser quantitativen Faktoren stellt hohe Anforderungen an alle Führungsebenen im Unternehmen sowohl in der Planung, der Erfassung und Analyse als

**Abb. 143:　Bedeutung der personellen Frühwarnindikatoren –
Ergebnisse einer empirischen Analyse**

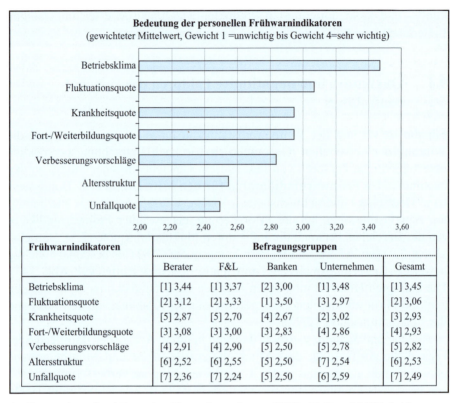

Frühwarnindikatoren	Befragungsgruppen				
	Berater	F&L	Banken	Unternehmen	Gesamt
Betriebsklima	[1] 3,44	[1] 3,37	[2] 3,00	[1] 3,48	[1] 3,45
Fluktuationsquote	[2] 3,12	[2] 3,33	[1] 3,50	[3] 2,97	[2] 3,06
Krankheitsquote	[5] 2,87	[5] 2,70	[4] 2,67	[2] 3,02	[3] 2,93
Fort-/Weiterbildungsquote	[3] 3,08	[3] 3,00	[3] 2,83	[4] 2,86	[4] 2,93
Verbesserungsvorschläge	[4] 2,91	[4] 2,90	[5] 2,50	[5] 2,78	[5] 2,82
Altersstruktur	[6] 2,52	[6] 2,55	[5] 2,50	[7] 2,54	[6] 2,53
Unfallquote	[7] 2,36	[7] 2,24	[5] 2,50	[6] 2,59	[7] 2,49

Quelle: Bundesverband Deutscher Unternehmensberater BDU e.V. (Hrsg.) 2005, S. 19

auch in der Auswertung und Bewertung. Es ist daher zwingend erforderlich, die Ergebnisse wo immer möglich und notwendig, mit quantitativen Faktoren zu plausibilisieren und zu verifizieren. *Webasto* nutzt hierzu **Kennzahlen** unterschiedlicher Ausprägung, wie z.B.:

- Personalentwicklungskennzahlen (Anzahl Mitarbeiter, Anzahl Lehrlinge, Anzahl externer Zusatzkräfte)
- Personalstrukturkennzahlen (Anteil Männer/Frauen; Alterstruktur, Qualifikationsstruktur)
- Fluktuationskennzahlen
- Arbeitszeitkennzahlen (nominale Gesamtarbeitszeit, Gesamtausfallzeiten, krankheitsbedingte Ausfallzeiten, effektive Arbeitszeit etc.)
- Ausfall durch Arbeitsunfälle (Anzahl der Unfälle, Umfang der Ausfallzeiten)

- Auslastungsgrade und Ausnutzungsgrad der variablen Arbeitszeitkorridore
- Entwicklung des Entgeltgruppendurchschnitts und der durchschnittlichen Personal- und Arbeitskosten
- Arbeitskräfteproduktivitätsentwicklung (Mengenproduktivität; Wertschöpfungsproduktivität)

Gerade für einen Produktionsstandort in Deutschland wird im Unternehmenscontrolling eine besondere Aufmerksamkeit auf die Entwicklung der **Arbeitszeiten** und der **Personalkosten** gelegt, dies gilt auch für das *Webasto* Produktionswerk in *Neubrandenburg*. Dieser Focus ist wesentlich begründet durch die Wettbewerbssituation, in der sich im besonderen Maße die Automobilindustrie befindet. Die internationalen Kostenvergleiche durch die Kunden und Auftraggeber thematisieren permanent die Personalkostenniveaus der Lieferanten.

Bei derartigen **Personalkostenvergleichen** ist insbesondere auf eine einheitliche Definition der Ausgangsdaten zu achten (Definition der Personalkosten, Definition der effektiven Arbeitstunden). Nicht selten ist beim **Benchmarking** in der Praxis festzustellen, dass aufgrund unzureichender Definition der Ausgangsdaten ungleiche Datenpaare gegenübergestellt werden und damit die Gefahr besteht, dass falsche Schlussfolgerungen gezogen werden. So beinhalten z.B. die in Abbildung 144 im internationalen Vergleich für das Jahr 2005 dargestellten Arbeitskosten des verarbeitenden Gewerbes nicht die gesamten Personalkosten, sondern nur den Anteil der Personalkosten für die „Arbeiter" (gewerbliche Lohnempfänger).

Um eine **Vergleichbarkeit** mit den betrieblichen Daten herzustellen, sind die Personalkosten und die geleisteten Arbeitsstunden getrennt für die gewerblichen Lohnempfänger (Arbeiter) und für die Gehaltsempfänger (Angestellte) zu erfassen und auszuwerten. Dabei sollten im **Arbeitskostencontrolling** aber keinesfalls nur die Arbeitskosten der gewerblichen Mitarbeiter betrachtet werden. Vielmehr sind die Kosten aller Mitarbeiter eines Unternehmens einzubeziehen. Das im internationalen Vergleich deutlich erkennbare Gefälle der Arbeitskosten macht es aber auch zwingend erforderlich, dass sich die Unternehmen mit dieser Kennzahl inhaltlich auseinandersetzen und deren Entwicklung „controllen".

**Abb. 144:　Arbeitskosten der Arbeiterstunde im internationalen
Vergleich für das verarbeitende Gewerbe für das Jahr 2005**

Arbeitskosten: Ostdeutschland empfiehlt sich			
Arbeitskosten je Arbeitsstunde im Verarbeitenden Gewerbe im Jahr 2005 in Euro			
	Arbeitskosten	**Direktentgelt**	**Personalzusatzkosten**
Norwegen	29,45	19,88	9,56
Dänemark	28,33	21,20	7,12
Westdeutschland	27,87	15,67	12,20
Finnland	25,98	14,65	11,34
Belgien	25,64	13,50	12,14
Schweiz	25,56	16,83	8,73
Niederlande	25,45	13,93	11,52
Schweden	23,67	13,88	9,79
Luxemburg	22,55	14,90	7,64
Österreich	22,16	11,99	10,17
Frankreich	21,38	11,07	10,31
Vereinigtes Königreich	20,47	14,01	6,46
Irland	19,47	13,94	5,53
USA	19,27	13,31	5,96
Kanada	18,60	13,44	5,16
Japan	17,90	10,53	7,37
Italien	17,71	9,07	8,65
Ostdeutschland	17,37	10,53	6,83
Spanien	17,25	9,33	7,92
Griechenland	11,11	6,62	4,49
Portugal	7,37	4,21	3,16
Tschechien	5,04	2,79	2,24
Ungarn	4,88	2,76	2,12
Slowakei	4,06	2,41	1,65
Polen	3,80	2,42	1,38
Zahlen zum Teil vorläufig; Umrechnung: Jahresdurchschnitt der amtlichen Devisenkurse			

Quelle: Institut der deutschen Wirtschaft 9/2006

9.5　Standards zum Controlling von Arbeitskosten bei Webasto

Aus der betrieblichen Erfahrung ist festzustellen, dass Unternehmen bisweilen den internationalen Kostendruck beklagen, die eigene **Personalkostensituation** aber nur unzureichend systematisch bewerten können. Vor dem Hintergrund der langjährigen Erfahrungen aus zahlreichen **Benchmarkingprojekten** ist immer wieder festzustellen, dass in den Unternehmen kein einheitlicher Systematisierungsansatz für den notwendigen Arbeitskostenvergleich verwendet wird. Das Personalcontrolling der *Webasto AG* orientiert sich seit vielen Jahren an dem Arbeitskostenkonzept des *Statistischen Bundesamtes* (vgl. Schröder 2006). Bei diesem Konzept errechnen sich die Arbeitskosten aus dem Quotienten von Personalkosten und geleisteten Arbeitsstunden.

$$\text{Arbeitskosten} = \frac{\text{Personalkosten}}{\text{Geleistete Arbeitsstunden}}$$

Die **Personalkosten** setzen sich aus dem Direktentgelt und den Personalzusatzkosten zusammen. Das Direktentgelt umfasst das Entgelt für geleistete
Arbeit einschließlich der Überstundenzuschläge, Schichtzulagen und regelmäßig gezahlter Prämien. Dies ist das rechnerische Entgelt für die Anwesen-
heitszeit, die das Personal im Unternehmen direkt am Arbeitsplatz verfügbar
ist.

Die **Personalzusatzkosten** setzen sich aus zwei Kostengruppen zusammen. Die erste Gruppe der Personalzusatzkosten sind die Entgelte für arbeitsfreie Tage (Urlaub, Feiertage, Krankheits- und sonstige arbeitsfreie Tage mit
Entgeltfortzahlung) und Sonderzahlungen (13. Monatsgehalt, Urlaubs- und

**Abb. 145: Direktentgelte und Personalzusatzkosten für die Metall- und
Elektroindustrie in Deutschland im Jahr 2005**

Leistung	Alte Bundesländer		Neue Bundesländer	
	in Euro	in %	in Euro	in %
Entgelt für geleistete Arbeit	32 780	100,0	22 270	100,0
Entgelt für arbeitsfreie Tage	7 215	22,0	4 540	20,4
- Feiertage	1 515	4,6	950	4,3
- Urlaub	4 260	13,0	2 785	12,5
- Krankheit	1 145	3,5	745	3,3
- Sonstige arbeitsfreie Zeiten	295	0,9	60	0,3
Sonderzahlungen	3 380	10,3	1 500	6,7
- fest vereinbarte Sonderzahlungen	3 105	9,5	1 300	5,8
- Vermögenswirksame Leistungen	275	0,8	200	0,9
Bruttolohn/Gehalt	43 375	132,3	28 310	127,1
Arbeitgeberpflichtbeiträge				
zur Sozialversicherung	8 480	25,9	5 910	26,5
- Rentenversicherung	3 875	11,8	2 630	11,8
- Arbeitslosenversicherung	1 295	4,0	875	3,9
- Krankenversicherung	2 505	7,6	1 795	8,1
- Unfallversicherung	510	1,6	445	2,0
- Pflegeversicherung	295	0,9	165	0,7
Betriebliche Altersversorgung	2 465	7,5	510	2,3
Sonstige Personalzusatzkosten	1 635	5,0	1 060	4,8
Personalzusatzkosten	23 175	70,7	13 520	60,7
Personalkosten insgesamt	55 955	170,7	35 790	160,7

Quelle: Gesamtmetall 2006, S. 19

Weihnachtsgeld, Vermögenswirksame Leistungen und sonstige Geldzuschüsse und Naturalleistungen). Zusammen mit dem Direktentgelt ergibt sich mit den zuvor genannten Personalzusatzkosten das Arbeitnehmerbruttoentgelt. Die zweite Gruppe der Personalzusatzkosten sind die Arbeitgeberpflichtbeiträge zur Sozialversicherung (Renten-, Kranken-, Arbeitslosen-, Unfall- und Pflegeversicherung), die Kosten der betrieblichen Altersversorgung und sonstige Personalzusatzkosten.

Auf Basis dieser standardisierten Personalkostenstruktur ist ein differenziertes Personalkostencontrolling möglich. Des weiteren sind mittel- und langfristige Entwicklungstendenzen bewertbar und in ihren Ursachen begründbar. Darüber hinaus bietet die Systematik eine transparente Grundlage für innerbetriebliche, überbetriebliche und internationale Personalkostenvergleiche. Hierfür stehen den Unternehmen unterschiedliche Datenquellen zur Verfügung.

Abbildung 145 zeigt eine differenzierte Zusammenstellung der Direktentgelte und Personalzusatzkosten für die **Metall- und Elektroindustrie** in Deutschland im Jahr 2005.

Für eine weitergehende differenzierte und anschauliche Darstellung der Systematik der Personalkosten wird die Broschüre „Kosten, die keiner kennt" (Institut der deutschen Wirtschaft 2005) empfohlen. Bei dem überbetrieblichen Personalkostenvergleich ist zu berücksichtigen, dass zwischen den Branchen und Wirtschaftsbereichen erhebliche Unterschiede bestehen können. Abbildung 146 zeigt exemplarisch **Personalkosten verschiedener Wirtschaftsbereiche**, die das *Statistische Bundesamt* auf der Basis der nach europaweit einheitlichen Standards durchgeführten Personalkostenerhebung (dies geschieht alle vier Jahre; letztmalig 2004), veröffentlicht.

Der zweite wesentliche **Einflussfaktor** auf die Arbeitskosten sind die **geleisteten Arbeitsstunden**. Unter dieser Rubrik werden die effektiven Arbeitsstunden der Mitarbeiter im Unternehmen erfasst. Die geleisteten Arbeitsstun

Abb. 146: Personalkosten im Jahr 2004 für verschiedene Wirtschaftsbereiche (Personalkosten für Lohn- und Gehaltsempfänger in EURO pro Jahr)

Wirtschaftsbereich	Deutschland	Westdeutschland	Ostdeutschland
Verarbeitendes Gewerbe	50.636 €	52.598 €	33.650 €
Energie- und Wasserversorgung	68.455 €	72.305 €	51.120 €
Gastgewerbe	27.135 €	28.180 €	22.381 €

Quelle: Pressemitteilung des Statistischen Bundesamtes vom 12. Juli 2006

den beinhalten demzufolge auch alle Über- bzw. Mehrarbeitsstunden. Bezogen auf die bezahlte tarifliche oder betriebliche Arbeitszeit wird die effektive Arbeitszeit wesentlich durch Abwesenheitszeiten wie Feiertage, Urlaub und Krankheit beeinflusst (vgl. Abb. 147).

Abb. 147: Struktur der betrieblichen Arbeitszeit und Abgrenzung der effektiven Arbeitszeit

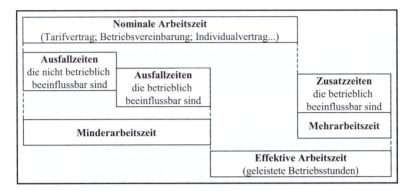

Quelle: Eigene Darstellung

Die wesentlichen Strukturelemente zur Abgrenzung der effektiven Arbeitszeit sind (Bühner 1994, S. 342):

- Nominale Arbeitszeit (individuelle Arbeitszeit laut Tarifvertrag, Betriebsvereinbarung oder individuellem Arbeitsvertrag)
- Betrieblich unbeeinflussbare Ausfallzeiten (gesetzlicher oder tarifvertraglicher Urlaubsanspruch, gesetzliche Feiertage, gesetzlich geregelte bezahlte Pausen z.B. bei Dreischichtarbeit)
- Betrieblich beeinflussbare Ausfallzeiten (freiwillige Zusatzurlaubsregelungen, Krankheit, Kur, betriebliche Freistellungen)
- Betrieblich beeinflussbare Zusatzzeiten (bezahlte oder unbezahlte Mehrarbeit bzw. Überstunden).

Die durchschnittliche effektive Arbeitszeit sollte als Kennzahl der geleisteten Arbeitsstunden je Mitarbeiter ebenso in das Personalcontrolling einbezogen werden wie die differenzierte Betrachtung einzelner Mitarbeitergruppen (gewerbliche Mitarbeiter, Angestellte) und wenn möglich einzelner Kostenstellen oder Produktcenter. Auf der systematisierten Basis der Personalkosten und geleisteten Arbeitsstunden können unterschiedliche Kennzahlen der Arbeitskosten je Stunde ermittelt werden, z.B. für

- Arbeitskosten als Durchschnittswert des gesamten Personals eines Unternehmens
- Arbeitskosten für die Gruppe der gewerblichen Mitarbeiter (Lohnempfänger)
- Arbeitskosten für die Gruppe der angestellten Mitarbeiter (Gehaltsempfänger)
- Arbeitskosten für Gruppen einzelner Kostenstellen oder Produktcenter.

Bei überbetrieblichen und internationalen Arbeitskostenvergleichen aber auch bei konzernbezogenen Standortvergleichen muss darauf geachtet werden, dass die Kennzahlenrelationen inhaltlich vergleichbar sind. Abb. 148 zeigt exemplarisch Arbeitskosten je geleisteter Beschäftigtenstunde verschiedener Wirtschaftsbereiche, die das statistische Bundesamt veröffentlicht.

Abb. 148: Arbeitskosten je geleisteter Stunde 2004 verschiedener Wirtschaftsbereiche (Arbeitskosten für Lohn- und Gehaltsempfänger in EURO pro geleisteter Stunde)

Wirtschaftsbereich	Deutschland	West-deutschland	Ost-deutschland
Verarbeitendes Gewerbe	31,15 €	32,16 €	19,41 €
Energie- und Wasserversorgung	41,40 €	44,01 €	30,06 €
Gastgewerbe	15,34 €	15,93 €	12,64 €

Quelle: Pressemitteilung des statistischen Bundesamtes vom 12. Juli 2006

Bei der praktischen Nutzung von öffentlichen Arbeitskostendaten ist zu beachten, dass die Personalkosten unterschiedlich abgegrenzt werden und die eingesetzten Arbeitsstunden sehr häufig nur den Teil der gewerblich geleisteten Arbeiterstunden beinhalten (vgl. Abb.2).

In der betrieblichen Praxis ist die weitere Differenzierung insbesondere der geleisteten Arbeitsstunden von besonderem Erkenntniswert. Dabei kann unter Nutzung der *REFA*-**Zeitgliederungsstandards** (vgl. REFA 2002, S. 215) über eine Analyse der Tätigkeits- und Unterbrechungszeiten im Ergebnis der Anteil der Zeitanteile für werterhöhende Tätigkeiten am Produkt und/oder der Dienstleistung festgestellt werden. Auf dieser Basis sind Kennzahlen der Arbeitskosten je Stunde werterhöhender Tätigkeit ableitbar, die einen realen Leistungsindikator bieten. Über entsprechende Managementansätze z.B. zur Vermeidung von Verschwendung kann der Anteil werterhöhender Tätigkeiten systematisch gesteigert werden. Über diesen konstruktiven Verbesserungspfad kann eine Reduzierung der effektiven Arbeitskosten ohne Entgeltsenkung und Arbeitszeitverlängerung durch eine effiziente Nutzung der Personalressourcen angestrebt werden.

Die bisher dargestellten Beispiele der Personalkosten- und Arbeitskostenbewertung zielen wesentlich auf die Erhaltung und Verbesserung der Effizienz des Personaleinsatzes im Unternehmen. Darüber hinaus ist es im Sinne eines ganzheitlichen Ansatzes notwendig, neben den Kosten- und Faktoreinsatzgrößen (Input) immer auch das Ergebnis des Arbeitsprozesses in die Betrachtungen einzubeziehen.

Im *Webasto Werk Neubrandenburg* werden bisher u.a. die Produktionsstückzahlen und der Umsatz für die Bewertung der Leistungsentwicklung im Personaleinsatz monatlich geplant, erfasst, verglichen und ausgewertet. Auf Basis dieser Kenngrößen werden entsprechende **Kennzahlen der Arbeitskräfteproduktivität** wie z.B.

- Stückzahl je Mitarbeiter,
- Umsatz je Mitarbeiter oder
- Umsatz je geleisteter Arbeitsstunde (effektive Arbeitszeit)

abgeleitet.

Im Rahmen eines Forschungsprojektes und eines Produktivitätsbenchmarking wurden praxisorientierte Kennzahlen zur Bewertung der Arbeitsproduktivität entwickelt, die als integraler Bestandteil der Unternehmensproduktivität wesentliche Informationen für das Personalcontrolling liefern.

9.6   Arbeitskräfteproduktivität – Kennzahl zur Bewertung der ökonomischen Leistungsfähigkeit

Produktivität ist eine der wesentlichen Kenngrößen zur Messung der Ergiebigkeit von Leistungsprozessen. Zur Bestimmung der Produktivität von Leistungsprozessen geht als Zähler das Leistungsergebnis ein. Als Nenner sind alternativ die Einsatzfaktoren Arbeitskraft (AK), Betriebsmittel (BM) oder Werkstoff (WS) in ihren spezifischen Einzelausprägungen oder als Gesamtheit einsetzbar. In Abhängigkeit davon, wie die Inputfaktoren den Nenner bilden, sind die in Abbildung 149 genannten **Produktivitätsarten** zu unterscheiden.

Die differenzierte Betrachtung der Faktorproduktivitäten wie z.B. der Arbeitskräfteproduktivität dient insbesondere einer breiten Diskussion der Handlungsoptionen im Hinblick auf die Produktivitätswirkung einzelner Inputfaktoren. Gesamtbetriebliche Betrachtungen erfordern darüber hinaus eine Zusammenführung der Einzelfaktorproduktivitäten und eine Zielausrichtung an der Gesamtproduktivität. Die Bewertung der Gesamtproduktivität wird durch eine monetäre Betrachtung der Input- und Outputfaktoren ermöglicht.

Abb. 149: Ableitung der Grundstruktur für Einzelfaktorproduktivitäten und Gesamtproduktivität

INPUT	THROUGHPUT	OUTPUT
Arbeitskräfte (AK) Betriebsmittel (BM) Werkstoffe (WS)	Faktorkombinationen durch die Wirkung dispositiver Produktionsfaktoren	Erzeugnisse/ Leistungen

Inputfaktor Einsatz   Faktorleistung, Gesamtleistung

$$\text{TEIL-PRODUKTIVITÄT} = \frac{\text{Faktorleistung}}{AK \quad BM \quad WS}$$

$$\text{GESAMT-PRODUKTIVITÄT} = \frac{\text{Gesamtleistung}}{\text{Summe Einsatz der Inputfaktoren}}$$

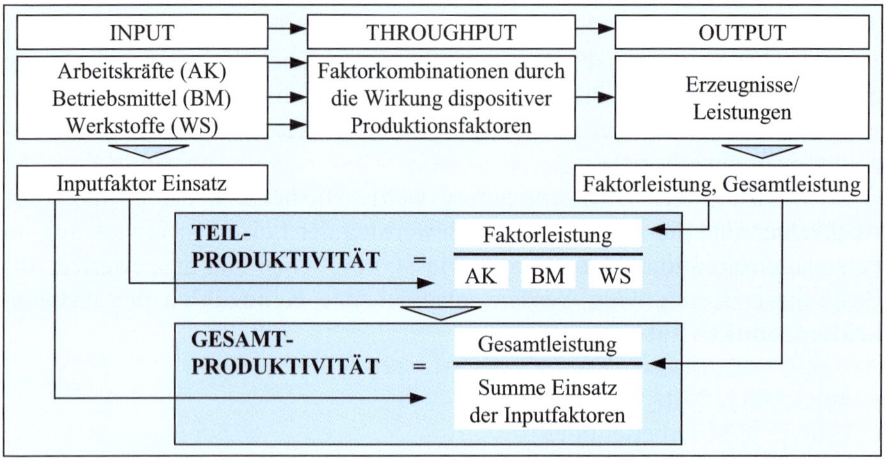

Quelle: Nebl/Dikow 2004

Dieser Grundsatz kommt gleichermaßen für die Bewertung der Einzelfaktor-produktivitäten zum Ansatz, um somit die Basis für einen mathematischen Zusammenhang zwischen Faktorproduktivität und Gesamtproduktivität sicher zu stellen. In Abbildung 150 sind in Abhängigkeit von Output- und Inputfaktorstruktur wesentliche Produktivitätsarten systematisiert.

Für die Bewertung der **Arbeitskräfteproduktivität** ist sowohl die Gesamtleistung als auch die Faktorleistung als Outputdimension verwendbar. Insbesondere immer dann, wenn die Auswertungen von einzelnen Teilproduktivitä-

Abb. 150: Darstellung der Produktivitätskennzahlen in Abhängigkeit von der Output- und Inputstruktur

Produktivitäten / Outputstruktur	Arbeitskräfte-produktivität	Betriebsmittel-produktivität	Werkstoff-produktivität	Gesamt-produktivität
Output = Gesamtleistung	$\dfrac{\text{Gesamtleitung}}{\text{Arbeitskräfteeinsatz}}$	$\dfrac{\text{Gesamtleitung}}{\text{Betriebsmitteleinsatz}}$	$\dfrac{\text{Gesamtleitung}}{\text{Wertstoffeinsatz}}$	$\dfrac{\text{Gesamtleitung}}{\text{Summe aller Inputfaktoreinsätze}}$
Output = Leistungsanteil	$\dfrac{\text{Faktorleistung der Arbeitskräfte}}{\text{Arbeitskräfteeinsatz}}$	$\dfrac{\text{Faktorleistung der Betriebsmittel}}{\text{Betriebsmitteleinsatz}}$	$\dfrac{\text{Faktorleistung der Werkstoffe}}{\text{Wertstoffeinsatz}}$	$\dfrac{\text{Summe aller Faktorleistung}}{\text{Summe aller Inputfaktoreinsätze}}$

Quelle: Dikow 2006

ten ohne Bezug auf die Gesamtproduktivität vorgenommen wird, ist die Verwendung der Faktorleistung als Outputdimension zu empfehlen. Die Faktorleistung der Arbeitskräfte entspricht der betrieblichen Wertschöpfung und ist der von einem Unternehmen in einer Periode geschaffene Wertezuwachs (Nettowertschöpfung = Bruttoproduktionsleistung abzüglich Vorleistungen und Abschreibungen). Das Grundprinzip der Strukturierung der Outputdimensionen zur Ableitung der Faktorleistungen zeigt Abbildung 151. Zur Ermittlung der Faktorleistung der Arbeitskräfte werden demzufolge von der Gesamtleistung die Faktoraufwendungen der Betriebsmittel und Werkstoffe abgezogen. Das Ergebnis entspricht der Nettowertschöpfung. Für die anderen Faktorleistungen erfolgt die Berechnung analog.

Abb. 151: Grundprinzip der Strukturierung der Outputdimensionen

Gesamtleistung (Bruttoproduktionswert)		
Bruttowertschöpfung	Vorleistungen (ohne Abschreibungen)	
Nettowertschöpfung	Vorleistungen incl. Abschreibungen	
Arbeitskräftebezogene Faktorleistung	Betriebsmitteleinsatz	Werkstoffeinsatz
Werkstoffbezogene Faktorleistung	Betriebsmitteleinsatz	Arbeitskräfteeinsatz
Betriebsmittelbezogene Faktorleistung	Werkstoffeinsatz	Arbeitskräfteeinsatz
Überschuss	Betriebsmitteleinsatz	Werkstoffeinsatz	Arbeitskräfteeinsatz

Quelle: Dikow 2006

Aus der Anwendung der beschriebenen Grundsätze zur Ableitung von Outputdimensionen für die Ermittlung von **Gesamtproduktivität** und **Einzelfaktorproduktivitäten** resultieren die in Abbildung 152 definierten vier zentralen Produktivitätskenngrößen zur Bewertung der Unternehmensproduktivität.

Als Datengrundlage zur Ermittlung der **Unternehmensproduktivität** dient in der Praxis häufig die Gewinn- und Verlustrechnung (GuV). Die grundsätzliche Struktur der GuV ist im HGB geregelt. Die Praxis zeigt, dass die Aufwendungen der Inputfaktoren für die Produktivitätsermittlung nicht direkt aus der GuV als Datenquelle entnommen werden können. Zum Beispiel werden häufig Aufwendungen für Leasing, Miete und Instandhaltung der Betriebsmittel in Position 8 der GuV (sonstige Aufwendungen) ausgewiesen. Diese und andere Aufwendungen, die den Betriebsmitteln zuzuordnen

Abb. 152: Übersicht der vier zentralen Produktivitätskenngrößen zur Bewertung der Unternehmensproduktivität

Arbeitskräfte-produktivität	$P_{AK} = \dfrac{\text{arbeitskräftebezogene Faktorleistung}}{\text{Arbeitskräfteeinsatz}}$
Betriebsmittel-produktivität	$P_{BM} = \dfrac{\text{betriebsmittelbezogene Faktorleistung}}{\text{Betriebsmitteleinsatz}}$
Werkstoff-produktivität	$P_{WS} = \dfrac{\text{werkstoffbezogene Faktorleistung}}{\text{Werkstoffeinsatz}}$
Gesamt-produktivität	$P_{G} = \dfrac{\text{Gesamtleistung (Bruttoproduktionswert)}}{\Sigma\,(\text{Arbeitskräfte- + Betriebsmittel- + Werkstoffeinsatz})}$

Quelle: Dikow 2006

sind, müssen somit aus verschiedenen GuV-Positionen zusammengefasst werden. Für die betriebliche Anwendung der **Produktivitätsanalyse** ist es daher erforderlich, die relevanten Daten aus der Struktur der GuV entsprechend den Grundsätzen zur Bildung der Produktivitätskennzahlen zu ordnen. Abbildung 153 zeigt exemplarisch die Zuordnung der Position 8 zu den verschiedenen **Inputfaktoren**. Nach erfolgter Zuordnung der Einsatzfaktoraufwendungen können auf der Grundlage der abgeleiteten Output- und Inputdaten die Produktivitätskennzahlen für die Unternehmen ermittelt werden. Auf dieser Basis können die Bewertung und der Vergleich der Produktivitätsniveaus einzelner Perioden erfolgen.

Im Ergebnis zahlreicher **Praxisanalysen** wurde deutlich, dass die Entwicklung einer Einzelfaktorproduktivität (z.B. die der Arbeitskräfte) sich wesentlich von dem Verlauf anderer Einzelfaktorproduktivitäten und dem Verlauf der Gesamtproduktivität unterscheiden kann. Daraus folgt, dass allein die Betrachtung der Arbeitsproduktivität nicht in jedem Fall ausreichend ist, um die Gesamtproduktivität des Unternehmens zu verbessern. Die Beurteilung der Produktivität eines Unternehmens kann daher nur auf der Basis eines ganzheitlichen Ansatzes mit einer Orientierung auf die Gesamtproduktivität und eine gleichrangige Beachtung aller Einzelfaktorproduktivitäten sichergestellt werden.

Das **Personalcontrolling** ist damit als integraler Bestandteil des Unternehmenscontrollings zu betrachten und deren Ergebnisse sind immer im Zusammenhang mit den Entwicklungen der Faktoren Betriebsmittel und Werkstoffe (inklusive Fremdleistungen) zu bewerten.

Abb. 153: **Schematische Darstellung der Zuordnung von Aufwendungen aus Pos. 8 der GuV zu den Inputfaktoren der Produktivitätskennzahlen (Gesamtkostenverfahren)**

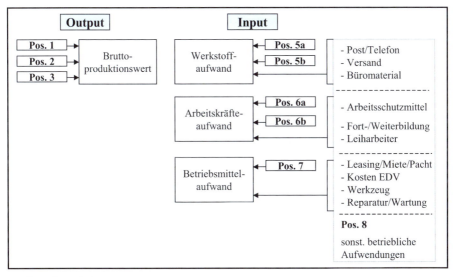

Quelle: Dikow 2006

Literatur/Quellen:

Bühner, Rolf; (1994) Personalmanagement, Landsberg/Lech 1994.

Bullinger, Hans-Jörg/Kiss-Preußinger, Elke/Späth, Dieter (Hrsg.); Studie Automobilentwicklung in Deutschland – wie sicher ist die Zukunft? Chancen, Potenziela und Handlungsempfehlungen für 30% mehr Effizienz.

Bundesverband Deutscher Unternehmensberater BDU e.V. (Hrsg.); (2005) Frühwarnindikatoren für den Mittelstand, Bonn 2005

Dikow Andreas; (2006) Messung und Bewertung der Unternehmensproduktivität in mittelständischen Industrieunternehmen. Dissertation, Rostock 2006.

Friedag, Herwig/Schmidt, Walter; (1999) Balanced Scorecard – Mehr als ein Kennzahlensystem, Freiburg/Berlin/München 1999.

Gesamtmetall (Hrsg); (2006) Die Metall- und Elektro-Industrie der Bundesrepublik Deutschland in Zahlen – Ausgabe 2006, Köln 2006.

Hauser, Frank/Schmidtner Tobias; (2005) Deutschlands beste Arbeitgeber, München; 2005.

Institut der deutschen Wirtschaft (Hrsg.); (2006) Argumente zu Unternehmensfragen – Arbeitskosten, in: IW Köln Nr. 9/2006.

Institut der Deutschen Wirtschaft (Hrsg.); (2005) Kosten, die keiner kennt, Köln Ausgabe 2005.

Kurek, Rainer; (2004) Erfolgsstrategien für Automobilzulieferer, Berlin/ Heidelberg; 2004.

Nebl, Theodor/Dikow, Andreas; (2004) Produktivitätsmanagement, München 2004. Pressemitteilung des Statistischen Bundesamtes vom 12. Juli 2006.

REFA (Hrsg.); (2002) Ausgewählte Methoden zur prozessorientierten Arbeitsorganisation, REFA-Bundesverband Darmstadt 2002.

Schröder, Christian; (2006) Industrielle Arbeitskosten im internationalen Vergleich, in: Institut der Deutschen Wirtschaft (Hrsg); IW-Trends, Jg. 33, Heft 3, 2006 S. 59-70.

René Werthschütz
Personalstrategie und -controlling, Projektleiter Mitarbeiterbefragung
Elvira Rohde
Betriebsratsvorsitzende RAG Aktiengesellschaft Betrieb Holding, Mitglied
im Aufsichtsrat der RAG Aktiengesellschaft

10. Einführung eines strategischen Personal- controllings bei der RAG Aktiengesellschaft

10.1. Unsere Mitarbeiter schaffen Werte

Die RAG Aktiengesellschaft ist ein internationaler Energie- und Chemiekon-
zern mit den Geschäftsbereichen Energie, Chemie, Immobilien und Bergbau.
An mehr als 500 Standorten in 64 Ländern beschäftigt sie rund 98.000 Mitarbeiterinnen und Mitarbeiter (im Nachfolgenden als Mitarbeiter bezeichnet). In den letzten Jahren hat die RAG durch ein umfangreiches Restruktu-
rierungsprogramm einen beispiellosen Wandel von einem heterogenen Kon-
glomerat hin zu einem fokussierten Industrieunternehmen vollzogen. Dabei
wurden 280 Geschäftsaktivitäten mit insgesamt über 22.450 Mitarbeitern
und rund 4,5 Mrd. Euro Umsatz in den Jahren 2003 bis 2005 an neue Eigentümer übertragen. Gleichzeitig konnte mit dem vollständigen Erwerb der
Degussa AG der Geschäftsbereich Chemie signifikant gestärkt werden, so
dass der RAG Konzern heute auf folgenden vier Kerngeschäftsfeldern fokussiert ist:

Abb. 154: Die RAG im Überblick

Energie:	**Chemie:**	**Immobilien:**	**Bergbau:**
RAG ist der fünftgrößte deutsche Energiekonzern und wird von den großen Chancen im deutschen Kraftwerksbau profitieren.	RAG ist weltweit die Nr. 1 in der Spezial-chemie und das drittgrößte Chemie-unternehmen Deutschlands.	RAG zählt zu den größten Wohnungs-gesellschaften und Flächenentwicklern in Deutschland.	RAG führt die Förderung deutscher Steinkohle in die Zukunft und hält Spitzenpositionen in der Wertschöpfungs-kette Kohle weltweit.

Die Mitarbeiter stehen bei der RAG im Mittelpunkt. Ihre Fähigkeiten und Motivation sind entscheidend für die nachhaltige Wertschöpfung und die erfolgreiche Weiterentwicklung des Unternehmens. Strategie- und Zielorientierung ist dabei ein wesentlicher Erfolgsfaktor. Mit dem HR-Strategie- und Controllingprozess (HR SCP), der für eine Strategie- und Ergebnisorientierung sorgt und eine effiziente Leistungs- und Erfolgskontrolle ermöglicht, leistet das Personalmanagement hierzu einen wesentlichen Beitrag. Die grundsätzliche Ausrichtung gibt dabei die aus der Konzern- und den jeweiligen Unternehmensstrategien abgeleitete Konzernpersonalstrategie vor.

10.2. Ausgangssituation

Im Frühjahr 2002 hat ein Projektteam aus Vertretern aller Konzernbereiche zusammen mit einer Unternehmensberatung ein Konzept zur optimalen Steuerung der Wertschöpfung aus der Sicht des Humankapitals entwickelt: das „Strategische Personalcontrolling". Ausgangspunkt war eine konzernweite Bestandsaufnahme. Sie ergab, dass ein Personalcontrolling nur in Ansätzen vorhanden war und sich fast immer auf die reine Berichterstattung von Personalbestands- und -kostengrößen beschränkte. Sowohl die strategische Anbindung als auch die systematische Betrachtung von qualitativen oder prozessorientierten Größen erfolgte in der Regel nicht.

Ausgehend von der Bestandsaufnahme wurden mit der Entwicklung eines einheitlichen und durchgängigen strategischen Personalcontrollings klare Ziele verbunden:

- Strategieanbindung der Personalaktivitäten und deren Steuerung
- Optimierung der Abstimmung der finanz- und personalwirtschaftlichen Kennzahlen
- Integrierte Betrachtung quantitativer, qualitativer und prozessorientierter Steuerungselemente
- Fokussierung auf wesentliche Steuerungskennzahlen
- Systematische Ziel und Maßnahmenorientierung
- Verbindung strategischer und operativer Anforderungen
- Einheitliche Datenbasis für alle benötigten Auswertungen

Im Sommer 2002 wurde die Einführung des strategischen Personalcontrollings schließlich beschlossen.

10.3. Das Konzept

Das strategische Personalcontrolling der RAG besteht aus drei integralen Kernelementen: dem quantitativen, dem qualitativen und dem prozessorientierten Steuerungselement. Diese ganzheitliche Betrachtung ist für die RAG besonders wichtig, da personalwirtschaftliche Maßnahmen häufig nicht direkt zu messbaren Veränderungen quantitativer Zielgrößen führen. Oft tritt die Wirkung von Motivations- oder Kompetenzsteigerungen erst zeitversetzt ein. Gleichzeitig beugt die ganzheitliche Betrachtung den Fehlinterpretationen vor, die sich üblicherweise bei der Reduzierung des Humankapitals auf Kosten und Köpfe ergeben.

Abb. 155: Ganzheitliche Steuerung erforderlich

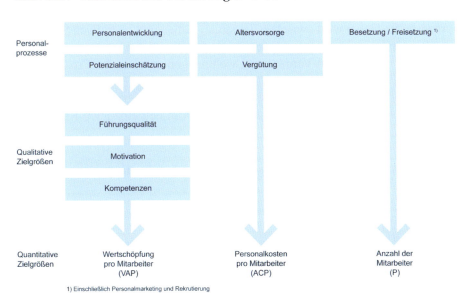

Die **quantitative** Steuerung im strategischen Personalcontrolling basiert auf der gleichen Spitzenkennzahl wie das Finanzcontrolling des Konzerns. Diese wird aufgebrochen in die Wertschöpfung pro Mitarbeiter, die durchschnittlichen Personalkosten und die Anzahl bzw. Mitarbeiterkapazitäten sowie darunter liegende Detaillierungen. So werden die vorhandenen finanzwirtschaftlichen Kennzahlensysteme konsistent um die personalwirtschaftlichen Komponenten ergänzt.

Die quantitative Steuerung wird ergänzt um die Steuerung von **qualitativen** Kenngrößen. Diese wurden aus den im Kompetenzmodell festgeschriebenen Führungsgrundsätzen und Kernkompetenzen abgeleitet und um Motivationsfaktoren ergänzt. Letztendlich werden so Kompetenzen, Führungsqualität und Motivation erfasst. Hinter diesen drei Zielgrößen liegen 13 Subzielgrößen, die eine detaillierte Betrachtung der einzelnen Aspekte ermöglichen. Die Steuerung der qualitativen Zielgrößen hat dabei – wenn auch in der Regel zeitversetzt – einen starken Einfluss auf die quantitativen Ergebnisgrößen. Als Datengrundlage dient hierbei eine konzernweite Mitarbeiterbefragung, die speziell auf die qualitativen Zielgrößen abgestimmt ist und regelmäßig alle zwei Jahre durchgeführt wird. Um eine nachvollziehbare Auswertung zu erhalten, die auch ein kontinuierliches Controlling erlaubt, wurde ein Rechenalgorithmus entwickelt, der die aktuelle Performance der einzelnen Zielgrößen zuverlässig abbildet.

Neben der Performance der qualitativen Zielgrößen gibt die Mitarbeiterbefragung auch Auskunft über die Qualität der **Personalprozesse**. Diese Information kombiniert mit Umsetzungs- und Abdeckungsgraden rundet das ganzheitliche strategische Personalcontrolling durch die Steuerung der Personalprozesse ab. Dabei wird zwischen der strategischen und operativen Steuerung der Personalprozesse unterschieden. In der strategischen Steuerung steht die Ergebnisbetrachtung im Vordergrund wohingegen operativ der Prozessablauf selber im Fokus steht.

Das Konzept wurde so ausgestaltet, dass es den zentralen Personalbereichen ebenso wie den Personalverantwortlichen in den einzelnen Konzernbe-

Abb. 156: Konzept des strategischen Personalcontrollings

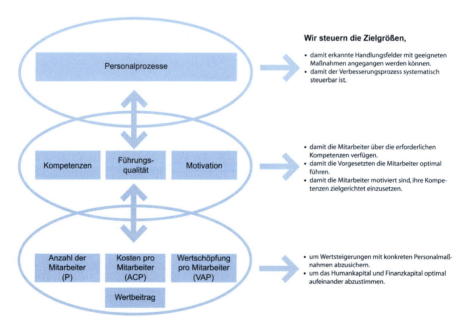

reichen bei deren strategischen und operativen Arbeit hilft. Die detaillierte Aufspaltung der Zielgrößen ermöglicht eine individuelle Identifizierung der Handlungsfelder in den einzelnen Konzernbereichen entlang der jeweiligen Unternehmensstrategie. Hierzu werden die einzelnen Zielgrößen anhand der Unternehmensstrategie und der daraus abgeleiteten Personalstrategie priorisiert. Aus dem Abgleich der Priorisierung mit dem aktuellen Stand der strategischen Zielgröße ergeben sich die spezifischen Handlungsfelder. Durch die weitere Analyse der Daten in den identifizierten Handlungsfeldern können dann zielorientiert Maßnahmen abgeleitet werden.

Gleichzeitig ermöglicht das Konzept eine strategische Steuerung und ein umfangreiches Controlling auf allen Konzernebenen auf Basis der gewonnen Daten. Dies erfolgt durch konzernweite bzw. individuelle Vorgaben über die erwartete Leistung und das Controlling der Zielerreichung.

3.   Die Umsetzung

Die Implementierung erfolgte schrittweise, beginnend mit einem Pilotprojekt, um

- das Grundkonzept individuell auf die Anforderungen der unterschiedlichen Konzernbereiche abzustimmen und zu erweitern
- Erfolge durch ein systematisches Personalcontrolling auszuweisen und damit eine flächendeckende Akzeptanz zu erzielen
- eine kostenoptimale Einführung durch ein standardisiertes Verfahren sicherzustellen
- Probleme und Hindernisse im Rahmen der Umsetzung zu antizipieren bzw. möglichst frühzeitig zu erkennen
- die Bindung vorhandener Kapazitäten und Ressourcen zu minimieren

Im Rahmen der Pilotphase wurde das Grundkonzept erstmalig angewandt und auf seine Tauglichkeit geprüft. Dabei erfolgte neben den bereichsspezifischen Erweiterungen eine Optimierung des Konzeptes. Nach der erfolgreichen Pilotierung begann im Jahre 2003 die schrittweise Einführung des Konzeptes und seine konzernweite Umsetzung.

Es stellte sich heraus, dass die weltweite Datenbeschaffung ein wesentlicher Erfolgsfaktor war. Neben der Vereinheitlichung von Definitionen galt es, IT-Systeme zu harmonisieren und miteinander zu verknüpfen. Weltweit unterschiedliche Basissysteme und Anforderungen machten die Einführung eines SAP Business Warehouse (SAP BW) erforderlich, um die notwendigen Daten nach einer einheitlichen Systematik zu erhalten. Aufgrund der Komplexität und der gleichzeitig laufenden Reorganisation der RAG ein umfangreicher und zeitintensiver Prozess.

Der zweite wesentliche Erfolgsfaktor war die bereichsspezifische Anpassung des Grundkonzeptes. Durch die Verknüpfung der konzernweiten Anforderungen mit den bereichsspezifischen konnte der (operative) Nutzen und damit die Akzeptanz in den einzelnen Konzernbereichen erhöht werden. Den unterschiedlichen Voraussetzungen wurde so Rechnung getragen und die Ziele realitätsgerecht erfasst.

Wichtigster Erfolgsfaktor war und ist die intensive Vermittlung der Personalcontrollingphilosophie und der damit verbundenen Ziele. Hierbei galt es, die einzelnen beteiligten Funktionen in die Konzeptumsetzung einzubinden und sie von dem Beitrag zum Unternehmenserfolg zu überzeugen.

10.4. Einbindung der wesentlichen Beteiligten

Neben den originären Funktionen im Personalmanagement gibt es weitere Funktionen, die im Rahmen des strategischen Personalcontrollings – angefangen von der Konzeptentwicklung über die Umsetzung bis hin zur Anwendung – einzubeziehen sind. Im RAG-Konzern sind dies insbesondere

* strategische und operative Personalmanagementfunktionen
* Unternehmensstrategie/ -entwicklung/ -controlling
* Mitbestimmung
* interne Kommunikation

Gerade für viele Mitarbeiter in den operativen Personalmanagementfunktionen hat sich der Sinn und Zweck eines strategischen Personalcontrollings nicht sofort erschlossen. Der systematische Abgleich von Erwartungen und der Ist-Situation erweckte eher das Gefühl einer „Kontrolle". Die Idee eines sinnvoll strukturierten Abgleichs von Entwicklungen und strategischen Notwendigkeiten trat hierdurch anfangs in den Hintergrund. In einigen Bereichen war es darüber hinaus die erstmalige, systematische und permanente Auseinandersetzung mit der strategischen Ausrichtung. Die Konzepteinführung führte somit zu einem Umdenken hinsichtlich der eigenen Arbeit. Das „abgehobene" Thema Strategie wurde operationalisiert und Teil der täglichen Arbeit.

Auch diejenigen Mitarbeiter, die bisher schon in strategischen Funktionen tätig waren und ihr Handeln bereits konsequent aus den Unternehmenszielen abgeleitet hatten, galt es dennoch vom Nutzen zu überzeugen. Die Einführung neuer wertorientierter Kennzahlen – insbesondere das Thema Wertschöpfung pro Mitarbeiter (VAP = Value Added per Person) – trug eher zu Interpretations- und Validitätsdiskussionen als zur ganzheitlichen Abbildung der Unternehmenssituation bei. Durch eine einfache Umstellung der zu betrachtenden quantitativen Zielgrößen auf die eher traditionellen Kenngrößen wie Personalbestand und -kosten in der Einführungsphase entstand eine inhaltliche, strategische Diskussion, auf deren Basis dann die erfolgsorientierten Kenngrößen eingeführt werden konnten. Hier zeigte sich, dass auch die Art und Weise der Einführung eine wichtige Rolle bei der Umsetzung spielt.

Gleiches galt auch in der Zusammenarbeit mit den Bereichen Unternehmensstrategie/ -entwicklung / -controlling. Zum einen war es wichtig, dass die bestehenden Kennzahlensysteme und Strategieprozesse nicht in Frage gestellt, sondern vielmehr um relevante Personalkenngrößen ergänzt werden. Zum zweiten galt es zu zeigen, dass diese die Grundlage für die Ableitung der richtigen personalpolitischen Ziele und Unterstützungsmaßnahmen zur Umsetzung der Unternehmensstrategie bilden. Für eine entsprechende Akzeptanz bedurfte es einer direkten Sichtbarkeit des Zusammenhanges und des Einflusses auf die Unternehmensstrategie.

Traditionell einen hohen Stellenwert im RAG-Konzern hat die Einbindung der Mitbestimmung. Die enge und partnerschaftliche Zusammenarbeit und permanente Information der jeweiligen Betriebsratsgremien – insbesondere der Arbeitsgemeinschaft der Betriebsräte im RAG-Konzern (ABK) als konzernweites Gremium der Mitbestimmung – hat die Entwicklung und Einführung des Konzeptes gefördert. Dabei stand weniger die Erfüllung rechtlicher Informations- und Einbindungspflichten im Sinne des Betriebsverfassungsgesetzes als ein gemeinsames Interesse an einem strategischen Personalcontrolling im Vordergrund. Letztendlich hat die Einführung des Konzeptes den Stellenwert der Mitarbeiter bei allen unternehmerischen Entscheidungen erhöht. Die frühzeitige systematische Betrachtung der Auswirkungen unternehmerischen Handelns auf die „Ressource Personal", bietet die Möglichkeit einer aktiven personalpolitischen Ausrichtung. Der dadurch deutlich größere Handlungsspielraum gegenüber einer eher reaktiven Ableitung der personalpolitischen Konsequenzen aus unternehmerischen Entscheidungen fördert die Wahrung der Interessen aller Mitarbeiter. Ein Ziel, das die Mitbestimmung und das Personalmanagement gleichermaßen verfolgen.

Ein wichtiges Erfolgskriterium im Rahmen der erfolgreichen Konzepteinführung war darüber hinaus die Einbindung der internen Kommunikation, die bei der Vermittlung der Ziele und des Nutzens an die Mitarbeiter eine wesentliche Rolle gespielt hat. Durch die für Mitarbeiter eher im Sinne von „Leistungs- und Kostenkontrolle mit negativen Auswirkungen" geprägte Wahrnehmung eines Personalcontrollings bedurfte es einer intensiven Vermittlung der Ziele und des Nutzens des strategischen Personalcontrollings sowie des Stellenwertes der Mitarbeiter. Die dadurch gewonnene Akzeptanz ist unter anderem die Basis für die regelmäßig erfolgreich durchgeführte konzernweite Mitarbeiterbefragung, die insbesondere zur Ermittlung und Analyse der qualitativen Kenngrößen dient.

10.5. Weiterentwicklung zum HR Strategie- und Controllingprozess

Betrachtet man das seinerzeit an die Mitarbeiter kommunizierte Konzept und vergleicht man dieses mit dem heutigen System, stellt man eine kontinuierliche Weiterentwicklung und Anpassung fest. Die Umsetzung des ursprünglichen Konzeptes zum strategischen Personalcontrolling war der Ausgangspunkt für den heutigen HR Strategie- und Controllingprozess.

Abb. 157: HR Strategie- und Controllingprozess

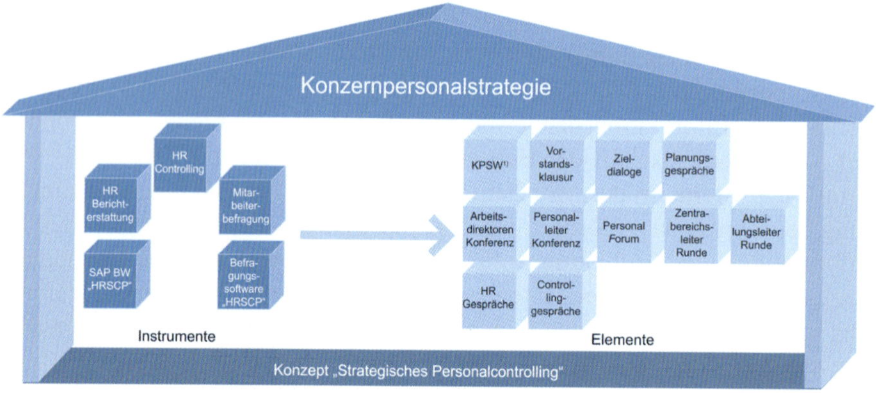

1) Konzernpersonalstrategieworkshop

Dieser umfasst auf der Basis der einheitlich definierten Kennzahlen des strategischen Personalcontrollings eine Reihe von Instrumenten, deren oberstes Ziel die integrale Analyse aller Faktoren aus Sicht des Personalmanagements ist. Die Ergebnisse der Analyse kommen in Gremien, Abstimmungsterminen und Gesprächen – den so genannten Elementen – zur Anwendung. Dabei variiert der Betrachtungsfokus bezogen auf Strategie, Steuerung und Controlling je nach Element und zeitlichem Verlauf. Letztendlich leistet der HR Strategie- und Controllingprozess durch die einheitliche Strategieausrichtung des Humankapitals und des Personalmanagements einen wesentlichen Beitrag zum Unternehmenserfolg.

10.6. Anpassung an zukünftige Herausforderungen

Im Rahmen der Neuausrichtung wurde das Portfolio der RAG mit dem Ziel der nachhaltigen Wertorientierung in den vergangenen Jahren erheblich fokussiert. Dies war ein konsequenter Schritt auf dem Weg zum geplanten Börsengang mit den Geschäftsbereichen Energie, Chemie und Immobilien in 2007.

Mit Blick auf zukünftige Entwicklungen gilt es, den HR Strategie- und Controllingprozess permanent zu überprüfen und strategieorientiert weiter zu entwickeln, um ein innovatives und in die Zukunft gerichtetes Personalmanagement sicherzustellen. Getreu der Vision des Personalmanagements „Wir stehen für die neue RAG – vorbildlich gut!"

Dr. Bertram C. Liebler
Geschäftsführer der Volkswerft Stralsund GmbH

Andreas Klar
Hauptabteilungsleiter Personalmanagement

11.   Personalcontrolling – Instrument zur Standort- und Zukunftssicherung der Volkswerft Stralsund GmbH

11.1   Historie und Entwicklung

Die *Volkswerft Stralsund*, am 15. Juni 1948 als volkseigener Betrieb (VEB) gegründet, kann auf eine lange Tradition des Schiffbaus zurückblicken. Bis 1953 wurden Reparationsleistungen an die Sowjetunion geliefert, 1958 wurde der erste Trawler ins damals kapitalistische Ausland verkauft – nach Island. Ende 1975 nahm das Unternehmen den ersten Platz in der Weltstatistik über den Bau von Fischereischiffen bei *Lloyd's Register London* ein. Nach der Wende wurde die Volkswerft in eine Kapitalgesellschaft umgewandelt. Die westdeutsche Vulkan Verbund AG übernahm die Werft von der Treuhand, wurde aber bald zahlungsunfähig. Schließlich wurde am 1. Februar 1998 die Volkswerft GmbH durch den dänischen *A. P. Moeller-Maersk-Konzern (APMM)* übernommen und behauptet sich seither erfolgreich am Markt. Die Volkswerft ist in der Lage, standardisierte oder hoch angepasste Spezialschiffe in kleinen und mittleren Serien zu entwickeln und in der hochmodernen Schiffbauhalle (300 m Länge, 108 m Breite und 74 m Höhe) zu bauen. Eine breite Palette von Containerschiffen bis zur Panmax-Größe mit einer Container-Kapazität bis 4000 TEU wird angeboten. Zum Leistungsprofil gehören aber auch Wartungsarbeiten und Inspektionen, Umbauten und Schiffsverlängerungen, Schiffsreparaturen aller Art sowie Offshoretechnik. Im Jahre 2000 erfolgte die Zertifizierung nach ISO 9001. Umsetzung und Erweiterung des Leistungsprofils sowie der Erhalt der Wettbewerbsfähigkeit sind nur mit qualifizierten und motivierten Mitarbeitern zu erreichen.

11.2   Grundausrichtung des Personalcontrollings und Mitarbeiterentwicklung

Personalcontrolling bedeutet für uns, vor allem der Frage nachzugehen, wie optimale Mitarbeiterstrukturen und Organisationsabläufe gestaltet werden können, damit die Standort- und Zukunftssicherung der Volkswerft gewährleistet ist. Wichtige Voraussetzung zur Erreichung dieses übergeordneten Ziels ist, im Unternehmen Rahmenbedingungen zu schaffen, die zur Erhaltung und **Steigerung der Wettbewerbsfähigkeit** – entsprechend der Markt- und Auftragslage – beitragen. Dabei stellt die Verfügbarkeit von qualifizierten und motivierten Mitarbeitern ohne Frage einen Engpassfaktor dar, der von besonderer strategischer Bedeutung für die Entwicklung des Unternehmens ist. Die Mitarbeiter der Volkswerft stellen ebenso einen Wertschöpfungsfaktor dar. Das zentrale Ziel des Personalmanagements ist es daher, die erforderlichen Mitarbeiter in notwendiger Zahl, der entsprechenden Qualifikation und dem richtigen Zeitpunkt zur Verfügung zu stellen. Es sind die entsprechenden Rahmenbedingungen zu schaffen, die die Effizienz und Effektivität der Mitarbeiter erhalten und fördern.

Abbildung 158 zeigt, wie sich die **Mitarbeiterzahl** der *Volkswerft Stralsund GmbH* ab 1989 bis 2006 entwickelte. Zwischen den Jahren 1990 bis 2005 sank die Stammbelegschaft von rund 8.000 auf etwa 1.200 Beschäftigte; in 2006 erfolgte eine Aufstockung der Beschäftigten auf rund 1.300. Bestimmte in den ersten Jahren vor allem die Regelung des Personalabbaus die Personalpolitik, so lag der Schwerpunkt der Personalarbeit in den letzten Jahren maßgeblich in der Personalentwicklung.

Abb. 158: Personalentwicklung der Volkswerft Stralsund GmbH 1989 bis 2006

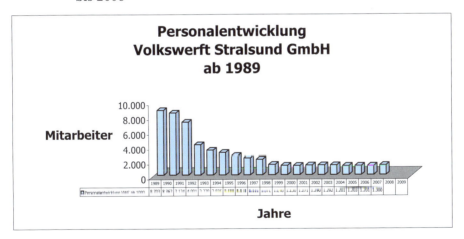

Der Aus-, Fort- und Weiterbildung, d.h. der Qualifizierung der Mitarbeiter, wird auch in den nächsten Jahren ein hohes Augenmerk geschenkt. Ebenfalls forciert werden die Anstrengungen hinsichtlich der Beschaffung geeigneten Personals. Die demographische Entwicklung der nächsten Jahre in *Mecklenburg-Vorpommern* (die Bevölkerung schrumpft, immer weniger Nachwuchs steht zur Verfügung, anteilig mehr ältere Personen prägen die Arbeitskräfte-struktur) fordert eine aktive Rekrutierungspolitik und weitsichtige Personal-planung durch das Management. Abbildung 159 zeigt die momentane **Alters-struktur der Belegschaft** der *Volkswerft*.

Abb. 159: Altersstruktur der Mitarbeiter der Volkswerft am 1.1.2006

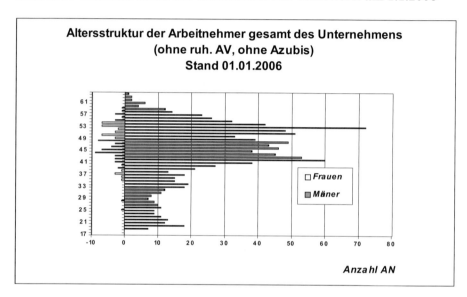

Die **Rekrutierung** und **Bindung** von gut qualifizierten Mitarbeitern werden immer schwieriger. Zweifellos kommt der Weiterbildung und Qualifizierung von Mitarbeitern in der Zukunft eine herausragende Bedeutung zu. Das Ma-nagement der Volkswerft intensiviert diesbezüglich seine Aktivitäten und lei-tet zahlreiche Maßnahmen ein.

Hinsichtlich der strategischen und operativen Entscheidungsfindung wer-den die Führungskräfte auf allen Ebenen durch das Controlling bzw. Perso-nalcontrolling im Hause begleitet und unterstützt. **Organisatorisch** ist das Personalcontrolling beim Personalbereich angesiedelt. Es arbeitet allerdings eng mit dem Finanzcontrolling zusammen und stimmt sich vor allem bezüg-lich der Budgetierung ab.

Ein **empfängerorientiertes** und **aussagekräftiges Berichtswesen** (kein Zahlenfriedhof) sollte die Bewertung von externen Trends und internen Ent-wicklungen ermöglichen. Beispielsweise sind umfangreiche Daten zum Ar-beitsmarkt (Trends und Entwicklungen, Anzahl und Qualifikation von Hoch-schulabgängern, Trend zu neuen Arbeitsformen usw.) nur nützlich, wenn sie unternehmensspezifisch aufbereitet werden. Allerdings reichen quantitative Darstellungen nicht aus, sondern auch qualitative Elemente wie Mitarbeiterzufriedenheit oder der Wunsch nach beruflicher und persönlicher Weiterentwicklung müssen einbezogen werden. In der Volkswerft Stralsund wird insbesondere der Weiterbildungsbedarf über Befragungen und im Rahmen von systematischen Mitarbeitergesprächen erfasst.

11.3   Rekrutierung und Weiterbildung

Grundsätzlich müssen wir unterscheiden zwischen Rekrutierung von **Facharbeitern** und dem **technischen/administrativen Personal**. Während wir Kapazitätslücken in der Produktion über Werkverträge und Arbeitnehmerüberlassung abdecken sowie über die Lehrausbildung Fachkräfte sicherstellen, ist es notwendig, das ingenieurtechnische Personal durch gezielte Anwerbung in Verbindung mit den Bildungseinrichtungen des Umfeldes, durch längerfristige Praktika sowie durch gezielte Qualifikation von leistungsbereiten Mitarbeitern an die Volkswerft zu binden. Oberste Priorität ist hierbei die Sicherung des Know hows in der technischen Entwicklung zum Erhalt der Wettbewerbsfähigkeit der Volkswerft.

Um die Rekrutierung und Weiterentwicklung von Mitarbeitern abzusichern, erfolgt eine systematisch angelegte **Ausbildungs- und Qualifizierungsoffensive**, gestützt durch Maßnahmen zur Imagebildung der Berufsmöglichkeiten im Schiffbau und der *Volkswerft Stralsund GmbH*. Um eine frühzeitige Bindung zukünftiger Nachwuchskräfte an den Betrieb zu ermöglichen, werden die Kooperationsbeziehungen zu den regionalen Schulen, Hochschulen und Bildungsträgern weiter ausgebaut. Mit der *Fachhochschule Stralsund* etwa wird ein seit einigen Jahren bereits erfolgreiche laufender Studiengang, in dem Facharbeiter ihr Ingenieurdiplom erlangen können, weitergeführt und intensiviert. Zugleich wird der Qualifizierungsbedarf der gesamten Belegschaft regelmäßig und systematisch erfasst und in Abstimmung mit dem Betriebsrat in ein umfassendes **Weiterbildungsprogramm** überführt. Das Bildungscontrolling ist in der *Volkswerft* gut ausgebaut und die erforderlichen Maßnahmen werden maßgeblich durch das Berufsbildungszentrum (BBZ) der *Volkswerft Stralsund GmbH* umgesetzt. Diese Organisationseinheit kooperiert mit internen und externen Partnern (z.B. IHK Weiterbildungszentrum, Hochschulen) und steuert die Erstausbildung, inner- und außerbetriebliche Fortbildung und betreut Praktikanten. Darüber hinaus erfolgt die internationale Managementqualifizierung über ein Programm des Mutterkonzerns APMM in Dänemark.

Wie sich die Fortbildungsbedarfsplanung, Budgetierung und Umsetzung von Maßnahmen innerhalb der *Volkswerft Stralsund GmbH* gestalten, kann den Abbildungen 160 und 161 entnommen werden. Die Zuordnung der Aufgaben im *BBZ* der *Volkswerft*, differenziert nach der Erstausbildung, der inner- und außerbetrieblichen Fortbildung sowie die Organisation zeigt Abbildung 160. Während die **Ausbildung** und die Betreuung der **Praktikanten** eher **organisatorische Aspekte** beinhaltet, liegt der Schwerpunkt bei der **inner-** und **außerbetrieblichen Fortbildung** in der **Bedarfsfeststellung** der Fortbildung.

Abb. 160: Zuordnung der Aufgaben im BBZ der Volkswerft

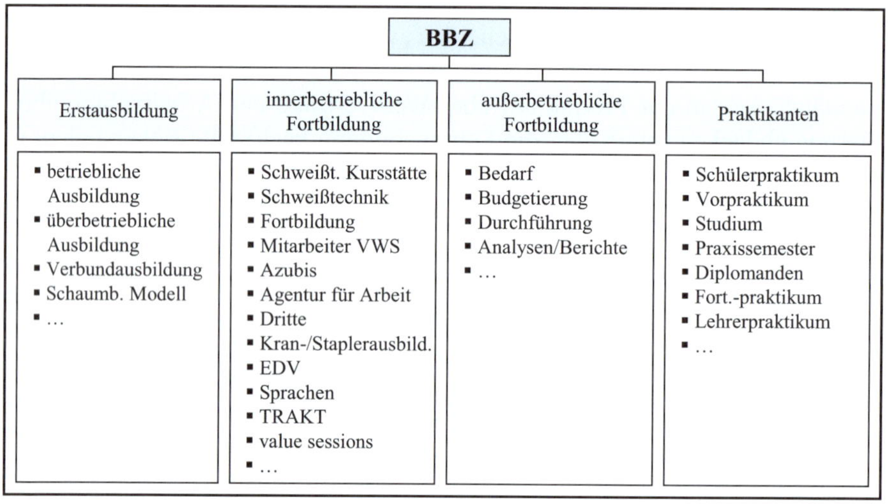

BBZ			
Erstausbildung	innerbetriebliche Fortbildung	außerbetriebliche Fortbildung	Praktikanten
▪ betriebliche Ausbildung ▪ überbetriebliche Ausbildung ▪ Verbundausbildung ▪ Schaumb. Modell ▪ …	▪ Schweißt. Kursstätte ▪ Schweißtechnik ▪ Fortbildung ▪ Mitarbeiter VWS ▪ Azubis ▪ Agentur für Arbeit ▪ Dritte ▪ Kran-/Staplerausbild. ▪ EDV ▪ Sprachen ▪ TRAKT ▪ value sessions ▪ …	▪ Bedarf ▪ Budgetierung ▪ Durchführung ▪ Analysen/Berichte ▪ …	▪ Schülerpraktikum ▪ Vorpraktikum ▪ Studium ▪ Praxissemester ▪ Diplomanden ▪ Fort.-praktikum ▪ Lehrerpraktikum ▪ …

Auf der Grundlage einer **Betriebsvereinbarung** wird jährlich der Fortbildungsbedarf abgefragt, budgetiert und durchgeführt. Alle Strukturen geben ihren Fortbildungsbedarf nach individuellen und betriebswirtschaftlichen Gesichtspunkten zum festgelegten Termin an das *BBZ*. Welche Mitarbeiter in den Genuss einer Fortbildung gelangen und welche Inhalte im Vordergrund stehen sollen, liegt maßgeblich in der Verantwortung der jeweiligen Vorgesetzten .

11.4   Fazit

In vielen Branchen, dies gilt auch im Schiffbau, wird die Bedeutung des Erfolgsfaktors Mitarbeiter immer deutlicher. Der Unternehmenserfolg hängt entscheidend vom Wissen und der Leistungsbereitschaft der Belegschaft ab. Letztlich kann fast jeder Erfolg oder Misserfolg auf menschliche Leistungen oder Fehlleistungen zurückgeführt werden. Das Controlling, eben auch das Personalcontrolling, macht Entwicklungen sichtbar und zeigt vorhandene Potenziale auf. Die Ergebnisse des Personalcontrollings erhöhen die Transparenz und bilden vielfach die Grundlage, um die Personalarbeit zu steuern. Die Aufbereitung und Nutzung von Informationen hilft dabei dem Management, stärker agieren zu können, statt nur reagieren zu müssen.

Abb. 161: Von der Erfassung zur Umsetzung des Fortbildungsbedarfs

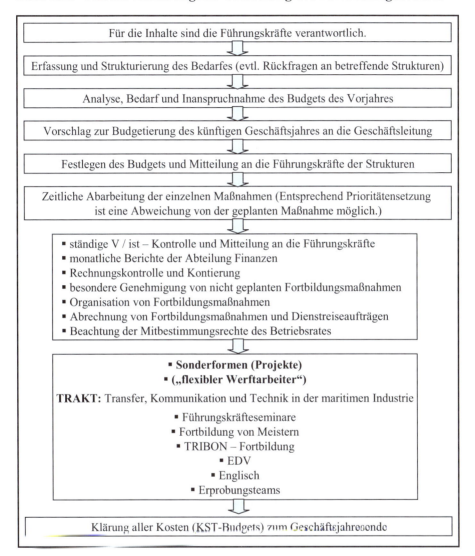

Für die Inhalte sind die Führungskräfte verantwortlich.

Erfassung und Strukturierung des Bedarfes (evtl. Rückfragen an betreffende Strukturen)

Analyse, Bedarf und Inanspruchnahme des Budgets des Vorjahres

Vorschlag zur Budgetierung des künftigen Geschäftsjahres an die Geschäftsleitung

Festlegen des Budgets und Mitteilung an die Führungskräfte der Strukturen

Zeitliche Abarbeitung der einzelnen Maßnahmen (Entsprechend Prioritätensetzung ist eine Abweichung von der geplanten Maßnahme möglich.)

- ständige V / ist – Kontrolle und Mitteilung an die Führungskräfte
- monatliche Berichte der Abteilung Finanzen
- Rechnungskontrolle und Kontierung
- besondere Genehmigung von nicht geplanten Fortbildungsmaßnahmen
- Organisation von Fortbildungsmaßnahmen
- Abrechnung von Fortbildungsmaßnahmen und Dienstreiseaufträgen
- Beachtung der Mitbestimmungsrechte des Betriebsrates

- **Sonderformen (Projekte)**
- **(„flexibler Werftarbeiter")**

TRAKT: Transfer, Kommunikation und Technik in der maritimen Industrie

- Führungskräfteseminare
- Fortbildung von Meistern
- TRIBON – Fortbildung
- EDV
- Englisch
- Erprobungsteams

Klärung aller Kosten (KST-Budgets) zum Geschäftsjahresende

Personalcontrolling kann nicht alleine die zur Verfügungsstellung von nötigen Zahlen und Statistiken sein, sondern vor allem deren Interpretationen. Gemeinsam mit allen Führungskräften der unterschiedlichen Abteilungen leiten sich daraus Steuerungsmaßnahmen ab, die einem ständigen Monitoring unterliegen. Es bauen sich Regelkreise auf die gewährleisten, dass das Thema Personal konsequent der Unternehmensleitung präsent vorliegt. Qualifikation und wachsende Motivation der Mitarbeiter sind wichtige Erfolgsfaktoren im globalen Wettbewerb.

Dr. Manfred H. Bobke-von Camen
Geschäftsführer Personal Berliner Flughäfen, Arbeitsdirektor

Silke Schmidt
Personalcontrolling Berliner Flughäfen

12.   Praxisbericht: Personalcontrolling für die Berliner Flughäfen

Das Personalcontrolling soll als Evaluierungs- und Kontrollsystem die Umsetzung einer Personalstrategie überwachen. Die Personalstrategie ist dabei wiederum aus der Unternehmensstrategie abzuleiten. Für die Berliner Flughäfen ist das entscheidende strategische Ziel die Realisierung des Berlin Brandenburg International-Flughafen (BBI). Bis 2011 wird der gesamte Luftverkehr auf den BBI konzentriert. 2007 soll der Flughafen Tempelhof geschlossen werden; unmittelbar nach der BBI Eröffnung, der zweite innerstädtische Flughafen Tegel. Hier muss eine effiziente Personalstrategie entwickelt werden, die den künftigen Vorgaben gewachsen ist. Ziel ist es, das erforderliche Personal der Berliner Flughäfen von heute quantitativ und qualitativ auf das Personal für den BBI auszurichten.

12.1   Wandel im Luftverkehr

Der Luftverkehr ermöglicht schnelle Verbindungen von Menschen und Märkten und fördert den Austausch von Waren, Ideen sowie Kulturen. Nach der Krise – ausgelöst durch Ereignisse wie den 11. September oder SARS – ist der Luftverkehr wieder auf dem Wachstumspfad. In 2005 wurde ein weltweites Wachstum in Höhe von 10,5 % erzielt. Derzeit sind die Flughäfen die „profitabelsten Spieler innerhalb der Luftverkehr-Wertschöpfungskette", aber auch sie stehen wachsenden Herausforderungen gegenüber. Der Wettbewerb um Verkehrsströme betrifft Airlines und Flughäfen gleichermaßen. So besteht der Wettbewerb nicht nur zwischen den Airlines, sondern spielt sich hauptsächlich zwischen den Airportsystemen – bestehend aus Flughafenbetreiber und Home-Carrier – ab. Folglich ist das Schicksal der Flughäfen eng an das ihrer Home-Carrier gekoppelt. Sie sind gefordert, ihre Attraktivität für Airlines und Passagiere zu steigern. Zudem wird der auf die Fluggesellschaften lastende Kostendruck an die gesamte Luftverkehr-Wertschöpfungskette weiter gegeben. Fluggesellschaften sind nicht mehr bereit, das Marktrisiko allein zu tragen. Beispielsweise fordern sie anteilige Risikoübernahem bei schwächeren Passagieraufkommen. Für die Flughafenbetreiber gilt, ihre Entgelte flexibel zu gestalten, ggf. nachhaltig zu senken und sich auf volatilere Einnahmen einzustellen. Vor dem Hintergrund steigender Anforderungen setzt ein Funktionswandel der Flughäfen vom klassischen Infrastrukturbereitsteller zum Unternehmen im Wettbewerb ein.

12.2   Die Berliner Flughäfen heute und morgen

Die drei Berliner Flughäfen – Schönefeld, Tegel und Tempelhof – befinden sich im Besitz der öffentlichen Hand. Gesellschafter sind das Land Brandenburg (37%), das Land Berlin (37%) und die Bundesrepublik Deutschland (26%). Der operative Betrieb der Flughäfen erfolgt durch die Betriebsgesellschaften: FBS - Flughafen Berlin-Schönefeld GmbH (Schönefeld) und BFG - Berliner Flughafen-Gesellschaft mbH (Tegel und Tempelhof). Die FBS ist Alleingesellschafterin der BFG sowie Konzernobergesellschaft. Die BFG hält 51 % an der Abfertigungs- und Dienstleistungsgesellschaft GlobeGround Berlin GmbH. Die GlobeGround Berlin Gruppe ist der größte Serviceanbieter an den Berliner Flughäfen. Des Weiteren ist die FBS an der TRAINICO – Training und Ausbildung Cooperation in Berlin-Brandenburg mbH – mit 25,42 % beteiligt (Stand: 1.1.2007), die im Bereich der Aus- und Weiterbildung in der Luftfahrt tätig ist. Bei den Berliner Flughäfen sind ca. 1.500 Mitarbeiterinnen und Mitarbeiter beschäftigt. Zudem wird jedes Jahr über 25 jungen Menschen die Möglichkeit gegeben, eine qualifizierte Ausbildung im technischen, kaufmännischen oder gewerblichen Bereich aufzunehmen.

Der Marktanteil der drei Berliner Flughäfen liegt zusammen bei 10 %, und der Standort wächst mit rund 15 % deutlich schneller als der Durchschnitt der deutschen Verkehrsflughäfen. Damit haben die Berliner Flughäfen im deutschlandweiten Vergleich zum ersten Mal den dritten Platz beim Passagieraufkommen eingenommen. Außerdem ist Berlin der größte Low-Cost-Standort in Kontinentaleuropa. Die drei Berliner Flughäfen wurden 2005 von insgesamt 99 Fluggesellschaften angeflogen. Insbesondere das innereuropäische Streckennetz ist dicht geknüpft. Aus Berlin heraus wurden 2005 insgesamt 155 Ziele, davon 118 in Europa bedient. Mit den Nonstop-Flügen von Tegel nach New York seit Frühsommer 2005 und der Verbindung nach Doha, Hauptstadt von Katar, seit 15. Dezember 2005 verbessert sich das Angebot auch im Bereich Langstrecke kontinuierlich. Weitere Ziele im Mittleren und Fernen Osten werden folgen.

Auch die Weichen für die Zukunft sind gestellt: In den nächsten Jahren wird der Flughafen Schönefeld zum neuen Hauptstadt-Airport BBI ausgebaut. Die behördliche Ausbaugenehmigung und das Finanzierungskonzept liegen vor. Detailplanungen und Baumaßnahmen laufen. Das Bundesverwaltungsgericht hat am 16. März 2006 (Urteil BverwG 4 A 1075.04) grünes Licht für den Ausbau des Flughafens Schönefeld zum BBI gegeben. Ab 2011 wird der gesamte Flugverkehr der Region Berlin-Brandenburg auf dem Flughafen im Südosten der Stadt konzentriert sein. Vorgesehen ist 2011 eine Startkapazität von mehr als 20 Millionen Passagieren. Je nach Passagierentwicklung kann der Flughafen für bis zu 40 Millionen Passagiere ausgebaut werden. Damit stellt der BBI der Region Berlin-Brandenburg die Kapazitäten zur Verfügung, die in den nächsten Jahrzehnten benötigen wird. Für die Zukunftsfähigkeit der Hauptstadtregion ist der BBI das entscheidende Infrastrukturprojekt. Der Gesamtbeschäftigungseffekt der Berliner Flughäfen liegt bereits heute bei 33.600 Arbeitsplätzen (Arbeitsstättenerhebung 2005 der Berliner Flughäfen). Mit dem BBI werden bis 2012 vor allem durch steigende Passagierzahlen eine signifikante Verbesserung der Standortgüte, und durch zusätzliche Kaufkrafteffekte rund 39.400 neue Arbeitsplätze in der Region entstehen. Der Gesamtbeschäftigungseffekt des BBI wird damit 2012 bei 73.000 Arbeitsplätzen liegen.

12.3   Eckpfeiler der Personalstrategie BBI

12.3.1 Ausgangssituation

Die einzigartige Situation der Berliner Flughäfen – drei bestehende Flughafenstandorte und ein Ausbauprojekt – lässt einen Blick auf die künftigen Herausforderungen erahnen. So wie die Verkehrsaktivitäten der drei Flughäfen auf den BBI zusammengefasst werden, soll dort das Personal vereint werden. Schon heute ist jedoch absehbar, dass durch die Zusammenführung aller drei Flughäfen bestimmte Funktionen und Bereiche doppelt oder dreifach vorhanden sind, sodass unmittelbar beim Flughafenbetreiber der Abbau von Arbeitsplätzen unausweichlich ist. Der entscheidende Rahmen wird dabei durch den Businessplan für den BBI gegeben, der die geplante wirtschaftliche Entwicklung des Unternehmens von heute bis weit über die Eröffnung des BBI hinaus bis zum Jahr 2035 abbildet. Um im Rahmen der Finanzierung des BBI den notwendigen Eigenfinanzierungsbeitrag der Berliner Flughäfen zu erwirtschaften, wurde ein Effizienzprogramm aufgesetzt. Das Programm verfolgt zwei Ansatzpunkte: Die Umsätze systematisch steigern sowie das Kostenniveau leistungsorientiert ausrichten und unnötige Kosten vermeiden. Eine Kernmaßnahme dieses Programms zielt auf die Effizienzsteigerungen der Fachbereiche. Trotz der im Vergleich zu anderen Flughäfen guten Mitarbeiterproduktivität der Berliner Flughäfen (Zum 31.12.2005: Berliner Flughäfen gesamt 85,95 Mitarbeiter in Personenjahre je 1 Million Paxe – jeweils Stand: 31.12.2005) sind Optimierungen in den Kern- und Unterstützungsprozessen erforderlich, um die Anforderungen der nächsten Jahre zu meistern und wettbewerbsfähig zu bleiben. Insbesondere die Kosten im Overhead-Bereich sind bei den Berliner Flughäfen im Vergleich zu anderen Flughäfen sehr hoch. Demzufolge wurde seit Anfang des Jahres 2006 ein Prozess angestoßen, der auf die Effizienzsteigerung dieser Bereiche zielt. Kostenreduzierung auf Personal- und Sachkostenebene kommen daher zusätzlich zu den Herausforderungen der kommenden Jahre.

Einzigartig sind die Berliner Flughäfen auch in ihren internen Betriebsstrukturen. Mit einem Altersdurchschnitt von 45,6 Jahren sowie einer durchschnittlichen Beschäftigungszeit von 17,1 Jahren sind die Mitarbeiter sehr verwachsen mit dem jeweiligen Flughafenstandort. Aufgrund der historischen Teilung Berlins und des zersplitterten Flughafensystems existiert keine gemeinsame Vergangenheit und keine gewachsene Kultur. Vor diesem Hintergrund ist es eine weitere Herausforderung, einen Kulturwandel zu durchlaufen, der einerseits gemeinsames Verständnis, andererseits Perspektive für die Mitarbeiter aller drei Flughäfen ermöglicht.

12.3.2 Handlungsfelder der Personalstrategie BBI

Angelehnt an die künftigen Anforderungen der Branche sowie der internen und externen Rahmenbedingungen galt es, eine Personalstrategie zu entwickeln. Durch die Zusammenführung aller drei Flughäfen und intern angestoßenen Effizienzsteigerungen zeichnen sich Personalüberhänge ab. Trotz des hohen Altersdurchschnitts der Belegschaft müssen hierbei Maßnahmen ergriffen werden, um diese Überhangkräfte für künftige Einsatzmöglichkeiten zu qualifizieren und ihnen damit eine berufliche Perspektive zu ermöglichen. Vor dem Hintergrund der anstehenden Schließung Tempelhof in 2007 wird parallel ein Personalkonzept erarbeitet, das die Belange der 235 Mitarbeiter/innen in Tempelhof weitreichend berücksichtigt. Nach derzeit vorliegendem Konzept wird ein Teil der Tempelhofer Mitarbeiter auf freie Stellen in Tegel und Schönefeld versetzt. Die durch Austritte aufgrund von Eigenkündigungen, Ruhestandsregelungen oder Ablaufen befristeter Verträge sowie die Rückführung von Leiharbeitverhältnissen freiwerdenden Stellen werden genutzt, um den Tempelhofer Mitarbeitern Einsatzmöglichkeiten in Tegel oder Schönefeld zu bieten. Abschlüsse von Altersteilzeitvereinbarungen, einvernehmliche Beendigungen oder gegebenenfalls Qualifizierungsmaßnahmen gehören ebenso in diesen Maßnahmenkatalog. Für die Mitarbeiter des Technischen Gebäudemanagements in Tempelhof werden derzeit Maßnahmen erarbeitet, um sie für die künftige Betreuung der Immobilie auch nach der Einstellung des Flugbetriebes einzusetzen. Die verbleibenden Mitarbeiter werden in das Vermittlungsmanagement integriert mit dem Ziel, anderweitige Einsatz- und Versetzungsmöglichkeiten für sie zu identifizieren.

Als grundlegendes Element der Personalstrategie BBI wurde in 2006 die Personalplanung BBI erarbeitet. Ziel der Personalplanung BBI ist es, das erforderliche Personal – quantitativ und qualitativ – für und auf dem Weg zum

BBI zu ermitteln. Im Mai 2006 wurde ein Prozess angestoßen, um mit den Fachabteilungen den quantitativen und qualitativen Personalbedarf für und bis zur Inbetriebnahme des BBI zu erheben. Ausgehend von dem Betriebskonzept bzw. den strategischen Überlegungen zur Ausgestaltung der Bereiche sowie den Vorgaben des BBI Business Plans sollen dabei die Schlussfolgerungen für die Prozesse definiert und die personalrelevanten Konsequenzen erfasst werden. Als neu gebauter Flughafen wird der BBI in 2011 über die modernsten Anlagen und Technologien verfügen. Die Prozesse werden anders gestaltet sein als heute und die absehbaren Entwicklungen und Trends wiederspiegeln. Faktoren, wie zum Beispiel die baulichen und gesetzlichen Rahmenbedingungen oder Outsourcing/ Fremdvergabe-Entscheidungen, müssen zusätzlich einbezogen werden. Insbesondere müssen die personellen Schlussfolgerungen aus den Schließungen der Flughäfen Tempelhof und Tegel berücksichtigt werden. Aus der Gegenüberstellung der Personalbestandsanalyse und des definierten Bedarfs wird ein Handlungskonzept erarbeitet. Dieses erfasst bestehende und neue Maßnahmen, um quantitative und qualitative Differenzen auszugleichen. Demzufolge werden – aufbauend auf die Personalplanung BBI – die bereits vorhandenen Aktivitäten der Personalstrategie im Rahmen dieses Handlungskonzepts kontinuierlich weiter entwickelt und dementsprechend ausgerichtet.

12.4   Das Personalcontrolling der Berliner Flughäfen

Die Betriebsgesellschaften BFG und FBS haben bis zum Jahr 2003 eigenständige, von einander unabhängige Personalabteilungen unterhalten, die bis 1998 zudem unter keiner einheitlichen Leitung standen. Zur Steigerung der Effektivität und um Doppelarbeiten zu vermeiden, wurde im Jahr 2003 eine Reorganisation des Personalbereichs der Berliner Flughäfen durchgeführt. Wie bereits bei anderen Abteilungen des Unternehmens zuvor, wurden die zwei bestehenden Personalbereiche zusammengeführt und neu strukturiert. Dabei wurde der Personalbereich von einer bislang durch eine rein personalverwaltende Tätigkeit geprägten Funktion zu einem sowohl operativ als auch strategisch ausgerichteten Dienstleister für das Unternehmen ausgebaut. Funktionen wie das Personalcontrolling waren bis zu diesem Zeitpunkt nicht als eigenständiger Bereich aufgebaut, sondern wurden bei Bedarf auf Zuruf und adhoc durchgeführt. Auswertungen wurden nicht einheitlich und systematisch durchgeführt, sondern immer wieder neu angegangen. Ein Vergleich im Zeitablauf war so gut wie nicht möglich.

Mit der Reorganisation des Personalbereichs wurde ein eigenständiger Bereich für das Personalcontrolling als Teil der Personalmanagements eingerichtet. Hier ist es direkt an der Quelle der personalwirtschaftlichen Daten angesiedelt, was unabdingbar ist. Der sensible und vertrauliche Umgang mit mitarbeiterbezogenen Daten ist somit gewährleistet, und die Akzeptanz und das Vertrauen im Vergleich zu einer Ansiedlung im Unternehmenscontrolling ist höher.

Das Personalcontrolling der Berliner Flughäfen versteht sich bei all seinen Aktivitäten als interner Dienstleister und Berater für die Betriebsparteien (Geschäftsführung und Betriebsräte). Es steht für und ermöglicht einen partnerschaftlichen Umgang miteinander. Es liefert das erforderliche Zahlenmaterial als Grundlage für betriebliche Entscheidungen und unterstützt als Instrument. Weiterhin schlägt es mögliche Lösungen vor und zeigt ggf. auch Alternativen auf.

Mit der Einrichtung des Personalcontrollings wird nicht nur das Ziel eines quantitativen („harte Zahlen"), sondern auch das eines qualitativen Personalcontrollings („Softfacts") verfolgt, welches eine Hilfe zur Beschlussfassung darstellt. Hierzu gehören nicht nur Erhebungen zur Mitarbeiterzufriedenheit und Beurteilungen über die Führungskräfte durch die Mitarbeiter, sondern auch alle anderen messbaren Aussagen zur Beziehung der Menschen innerhalb des Unternehmens. Neben den innerbetrieblichen Kennzahlen sollen auch außerbetriebliche Kennzahlen erfasst und verglichen werden (Benchmarking). Ziel ist hierbei, die eigenen Werte vergleich- und beurteilbar zu machen und dringend verbesserungswürdige Felder zu erkennen.

Die Problemfelder des Personalcontrollings im Allgemeinen sind die Datenerhebung, die Akzeptanz, die Transparenz und der Datenschutz. Die Erhebung der harten Fakten wie z.B. der Kosten stellt mit einem ausgereiften Personalinformationssystem kein großes Problem dar. Die weichen Daten lassen sich dagegen nicht direkt erheben. Hier müssen Indikatoren gefunden und entwickelt werden. Auf Seiten der Mitarbeiter und der Betriebsräte wird das Personalcontrolling vielfach als reines Rationalisierungsinstrument verstanden. Das ruft Missverständnisse hervor, und Widerstände werden aufgebaut. Diese Missverständnisse und Widerstände lassen sich nur mit Transparenz abbauen. Eine Maßnahme zur Transparenz ist die Veröffentlichung aller definierten Kennzahlen in geeigneter Art und Weise. Mit steigender Komplexität des Controllingsystems steigt auch die Gefahr einer missbräuchlichen Verwendung der Daten. Hier muss mit einer genauen Definition der Personen, die Zugriff auf die Daten haben, reagiert werden. Mit Blick auf die Betriebsräte findet das Personalcontrolling am ehesten Akzeptanz, wenn mit der Durchführung Mitarbeiter betraut werden, die im Unternehmen von allen Seiten akzeptiert sind, und denen Vertrauen entgegengebracht wird. Aus dem Problem der Datenerhebung lässt sich erkennen, dass die Voraussetzungen des von den Berliner Flughäfen angestrebten Personalcontrollings ein starkes Personalinformationssystem ist. Ohne diese technische Unterstützung ist die Arbeit des Personalcontrollings mühsam und ineffizient und durch zu häufige Medienbrüche leider auch schnell fehleranfällig. Ein wichtiger Schritt hierzu ist die Einführung des HCM-Moduls der SAP, welche in diesem Jahr erfolgt ist. Auf dieser Grundlage wird das Personalcontrolling in der Zukunft verstärkt auf- und ausgebaut werden.

Eine bedeutende Schnittstelle hat das Personalcontrolling zum Unternehmenscontrolling. Hier ist es ebenso Dienstleister und hilft dem Unternehmenscontrolling, Führungsinstrumente zu entwickeln und anzuwenden. Die Hauptfelder sind hierbei die Mittelfristplanung, die Wirtschaftsplanung und das Berichtswesen. Das Personalcontrolling liefert hier die erforderlichen Zahlen zum Personal, die in die Konzernberichterstattung einfließen.

Insgesamt sind die Aufgaben des Personalcontrollings vielfältig und lassen sich in einem Regelkreis darstellen:

Abb. 162: Regelkreis des (Personal-)Controllings

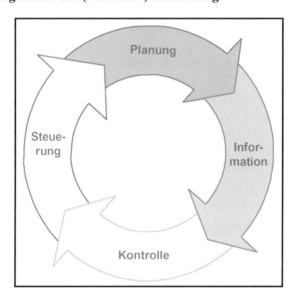

Anhand dieses Regelkreises wird deutlich, dass das Personalcontrolling den Planungsprozess koordiniert und unterstützt, Ist-Daten erhebt und verarbeitet, Abweichungen zum geplanten Soll erkennt und analysiert und daraus konkrete Gegenmaßnahmen ableitet und optimierte Abläufe für die Zukunft erstellt. Dem Personalcontrolling kommen demnach einerseits Kontroll- andererseits Frühwarnfunktionen zu. Durch die regelmäßige Erhebung können frühzeitig Tendenzen sowohl in negativer als auch in positiver Richtung erkannt und Maßnahmen zur Beeinflussung rechtzeitig entwickelt werden.

Die Anwendungsbereiche des Personalcontrollings bei den Berliner Flughäfen sind das operative Personalcontrolling, das unternehmensweite Personalcontrolling, das spezielle Personalcontrolling für den Personalbereich, das

Berichtswesen und das Benchmarking. Weiterhin wird ein Kennzahlenkatalog erstellt.

Innerhalb des operativen Personalcontrollings werden Kennzahlen für die Bereiche der Personalentwicklung, der Personalbetreuung und der Personalplanung erhoben. Im Bereich der Personalentwicklung wird noch einmal unterteilt in das Controlling der beruflichen Erstausbildung und das Controlling der Aus- und Weiterbildung (Bildungscontrolling). Um einen Überblick über die Quantität und Qualität der beruflichen Erstausbildung an den Berliner Flughäfen zu erhalten, werden Kennzahlen erhoben und im Zeitablauf verglichen. Zu diesen Kennzahlen gehören Auswertungen sowohl zu den Bewerbungen und Tests (z.B. Einladungen zu Einstellungstest im Verhältnis zu den eingegangenen Bewerbungen) als auch Auswertungen zu den Azubis und den Kosten (z.B. Ausbildungskosten). Das Bildungscontrolling soll vor allem dazu beitragen, den Zusammenhang zwischen Weiterbildungsaktivitäten und Unternehmenserfolg zu verdeutlichen und die Erfordernis und den Nutzen einzelner Maßnahmen zu analysieren. Mit verschiedenen Instrumenten unterstützt das Bildungscontrolling dabei die Planung der Mitarbeiterqualifizierung sowie einen systematischen Lerntransfer. Als Grundlage werden Daten bereitgestellt und sinnvolle Kennzahlen definiert. Diese Kennzahlen beziehen sich einerseits auf die Teilnehmer (z.B. Teilnahmen an internen oder externen Weiterbildungsveranstaltungen) andererseits auf die Veranstaltungen (z.B. Anteil der internen und externen Veranstaltungen) und die Kosten (z.B. Anteil der Weiterbildungskosten an den Personalkosten).

Im Bereich der Personalbetreuung werden die Bereiche Personalbeschaffung und Personalfreisetzung unterschieden. Für die Personalbeschaffung werden Kennzahlen zu den Beschaffungswegen (z.B. Struktur der Ausschreibungswege) und zur Personalauswahl/Besetzung (z.B. Gesamtdauer des Stellenbesetzungsvorgangs) erhoben. Für die Personalfreisetzung werden Kennzahlen wie z.B. die Struktur der Austrittsgründe erhoben. Das Controlling in der Personalplanung untergliedert sich in die Bereiche Ideenmanagement, Grundsatzfragen und Personalkostenplanung. Für das Ideenmanagement werden Kennzahlen zu den Vorschlägen/Teilnehmern (z.B. Anzahl und Anteil angenommener Vorschläge) und zu den Kosten (z.B. Prämie je Teilnehmer) erhoben. Das Thema Grundsatzfragen betrifft den Prozess der betrieblichen Mitbestimmung und die Umsetzung gesetzlicher Vorgaben sowie die interne Beratung zu diesen Themen. Hier werden Kennzahlen wie die Anzahl der abgeschlossenen Betriebsvereinbarungen oder Tarifverträge erhoben. In der Personalkostenplanung werden Kennzahlen zu den Entgeltkomponenten und zu den Kosten erhoben.

Neben dem operativen Personalcontrolling gibt es auch ein unternehmensweites Controlling, mit dessen Hilfe geeignete Kennzahlen über das gesamte Personal ermittelt werden. Ein Vergleich dieser Kennzahlen im Zeitablauf kann die Entwicklung des Personals aufzeigen. Eine Auswertung kann sowohl für das gesamte Unternehmen als auch nur für bestimmte Teilbereiche oder Abteilungen erfolgen. Bereits hier ist bei der Festlegung der Auswertungsbereiche auf den Datenschutz zu achten. Wird der Auswertungsbereich zu klein gewählt, ist zum einen die Auswertung weniger sinnvoll und zum anderen ist dann nachvollziehbar, welcher Mitarbeiter in Person hinter den Werten steht. Die definierten Kennzahlen im unternehmensweiten Personalcontrolling sind einerseits strukturbezogen und andererseits mitarbeiterbezogen aufgebaut. Im strukturellen Teil werden beispielsweise Aussagen zur Vergütungsgruppenstruktur oder zur Struktur der Arbeitszeitmodelle getroffen. Auf der mitarbeiterbezogenen Ebene werden unter anderem Daten zur Altersstruktur oder auch zu krankheitsbedingten Ausfallzeiten ausgewertet.

Natürlich darf auch ein spezielles Personalcontrolling für den Personalbereich an sich nicht fehlen. Es werden Kennzahlen zum Bereich der Personalabrechnung erhoben und auch die Anzahl der Mitarbeiter des Personalbereichs ins Verhältnis zu allen Mitarbeitern des Unternehmens gesetzt. Ein weiterer Bereich ist die Gegenüberstellung der Personalkosten des Personalbereichs zu den Personalkosten des gesamten Unternehmens und die Bildung von Durchschnittswerten. Die Ergebnisse des speziellen Personalcontrolling für den Personalbereich sind besonders hilfreich beim Vergleich mit anderen Unternehmen. Wie bei allen anderen Kennzahlen lassen sich hier im Zeitablauf auch Tendenzen und Entwicklungen ablesen.

Das Berichtswesen der Berliner Flughäfen ist ein Teil des Personalcontrollings. Es wurde mit einem Jahresbericht für das Jahr 2003 für das gesamte Unternehmen eingeführt und seitdem kontinuierlich auch unter Einbeziehung der Führungskräfte des Unternehmens ausgebaut. Entwickelt haben sich in der Zwischenzeit Monats-, Quartals- und Jahresberichte. Weiterhin werden anlassbezogenen Berichte und Auswertungen auf Anfrage erstellt. Das Berichtswesen hat sich seit der Einführung etabliert und ist unternehmensweit anerkannt und geschätzt. Das liegt nicht zuletzt an der professionellen Aufmachung und Darstellung der Inhalte mit aussagekräftigen Grafiken.

Den inhaltlich umfangreichsten Bericht stellt der Jahresbericht dar, der gleichzeitig der Bericht für das 4. Quartal ist. In ihm werden Aussagen des unternehmensweiten Personalcontrolling thematisiert und die Veränderungen zu den Vorjahren dargestellt. Es wird die Arbeit des Personalbereichs des vergangenen Jahres noch einmal zusammengefasst und kompakt präsentiert. Zusätzlich wird in jedem Jahr ein spezielles Thema näher erläutert. Im vergangenen Jahr war das eine umfangreiche Fehlzeitenanalyse, die sich mit den krankheitsbedingten Ausfallzeiten hinsichtlich Art, Dauer und Häufigkeit befasst. Während im Monatsbericht auf einer Seite auf den Personalstand, die Personalkosten, die krankheitsbedingten Ausfallzeiten und die aktuellen Ereignisse aus Sicht des Personalbereichs eingegangen wird, werden diese Themen im Quartalsbericht noch wesentlich ausführlicher behandelt. Für große Bereiche des Unternehmens gibt es spezielle Auswertungen, die die Daten des

Bereichs mit denen des gesamten Unternehmens vergleicht bzw. diesen gegenüberstellt.

Der Kennzahlenkatalog ist die Basis für ein erfolgreiches Berichtswesen, wenn es den Anspruch auf sinnvolle und brauchbare Aussagen erfüllen will. Für die Berliner Flughäfen wird ein Kennzahlenkatalog mit allen erhobenen Kennzahlen erstellt, in welchem alle Kennzahlen genauestens beschrieben und definiert werden. Er wird kontinuierlich aktualisiert und fortgeführt und ermöglicht damit ein einheitliches Verständnis für und eine einheitliche Erhebung der Daten. Ein Vergleich im Zeitablauf ist damit sichergestellt und nachvollziehbar.

Im Bestreben, sich mit anderen Unternehmen vergleichen zu können, führen die Berliner Flughäfen regelmäßig Benchmarking durch. Dies geschieht sowohl innerhalb der eigenen Branche im Rahmen der ADV (Arbeitsgemeinschaft Deutscher Verkehrsflughäfen) als auch über die eigene Branche hinaus durch die Teilnahme an Studien anerkannter Verbände (z.B. DGFP).

Als zukünftige Aufgabenfelder des Personalcontrollings sollen die Bereiche der internen Kundenbefragung und der Mitarbeiterbefragung hinzukommen. Die interne Kundenbefragung soll dabei helfen, das Personalcontrolling weiter zu optimieren und an den Wünschen der Führungskräfte auszurichten. Im Hinblick auf die strategische Personalplanung des BBI und die damit verbundene Personalentwicklung ist ein wichtiger Faktor die Mitarbeiterzufriedenheit. In diesem Zusammenhang sind zukünftig unter Beachtung der betrieblichen Mitbestimmung regelmäßige Mitarbeiterbefragungen geplant, die vom Personalcontrolling unterstützend begleitet werden.

12.5   Schlusswort

Mit allem, was hier dargestellt wurde, unterstützt das Personalcontrolling als Evaluierungs- und Kontrollsystem die Überwachung der Umsetzung der Personalstrategie im Hinblick auf das Projekt BBI. Es nimmt dabei eine wichtige Schlüsselfunktion für die strategische Planung wahr.

Test-Fragen

1. Diskutieren Sie, in wie weit der Mensch Leistungs-, Wertschöpfungs- und Risikofaktor gleichermaßen ist.
2. Welche Funktionen des Erkenntnisgewinns haben wissenschaftliche Disziplinen wie z.B. die Personalwirtschaftslehre?
3. Arbeiten Sie die Unterschiede der Begriffe Personalwesen, Personalwirtschaft und Personalmanagement heraus.
4. Nennen Sie wichtige Theorieansätze für die Bereiche „Arbeit" und „Personal".
5. Diskutieren Sie, welche Bedeutung das Betriebsklima für den Unternehmenserfolg hat und welchen Einfluss hierauf Vorgesetzte haben.
6. Diskutieren Sie die These „Professionell betriebenes Personalmanagement führt zu einer Steigerung der Arbeitskraft eines Mitarbeiters". Welche Restriktionen sind zu beachten?
7. In welcher Beziehung stehen Ihrer Auffassung nach die Begriffe Personalcontrolling und Personalstrategie zueinander?
8. Skizzieren Sie die wesentlichen historischen Entwicklungsphasen der Personalarbeit bzw. des Personalmanagements.
9. Diskutieren Sie die Aussage: Von der Personalverwaltung zur Personalgestaltung.
10. Was ist unter einem systemorientiert-ganzheitlichen Unternehmensmodell zu verstehen?
11. Erläutern Sie, wieso die Funktion „Personal" eine Querschnittsfunktion darstellt.
12. Nennen Sie fünf Prozessfunktionen des Personalmanagements.
13. Was versteht man unter Organisationsentwicklung (OE) und welche Ziele werden mit ihr verfolgt?
14. Zeichnen Sie die geschichtliche Entwicklung des Controllings und des Personalcontrollings nach.
15. Definieren Sie Controlling.
16. Formulieren Sie eine Definition, die wesentliche Elemente des Begriffs „Personalcontrolling" beinhaltet und zur Begriffsklärung beiträgt.
17. Grenzen Sie Personalcontrolling vom Personalmanagement ab.
18. Welche wichtigen Funktionen hat das Personalcontrolling?
19. Was verbirgt sich hinter dem Begriff „Selbstcontrolling"?
20. Diskutieren Sie typische Aufgaben der Personalverwaltung.
21. In der Literatur und Praxis werden folgende Begriffspaare bezüglich der Differenzierung des Personalcontrollings verwendet: faktor- und prozessorientiertes, operatives und strategisches sowie quantitatives und qualitatives Personalcontrolling. Welche Unterschiede gibt es zwischen den Begriffen und wo sind Gemeinsamkeiten auszumachen?
22. Definieren Sie strategisches Personalcontrolling.
23. An welche externen Rahmenbedingungen bzw. Umwelteinflüsse muss sich ein strategisches Personalmanagement anpassen?

24. Nennen und erläutern Sie jeweils zwei operative und zwei strategische Instrumente des Personalmanagements. Begründen Sie die vorgenommene Einordnung der Begriffe!

25. Wodurch unterscheiden sich die ökonomischen Bewertungsstufen „Kosten", „Effizienz" und „Effektivität"?

26. Welche Gründe sprechen für die Einführung eines Personalcontrollings in Organisationen?

27. Welche Beziehung kann zwischen den Begriffen Personalrisikomanagement und Personalcontrolling hergestellt werden?

28. Diskutieren Sie über mögliche Träger und Sichtweisen des Personalcontrollings.

29. Sind die Institutionalisierung und Etablierung eines Personalcontrollings abhängig von der Unternehmensgröße und Branche?

30. Charakterisieren Sie die Misstrauens- und Vertrauenskultur in einer Organisation.

31. Was verbirgt sich hinter dem informellen Personalcontrolling-Verständnis?

32. Für die organisatorische Eingliederung des Personalcontrollings (Organigramm) sind viele Gestaltungsvarianten denkbar. Gibt es eine Variante, die besonders geeignet erscheint?

33. Diskutieren Sie die Vor- und Nachteile der Zentralisation der Personalarbeit.

34. Welche Interessen sind mit einem Personalcontrolling verbunden und welche Widerstände können bei der Institutionalisierung auftreten?

35. Welche Anforderungen sind an das Personalcontrolling zu stellen?

36. Diskutieren Sie die wesentlichen Hindernisse, die sich in der betrieblichen Praxis bei der Implementierung ergeben können.

37. Skizzieren Sie die Phasen der Einführung des Personalcontrollings.

38. Welche Inhalte sollte beispielsweise ein unternehmensspezifisches Personalcontrolling-Konzept umfassen?

39. Wo liegen die Unterschiede eines Personalcontrollings in Großunternehmen und Klein- und Mittelbetrieben? Diskutieren Sie diesen Sachverhalt.

40. Wieso sind Mitbestimmung und Datenschutz bei der Implementierung und Umsetzung von Personalcontrolling nicht zu vernachlässigen?

41. Gibt es Besonderheiten, die es beim internationalen Personalcontrolling zu beachten gibt?

42. Welche Zusammenhänge können Sie zwischen Personalcontrolling und Mergers & Acquisitions erkennen.

43. Es existieren einige Studien zur Verbreitung des Personalcontrollings in der Praxis. Zu welchen Ergebnissen bzw. Erkenntnissen gelangen die Untersuchungen.

44. Was verbinden Sie mit der Institution „Deutsche Gesellschaft für Personalführung e.V."?

45. Welche Informationsquellen können genutzt werden, um sich über die Theorie und Praxis des Personalcontrollings fundiert zu informieren und welche Suchstrategie kann eingeschlagen werden?

46. Unternehmerische Intuition und Managementprozess – Widerspruch, oder sich ergänzende Elemente?

47. Diskutieren Sie kritisch, welche Mechanismen extremer Fremdkontrolle und extremer Eigenverantwortung durch das Internet angestoßen und in ihm realisiert werden.

48. Skizzieren Sie die Phasen eines Entscheidungsprozesses.
49. Diskutieren Sie die Umweltfaktoren und Trends im Hinblick auf die Auswirkungen des Personalmanagements und Personalcontrollings.
50. Welche Bedeutung wird der demographischen Entwicklung für die Strategien von Organisationen beigemessen?
51. Welchen Zusammenhang sehen Sie zwischen der sich empirisch in Zukunft abzeichnenden demographischen Entwicklung in Deutschland – insbesondere in Ländern wie Mecklenburg-Vorpommern – und unternehmensbezogener Personalentwicklung?
52. Skizzieren Sie einige wesentliche Auswirkungen des Wertewandels und der demographischen Entwicklung auf dem Arbeitsmarkt.
53. Beschreiben Sie die zentralen Prämissen eines zukunftsorientierten Managements.
54. Skizzieren Sie zentrale Anforderungen, die an ein zukunftsorientiertes Personalmanagement zu stellen sind.
55. Gibt es das unternehmerische Zielsystem?
56. Nennen Sie einige wirtschaftliche und soziale Ziele.
57. Was können Ziele der Fortbildung bzw. Mitarbeiterentwicklung sein?
58. Skizzieren Sie den schematischen Aufbau einer Zielpyramide von Unternehmen.
59. Welche Verbindungslinien würden Sie zwischen Unternehmenspolitik, Personalpolitik und Personalstrategie sehen?
60. Gibt es eine Übereinstimmung der Personalentwicklungsziele aus Unternehmens-, Vorgesetzten- und Mitarbeitersicht?
61. Welche Anforderungen sind an Führungskräfte zu stellen?
62. Welche Ziele werden mit dem Personalcontrolling verfolgt?
63. Mit welchem Führungsprinzip sind Zielvereinbarungen eng verbunden?
64. Was sind allgemein formulierte Ziele und welche Elemente müssen operationalisierbare Ziele enthalten?
65. Welche Aufgaben stellen sich für das Arbeitsmarktcontrolling?
66. Was verbirgt sich hinter dem „Eisberg-Effekt"?
67. Was weist eine betriebswirtschaftliche Wertschöpfungsrechnung aus?
68. Beschreiben Sie den strategischen und den operativen (kybernetischen) Regelkreis des Controllings.
69. Welche Hauptaufgaben beinhaltet der Regelkreis des Personalcontrolling-Prozesses?
70. Was sind die zentralen Aufgaben des Personalcontrollings?
71. Erläutern Sie den Stellenwert der Kommunikations- und Moderationsaufgabe des Personalcontrollings.
72. Was hat Verhaltenssteuerung mit Personalcontrolling zu tun?
73. Welchem Personalmanagementfeld sind folgende Controllingfunktionen zuzuordnen: Motivations- und Kulturcontrolling.
74. In welche Hauptfunktionen kann die Personalwirtschaft unterteilt werden?
75. Welchen Zusammenhang sehen Sie zwischen der Personalplanung und dem Personalcontrolling?
76. Skizzieren Sie die Einbettung der Personalplanung in die Unternehmensplanung.
77. Beschreiben Sie ein Controlling im Bereich Personalentwicklung.

78. Überlegen Sie nach welchen Kriterien Sie die Personalkosten differenzieren würden, um Daten für eine qualifizierte Steuerung der Personalkosten zu haben.

79. Empirische Untersuchungen zeigen, dass der Anteil an Personalnebenkosten bei großen Unternehmen wesentlich höher ausfällt als bei kleineren Unternehmen. Worauf führen Sie dieses Ergebnis zurück?

80. Welche Bedeutung haben die Begriffe „Flexibilisierung" und „Individualisierung" für die praktische Personalarbeit?

81. Was verbirgt sich hinter der Kennzahl „totale Mitarbeitereffektivität"?

82. Diskutieren Sie die Vor- und Nachteile möglicher Arbeitszeitsysteme.

83. Erläutern Sie, weshalb Arbeitsschutz und Gesundheitsmanagement wichtige Bereiche des Personalcontrollings darstellen.

84. Was ist kennzeichnend für die Erfolgskontroll-Ansätze Kosten-, Effizienz- und Effektivitätscontrolling?

85. Welche Bedeutung ist den Personalinformationssystemen bei der Implementierung und Umsetzung von Personalcontrolling beizumessen?

86. Hat der Betriebsrat bei der Auswahl und Einführung von Personalinformationssysteme (PIS) mitzubestimmen?

87. Worin sehen Sie den Nutzen und wo die Grenzen bzw. Probleme beim Einsatz von Personalinformationssystemen?

88. Wie könnte ein ganzheitliches Unternehmens-Kommunikationskonzept ausgestaltet sein?

89. Welchen Stellenwert messen Sie den Kreativitätstechniken im Hinblick auf die Innovationsfähigkeit des Personals bei?

90. Instrumente des Personalcontrollings lassen sich nach unterschiedlichen Kriterien systematisieren. Nehmen Sie eine sinnvolle Systematisierung wichtiger Instrumente vor und begründen Sie die vorgenommenen Zuordnungen bzw. Abgrenzungen.

91. Nehmen Sie eine begründete Systematisierung folgender Begriffe vor und stellen Sie argumentativ und ggf. optisch zwischen diesen Begriffen bestehende Zusammenhänge her: Benchmarking, Cafeteria-Modell, Organisationsentwicklung (OE), Berichtswesen, Personalentwicklung und Unternehmenskultur.

92. Ordnen Sie die Stärken-Schwächen-Analyse, die Balanced Scorecard und die Mitarbeiterbefragung entweder den operativen oder/und den strategischen personalwirtschaftlichen Instrumenten zu. Begründen Sie die vorgenommene Zuordnung!

93. Was sind kritische Erfolgsfaktoren und wie können sie identifiziert werden?

94. Bei der Generierung welcher Informationen bietet sich die Durchführung einer Expertenbefragung an?

95. Stellen Frühaufklärungssysteme eine Garantie für eine krisenfreie Unternehmensentwicklung dar?

96. Beschreiben Sie den Sachverhalt einer strategischen und einer operativen Unternehmenskrise.

97. Was sind eigentlich Indikatoren?

98. Setzen Sie sich mit den Begriffen „harte" und „weiche" Faktoren (Messungen) kritisch auseinander.

99. Was ist der Erkenntniswert der Szenario-Technik?

100. Welche Risikofelder (Bereiche) für den Personalbereich werden in der Literatur diskutiert?
101. Was verbirgt sich hinter dem Begriff „Employability"?
102. Skizzieren Sie den Risikomanagementkreislauf.
103. Nennen Sie einige Frühindikatoren für personelle Risiken.
104. Wodurch unterscheidet sich das externe vom internen Unternehmensüberwachungssystem?
105. Diskutieren Sie die Zusammenhänge zwischen Qualitätsmanagement und Auditierung.
106. Wie sollte ein effektives Berichtswesen ausgestaltet sein?
107. Was ist mit Berichtshierarchie gemeint?
108. Welchen Nutzen bringen Checklisten?
109. Nehmen Sie eine sinnvolle Systematisierung von Kennzahlen bzw. Indikatoren vor.
110. In welchen Formen können Kennzahlenvergleiche durchgeführt werden?
111. Definieren Sie den Begriff Kennzahl.
112. Nehmen Sie zu folgender Kennzahl kritisch Stellung! Kalkulatorischer Gewinn: Arbeitsstunden = Arbeitsproduktivität
113. Nehmen Sie zu folgender Kennzahl kritisch Stellung! Cash-flow : Zahl der Mitarbeiter = Rentabilität
114. Nehmen Sie zu folgender Kennzahl kritisch Stellung! Zahl der Austritte : Zahl der Mitarbeiter = Personalfluktuation
115. Nennen Sie zwei bekannte Kennzahlensysteme und stellen Sie diese dar.
116. Was lässt sich aus dem RoI-System (auch Du-Pont-System genannt) vorausgesetzt es liegen unternehmensbezogene Zahlen vor – aus der Sicht von Personalverantwortlichen ablesen bzw. ableiten.
117. Was sollten Sie bei der Verwendung von Kennzahlen bedenken?
118. Wie könnte ein Kennzahlenblatt ausgestaltet sein?
119. Kennzeichnen und erläutern Sie ein Kennzahlen-Netzwerk.
120. In der Literatur und Praxis spricht man vielfach synonym von Personalkosten und Personalaufwendungen im Rahmen von Darstellungen und Analysen. Nehmen sie zu den beiden Begriffen kritisch Stellung!
121. Welche Bedeutung haben Opportunitätskosten bzw. Alternativkosten im Rahmen des Personalcontrollings?
122. Was lässt sich mit den Begriffen „Opportunitätskosten" und „Zusatzkosten" im Rahmen der Managementaufgaben erfassen und verdeutlichen?
123. Welche Faktoren/Daten sind im Rahmen der Personalkostenanalyse aufzubereiten?
124. Wie ist die Fluktuation aus Unternehmenssicht einzuschätzen?
125. Entwickeln Sie einen Vorschlag für eine Kosten-Nutzen-Analyse bei der Personalbeschaffung! Welche Konsequenzen leiten sich aus Ihrem Vorschlag ab?
126. Warum könnte das Primärziel „Kostenreduzierung" in bezug auf eine erfolgreiche Personalarbeit langfristig nicht zum gewünschten Ziel führen? Machen Sie sich hierbei auch Gedanken über die Quantifizierbarkeit der Opportunitätskosten eines derartigen Ziels.

127. Skizzieren und beschreiben Sie die Aufgabe eines Betriebsabrechnungsbogens unter besonderer Diskussion der Kostenart „Personalkosten".

128. Wie ist eine Prozesskostenrechnung aufgebaut und was kann mit ihr vor allem gesteuert werden?

129. Stellen Sie die beiden Instrumente „Gemeinkosten-Wertanalyse" und Zero-Base-Budgeting gegenüber und diskutieren Sie deren Vor- und Nachteile.

130. Es gibt zahlreiche Vergleichformen. Nennen Sie die wichtigsten Vergleichsarten und diskutieren Sie den Soll-Ist-Vergleich.

131. Wodurch unterscheidet sich das Benchmarking vom Betriebsvergleich?

132. Skizzieren und diskutieren Sie die Wertschöpfungskette von Porter.

133. Welche Benchmarkingarten lassen sich unterscheiden?

134. Im Rahmen von Betriebsvergleichen und Benchmarking-Studien werden öfters Werte für „kalkulatorischer Unternehmerlohn" bzw. „kalkulatorische Personalkosten" ausgewiesen. Nehmen Sie zu dem bzw. den Begriff/en kritisch Stellung!

135. Was zeichnet das Führungsinstrument Balanced Scorecard aus?

136. Welche Beziehungen können zwischen Personal- bzw. Leistungsbeurteilungen und Personalportfolios gezogen werden?

137. Welche Zusammenhänge können zwischen einer Leistungsbeurteilung und der Personalentwicklungsplanung bestehen? Welche Probleme und Konsequenzen ergeben sich daraus?

138. Skizzieren Sie den Ablauf eines Assessment-Centers.

139. Diskutieren Sie mögliche Karrierepfade.

140. Was versteht man unter Standards?

141. Welche Bedeutung messen Sie der Mitarbeiterbefragung als Instrument des Personalcontrollings zu?

142. Stärken-Schwächen-Analysen sind als Methode universell einsetzbar und haben für den Personalbereich eine besondere Bedeutung. Setzen Sie sich mit dieser Aussage kritisch auseinander.

143. Was ist ein Personalportfolio und wie und mit welcher Zielsetzung wird diese Methode eingesetzt?

144. Gibt es gesetzliche Vorschriften, die bei einem strategischen Personalentwicklungsmanagement zu beachten sind?

145. „Soweit auf dem internen oder dem externen Arbeitsmarkt potenzielle Mitarbeiter vorhanden sind, deren Fähigkeitsprofil dem gewünschten Anforderungsprofil genau entspricht, wird eine Personalentwicklungsplanung überflüssig". Diskutieren Sie diese These!

146. Ein Unternehmen verfügte bisher ausschließlich über eine vergangenheitsorientierte Personalbedarfsplanung auf Fortführungsbasis. Aufgrund einer vorgesehenen Erweiterung soll jetzt unternehmensweit eine strategische Personalbedarfsplanung eingeführt werden. Welche Schritte wären in diesem Fall zu durchlaufen und welche konkreten Fragen zu stellen?

147. Überlegen Sie sich ein sinnvolles Mitarbeiter-Portfolio, das sich für die altersstrukturbezogene Personalbedarfsbestimmung heranziehen lässt. Operationalisieren Sie die Dimensionen und entwerfen Sie für die sich ergebenden Felder Normstrategien.

148. Humankapital ist im Jahre 2004 zum Unwort des Jahres gewählt worden. Dies ändert allerdings wenig daran, dass die Bewertung von Humanvermögen in Wissenschaft wie auch zum Teil in der Praxis hoch in Kurs steht. Diskutieren Sie das wachsende Interesse an der Bewertung der Humanressourcen und des Wissenskapitals.

149. Was ist die unternehmensbezogene Wertschöpfung und welche Aussagen können aus ihr in Hinblick auf Unternehmens- und Personalpolitik ggf. abgeleitet werden?

150. Setzen Sie sich kritisch mit der Aussage auseinander: „Der Mensch ist Mittelpunkt der Organisation".

Glossar

Audit: bezeichnet in Anlehnung an die Revision ein systematisches Verfahren der Überprüfung und Bewertung verschiedenster Sachverhalte auf der Grundlage definierter Ausprägungsstandards.

Balanced Scorecard: ist ein im deutschen auch als „ausgewogenes Kennzahlensystem" bezeichnetes Instrument, das die Unternehmensstrategie in messbare Zielvorgaben – und damit Kennzahlen – umsetzt.

Basel II: bezeichnet die Gesamtheit der Eigenkapitalvorschriften, die vom Basler Ausschuss für Bankenaufsicht in den letzten Jahren vorgeschlagen wurden.

Berichtswesen: dient der systematischen und grundsätzlich regelmäßigen Übermittlung von Lösungen im Unternehmen, bei der an der Mitarbeiterbasis angesetzt wird („von unten nach oben").

Benchmarking: ist ein Verfahren zur Überprüfung von Arbeitsabläufen und Organisationseinheiten auf der Basis von Vergleichsstudien. Vergleiche können unternehmensintern – etwa zwischen Abteilungen – und – extern – etwa mit Konkurrenten oder Unternehmen der gleichen Branche – durchgeführt werden.

Betriebliche Weiterbildung: ist der Teil der beruflichen Weiterbildung, der vom Unternehmen durchgeführt und/oder veranlasst und (mit-)finanziert wird. Dabei wird interne und externe, arbeitsintegrierte, arbeitsnahe und allgemeine Weiterbildung unterschieden.

Betriebliches Gesundheitsmanagement: ist die Entwicklung integrierter betrieblicher Strukturen und Prozesse zu verstehen, die die gesundheitsförderliche Gestaltung von Arbeit, Organisation und dem Verhalten am Arbeitsplatz zum Ziel haben und den Beschäftigten wie dem Unternehmen gleichermaßen zugute kommen.

Bildungscontrolling: soll den erreichten und/oder erwarteten Bildungsnutzen in Relation zu den vorgegebenen Bildungszielen und eingesetzten Ressourcen evaluieren. Bildungscontrolling ist integraler Bestandteil des Bildungsmanagements und in der Wirkung abhängig vom Reifegrad des Unternehmens. Bildungscontrolling als strategisches Steuerungsinstrument führt von der ex-post-Orientierung hin zur ex-ante-Orientierung der Personalentwicklung.

Brainstorming: ist eine Kreativitätstechnik, die schöpferisches Denken und kreative Teamarbeit fördert. Das Ziel besteht darin, in begrenzter Zeit für eine größere Zahl von Lösungsansätzen zu finden. Im Vordergrund steht die spontane, ungehemmte Ideenproduktion.

Cash-flow: der Zahlungsüberschuss in einer Periode; er kann direkt ermittelt werden aus den Kassen- und Bankkonten oder indirekt aus den nicht geldbezogenen Konten; eine Praktikerformel lautet: Gewinn + Abschreibungen + Rückstellungsänderungen.

Coaching: ist die begleitende Beobachtung und Beratung von Mitarbeitern bei ihrer Arbeit mit dem Ziel der Kompetenzsteigerung und -erweiterung durch einen fachkundigen Berater.

Corporate Identity (C.I.): entspricht dem deutschen Begriff „Unternehmenskultur". Damit umfasst die C.I. die von den in einem Unternehmen tätigen Menschen akzeptierten Werte und eingehaltenen Verhaltensnormen sowie das nach außen wirkende Erscheinungsbild der Firma.

Corporate Governance (C.G.): beschreibt den rechtlichen und faktischen Ordnungsrahmen für die Leitung und Kontrolle eines Unternehmens. Betrachtungsgegenstand der CG ist sowohl die Binnenwelt des Unternehmens als auch die Unternehmensumwelt (Kapital-, Arbeits- und Absatzmarkt). Ziel des CG ist die Erarbeitung und Einhaltung allgemeiner und unternehmenstypischer Corporate Governance Standards.

Data Mining: ist ein Begriff aus dem Kontext des Data Warehouse und bezeichnet das automatische Entdecken von Zusammenhängen und Abweichungen in Datenbeständen durch Anwendung von Algorithmen.

Data Warehouse: bezeichnet die historische Bereitstellung von Informationen aus verschiedenen operativen und externen Datenbeständen in einer zentralen betrieblichen Datenbank bei gleichzeitiger Veredelung von Daten.

Due diligence: Verfahren zur Unternehmensbewertung im Rahmen von Fusionen und Übernahmen.

Effektivität: ist die Eignung einer Maßnahme zum Erreichen eines Ziels.

Effizienz: ist das Verhältnis von Nutzen zu Kosten einer Maßnahme.

Employability: ist die Fähigkeit, fachliche, soziale und methodische Kompetenzen unter sich wandelnden Rahmenbedingungen zielgerichtet und eigenverantwortlich anzupassen und einzusetzen, um eine Beschäftigung zu erlangen oder zu erhalten.

Empowerment: stärkt die Eigenverantwortung, die Autonomie, die Entscheidungsbefugnisse und die aktive Beteiligung aller Mitarbeiter aller Hierarchiestufen mit dem Ziel verbesserter Arbeitsproduktivität, guter Zusammenarbeit und gestärkter Selbstregulierungsfähigkeit im Vollzug der Arbeit.

Erfolgsfaktoren: bzw. strategische Erfolgsfaktoren (auch kritische Erfolgsfaktoren genannt) sind erfolgsrelevante Stärken und Schwächen einer Organisation.

Fehlzeiten: alle vorübergehenden Abwesenheiten der Mitarbeiter von ihren Arbeitsplätzen

Führungskraft: als Führungskraft wird diejenige Person im Unternehmen bezeichnet, die Führungsverantwortung für Mitarbeiter trägt und/oder im Sinne der Unternehmensführung Kompetenzen, Verantwortung und Aufgaben wahrnimmt, die für das Unternehmen als Ganzes von Bedeutung sind.

Frühaufklärung: (bzw. ein Frühaufklärungssystem) soll zukünftige Entwicklungen und Ergebnisse vorweg erfassen, d.h. antizipieren. Sie soll gewährleisten, dass die Entscheidungsträger so frühzeitig wie möglich über Trends und Diskontinuitäten informiert sind.

Human Resources: steht für den Produktionsfaktor Mensch (Ressource).

Human Resource Accounting: versteht man ein personalbezogenes Rechnungswesen, welches die menschliche Arbeitskraft als Investition aktiviert und dieses Wirtschaftsgut entsprechend seiner Nutzungsdauer abschreibt.

Humanvermögensrechnung: bedeutet die Beschäftigung mit verschiedenen Konzepten der Bewertung des Humanvermögens („Human Resources", „Human Assets", „Human Capital").

Inhouse: unternehmensintern.

Instrumente: unter dem Begriff „**Instrumente**" werden man alle Methoden, Verfahren, Techniken, Konzepte usw. zusammengefasst, die in der Managementpraxis zum Tragen kommen können. Viele Instrumente sind dabei universell bzw. multifunktional, d.h. in unterschiedlichen Funktionsbereichen zu verwenden (z.B. Stärken-Schwächen-Analyse, Vergleichsrechnungen usw.).

Internet: ist der globale Zusammenschluss von Netzwerken.

Intranet: ist der Einsatz der Internet-Technologie innerhalb eines Unternehmens.

Karriere: ist jede beliebige Stellen- oder Positionsfolge einer Person im betrieblichen Positionsgefüge. Karriere wird nicht mehr nur als Aufwärts-, sondern auch als Seitwärts- und Abwärtsbewegung in der Hierarchie betrachtet. Karriere ist als eine subjektiv empfundene Bedeutungszunahme einer Person oder einer Personengruppe im funktionalen und hierarchischen Gefüge einer Organisation anzusehen.

Kennzahlen: sind solche Zahlen, die quantitativ erfassbare Sachverhalte in konzentrierter Form wiedergegeben.

Kompetenz: bezeichnet das Dürfen, das Wollen und das Können einer Person im Hinblick auf die Wahrnehmung einer konkreten Arbeitsaufgabe. Kompetenz ist die Kombination und handlungsorientierte Integration von Basiswissen (Ressourcen), Aktionsfaktoren (Technologie) und Zielfaktoren (Markt) zur Erlangung einer spezifischen Befähigung und zur Erreichung bestimmter Handlungsziele. Kompetenz dient der Bewältigung gegenwärtiger Probleme und ist als Potenzial Grundlage für die Performanz.

KonTraG: Das „Gesetz zur Kontrolle und Transparenz im Unternehmensbereich" verpflichtet den Vorstand einer Aktiengesellschaft dazu, geeignete Maßnahmen zu treffen, um Risiken für den Fortbestand der Gesellschaft frühzeitig erkennen zu können. Die vom Vorstand getroffenen Maßnahmen sind bei börsennotierten Unternehmen Gegenstand der gesetzlichen Jahresabschlussprüfung. Dem Personalcontrolling im Sinne eines Frühwarnsystems kann hier – vor allem in wissensdominierten Branchen – eine große Bedeutung zukommen.

Leistungsbeurteilung: unter einer Leistungsbeurteilung wird ein formalisiertes Verfahren verstanden, durch das die jeweiligen Vorgesetzten veranlasst werden, die Leistung ihrer Mitarbeiter in bestimmten Zeitabständen anhand vereinbarter oder vorgegebener Kriterien zu bewerten. Die Leistungsbeurteilung dient als Basis für Leistungszulagen und als Analyseinstrument zur Ermittlung des Personalentwicklungsbedarfs.

Management by Delegation (MbD): ist definiert als Führung durch Aufgabenübertragung, d.h. durch eine weitergehende Delegation von Aufgaben (mit Kompetenzen und Handlungsverantwortung) an untergeordnete Hierarchieebenen. Management by Delegation kann als Sonderfall des Managements by Objectives aufgefasst werden. Die Grundgedanken dieses Ansatzes sind der Abbau von Hierarchie, die partizipative und die Stärkung der Eigenverantwortung der Mitarbeiter.

Management by Exception (MbE): bezeichnet die Führung durch Abweichungskontrolle und Eingriff des Vorgesetzten nur in Ausnahmefällen. Management by Exception ist ein Sonderfall des Management des Objectives aufzufassen. Führungskräfte werden entlastet, da Mitarbeiter solange selbstständig entscheiden können, bis vorgeschriebene Toleranzgrenzen überschritten werden oder unvorhersehbare Ereignisse eintreten. Management by Exception setzt die personale Reife (Wollen, Können, Dürfen) der Mitarbeiter voraus.

Management by Objectives (MbO): bezeichnet die Führung durch Zielsetzung oder Zielvereinbarung. Die Ziele werden entweder von den Vorgesetzten definiert (Zielvorgabe) oder im Dialog mit den Mitarbeitern festgelegt (Zielvereinbarung). Management by Objectives dient als übergeordnetes Führungskonzept der Entlastung der Führungskräfte und der Stärkung der Eigenverantwortung der Mitarbeiter.

Mentoring: bezeichnet eine Personalentwicklungsbeziehung zwischen einem Berater (Mentor) und einem Ratsuchenden (Mentee), die sowohl die persönliche Weiterentwicklung des Mentees als auch dessen berufliche Förderung zum Ziel hat.

Mergers & Acquisitions: ist der international gebräuchliche Fachbegriff für Unternehmenszusammenschlüsse und –übernahmen.

Mitarbeiterbefragung: ist ein primärstatistisches Verfahren der Datenerhebung , das die Umsetzung qualitativer Sachverhalte (z.B. Mitarbeiterzufriedenheit, Motivation) in quantitative Kennzahlen ermöglicht.

Mitarbeitergespräch: zwischen Vorgesetzten und Mitarbeiter ist ein wichtiges Element kooperativer Führung. Das Gespräch ist Standortbestimmung für den Mitarbeiter und hilft Leistung, Verhalten, Ziele und Potenzial einzuschätzen. Institutionalisierte Gespräche dienen als Planungsgrundlage und als Evaluierungsinstrument der Personalentwicklung.

Opportunitätskosten: Nutzenentgang, der durch den Verzicht auf eine Alternativanlage entsteht.

Organisationsentwicklung: beschreibt Personalentwicklung im weiten Sinne. Auf den individuellen Maßnahmen der Bildung und der Förderung aufbauend, erweitert die Organisationsentwicklung die Personalentwicklung um Gruppenarbeit, Teamkonzepte und Projektarbeit. Es ist eine Strategie des geplanten und systematischen organisationalen Wandels durch Beeinflussung von Organisationsstruktur, Unternehmenskultur und individuellem Verhalten unter größtmöglicher Berücksichtigung der betroffenen Mitarbeiter.

Outsourcing: bezeichnet die Auslagerung von Unternehmensfunktionen, wie Werksverpflegung, Entgeltabrechnung oder Weiterbildung, in rechtlich selbständige Gesellschaften oder ihre Vergabe an Unternehmen, die auf die jeweiligen Aufgaben spezialisiert sind.

Outplacement: ist eine den Personalabbau begleitende Dienstleistung, die die betroffenen Mitarbeiter bei der Suche nach einer und den Übergang in eine neue Beschäftigung unterstützt. Sie wird in der Regel von spezialisierten Beratern geleistet und vom Arbeitgeber, in dessen Betrieb Personal abgebaut wird, bezahlt.

Personalentwicklung: inhaltlich umfasst die Personalentwicklung alle geplanten Maßnahmen der Bildung, der Förderung und der Organisationsentwicklung, die von einer Person oder Organisation zur Erreichung spezieller Zwecke zielgerichtet, systematisch und methodisch geplant, realisiert und evaluiert werden.

Personalinformationssysteme: sind DV-Systeme, die sich mit der computergestützten Verarbeitung von Informationen über den „Potenzialfaktor Personal" befassen. Sie sollen eine durchgängige Informationsversorgung für die Personalarbeit – von der Planung über die Durchführung bis zum Controlling – sicherstellen.

Personalmanagement: Es steht die Führung, Leitung und Steuerung des Personals im Mittelpunkt, wobei maßgeblich eine instrumentelle Betrachtung des Mitarbeiters erfolgt.

Personalrisikomanagement: Als **personelles Risiko** wird eine potenzielle Minderung oder Gefährdung des Unternehmenserfolgs durch Personen, durch personenbezogene Prozesse oder durch personenbezogene Strukturen und Systeme bezeichnet. Demzufolge betreffen personalbezogene Gefahren die Mitarbeiter oder werden von ihnen verursacht. Das Humankapital und Personalmanagement sind somit Bestandteile des personellen Risikomanagements. Personalrisiken sind unternehmensübergreifend zu verstehen und lassen sich nicht auf einzelne Personalfunktionen begrenzen.

Potenzial: meint die von einem Mitarbeiter noch nicht entwickelten Qualifikations-, Kompetenz-, Leistungs- und Verhaltensreserven im Hinblick auf die konkreten Anforderungen einer Stelle oder einer Ebene. Potenzial bezeichnet somit aktuelle vorhandene Eigenschafts- und Verhaltensreserven des Mitarbeiters, die in der Zukunft gefordert werden und durch Personalentwicklung entwickelt werden können.

Projektarbeit: sichert als „Organisation des Übergangs" in größeren Unternehmen die marktgerechte Leistungsfähigkeit des Unternehmens und der Beschäftigungsfähigkeit des einzelnen Mitarbeiters in der Dynamik der Wettbewerbsbedingungen. Grundsätzlich handelt es sich bei einem Projekt um komplexe und zumeist unfangreiche, einmalige und damit jeweils neuartige Aufgabenstellungen, deren Erledigung i.d.R. zeitlich befristet ist und Mitarbeitern aus verschiedenartigen Stellen übertragen wird.

Prozesskostenrechnung: dient der Zuordnung von Kosten zu einzelnen Schritten eines Prozesses als Grundlage für eine Prozessoptimierung.

Qualifikationen: sind die allgemeine und die berufliche Ressourcenbasis für potenzielle Handlungen. Sie umfassen Kenntnisse, Fähigkeiten, Fertigkeiten und Verhaltensmuster eines Individuums und werden in funktionale (an Erfordernisse an einer bestimmten Tätigkeit ausgerichtete) und extrafunktionelle (in andere Arbeitsbereich transferierbare) Qualifikationen unterteilt. Qualifikation bezeichnet das erreichte Niveau aus Lernen und Erfahrung, das eine Person oder Organisation zu einem bestimmten Zeitpunkt erreicht.

Qualitätszirkel: sind Gesprächsgruppen in kleinen Runden, die freiwillig und regelmäßig vor, während oder nach der Arbeitszeit bezahlt oder unbezahlt durchgeführt werden und in denen die Teilnehmer Probleme des eigenen Arbeitsbereichs besprechen sowie Lösungen erarbeiten und umsetzen.

Reporting: engl. Begriff für Berichtswesen.

Scientific Management: ist eine Managementtechnik, die auf einer rein wissenschaftlichen Herangehensweise basiert.

Stellenbeschreibung: legt für die kleinste organisatorische Einheit (Stelle) die Ziele und Aufgaben fest, die sie im Gefüge der Gesamtaufgabe zu erfüllen hat. Stellenbeschreibungen geben die Wertigkeit der Stelle, die Einordnung in das hierarchische Gefüge und die Kompetenzen (im Sinne von Befugnissen) des Stelleninhabers an. Die Festlegung der Stellvertretung (aktiv bzw. passiv), die zur Aufgabenwahrnehmung erforderlichen Qualifikationen und die notwendige Berufserfahrung ergänzen die Stellenbeschreibung.

Top down: Vorgehensweise bei der Einführung neuer Systeme im Unternehmen, die bei den Führungskräften ansetzt und darauf abzielt, Entscheidungen „von oben nach unten" zu vermitteln und umzusetzen.

Totale Mitarbeitereffektivität: Verfügbarkeit x Leistung x Qualität.

TQM: Total Quality Management (umfassendes Qualitätsmanagement auf allen Ebenen und in allen Bereichen eines Unternehmens).

Weiterbildung: umfasst alle zielbezogenen, geplanten und in organisierter Form durchgeführten Maßnahmen der Qualifizierung von Personen oder Gruppen, die auf eine Erstausbildung oder eine erste Tätigkeit aufbauen und die horizontale und/oder vertikale Mobilität fördern. Die Förderung der horizontalen Mobilität erfolgt durch Anpassungsweiterbildung, d.h. durch Aktualisierung der beruflichen Qualifikationen. Die Förderung der vertikalen Mobilität erfolgt durch Aufstiegsweiterbildung, die zur Übernahme höherangiger Positionen befähigen soll.

Wertschöpfung: Steigerung des (Markt-)Wertes eines Produktes oder einer Dienstleistung durch den Einsatz von Produktionsfaktoren; Gesamtleistung minus Vorleistungen der Zulieferer.

Wissensmanagement: ist die Steuerung (Gestaltung, Lenkung, Entwicklung) des gesamten Wissensprozesses, angefangen von der Identifikation über die Beschaffung und Verarbeitung bis zur Sicherung und Nutzung von Wissen von anhand zuvor festgelegter strategischer Ziele. Wissensmanagement schließt die Reflexion dieses Prozesses und das Controlling der Wissensbestände ein.

Workflow: Arbeitsablauf.

Zielvereinbarungen: legen in kooperativer Form Leistung und Verhalten des jeweiligen Mitarbeiters für einen definierten zukünftigen Zeitraum fest. Die vereinbarten Ziele steuern Leistung und Verhalten und zielen auf die Verbesserung der Wettbewerbsfähigkeit durch hohe Motivation. Die Mitarbeiter erwarten bei hoher Zielerreichung zusätzliches Einkommen in Form variabler Vergütung.

Literaturverzeichnis

Andrzejewski, Laurenz; (2005) Grundsätze einer fairen Trennungs-Kultur, in: Backhaus, Jürgen/Kobi, Jean-Marcel (Hrsg.); Personalcontrolling, Stuttgart 2005, S. 81-94.

Backhaus, Jürgen/Kobi, Jean-Marcel (Hrsg.); (2005) Personalcontrolling, Stuttgart 2005.

Badura, Bernhard/Schnellschmidt, Henner/Vetter, Christian (Hrsg.); (2005) Fehlzeiten-Report 2004. Gesundheitsmanagement in Krankenhäusern und Pflegeeinrichtungen, Berlin/Heidelberg 2005.

Badura, Bernhard/Litsch, Martin/Vetter, Christian (Hrsg.); (2001) Fehlzeiten-Report 2000. Zukünftige Arbeitswelten: Gesundheitsschutz und Gesundheitsmanagement, Berlin/Heidelberg 2001.

Badura, Bernhard/Ritter, Wolfgang/Scherf, Michael; (1999) Betriebliches Gesundheitsmanagement. Ein Leitfaden für die Praxis, Berlin 1999.

Baus, Josef; (1996) Controlling, Berlin 1996.

Bea, Franz Xaver/Haas, Jürgen; (2001) Strategisches Management, 3. Aufl., Stuttgart 2001.

Becker, Jochen; (2006) Marketing-Konzeption. Grundlagen des ziel-strategischen und operativen Marketing-Managements, 8. Aufl., München 2006.

Becker, Manfred; (2005) Personalentwicklung. Bildung, Förderung und Organisationsentwicklung in Theorie und Praxis, 4. Aufl., Stuttgart 2005.

Becker, Fred G./Fallgatter Michael, J.; (2005) Unternehmensführung: Einführung in das strategische Management, 2. Aufl., Berlin 2005.

Berens, Wolfgang/Brauner, Hans U. (Hrsg.); (1999) Due Diligence bei Unternehmensakquisitionen, 2. Aufl., Stuttgart 1999.

Berthel, Jürgen; (2004) Personalcontrolling, in: Gaugler, Eduard/Oechsler, Walter A./Weber, Wolfgang (Hrsg.); Handwörterbuch des Personalwesens, 3. Aufl., Stuttgart 2004, S. 1441-1455.

Berthel, Jürgen; (2000) Personal-Management. Grundzüge für Konzeptionen betrieblicher Personalarbeit, 6. Aufl, Stuttgart 2000.

Berthel, Jürgen/Becker, Fred G.; (2003) Personalmanagement. Grundzüge für Konzeptionen betrieblicher Personalarbeit, 7. Aufl, Stuttgart 2003.

Bierbaum, Heinz/Engberding, Antonius/Stolz, Günter; (2004) Betriebswirtschaft im Aufsichtsrat. Praxiswissen für Arbeitnehmervertreter, Frankfurt am Main 2004.

Bisani, Fritz; (1997) Personalwesen und Personalführung. Der State of the Art der betrieblichen Personalarbeit, 4. Aufl., Wiesbaden 1997.

Bofinger, Peter; (2005) Wir sind besser als wir glauben. Wohlstand für alle, München 2005.

Bontrup, Heinz-J.; (2005) Arbeit, Kapital und Staat. Plädoyer für eine demokratische Wirtschaft, 2005

Bontrup, Heinz J.; (2004) Volkswirtschaftslehre. Grundlagen der Mikro- und Makroökonomie, 2. Aufl., München/Wien 2004.

Bontrup, Heinz-J./Springob, Kai; (2002) Gewinn- und Kapitalbeteiligung. Eine mikro- und makroökonomische Analyse, Wiesbaden 2002.

Bontrup, Heinz-J.; (2000) Lohn und Gewinn. Volks- und betriebswirtschaftliche Grundzüge, München/Wien 2000.

Bontrup, Heinz J.; (3/1999) Personalwirtschaftliche Überlegungen zu Definition eines mittelständischen Unternehmens, in: Betrieb und Wirtschaft 3/1999, S. 103-109.

Bontrup, Heinz-J./Zdrowomyslaw, Norbert; (1996) Zur Implementierung eines Leistungsbeurteilungssystems für Führungskräfte, in: Der Betriebswirt 1/1996, S. 28-30 und Der Betriebswirt 2/1996, S. 21-29.

Böck, Ruth; (2002) Personalmanagement, München/Wien 2002.

Bordow, Wladimir/Bergmann, Philipp; (2003) Wissensbewertung. Bilanzieren von intellektuellem Kapital, Berlin 2003.

Born, Karl; (2003) Unternehmensanalyse und Unternehmensbewertung, 2. Aufl., Stuttgart 2003.

Brandl, Julia; (2005) Personalcontrolling. Wien 2005 (Abruf am 8.12. 2006: http://www.wu-wien.ac.at/inst/pw/Arbeitsunterlage1.pdf).

Braunschweig, Christoph/Zdrowomyslaw, Norbert/Saß, Cornelia/Kasch, Robert; (1998) Kreditwürdigkeitsprüfung, Teil II: Instrumente, in: Betrieb und Wirtschaft 6/1998, S. 201-206.

Braunschweig, Christoph/Zdrowomyslaw, Norbert/Saß, Cornelia/Kasch, Robert; (5/1998) Kreditwürdigkeitsprüfung, Teil I: Prozeß und Probleme, in: Betrieb und Wirtschaft 5/1998, S. 164-169.

Braunschweig, Christoph/Zdrowomyslaw, Norbert/Saß, Cornelia/Kasch, Robert; (2/1998) Finanzierung bei kleinen und mittleren Unternehmen, in: Betrieb und Wirtschaft 2/1998, S. 41-49.

Brezski, Eberhard/Kinne, Konstanze; (2004) Finanzmanagement und Rating kompakt. Leitfaden für mittelständische Unternehmen, Stuttgart 2004.

Bröckmann, Reiner; (2003) Personalwirtschaft. Lehr- und Übungsbuch für Human Personal Management, 3. Aufl. Stuttgart 2003.

Bröckmann, Reiner/Müller-Vorbrüggen, Michael (Hrsg.); (2006) Handbuch der Personalentwicklung. Die Praxis der Personalbildung, Personalförderung und Arbeitsstrukturierung, Stuttgart 2006.

Brokemper, Andreas/Gleich, Ronald; (1998) Benchmarking von Arbeitsvorbereitungsprozessen in der Maschinenbaubranche, in: Kostenrechnungspraxis 1/1998, S. 16-25.

Brown, Mark G.; (1997) Kennzahlen. Harte und weiche Faktoren erkennen, messen und bewerten, München/Wien 1997.

Bühner, Rolf; (1996) Mitarbeiter mit Kennzahlen führen. Der Quantensprung zu mehr Leistung, Landsberg/Lech 1996.

Bungard, Walter; (2004) Mitarbeiterbefragungen, in: Gaugler, Eduard/ Oechsler, Walter A./Weber, Wolfgang (Hrsg.); Handwörterbuch des Personalwesens, Stuttgart 2004, S. 1203-1213.

Bussiek, Jürgen; (1994) Anwendungsorientierte Betriebswirtschaftslehre für Klein- und Mittelunternehmen, München/Wien 1994.

Cap Gemini Ernst & Young; (2006) Human Resources Management 2002/05. Bedeutung, Strategien, Trends, Berlin 2006.

Clermont, Alois/Schmeisser, Wilhelm/Krimphove, Dieter (Hrsg.); (2001) Strategisches Personalmanagement in Globalen Unternehmen, München 2001.

Corsten, Hans/Reiß, Michael; (11/1989) Betriebswirtschaftliche Vergleichsformen, in: Wirtschaftsstudium 11/1989, S. 615-620.

Czenskowsky, Torsten/Schünemann, Gerhard /Zdrowomyslaw, Norbert; (2004) Grundzüge des Controlling. Lehrbuch der Controlling-Konzepte und Instrumente, 2. Aufl., Gernsbach 2004.

Daschmann, Hans-Joachim; (1994) Erfolgsfaktoren mittelständischer Unternehmen. Ein Beitrag zur Erfolgsfaktorenforschung, Stuttgart 1994.

Denker, Jörg; Grundsätze einer erfolgsorientierten Vergütung auf Basis der Regelungen des Tarifvertrags Sparkassen (TV-S), in: Backhaus, Jürgen/Kobi, Jean-Marcel (Hrsg.); Personalcontrolling, Stuttgart 2005, S. 160-170.

Deutsche Gesellschaft für Personalführung e.V. (Hrsg.); (2004) Wertorientiertes Personalmanagement - ein Beitrag zum Unternehmenserfolg. Konzeption, Durchführung, Unternehmensbeispiele, Bielefeld 2004.

Deutsche Gesellschaft für Personalführung e.V. (Hrsg.); (2001) Personalcontrolling in der Praxis, Stuttgart 2001.

Dierkes, Meinhof/Marz, Lutz; (2004) Sozialbilanzen, in: Gaugler, Eduard /Oechsler, Walter A. /Weber, Wolfgang; (2004) Handwörterbuch des Personalwesens, 3. Aufl., Stuttgart 2004, S. 1723-1733.

Dobischat, Rolf; (2002) Berufliche Weiterbildung im Spannungsfeld zwischen kurzfristigen ökonomischen Anforderungen und gesellschaftlicher Innovationsfähigkeit. Vortrag 27.11. 2002 in Oldenburg. (Abruf am 2. 8. 2006: http://www.uni-oldenburg.de/kooperationsstelle/download/dobischad.pdf,)

Domsch, Michel E./Ladwig, Désirée H.; (2000) Handbuch der Mitarbeiterbefragung, Berlin 2000.

Dürndorfer, Martina/Nink, Marco/Wood, Gerald; (2005) Human Capital Management in deutschen Unternehmen. Eine Studie von Gallup und The Value Group, Hamburg 2005.

Drumm, Hans-Jürgen; (2005) Personalwirtschaft, 5. Aufl., Berlin/Heidelberg 2005.

Edvinsson, Leif/Brünig, Gisela; (2000) Aktivposten Wissenskapital. Unsichtbare Werte bilanzierbar machen, Wiesbaden 2000.

Ehrmann, Harald; (2000) Kompakt-Training. Balanced Scorecard, Ludwigshafen/Rhein 2000.

Faessler, Daniel; (2005) Grundlagen und Entwicklungen im Personalcontrolling der UBS am Beispiel der Rekrutierung, in: Backhaus, Jürgen/Kobi, Jean-Marcel (Hrsg.); Personalcontrolling, Stuttgart 2005, S. 68-80.

Faulstich, Peter; (2003) Weiterbildung. Begründungen Lebensentfaltender Bildung, München/Wien 2003.

Faulstich, Peter; (1998) Strategien betrieblicher Weiterbildung, München/Wien 1998.

Fleig, Günther/Gessmann, Volker/Biel, Alfred (2004) Strategisches Personalcontrolling in der Daimler Chrysler AG, in: Controlling 8/9 2004, S. 465-471.

Fersch, Josef M.; (2002) Leistungsbeurteilung und Zielvereinbarungen in Unternehmen. Praxiserprobte Instrumente zur systemorientierten Mitarbeiterführung, Wiesbaden 2002.

Franke, Reinmund; (1994) Kennzahlen – das Spiegelbild des Betriebs, in; Franke, R./Zerres, M.; Planungstechniken. Instrumente für zukunftsorientierte Unternehmensführung, 4. Aufl., Frankfurt 1994, S. 39-55.

Franke, Reinmund/Zerres, Michael P.; (1994) Planungstechniken. Instrumente für zukunftsorientierte Unternehmensführung, 4. Aufl., Frankfurt 1994.

Freund, Ferdinand/Knoblauch, Rolf/Eisele, Daniela; (2003) Praxisorientierte Personalwirtschaftslehre, 6. Aufl., Stuttgart 2003.

Frick, Bernd; (2006) Reform der deutschen Unternehmensmitbestimmung: Unverzichtbar oder überflüssig? in: Wirtschaftsdienst 11/2006, S. 705-707.

Friedag, Herwig R./Schmidt, Walter; (1999) Balanced Scorecard. Mehr als ein Kennzahlensystem, Freiburg im Breisgau 1999.

Friedinger, Alfred/Weger, Alexander; (1995) Operative Vor- und Rückkopplung, in: Rolf Eschbach (Hrsg.); Controlling, Stuttgart 1995, S. 435-457.

Füser, Karsten/Heidusch, Mirjam; (2003) Rating – Einfach und schnell zur erstklassigen Positionierung Ihres Unternehmens, Planegg bei München 2003.

Freund, Ferdinand/Knoblauch, Rolf/Eisele, Daniela; (2003) Praxisorientierte Personalwirtschaftslehre, 6. Aufl., Stuttgart 2003.

Fritz, Sigrun; (2006) Ökonomischer Nutzen „weicher" Kennzahlen. (Geld-)Wert von Arbeitszufriedenheit und Gesundheit, 2. Aufl., Zürich 2006.

Gallup Deutschland GmbH; Initiative für einen starken Mittelstand. (Abruf am 25.9.2006: http://www.gallup.de/mittelstand/index.htm).

Gärtner, Ines; (2006) Internationales Personalcontrolling als Mittel zur Risikoverringerung/-vermeidung bei dem Personaleinsatz im Ausland, Lüneburg 2006.

Gaugler, Eduard /Oechsler, Walter A. /Weber, Wolfgang (Hrsg.); (2004) Handwörterbuch des Personalwesens, 3. Aufl., Stuttgart 2004.

Gebauer, Michael; (2005) Unternehmensbewertung auf Basis von Humankapital, Lomar/Köln 2005.

Gehringer, Joachim/Michel, Walter J.; (2003) Mitarbeiter erfolgreich machen. Personal gezielt auswählen und fördern mit dem Balanced-Scorecard-Ansatz, Regensburg/Berlin 2003.

Geschka, Horst; (1990) Innovationsmanagement, in: Pfohl, H.-Ch. (Hrsg.); Betriebswirtschaftslehre der Mittel- und Kleinbetriebe, 2. Aufl., Berlin 1990.

Gladen, Werner; (2001) Kennzahlen- und Berichtssysteme. Grundlagen zum Performance Measurement, Wiesbaden 2001.

Gmelin, Volker; (1995) Effizientes Personalmanagement durch Personalcontrolling. Von der Idee zur Realisierung, Renningen/Malmsheim 1995.

Gmür, Markus/Peterhoff, Daniela; (2005) Personalcontrolling, in: Schäffer, Utz/Weber, Jürgen (Hrsg.); Bereichscontrolling. Funktionsspezifische Anwendungsfelder, Methoden und Instrumente, Stuttgart 2005, S. 233-258.

Goemann-Singer, Alja/Graschi, Petra/Weissenberger, Rita; (2004) Recherchehandbuch Wirtschaftsinformationen. Vorgehen, Quellen und Praxisbeispiele, 2. Aufl., Berlin/Heidelberg/New York 2004.

Gutschelhofer, A./Sailer, M.; (1998) Personalcontrolling: Erneute Bestandsaufnahme nach zehn Jahren, in: Personalwirtschaft, 4/1998, S. 63-65.

Hahn, Tessa; (2005) Vereinbarkeit von Familie und Beruf in der Kreissparkasse Köln, in: Backhaus, Jürgen/Kobi, Jean-Marcel (Hrsg.); Personalcontrolling, Stuttgart 2005, S. 95-107.

Haunerdinger, Monika; (2003) Unternehmensrating leicht gemacht. Wohin führt der Weg nach Basel II?, Frankfurt/Wien 2003.

Hauschildt, Jürgen; (1993) Innovationsmanagement, München 1993.

Have ten, Steven/Have ten, Wouter/Stevens, Frans/Elst van der, Marcel; (2003) Handbuch Management-Modelle, Weinheim 2003

Heinecke, Albert; (1994) EDV-gestützte Personalwirtschaft. Methoden und DV-Instrumente, München/Wien 1994.

Heitzer, Claus; (2005) Restrukturierungen bei Fusionen, in: Backhaus, Jürgen/Kobi, Jean-Marcel (Hrsg.); Personalcontrolling, Stuttgart 2005, S. 121-132.

Henselek, Hilmar F.; (2005) Gestaltung von Personalkosten und Personalinvestitionen in Unternehmungen, Lohmar/Köln 2005.

Hentze, Joachim/Graf, Andrea/Kammel, Andreas/Lindert, Klaus; (2005) Personalführungslehre, 4. Aufl., Bern/Stuttgart/Wien 2005.

Hentze, Joachim/Kammel, Andreas; (2001) Personalwirtschaftslehre 1, 7. Aufl., Bern/Stuttgart/Wien 2001

Hentze, Joachim/Kammel, Andreas; (1993) Personalcontrolling. Eine Einführung in Grundlagen, Aufgabenstellungen, Instrumente und Organisation des Controlling in der Personalwirtschaft, Bern/Stuttgart 1993.

Hering, Ekbert/Baumgärtl, Herbert; (2000) Managementpraxis für Augenoptiker, Heidelberg 2000.

Hering, Ekbert/Zeiner, Hannes; (1995) Controlling für alle Unternehmensbereiche mit Fallbeispielen für den praktischen Einsatz, 3. Aufl., Stuttgart 1995.

Hilb, Martin; (2006) Integriertes Personal-Management. Ziele – Strategien – Instrumente, 15. Aufl., München/Unterschleißheim 2006.

Hohlbaum, Anke/Olesch, Gunther; (2006) Human Resources. Modernes Personalwesen, 2. Aufl., Rinteln 2006.

Horváth & Partners; (2003) Das Controllingkonzept. Der Weg zu einem wirkungsvollen Controllingsystem, 5. Aufl., München 2003.

Horváth, Péter; (1994) Controlling, 5. Aufl., München 1994.

Horváth, Péter/Reichmann, Thomas (Hrsg.); (2002) Vahlens Großes Controllinglexikon, 2. Aufl., München 2002.

Hoss, Günter; (1989) Personalcontrolling im industriellen Unternehmen. Controlling auf der operativen und taktischen Problemebene des Personalsystems, Krefeld 1989.

Howaldt, Jürgen/Jürgenhake, Uwe/Kopp, Ralf/Schultze, Jürgen; (2003) Personal- und Organisationsdiagnose. Ein Instrument für wettbewerbsfähige Personal- und Organisationsstrukturen, Eschborn 2003.

Hölzle, Philipp; (2005) Die Praxis des Personalcontrolling aus Consultant-Sicht, in: Schäffer, Utz/Weber, Jürgen (Hrsg.); Bereichscontrolling. Funktionsspezifische Anwendungsfelder, Methoden und Instrumente, Stuttgart 2005, S. 259-270.

Hörig, Oliver; (2001) Controlling-Instrumente im Krankenhaus. Status quo und best practice, Frankfurt am Main 2001.

Hummel, Thomas R./Zander, Ernst; (1998) Erfolgsfaktor Unternehmensberatung. Auswahl, Zusammenarbeit, Kosten, Köln 1998.

Hummel, Thomas R.; (1995) Betriebswirtschaftslehre. Gründung und Führung kleiner und mittlerer Unternehmen, 2. Aufl., München/Wien 1995.

Institut der Wirtschaftsprüfer in Deutschland e. V./IDW (Hrsg.); (2002) Wirtschaftsprüfer-Handbuch 2002. Handbuch für Rechnungslegung, Prüfung und Beratung Band II, Düsseldorf 2002.

Ibers, Tobias/Hey, Andreas; (2005) Risikomanagement, Rinteln 2005.

Janssen, Immo; (2005) Betriebsvergleiche – begleitendes Instrument des Personalcontrollings, in: Backhaus, Jürgen/Kobi, Jean-Marcel (Hrsg.); Personalcontrolling, Stuttgart 2005, S. 147-159.

Jetter, Frank/Skrotzki, Rainer (Hrsg.); (2000) Handbuch Zielvereinbarungsgespräche. Konzeption, Durchführung, Gestaltungsmöglichkeiten mit Praxisbeispielen und Handlungsanleitungen, Stuttgart 2000.

Jung, Hans; (2006) Allgemeine Betriebswirtschaftslehre, 7. Aufl., München/ Wien 2006.

Kador, Fritz-Jürgen/Pornschlegel, Hans; (2004) Personalplanung. Grundlage eines systematischen Personalmanagements. Eine Handlungsanleitung für die Betriebspraxis, Eschborn 2004.

Kamp, Lothar; (2003) Qualitätsmanagement, in: Müller, Susanne Gesa (Hrsg.); Der Mensch im Mittelpunkt. Beschäftigungsorientierte Unternehmensstrategien und Mitbestimmung, Frankfurt am Main 2003, S. 51-63.

Kaplan, R.S./Norton, D.P.; (2000) Balanced Scorecard, Ludwigshafen am Rhein 2000.

Kappeller, Wolfgang/Mittenhuber, Regina; (2003) Management-Konzepte von A-Z. Bewährte Strategien für den Erfolg Ihres Unternehmens, Wiesbaden 2003.

Karabulut, Hakan; (2004) Instrumente des Personalcontrolling, Marburg 2004.

Karlshaus, Anja; (2005) Wiche HR-Kennzahlen im strategischen Personalmanagement, Köln 2005.

Kienbaum, Jochen (Hrsg.); (1997) Benchmarking Personal. Von den Besten lernen, Stuttgart 1997.

Klein-Schneider, Hartmut (Hrsg.); (2003) Interner Arbeitsmarkt. Beschäftigung und Personalentwicklung in Unternehmen und Verwaltung, Frankfurt/Main; 2003.

Klimecki, Rüdiger G./Gmür, Markus; (2001) Personalmanagement. Strategien – Erfolgsbeiträge – Entwicklungsperspektiven, 2. Aufl. Stuttgart 2001.

Knorr, Elke Margarethe; (2004) Professionelles Personalcontrolling in der Personalbeschaffung. Grundlagen – Instrumente – Ziele, Düsseldorf 2004.

Knyphausen-Aufseß zu, Dodo/Meck, Andreas; (2005) HR (Human Resources)-Benchmarking, in: Backhaus, Jürgen/Kobi, Jean-Marcel (Hrsg.); Personalcontrolling, Stuttgart 2005, S. 108-120.

Kobi, Jean-Marcel; (2005) Personalcontrolling, in: Backhaus, Jürgen/Kobi, Jean-Marcel (Hrsg.); Personalcontrolling, Stuttgart 2005, S. 13-54.

Kobi, Jean-Marcel; (2003) Personalrisiken systematisch angehen, in: Schmeisser, Wilhelm/Grothe, Jan/Hummel, Thomas R. (Hrsg.); (Internationales Personalcontrolling und internationale Personalinformationssysteme, München/Mering 2003, S. 99-109.

Kobi, Jean-Marcel; (2002) Personalrisikomanagement. Strategien zur Steigerung des People Value, 2. Aufl., Wiesbaden 2002.

Koch, Wolfgang/Wegmann, Jürgen; (2002) Praktiker-Handbuch Due Diligence. Analyse mittelständischer Unternehmen, 2. Aufl., Stuttgart 2002.

Koslowski, Frank; (1994) Personalbezogene Frühaufklärung in Management und Controlling, Bergisch Gladbach/Köln 1994.

Köstler, Roland/Kittner, Michael/Zachert, Ulrich/Müller, Matthias; (2003) Aufsichtsratspraxis. Handbuch für die Arbeitnehmervertreter im Aufsichtsrat, 7. Aufl., Frankfurt am Main 2003.

Kraft, Kornelius/Ugarkovic, Marija; (5/2006) Gesetzliche Mitbestimmung und Kapitalrendite, in: Jahrbücher für Nationalökonomie und Statistik 5/2006, S. 588-604.

Kralicek, Peter; (1995) Kennzahlen für Geschäftsführer, 3. Aufl., Wien 1995.

Krause, Ernst-Günther; (1995) Rauchen unter betriebswirtschaftlichen Gesichtspunkten. Vortrag in Wiesbaden auf einem Kongress der Arbeitsmediziner am 5. August 1995 (Abruf am 23.10.2006: http://www.nid.de/Doc/Vortrag%20Rauchen-Betriebswirtschaft.htm).

Krell, Gertraude; (1999) Geschichte der Personallehren, in: Lingenfelder, Michael (Hrsg.); 100 Jahre Betriebswirtschaftslehre, München 1999, S. 125-139.

Kropp, Waldemar; (2004) Entscheidungsorientiertes Personalrisikomanagement, in: Bröckermann, Reiner/Pepels, Werner (Hrsg.); Personalbindung. Wettbewerbsvorteile durch strategisches Human Resource Management, Berlin 2004, S. 131-166.

Krystek, Ulrich/Müller-Stewens, Günter; (1993) Frühaufklärung für Unternehmen: Identifikation und Handhabung zukünftiger Chancen und Bedrohungen, Stuttgart, 1993.

Küpper, Hans-Ulrich; (2001) Controlling. Konzeption – Aufgaben – Instrument, 3. Aufl. Stuttgart 2001.

Lingnau, Volker; (1999) Geschichte des Controllings, in: Lingenfelder, Michael (Hrsg.); 100 Jahre Betriebswirtschaftslehre, München 1999, S. 73-91.

Lipp, Ulrich/Will, Hermann; (2002) Das große Workshop-Buch. Konzeption, Inszenierung und Moderation von Klausuren, Besprechungen und Seminaren, 6. Aufl., Weinheim/Basel 2002.

Lisges, Guido/Schübbe, Fred; (2005) Personalcontrolling. Personalbedarf planen, Fehlzeiten reduzieren, Kosten steuern, Planegg 2005.

Lück, Wolfgang; (2003) Zusammenarbeit von Interner Revision und Abschlussprüfer. Vergangenheit, Gegenwart und Zukunft, Berlin 2003.

Lurse, Klaus; (2005) Die zukünftige Rolle des Personalmanagement aus Sicht des Beraters, in: Wald, Peter-M. (Hrsg.); Neue Herausforderungen im Personalmanagement. Best Practices-Reorganisation-Outsourcing, Wiesbaden 2005, S. 35-38.

Martin, Thomas A./Bär, Thomas; (2002) Grundzüge des Risikomanagements nach KonTraG. Das Risikomanagementsystem zur Krisenfrüherkennung nach § 91 Abs. 2 AktG, München/Wien 2002.

Meier, Harald; (1998) Unternehmensführung, Herne/Berlin 1998.

Mencke, Marco; (2006) 99 Tipps für Kreativitätstechniken. Ideenschöpfung und Problemlösung bei Innovationsprozessen und Produktentwicklung, Wien 2006.

Mertins, Kai/Alwert, Kay/Heisig, Peter; (2005) Wissensbilanzen. Intellektuelles Kapital erfolgreich nutzen und entwickeln, Berlin/Heidelberg 2005.

Metz, Franz; (1995) Konzeptionelle Grundlagen, empirische Erhebungen und Ansätze zur Umsetzung des Personalcontrolling in der Praxis. Arbeitswissenschaft in der betrieblichen Praxis Band 5, Frankfurt/Main u.a. 1995.

Meyer, Claus; (1994) Betriebswirtschaftliche Kennzahlen und Kennzahlen-Systeme, 2. Aufl., Stuttgart 1994.

Meyer, Jörn-Axel (Hrsg.); (2005) Wissens- und Informationsmanagement in kleinen und mittleren Unternehmen, Köln 2005.

Michel, Reiner; (1999) Komprimiertes Kennzahlen-Know-how. Analysemethoden, Frühwarnsysteme, PC-Anwendungen, Checklisten, Wiesbaden 1999.

Mitlacher, Lars/Paul, Christopher; (4/2005) Strategisch orientiertes Personalrisikomanagement: Anforderungen und Gestaltungshinweise, in: Der Betriebswirt 4/2005, S. 19-24.

Mudra, Peter; (2004) Personalentwicklung. Integrative Gestaltung betrieblicher Lern- und Veränderungsprozesse, München 2004.

Müller, Susanne Gesa (Hrsg.); (2003) Der Mensch im Mittelpunkt. Beschäftigungsorientierte Unternehmensstrategien und Mitbestimmung, Frankfurt am Main 2003.

Müller-Hedrich, Bernd W./Schünemann, Gerhard/Zdrowomyslaw, Norbert; (2006) Investitionsmanagement. Systematische Planung, Entscheidung und Kontrolle von Investitionen, 10. Aufl., Renningen 2006

Müller-Känel, Ollver; (2003) Mezzanine Finance. Neue Perspektiven in der Unternehmensfinanzierung, 2. Aufl., Bern/Stuttgart/Wien 2003.

Müller-Nuspl, Carmen; (2006) Organisatorische und personalwirtschaftliche Risikoanalysen, Frankfurt am Main 2006.

Müller, Rainer/Rosenbrock, Rolf (Hrsg.); (1998) Betriebliches Gesundheitsmanagement, Arbeitsschutz und Gesundheitsförderungen – Bilanz und Perspektiven, Sankt Augustin 1998.

Müller-Stewens, Günter/Lechner, Christoph; (2001) Strategisches Management. Wie strategische Initiativen zum Wandel führen, Stuttgart 2001.

Neuhäuser-Metternich, Sylvia/Witt, Frank-Jürgen; (2000) Kommunikation und Berichtswesen, 2. Aufl., München 2000.

Neumann-Cosel, Reino von/Rupp, Rudi; (2001) Handbuch Wirtschaftsausschusss, 4. Aufl., Frankfurt/Main 2001.

Oechsler, Walter A.; (1997) Personal und Arbeit. Einführung in die Personalwirtschaft unter Einbeziehung des Arbeitsrechts, 6. Aufl., München/Wien 1997.

Olfert, Klaus; (2006) Personalwirtschaft, 12. Aufl., Leipzig 2006.

o.V.; (4/2000) Gespielt & gewonnen, in: Magazin „Pfarrer & PC", Ausgabe 4/2000 (Abruf am 23.10.2006: http://www.pfarrer-pc.de/magazin/4-00/art04-00-spiel.php).

o.V.; (4/2006) Betriebliche Mitbestimmung. Erfolgsfaktor Betriebsrat, in: Böckler impuls 4/2006, S. 4-5.

Papmehl, André; (1999) Personal-Controlling. Human-Ressourcen effektiv entwickeln, 2. Aufl., Heidelberg 1999.

Paul, Christopher; (2005) Personalrisikomanagement: Bestandsaufnahme und Perspektive, Düsseldorf 2005.

Peemöller, Volker H.; (1992) Controlling. Grundlagen und Einsatzgebiete, 2. Aufl., Herne/Berlin 1992.

Potthoff, Erich/Trescher, Karl; (2001) Das Aufsichtsratsmitglied. Ein Handbuch für seine Aufgaben, Rechte und Pflichten, 5. Aufl., Stuttgart 2001.

Potthoff, Erich/Trescher, Karl; (1986) Controlling in der Personalwirtschaft, Berlin/New York 1986.

Porter, Michael E.; (1999) Nationale Wettbewerbsvorteile. Erfolgreich konkurrieren auf dem Weltmarkt, Wien 1999.

Preißler, Peter R.; (1998) Controlling. Lehrbuch und Intensivkurs, 10. Aufl., München/Wien 1998.

Preißner, Andreas; (2000) Marketing- und Vertriebssteuerung. Planung und Kontrolle mit Kennzahlen und Balanced Scorecard, München/Wien 2000.

Preißner, Andreas; (1999) Praxiswissen Controlling. Grundlagen, Werkzeuge, Anwendungen, München 1999.

Protz, Alfred; (2005) IT-Unterstützung im Personalcontrolling, in: Backhaus, Jürgen/Kobi, Jean-Marcel (Hrsg.); Personalcontrolling, Stuttgart 2005, S. 57-67.

Reichmann, Thomas; (1993) Controlling mit Kennzahlen und Managementberichten, 3. Aufl., München 1993.

Rollwagen, Ingo; (2006) Bildung zukunftsgerichtet gestalten – Wachstumstrends, die die Qualifikation von morgen bestimmen. Vortrag am 30. Mai 2006.

Rothlauf, Jürgen; (1999) Interkulturelles Management, München/Wien 1999.

Rüttler, Martin; (1991) Information als strategischer Erfolgsfaktor. Konzepte und Leitlinien für eine informationsorientierte Unternehmensführung, Berlin 1991.

Rump, Jutta/Sattelberger, Thomas/Fischer, Heinz Hrsg.); (2006) Employability Management. Grundlagen – Konzepte – Perspektiven, Wiesbaden 2006.

Sattelberger, Thomas/Weiss, Reinhold (Hrsg.); (1999) Humankapital schafft Shareholder Value. Personalpolitik in wissensbasierten Unternehmen, Köln 1999.

Sattelberger, Thomas; (1997) Tiefgreifende Veränderungsprozesse in Unternehmen – Beiträge des Human Resources Management im Benchmark – in: Kienbaum, Jochen (Hrsg.); Benchmarking Personal. Von den Besten lernen, Stuttgart 1997, S. 43-75.

Schäffer, Utz/Weber, Jürgen (Hrsg.); (2005) Bereichscontrolling: funktionsspezifische Anwendungsfelder. Methoden und Instrumente, Stuttgart 2005.

Scheld, Guido A.; (2006) Controlling im Mittelstand. Band 1: Grundlagen und Informationsmanagement mit Fragen, Aufgaben, Antworten und Lösungen, 3. Aufl., Büren 2006.

Schick, Siegfried; (2005) Interne Unternehmenskommunikation. Strategien entwickeln, Strukturen schaffen, Prozesse steuern, 2. Aufl., Stuttgart 2005.

Schlicksupp, Helmut; (1989) Innovation, Kreativität und Ideenfindung, 3. Aufl., Würzburg 1989.

Schmeisser, Wilhelm/Grothe, Jan; (2003) Auf dem Weg zu Quantifizierung der Personalarbeit – Dargestellt anhand der Balanced Scorecard, in: Schmeisser, Wilhelm/Grothe, Jan/Hummel, Thomas R. (Hrsg.); (2003) Internationales Personalcontrolling und internationale Personalinformationssysteme, München/Mering 2003, S. 131-144.

Schmeisser, Wilhelm/Grothe, Jan/Hummel, Thomas R. (Hrsg.); (2003) Internationales Personalcontrolling und internationale Personalinformationssysteme, München/Mering 2003.

Schmeisser, Wilhelm/Clermoint, Alois; (1999) Personalmanagement. Praxis der Lohn- und Gehaltsabrechnung – Personalcontrolling – Arbeitsrecht, Herne/Berlin 1999.

Scholz, Christian; (2000) Personalmanagement. Informationsorientierte und verhaltenstheoretische Grundlagen, 5. Aufl., München 2000.

Scholz, Christian/Stein, Volker/Bechtel, Roman; (2004) Human Capital Management. Wege aus der Unverbindlichkeit, München/Unterschleißheim 2004.

Schröder Christoph; (2003) Personalzusatzkosten in der deutschen Wirtschaft, in: iw-trends 2/2003, S. 1-16 (Abruf am 20.2.2007 http://www.lexisnexis.de/downloads/PERSONALZUSATZKOSTEN.pdf).

Schulte, Christof; (2002) Personal-Controlling mit Kennzahlen, 2. Aufl., München 2002.

Schwarze, Jochen; (1998) Informationsmanagement. Planung, Steuerung, Koordination und Kontrolle der Informationsversorgung im Unternehmen, Herne/Berlin 1998.

Schwarzecker, Josef/Spandl, Friedrich; (1993) Kennzahlen-Krisenmanagement mit Stufenplan zur Sanierung, Wien 1993.

Scott, Cornelia (Hrsg.); (2001) Due Diligence in der Praxis. Risiken minimieren bei Unternehmenstransaktionen. Mit Beispielen und Checklisten, Wiesbaden 2001.

Siegwart, Hans; (1998) Kennzahlen für die Unternehmensführung, 5. Aufl., Bern/Stuttgart 1998.

Simon, Hermann; (1996) Die heimlichen Gewinner (Hidden Champions). Die Erfolgsstrategien unbekannter Weltmarktführer, Frankfurt am Main/ New York 1996.

Speck, Peter; (2005) Employability. Herausforderungen für die strategische Personalentwicklung. Konzepte für eine flexible, innovationsorientierte Arbeitswelt von morgen, 2. Aufl., Wiesbaden 2005.

Staehle, Wolfgang H.; (1999) Management. Eine verhaltenswissenschaftliche Perspektive, 8. Aufl., München 1999.

Staehle, Wolfgang H; (1992) Funktionen des Managements. Eine Einführung in einzelwirtschaftliche und gesamtgesellschaftliche Probleme der Unternehmensführung, Bern/Stuttgart 1992.

Stahl, Günter K./Mayrhofer, Wolfgang/Kühlmann, Torsten M. (Hrsg.); (2005) Internationales Personalmanagement neue Aufgaben, neue Lösungen, München/Mering 2005.

Steinle, Claus/Bruch, Heike (Hrsg.); (1999) Controlling. Kompendium für Controller/innen und deren Ausbildung, 2. Aufl., Stuttgart 1999.

Steinmann, Horst/Schreyögg, Georg; (2002) Management. Grundlagen der Unternehmensführung. Konzepte – Funktionen – Fallstudien, 5. Aufl., Wiesbaden 2002.

Steinmüller, Peter H./Riedel, Günther; (1996) Die neue Betriebsstatistik als Controlling-Instrument, 8. Aufl., Stuttgart 1996.

Thom, Norbert; (5/2002) Prozess- und Querschnittsfunktionen im Personalmanagement, in: AM-AGENDA 5/2002, S. 20.

Thommen, Jean-Paul; (2003) Glaubwürdigkeit und Corporate Governance, Zürich 2003.

Thommen, Jean-Paul/Achleitner, Ann-Kristin; (1998) Allgemeine Betriebswirtschaftslehre. Umfassende Einführung aus managementorientierter Sicht, 2. Aufl., Wiesbaden 1998.

Tonnesen, Christian T.; (2002) Die Balanced Scorecard als Konzept für das ganzheitliche Personalcontrolling. Analyse und Gestaltungsmöglichkeiten, Wiesbaden 2002.

Ulrich, Hans; (1970) Die Unternehmung als produktives soziales System, 2. Aufl., Bern 1970.

Ulrich, Peter/Fluri, Edgar; (1992) Management. Eine konzentrierte Einführung, 6. Aufl., Bern/Stuttgart 1992.

Vogt, Alfonsi; (1983) Dispositionsgrundlagen von Personalkosten in Industriebetrieben – Analyse der Kostenbestimmungsgrößen und -vergleichskonzepte, Bochum 1983.

Wald, Peter-M. (Hrsg.); (2005) Neue Herausforderungen im Personalmanagement. Best Practices – Reorganisation – Outsourcing, Wiesbaden 2005.

Weber, Jürgen/Hirsch, Bernhard/Linder, Stefan/Zayer, Eric; (2003) Verhaltensorientiertes Controlling. Der Mensch im Mittelpunkt, Vallander 2003.

Weber, Jürgen/Schäffer, Utz; (2000) Balanced Scorecard & Controlling. Implementierung – Nutzen für Manager und Controller – Erfahrungen in deutschen Unternehmen, 3. Aufl., Wiesbaden 2000.

Weber, Manfred; (2002) Kennzahlen. Unternehmen mit Erfolg führen, 3. Aufl., Freiburg im Breisgau 2002.

Weber, Wolfgang/Festing, Marion/Dowling, Peter J./Schuler, Randall S.; (2001) Internationales Personalmanagement, 2. Aufl., Wiesbaden 2001.

Weidlich, Ute; (2005) Mitarbeiterbeurteilung in der Pflege, 2. Aufl., München 2005.

Wilbert, Manfred; (2005) Chancen und Risiken der Teilzeit-Arbeit, in: Backhaus, Jürgen/Kobi, Jean-Marcel (Hrsg.); Personalcontrolling, Stuttgart 2005, S. 133-146.

Wildemann, Horst; (2006) Kommunikationskonzept, (Abruf am 7.12.2006: http://www.logistik-aktuell.de/tcw_V1/uploads/html/publikationen/aufsatz/files/kommunikationskonzept.pdf).

Wolf, Klaus/Runzheimer, Bodo; (2000) Risikomanagement und KonTraG, 2. Aufl., Wiesbaden 2000.

Wood, Gerald/Nink, Marco (Gallup GmbH); (10/2004) Engagement Index 2004. Studie zur Messung der emotionalen Bindung von MitarbeiterInnen, Potsdam Oktober 2004 (Abruf am 22.2.2007; http://www.gewinnerregion.de(download/gallup_studie_engagement_index_2004.pdf).

Wucknitz, Uwe D.; (2005) Personal-Rating und Personal-Risikomanagement: wie mittelständische Unternehmen ihre Bewertung verbessern, Stuttgart 2005.

Wucknitz, Uwe D.; (2002) Handbuch Personalbewertung, Messgrößen – Anwendungsfelder – Fallstudien, , Stuttgart 2002.

Wunderer, Rolf/Dick, Petra; (2006) Personalmanagement – Quo vadis? Analysen und Prognosen zu Entwicklungstrends bis 2010, 4. Aufl, Neuwied/Kriftel 2006.

Wunderer, Rolf/Jaritz, André; (2006) Unternehmerisches Personalcontrolling. Evaluation der Wertschöpfung im Personalmanagement, 3. Auf., Neuwied/Kriftel 2006.

Wunderer, Rolf/Schlagenhaufer, Peter; (1994) Personal-Controlling. Funktionen – Instrumente – Praxisbeispiele, Stuttgart 1994.

Wüthrich, Christian; (1/2004) Umfrage: Shoppen im Internet während der Arbeitszeit – Schweizereuropaweit überdurchschnittlich. Medienmitteilung der jobpilot Switzerland AG, Zollikon vom 20. Januar 2004. (Abruf am 20.2.2007 http://www.jobpilot.ch/content/presse/index.htlm).

Zander, Ernst; (1995) Führung in Klein- und Mittelbetrieben, Freiburg im Breisgau 1995.

Zander, Ernst/Femppel, Kurt; (2002) Praxis der Mitarbeiter-Information. Effektiv integrieren und motivieren, München 2002.

Zangenmeister, Christof; (1998) Verfahren der Wirtschaftlichkeitsanalyse im Arbeits- und Gesundheitsschutz (AuG), in: BKK-Bundesverband (Hrsg.); Möglichkeiten der Wirtschaftlichkeitsanalyse für Maßnahmen des Arbeitsschutzes und der betrieblichen Gesundheitsförderung, Essen 1998, S. 35-62.

Zdrowomyslaw, Norbert/Dürig, Wolfgang; (1999) Managementwissen für Klein- und Mittelunternehmen. Handwerk und Unternehmensführung, München/Wien 1999.

Zdrowomyslaw, Norbert/Rethmeier, Bernd (Hrsg.); (2001) Studium und Karriere. Karriere- und Berufsplanung, Erfolg und Work-Life-Balance, München/Wien 2001.

Zdrowomyslaw, Norbert, unter Mitarbeit von Wolfgang Götze; (2001) Kosten-, Leistungs- und Erlösrechnung, 2. Aufl., München/Wien 2001.

Zdrowomyslaw, Norbert/Kasch, Robert; (2002) Betriebsvergleiche und Benchmarking für die Managementpraxis. Unternehmensanalyse, Unternehmenstransparenz und Motivation durch Kenn- und Vergleichsgrößen, München/Wien 2002.

Zdrowomyslaw, Norbert/von Eckern, Veiko/Meißner, André; (2003) Theorie und Praxis der Balanced Scorecard – Einsatz, Vorgehensweise und Problemlösung bei der Einführung, in: Betrieb und Wirtschaft 7/2003, S. 265-272 und Betrieb und Wirtschaft 9/2003, S. 356-359.

Zdrowomyslaw, Norbert/Steffen, Wolf/Stickel, Anja; (2004) Personalcontrolling und Unternehmenssicherung. Mitarbeiterförderung durch Personalentwicklung im Krankenhaus, in: Der Betriebswirt 1/2004, S. 23-30 und 2/2004, S. 8-14.

Zdrowomyslaw, Norbert/Stickel, Anja; (2004) Personalmanagement und moderne Methoden der Personalauswahl, in: ArbeitgeberMagazin 7/2004, Agentur für Arbeit Stralsund, S. 4.

Zdrowomyslaw, Norbert/Benthin, Rainer/Hamm, Ralf/Prößler, Ernst-Kurt/Rath, Anja; (2005) Personalpolitik in Zeiten demografischen Wandels, in: Der Betriebswirt 1/2005, S. 8-20 und in: Der Betriebswirt 2/2005, S. 8-12.

Zdrowomyslaw, Norbert (Hrsg.); (2005) Von der Gründung zur Pleite. Unternehmens-Lebenszyklus und Management der Unternehmensentwicklung, Gernsbach 2005.

Zdrowomyslaw, Norbert/Bruns, Johannes/Schimpfermann, Christian; (2006) Personalentwicklung. Eine gesellschaftspolitische und unternehmerische Verantwortung, in: Der Betriebswirt 3/2006, S. 28-34 und Betriebswirt 4/2006, S. 32-37.

Ziegenbein, Klaus; (2002) Controlling, 7. Aufl., Ludwigshafen 2002.

Stichwortverzeichnis

Autoren

Jens Bengelsdorf ist 1974 in Anklam geboren worden. Nach dem Ablegen des Abiturs und einer Bankausbildung hat er im September 2000 an der Fachhochschule Stralsund sein Studium im Studiengang Betriebswirtschaftslehre, mit den Schwerpunkten Personalmanagement, Globales Finanzmanagement und International Business aufgenommen, welches er im Wintersemester 2006/07 abschließen wird. Neben dem Studium war er vier Jahre Vorstandsmitglied in einem Förderkreis der Sparkassen-Finanzgruppe und Honorardozent an der Ostdeutschen Sparkassenakademie zu Potsdam.

Uwe Bengelsdorf, Jahrgang 1950, studierte nach Dualem Abitur mit Schlosserausbildung Technologie des Maschinenbaus in Wildau (Brandenburg). Im Zeitraum 1973-1990 war er in verschiedenen leitenden Funktionen im technischen Bereich eines mittelständischen VE-Betriebes für Medizintechnik und Krankenhausmöbel tätig. Danach folgte eine Station als Vertriebsbeauftragter dieser Firma bis 1994 und die berufliche Qualifizierung zum Betriebswirt 1995. Seit dem September 1995 ist er Vorstandmitglied für die Bereiche Technik und Marketing einer mittelständischen Wohnungsgenossenschaft. Hierbei trägt er die Verantwortung für die Verwaltung, Instandhaltung und Vermarktung von ca. 1400 Wohnungen an 7 Standorten.

Jan Bloempott ist am 30.06.1950 in Emden/Ostfriesland geboren worden. Er war 25 Jahre bei den Nordseewerken in Emden als Elektriker beschäftigt. 1981 wurde er zum ersten mal in den Betriebsrat der Firma gewählt. Seit 1991 ist er Bevollmächtigter (Geschäftsführer) der IG Metall Verwaltungsstelle Stralsund und seit 2004 auch zusätzlich Bevollmächtigter der IG Metall Verwaltungsstelle Neubrandenburg.

Robert Espig ist am 17. November 1982 in Rostock geboren worden. Zurück von einem einjährigen Auslandsaufenthalt in den USA im Rahmen des Parlamentarischen Patenschafts-Programms des US-Kongresses und des Deutschen Bundestages machte er 2003 sein Abitur in Lübeck. Anschließend leistete er zehn Monate Zivildienst in München. Im Jahr 2004 begann er sein Studium der Betriebswirtschaftslehre an der Fachhochschule Stralsund. Robert Espig ist Stipendiat der Stiftung der Deutschen Wirtschaft.

Dr. jur. Manfred H. Bobke – von Camen ist am 11.10.1952 in Rotenburg/ Wümme geboren worden. Nach dem Studium der Rechtswissenschaften mit dem Abschluss Ass. jur. in Bremen promovierte er 1983. Mehrere Stationen kennzeichnen seinen beruflichen Werdegang. Von 1981 bis 1989 war er Wissenschaftlicher Referent für Verfassungs-, Arbeits- und Wirtschaftsrecht beim

Wirtschafts- und Sozialwissenschaftlichen Institut (WSI) in Düsseldorf und wechselte 1990 als Referent für Arbeitsrecht zur Industriegewerkschaft Metall nach Frankfurt am Main. Von 1992 bis 1994 leitete er das Referat Europäische Sozialpolitik des Deutschen Gewerkschaftsbunds in Düsseldorf und war gleichzeitig stellvertretender Generalsekretär beim Europäischen Metallgewerkschaftsbund in Brüssel. Anschließend übernahm er die Leitung der Organisationseinheit Betriebsverfassungsrecht/Arbeitsrecht bei der Deutschen Bahn AG. Im Jahr 1996 folgte die Position des Geschäftsleiters „Personal und Tarifpolitik" und seit 2000 war er Sprecher der Leitung des Zentralbereichs Personalmanagement. Im Jahr 2001 wurde er Mitglied des Vorstands des Bundes-Pensions-Service für Post und Telekommunikation e.V. und seit 2003 ist er Geschäftsführer Personal bei den Berliner Flughäfen.

Dr. Andreas Dikow ist am 27.07.1961 in Barth geboren worden. Nach dem Studium der Schiffbautechnologie mit dem Abschluss Dipl.-Ing. 1987 in Rostock arbeitete er bis 1990 als wissenschaftlicher Assistent am Lehrstuhl für Fertigungsprozessgestaltung an der Hochschule für Seefahrt in Rostock. In seinen weiteren beruflichen Tätigkeiten z.B. als Fachgebietsleiter Arbeitsorganisation der Ingenieurzentrum Schiffbau GmbH oder Geschäftsstellenleiter der Deutschen MTM-Gesellschaft Industrie- und Wirtschaftsberatung mbH umfasste das Aufgabengebiet wesentlich die Aspekte des optimalen Personaleinsatzes in Konzernstrukturen u.a. im Rahmen von Projekten bei der DMS AG, der Deutsche Aerospace Airbus GmbH oder bei der Deutsche Shell AG. Seit 1994 ist er geschäftsführendes Vorstandsmitglied des REFA Landesverbandes Mecklenburg-Vorpommern und aus dieser Funktion insbesondere mit den Anforderungen des Personalmanagements aus mehr als 70 Projekten in Klein- und Mittelbetrieben vertraut. Die wissenschaftlichen Ergebnisse spezieller Studien zur Messung und Bewertung der Produktivität von Industrieunternehmen wurden 2006 im Rahmen einer Dissertation im Lehrgebiet Betriebswirtschaft veröffentlicht. Seit 1995 ist er Lehrbeauftragter der Universität Rostock für das Hauptstudium im Lehrgebiet Arbeitswissenschaften/Arbeitsorganisation. Seit Juni 2006 koordiniert Dr. Dikow das Automobilzulieferernetz in Mecklenburg-Vorpommern und ist Geschäftsführendes Vorstandmitglied im automotive-mv e.V..

Daniel Garbsch ist 1984 in Grevesmühlen geboren worden. Nach dem Erwerb der Hochschulreife hat er im September 2002 an der Fachhochschule Stralsund sein Studium im Studiengang Betriebswirtschaftslehre aufgenommen, welches er mit den Schwerpunkten Steuern und Rechnungswesen/Controlling im Winter 2006/07 erfolgreich abschließen wird.

Andrea Holst ist 1985 in Waren (Müritz) geboren worden. Nach erfolgreichen Abschluss des Wirtschaftsabiturs studiert sie seit September 2005 Betriebswirtschaftslehre an der Fachhochschule Stralsund.

Manfred Hoppach ist am 25. März 1949 in Wolgast geboren worden. Mit Abschluss der Polytechnischen Oberschule erlernte er den Beruf eines Fernmeldebaumonteurs. Nach Ableistung des Militärdienstes im Jahre 1970 erfolgte eine Einstellung als Schiffselektriker auf der Peene-Werft in Wolgast. Nach erfolgreichem Abschluss verschiedener Weiterbildungsmaßnahmen wurde er von 1975 bis 1991 im Erprobungsteam der Schiffsreparaturabteilung eingesetzt. Im Jahre 1990 wurde er zum stellvertretenden Betriebsratsvorsitzenden gewählt. 1991 erfolgte die Bestellung als Mitglied des Aufsichtsrates der Peene-Werft GmbH. Mit der Privatisierung 1992 durch die Hegemann-Gruppe erfolgte eine Neuordnung der Gesellschaft. Seit 1993 ist er stellvertretender Vorsitzender des Aufsichtrates und 1994 wurde er zum Vorsitzenden des Betriebsrates der Peene-Werft GmbH gewählt. Beide Funktionen übt er heute noch aus. Seit 1964 ist er Mitglied der IG Metall und seit 1990 nimmt er eine Vielzahl von Funktionen und Aufgaben wahr.

Andreas Klar ist 1958 in Rostock geboren worden. Nach seinem Studium mit dem Abschluss Dipl.-Ing. Maschinenbau (FH) arbeitete er mehrere Jahre als Konstrukteur im Maschinenbau auf der Volkswerft Stralsund GmbH. Im Jahre 1990 wurde er zum Betriebsrat gewählt. Als Betriebsratmitglied und später als Betriebsratsvorsitzender begleitete er schwerpunktmäßig die Personalarbeit des Unternehmens. Seit 2001 trägt er in der Funktion Leiter Personalmanagement die Gesamtverantwortung für das Personal der Volkswerft Stralsund GmbH.

Heinz Kort ist 1945 in Neubrandenburg geboren worden. Nach einer erfolgreich absolvierten Ausbildung zum Werkzeugmacher studierte er 1962 Ingenieurpädagogik an der Fachschule in Gotha. Nach seinem Studium arbeitete er bei der Firma Sirokko als Lehrausbilder, Lehrobermeister, Arbeitsvorbereiter und Technologe sowie als Dozent für Betriebswirtschaft und E-Technik an der Sirokko-Betriebsakademie. Von 1976 bis 1981 absolvierte er ein Maschinenbaufernstudium an der Technischen Universität Dresden mit dem Abschluss Dipl.-Ing.. Nach seiner beruflichen Station als Direktor der Betriebsakademie arbeitete er von 1984 bis 1989 als Direktor für Kader und Bildung bei der Firma Sirokko in Neubrandenburg. Die Firma Sirokko wurde 1990 von der Firma Webasto übernommen. Seit 1990 ist er stellvertretender Werkleiter und Leiter für Personal und Sozialwesen der Webasto AG am Produktionsstandort Neubrandenburg. Seit 1996 ist Heinz Kort ehrenamtlicher Vorstandsvorsitzender des REFA Landesverbandes Mecklenburg-Vorpommern.

Dr. Bertram C. Liebler ist am 20.05.1965 in Stuttgart geboren worden. Nach Abitur und erfolgreichem Abschluss als Dipl. Wirtschaftsingenieur promovierte er zum Dr.-Ingenieur. Von Juni 1992 bis März 1995 war er wissenschaftlicher Mitarbeiter am Institut für Produktionstechnik und Umformmaschinen an der Technischen Universität Darmstadt und ab April 1995 bis Januar 1997 war er Oberingenieur an derselben Institution. In der Zeit Februar 1997 bis November 1998 verantwortete er als Projekt-Manager die Kostensenkungsprojekte bei der Firma Daimler-Chrysler AG in Mannheim und im Dezember 1998 wurde ihm die Leitung der Produktion übertragen. Von Juli 2001 bis Juni 2004 war er Assistent des Vorstandsvorsitzenden der Herrenknecht AG Schwanau und anschließend Mitglied des Vorstandes dieses Unternehmens. Seit September 2005 ist er Geschäftsführer der Volkswerft Stralsund GmbH.

Jens Lieckfeldt ist 1980 in Rostock geboren worden. Nach einer erfolgreich absolvierten Ausbildung zum Steuerfachangestellten studiert er seit dem Wintersemester 2004 an der Fachhochschule Stralsund Betriebswirtschaftslehre mit den Schwerpunkten Rechnungswesen/Controlling und Steuerlehre/Wirtschaftsprüfung.

Michael Marx ist 1961 in Bergen/Rügen geboren worden. Nach dem Abitur absolvierte er von 1984-1988 ein Studium in Wirtschafts- und Verwaltungsrecht. 1990 schloss sich eine Bankausbildung für die Vereins- und Westbank AG in Hamburg an. Nach mehreren Stationen in dieser Bank, ist er seit 2001 als Filialleiter tätig. Mit dem Abschluss als Bankbetriebswirt 2002 wechselte er als Filialdirektor der HypoVereinsbank AG nach Stralsund.

Jens Michaelis ist 1979 in Freiburg im Breisgau geboren worden. Nach dem Abitur war er fünf Jahre als selbständiger Tontechniker und in der Gastronomie tätig. Seit September 2004 studiert er Betriebswirtschaftslehre an der Fachhochschule Stralsund mit den Schwerpunkten Marketing und International Business.

André Benedict Prusa ist am 27.4. 1970 in Berlin geboren worden. Nach dem Abitur studierte er von 1996 bis 2002 Stadt- und Regionalplanung mit dem Schwerpunkt Wirtschaft an der Technischen Universität Berlin. Er arbeitete in einem Ingenieurbüro in Neubrandenburg bis April 2004 und danach im Amt des Bürgermeisters der Stadt Pasewalk. Seit Oktober 2005 ist er Leiter des Regionalmanagements Uecker-Randow und Vorpommern.

Dr. Jürgen Radloff ist am 01.02.1957 in Neubrandenburg geboren worden. Nach einer Ausbildung zum Wirtschaftskaufmann und dem Ökonomiestudium an der Handelshochschule Leipzig Tätigkeit als wissenschaftlicher Assistent und Aspirantur. Von 1990 bis 1999 tätig in Führungsfunktionen bei den Arbeitsämtern Leipzig und Kiel. Seit 1999 Direktor/Vorsitzender der Geschäftsführung beim Arbeitsamt/Agentur für Arbeit Stralsund.

Anja Rath ist 1976 in Ueckermünde geboren worden. Nach dem Abitur absolvierte sie eine Lehre zur Bankkauffrau. Im September 2000 hat sie an der Fachhochschule Stralsund ihr Studium im Studiengang Betriebswirtschaftslehre aufgenommen, welches sie erfolgreich mit den Schwerpunkten Personalmanagement und Rechnungswesen/Controlling im Januar 2005 erfolgreich abschloss. Sie arbeitet im Haus der Wirtschaft Stralsund GmbH, IHK-Bildungszentrum als Projektkoordinatorin und Dozentin.

Carsten Richter ist am 24.05.1964 in Freiberg geboren worden. Nach dem Studium der Betriebswirtschaft an der Fachhochschule Stralsund ist er seit 1997 beim Verband norddeutscher Wohnungsunternehmen e.V. Hamburg – Mecklenburg-Vorpommern – Schleswig-Holstein beschäftigt. Dort ist er zur Zeit im Prüfungsdienst als Prüfungsleiter tätig.

Elvira Rohde ist am 17.07.1954 in Korbach geboren worden. Nach der Ausbildung und 26 Jahren Tätigkeit in verschiedenen Bereichen des Personalwesens bei der RAG Aktiengesellschaft bzw. deren Rechtsvorgängerinnen wurde sie 1998 in den Betriebsrat und 2005 zur Betriebsratsvorsitzenden gewählt. Im gleichen Jahr erfolgte die Bestellung als Mitglied im Aufsichtsrat der RAG Aktiengesellschaft. Sie ist darüber hinaus als Mitglied der Industriegewerkschaft Bergbau, Chemie und Energie in mehreren Gremien vertreten. Des Weiteren hat sie 1995 an der Universität Dortmund (Zentrum für Weiterbildung) das Studium „Management und Partizipation" abgeschlossen.

Christian Schimpfermann ist 1979 in Stralsund geboren worden. Nach dem Erwerb der Fachhochschulreife hat er im September 2000 an der Fachhochschule Stralsund sein Studium im Studiengang Betriebswirtschaftslehre aufgenommen, welches er erfolgreich mit den Schwerpunkten Marketing und Rechnungswesen/Controlling im Sommer 2006 abschloss.

Silke Schmidt ist 1978 geboren worden. Nach der Ausbildung zur Bürokauffrau bei den Berliner Flughäfen bildete sich Frau Schmidt zur Personalkauffrau (IHK-Abschluss) weiter und nahm 2001 ein Abendstudium an der Verwaltungs- und Wirtschaftsakademie (VWA) Berlin auf und schloss dieses als Betriebswirtin ab. Im Jahr 2003 nahm sie an der Ausbildung zum Personalcontroller DGFP teil und studiert seit 2005 nebenberuflich an der Fachhochschule für Oekonomie & Management (FOM) Berlin mit dem anvisierten Abschluss Diplom Wirtschaftsjurist (FH). Seit Juni 2006 ist sie Mitarbeiterin in der Personalabteilung der Berliner Flughäfen mit regelmäßig erweitertem Aufgabengebiet mit der derzeitigen Tätigkeit als Personalcontrollerin.

René Schmidt kam 1978 in Anklam zur Welt. Im Anschluss an den Erwerb der Hochschulreife absolvierte er in der Kreissparkasse Demmin von 1998 bis 2001 eine Ausbildung zum Bankkaufmann. Danach begann er im September 2001 an der Fachhochschule Stralsund sein Studium im Studiengang der Betriebswirtschaftslehre. Dieses schloss er im Herbst 2006 erfolgreich mit den Schwerpunkten Rechnungswesen/Controlling, Personalmanagement und Globales Finanzmanagement ab.

Marlies Stickel ist am 05.02.1951 in Freiburg an der Unstrut geboren worden. Nach ihrer Lehre zur Montagebaufacharbeiterin studierte sie an der Fachhochschule in Apolda und beendete diese 1972 als Diplom-Ingenieurökonom. Von 1973 bis 1986 war sie Abteilungsleiterin für wissenschaftliche Arbeitsorganisation und ab 1987 Abteilungsleiterin für Feinkeramik im Ziegelwerk Ueckermünde. Seit Herbst 1990 ist sie Leiterin der Abteilung Personal und Sozialwesen im AMEOS Diakonie Klinikum.

René Werthschütz wurde am 3.10.1976 in Gelsenkirchen geboren. Nach dem Abschluss seiner Banklehre betreute er von 1998 bis 2003 Wirtschaftlich Selbständige für die Deutsche Bank Privat- und Geschäftskunden AG. Neben seiner Tätigkeit bei der Deutschen Bank absolvierte er ein berufsintegrierendes Studium der Betriebswirtschaft (B.I.S.) an der Fachhochschule Bochum, dass er 2002 erfolgreich abschloss. Im Februar 2003 wechselte er in das Personalmanagement der RAG Aktiengesellschaft. Die Entwicklung der Personalstrategie und Konzeptionierung des strategischen Personalcontrollings als Instrument zu deren Umsetzung gehören zu seinem Aufgabenbereich. In diesem Zusammenhang war er Projektleiter für die weltweite Mitarbeiterbefragung 2006 des RAG-Konzerns. Seit 2004 ist er eingebunden in die Weiterentwicklung der strategischen Neuausrichtung der RAG.

Stefan Wilhelm ist 1981 in Neubrandenburg geboren worden. Nach dem Ablegen des Abiturs und einer Lehre zum Industriekaufmann begann er im Wintersemester 2004 an der Fachhochschule Stralsund Betriebswirtschaftslehre zu studieren. Seine Studienschwerpunkte liegen im Bereich Marketing und International Business.

Prof. Dr. rer. pol. Norbert Zdrowomyslaw ist am 29.08.1953 in Ketrzyn (Rastenburg), Polen, geboren worden. Nach dem Ökonomiestudium war er von 1981 bis 1985 als wissenschaftlicher Mitarbeiter und Leiter des Wirtschaftsarchivs an der Universität Bremen beschäftigt. Anschließend leitete er bis 1988 die Abteilung Personalwirtschaft/Organisation bei der Fielmann-Verwaltung KG. Von 1989 bis 1992 war er als Wirtschaftberater tätig. Seit Herbst 1992 hat er die Professur für BWL, insbesondere Rechnungswesen und Management von Klein- und Mittelbetrieben, im Fachbereich Wirtschaft an der Fachhochschule Stralsund inne. Forschungs- und Publikationsschwerpunkte neben dem Rechnungswesen sind: Managementwissen für Klein- und Mittelbetriebe, Zusammenarbeit zwischen Hochschule und Wirtschaft sowie Personalmanagement unter Berücksichtigung des demografischen Wandels und von Karriereaspekten.